Pehr Osbeck, Olof Torén, Johann Christian Koppe

Reise nach Ostindien und China

Pehr Osbeck, Olof Torén, Johann Christian Koppe

Reise nach Ostindien und China

ISBN/EAN: 9783742893352

Hergestellt in Europa, USA, Kanada, Australien, Japan

Cover: Foto ©Andreas Hilbeck / pixelio.de

Manufactured and distributed by brebook publishing software (www.brebook.com)

Pehr Osbeck, Olof Torén, Johann Christian Koppe

Reise nach Ostindien und China

Herrn Peter Osbeck
Pastors zu Haßlöf und Woxtorp, der Königl. Schwedischen
Akademie zu Stockholm und der Kön. Gesellschaft zu Upsala,
Mitgliedes

Reise
nach Ostindien und China.

Nebst
O. Toreens Reise nach Suratte
und
C. G. Ekebergs Nachricht von der Landwirthschaft
der Chineser.

Aus dem Schwedischen übersetzt
von
J. G. Georgi.

Mit 13 Kupfertafeln.

Rostock,
verlegts Johann Christian Koppe,
1765.

Dem Allerdurchlauchtigsten
Großmächtigsten
Könige und Herrn,
HERRN
Adolf Friedrich,
der
Schweden, Gothen und Wenden
Könige
2c. 2c. 2c.
Erben zu Norwegen, Herzoge zu
Schleswig, Holstein, Stormarn,
Ditmarsen,
Grafen zu Oldenburg und
Delmenhorst
2c. 2c.

Meinem allergnädigst. Könige
und Herrn.

Allerdurchlauchtigster,
Großmächtigster König,

Allergnädigster König
und Herr,

Ew. Königl. Majestät preißwürdigste Aufmerksamkeit auf die Werke des Schöpfers; Ew. Königl. Majestät huldreichste Gesinnungen gegen die Verehrer der Naturkunde; die allerhöchste Gnade, deren Ew. Königl. Majestät den Verfasser dieses Werks gewürdigt und mit welcher Selbte die allerunterthänigste Zueignung des Originals diese Reise aufzunehmen geruhet haben, machen mich so kühn, auch die Uebersetzung derselben zu Ew. Königl. Majestät Füssen niederzulegen.

Diese erhabensten Eigenschaften, welche Ew. Königl. Majestät die Bewunderung Europens zu Wege gebracht haben, habe ich in der Nähe zu verehren Gelegenheit gehabt, da ich des Glücks theilhaftig geworden bin, einige Jahre in den Ländern, welche unter Ew. Königl. Majestät milden Zepter alle die Vorzüge eines gesegneten Reichs geniessen, fruchtbar zuzubringen; diese haben die feurigsten Wünsche für das allerhöchste Wohl Ew. Königl. Majestät in mir erreget, mit welchen ich bis an mein Ende in allertiefster Ehrfurcht verharre

Ew. Königl. Majestät

allerunterthänigster Knecht
Joh. Gottlieb Georgi.

Vorrede
des Herausgebers.

Jedermann lieset gern Reisebeschreibungen; unsre aufgeklärten Zeiten aber erfordern, daß dieselben zugleich vergnügen und unterrichten. Man verlangt von einem aufmerksamen Reisenden überhaupt zuverläßige Nachrichten von der Lage und Beschaffenheit fremder Länder, von der Lebensart, den Sitten, Gebräuchen, den herrschenden Lastern oder Tugenden ihrer Einwohner, von dem Gottesdienst und Aberglauben, der Regierungsform, den politischen und militarischen Einrichtungen, den Landesproducten, der Art ihrer Haushaltung, Gewerbe, Nahrung und Handlung, und von den besondern Vorfällen auf der Reise, welche entweder diese Umstände erläutern, oder sonst auf irgend eine Art erheblich seyn können.

Hat sich insonderheit ein Reisender die Naturgeschichte zum besondern Vorwurfe seiner Aufmerksamkeit gemacht, so findet er ein fast unermeßliches Feld zu bearbeiten; die Beschreibung der merkwürdigsten Gegenden und Aussichten, vornehmlich wenn sie die Veränderungen des Erdbodens erläutern können; die genaue Beschreibung aller vorkommenden merkwürdigen Naturalien, nach ihren äusserlichen Kennzeichen, besonders denen, welche zur Unterscheidung derselben dienen, nebst ihren gemeinen Benennungen und mannichfaltigen Nutzen; die Gewässer; die Erdlagen; die Beobachtung der inneren und äusseren Structur der Berge; die Behandlung der Mineralien in Manufacturen und Fabriken; die Standplätze, Cultur und Zubereitung der vegetabilischen Körper, die Sitten, Nahrung, Verwandlung und Nutzen der Thiere ꝛc. erfordert unermüdete Bemühungen

hungen, zumal wenn, wie es denn billig ist, die mit der Naturkunde unzertrennlich verbundene Oekonomie, besonders die Land- und Stadtwirthschaft, die Policey, das Manufactur- und Commerzwesen ꝛc. Antheil an diesen Untersuchungen nimmt.

Es ist allerdings sehr schwer, eine gute Reisebeschreibung zu liefern, wenn man die Pflichten eines genauen und fleißigen Beobachters erfüllen, und der Instruction Gnüge thun will, die der Herr Archiater und Ritter von *Linné* aufgesetzt hat *), und die so ausführlich und instructiv ist, daß sie zum Leitfaden für den Reisenden, und zum Probirsteine für den Leser dienet, wornach jener seine Reise einrichten, und dieser sie beurtheilen kann.

Der Herr Archiater hat das Vergnügen gehabt, seine Regeln von einem seiner würdigsten Schüler, dem itzigen Herrn Pastor Osbeck, aufs vollkommenste beobachtet zu sehen, dessen Reisebeschreibung ich durch gegenwärtige Uebersetzung auch meinen Landsleuten bekannt mache. Das derselben von einem so grossen Meister in der erwähnten Instruction **) ertheilte

---

*) Instructio peregrinatoris. *Amoen. acad. t. V.*
**) §. V.

theilte Zeugniß einer vorzüglichen Güte, würde allein hinlänglich seyn, sie zu empfehlen, wenn nicht ihr eigner, aus verschiedenen deutschen Recensionen in Deutschland schon sattsam bekannter Werth, die beste Empfehlung für sie wäre. Ich darf meine Leser nur an die aus derselben in den Nachrichten vom Zustande der Gelehrsamkeit in Schweden, übersetzte Stelle erinnern, um die Begierde, sie ganz zu lesen, bey ihnen rege zu machen.

Die derselben in dieser Uebersetzung beygefügte Eintrittsrede in der Königl. Akademie der Wissenschaften zu Stockholm, enthält, ausser dem allgemeinen Plan der Reise, verschiedene merkwürdige Anmerkungen, und verdient vor der Reisebeschreibung vorher gelesen zu werden. Sie ist 1758. bey Salvius besonders herausgekommen.

Die Reisebeschreibung des seligen Schiffspredigers Toreen nach Suratte und China, welche in der Grundschrift der osbeckischen Reise angehängt worden ist, liefert zwar wenigere Anmerkungen aus der Naturgeschichte, doch aber sonst viele mit einem muntern oft satirischen Witze vorgetragene Merkwürdigkeiten, und wird besonders diejenigen Leser vergnügen, welche das öftere Ueberschlagen

der

der für sie trocknen Beschreibungen natürlicher Körper in der osbeckischen Reise ermüdet hat.

Die Nachricht von der chinesischen Landwirthschaft endlich, die zu Stockholm 1757. besonders als ein Anhang zu den vorigen herausgekommen und hier zuletzt mit angehängt worden ist, dient zur Ergänzung verschiedener Beobachtungen, welche die Herren Osbeck und Toreen vollkommen anzustellen nicht Gelegenheit gehabt haben, und ist in ihrer Art völlig neu, obwohl zu wünschen wäre, daß der Herr Verfasser einige unvollkommen beschriebene natürliche Körper deutlicher zu machen im Stande gewesen seyn möchte.

Man wird aus diesen Schriften auch bey uns verschiedenen Nutzen ziehen können. Der Charakter der chinesischen Nation läßt sich daraus besser beurtheilen, als aus den mehresten übrigen Schriften von dieser Art; das von verschiedenen in Zweifel gezogene Urtheil des Admirals Lord Anson, über die Gemüthsart der Chineser, wird dadurch gerechtfertigt und bestätigt. Der Naturforscher trift darinn eine Menge Beobachtungen, Beschreibungen der seltensten und unbekanntesten Naturalien und ihres Nutzens, der Kaufmann einen umständlichen Bericht von der chinesischen Handlung, (wobey die Nachricht von dem Thee, dessen Zubereitung und Sorten vorzüglich angemerkt zu werden verdienet) und der Arzt, Historicus und Geograph ebenfalls viele nicht unerhebliche Nachrichten an.

Hauptsächlich aber können sie unsern Oekonomen zu einer Menge nützlicher und angenehmer Betrachtungen Anlaß geben. Man findet beynahe auf allen Blättern Spuren von den vortheilhaften Wirkungen der Volkreichheit, und Beweise von dem unermüdeten Fleiße der Nation, welcher allemal nachahmungswürdig bleibt, ob er gleich aus der unreinen Quelle des Eigennutzes herrührt. Die Nutzung aller Plätze des Erdbodens, bis auf die sumpfigsten und allerdürresten, so daß keiner derselben ledig liegen bleibt, und die Anwendung aller auch der verächtlichsten Dinge, entweder zur Verarbeitung oder zum Handel, sind Früchte von beyden. Man erkennet aber auch daraus den von dem unsern wie fast durchgängig, also auch in der Haushaltung verschiedenen herrschenden Geschmack der Chineser. Vielleicht möchte derselbe in verschiedenen Stücken bey uns unnachahmlich bleiben, so wie die Ausübung ihrer Policey; doch scheint ihre Maxime, die Cultur mehr nach der

Beschaf-

Beschaffenheit des Bodens einzurichten, als diesen um jener willen zu verändern, Aufmerksamkeit und Nachfolge zu verdienen; weil solchergestalt vieles sonst untragbares Land mit vieler Ersparung zu nutzen ist. Es liesse sich aus diesen Schriften hier ein Verzeichniß solcher Gewächse anführen, welche sowohl auf dem dürresten als sumpfigsten Boden, ja selbst im Wasser mit Nutzen zu cultiviren sind; da aber verschiedene der erstern, wegen des Unterschiedes der Himmelsgegenden, bey uns nicht fortkommen, auch dergleichen Plätze hier zu Lande besser zu gebrauchen seyn dürften, so will ich nur etwas von dem zur vortheilhaften Nutzung der Sümpfe, Moräste und wäßrigen Bodens bey uns zu versuchenden Anbaue des Pfeilkrautes (*Sagittaria sagittifolia*, S. S. 271.) erwähnen. Dieses wächst bey uns in Teichen, Wassergräben, auf nassen Wiesen wo die Feuchtigkeit den Sommer über stehen bleibt, in allerley Boden wild; es hat zwar nur eine ganz kleine Knolle, da aber das chinesische bloß durch die Cultur so groß und brauchbar geworden ist, so ist sehr zu vermuthen, daß ein Versuch, eben dadurch die Knolle des unsrigen zu verbessern, nicht übel ausschlagen dürfte. Man müste zu dem Ende gegen den Herbst schma-

schmale Wassergräben oder Klinger wie die Brunnenkreßklinger, machen, in selbige einen kurzen wohlgefaulten Dünger, und oben darauf einen sandgemischten Leimen bringen, sodenn das Pfeilkraut, welches aber nicht im Wasser, sondern nur in einem sumpfigen Boden gewachsen seyn muß, weil die Wurzeln von jenem zum Verpflanzen viel zu lang sind, in einiger Entfernung von einander hinein pflanzen, oder noch besser, den Saamen davon hinein säen, sodenn Wasser darüber lassen, welches aber keinen Ablauf haben, sondern beständig darauf stehen bleiben muß. Die Pflanzen müsten im folgenden Herbste wieder in eben dergleichen Klinger verpflanzt, und damit ein paar Jahre continuirt werden, da es sich denn bald zeigen würde, ob die Knollen auf diese Art einer Vergrösserung fähig wären; und in diesem Fall könnte man solchergestalt mit leichter Mühe Pflanzen gnug zu Bepflanzung eines ganzen Sumpfes ziehen. Man würde sich freylich diese Mühe ersparen können, wenn man Gelegenheit hätte, zu einigen dieser nutzbaren Knollen von China aus zu gelangen, welche allerdings gesünder, wohlschmeckender und wegen des Bodens, den sie lieben, gewissermassen vortheilhafter sind, als die bey uns ge-
wöhn-

wöhnlichen Tartüffeln. Die Yams, welche aber etwas weniger Nässe, und einen solchen sumpfigen Boden erfordern, der im Sommer mehrentheils austrocknet, und welche man, so viel ich weiß, aus England erhalten kann, scheinen ebenfalls ein würdiger Gegenstand eines Versuchs zum Anbau zu seyn. Es ist nicht zu besorgen, daß beyde Pflanzengattungen bey uns nicht fortkommen würden; die Wasserpflanzen machen weit weniger Schwierigkeit, sich an ein fremdes Clima zu gewöhnen als die übrigen, ja man hat bemerkt, daß viele derselben schon wirklich sowohl bey uns als in den heissen Indien, einheimisch sind. Warum der Reißbau bey uns unmöglich ist, lässet sich aus den von demselben ertheilten umständlichen Berichten leicht einsehn. Sonst wird man verschiedne artige ökonomische Anmerkungen antreffen; z. E. die Aufbehaltung der Fische in den Häusern S. 184. den Gebrauch der chinesischen Winde zur Speise S. 255. die Anpflanzung des Reisses auf Flössen oder schwimmenden Aeckern; das Terrasiren der jähen Anhöhen, um die Abschwemmung des Düngers zu verhindern; die Ausbrütung der Enteneyer auf Oefen, und die besondere Art der Entenzucht; die Fischerey; ꝛc. und in
Spa-

Spanien den Gebrauch der Blätter von verschiedenen Grasarten zu Stricken, Matten und Decken ꝛc. S. 18. 19. ein nutzbares Gewächs zu Dämpfung des Flugsandes S. 49. u. s. w.

Die Uebersetzung dieser vier Schriften ist von Herrn Johann Gottlieb Georgi in Stettin, welcher verschiedene Jahre auf der Universität zu Upsala studiret und seine Fertigkeit in der schwedischen Sprache schon durch mehrere wohlgerathene Uebersetzungen an den Tag geleget hat, mit allem Fleiß eines treuen Uebersetzers gemacht worden. Er hat sich die Mühe gegeben, die im Original lateinisch abgefaßten Beschreibungen der Pflanzen, Vögel und Fische ebenfalls ins Deutsche zu übersetzen: da denn bey den erstern diejenigen Kunstwörter, welche der berühmte Herr Professor D. Oeder in seiner Einleitung in die Kräuterkenntniß festgesetzt hat, größtentheils angewendet worden sind. Ich habe die Handschrift des Herrn Georgi vor dem Druck, auf dessen Verlangen, genau durchgesehen und mit dem Originale verglichen, und glaube für ihre Richtigkeit Bürge seyn zu können.

des Herausgebers.

Der Herr Pastor Osbeck hat dieser Uebersetzung durch verschiedene Zusätze und Berichtigungen, einen Vorzug vor dem Originale ertheilet, wofür ihm hiermit dem verbindlichsten Dank abzustatten mich schuldig erachte; wie denn durch dessen Vorsorge die ganze 13te Kupfertafel hinzu gekommen ist. Da aber ein paar seiner Zusätze erst nach geschehenem Abdrucke der Uebersetzung eingelaufen sind, so halte ich mich verpflichtet, sie hier mitzutheilen.

Der erste betrift das Eissägen, dessen S. 3. Erwähnung geschehen ist. „Dieses geschiehet, dem Berichte nach, mit „einer grossen Säge, welche denenjenigen „gleich ist, mit welchen man die Baum„stämme von einander zu sägen pflegt, „wenn man Blöcke und Bauholz daraus „machen will; ausgenommen, daß an „der Eissäge nur ein Handgrif an dem „einen Ende in die Quere befestigt ist, so „daß 2 bis 4 Männer daran Hand anle„gen können; das andere Ende der Säge „gehet ins Wasser herunter, aber nicht „perpendiculair, sondern schief. Das „zersägte Eis wird zerschlagen, und die „Eisstücke mit Stangen unter das feste „Eis hinunter gestossen."

Der

Der zweete dient zur Erläuterung des Schiffsausdrucks *öfwerligga*, welcher S. 114. im Deutschen durch liegen bleiben und S. 142. uneigentlicher überwintern ausgedruckt worden ist. Da man in der chinesischen See zwischen Java und China, ein halbes Jahr hindurch guten Wind nach China, die andere Hälfte des Jahres aber widrigen Wind dahin hat; so muß ein Schiff, welches zu der Zeit daselbst anlangt, wenn sich der widrige Wind einstellet, ein halbes Jahr, auf den guten Wind warten, ehe es seine Reise nach China fortsetzen kann. Sonst hält sich kein Schiff dort auf, es sey denn, daß es einen Leck bekommen, und also einer Ausbesserung nöthig habe. In China aber bleiben die Schiffe oft mit Fleiß ein ganzes Jahr hindurch liegen, wenn nehmlich zu viele auf einmal von Gothenburg aus dahin gesegelt sind, weil die Waaren zu sehr im Preise fallen würden, wenn mehrere auf einmal aus China nach Hause kämen.

Der dritte gehet die Geschlechtskennzeichen der *Cassytha* (S. S. 316.) an. Der wegen seiner Reise nach den caribischen Inseln berühmte Herr Jacqvin, hat daselbst ein Gewächs beobachtet, welches er für

für die Cassutha RUMPF. gehalten, und von dem er folgenden Geschlechtscharakter angegeben hat: S. dessen Hist. plant. americ. S. 115. und LINN. gen. plant. ed. 6. §. 505.

CAL. *Perianthium* triphyllum parvum perſiſtens: *foliolis* ſemiovatis concavis acutis erectis.

COR. *Petala* tria ſubrotunda acuta concava patula perſiſtentia.

Nect. tubercula 3 oblonga truncata erecta colorata fere longitudine germinis, cui circumſtant in alterno cum filamentis ordinis interioris ſitu.

STAM. *Filamenta* novem compreſſa erecta obtuſa, tria in ordine interiore, ſex in exteriori; horum tria alterna a tergo interiorum poſita reliquis paullo latiora ſunt. *Antheræ* adnaſcuntur parietibus internis filamentorum prope apicem.

Glandulæ duæ globoſæ nectario concolores, filamento cuivis ordinis interioris ad latera prope baſin adfiguntur.

PIST.

PIST. *Germen* ovatum, intra corollam calycemque. *Stylus* erectus crassiusculus, fere longitudine staminum. *Stigma* obtusum, obsolete trifidum.

PER. nullum. *Receptaculum* incretum in *Drupam* depresso-globosam calyce corollaque conniventibus coronatam, umbilico perforatam, mollem, magnam.

SEM. *Nux* globosa, staminibus persistentibus et conniventibus acuminata, intra receptaculum, a quo libera, unilocularis, non dehiscens. *Nucleus* globosus.

Da nun dieſer Charakter von demjenigen, welchen der Herr Paſtor Osbeck in China nach genauer Betrachtung vieler lebendiger Blumen dieſes Gewächſes aufgeſetzt hat, weit abweicht, ſo wird es nicht undienlich ſeyn, denſelben, ſo wie er mir geneigt mitgetheilet worden iſt, hier einzurücken:

Perianthium minimum, tridentatum, erectum, persistens. *Corolla* monopeta-

nopetala, ovata, tripartita; *tubus* longitudine limbi; lacinia limbi unaquæque *nectarium* staminiforme includens; 3 paleæ vel *nectaria* ad incisuras limbi apice antherifera, et iterum 3 intus ad basin, unaquæque glandulis 2 vel pari antherarum apice prædita. *Filamenta* fere nulla; *antheræ*, præter nectariorum 3 paria, tres subovatæ parvæ. Nectaria, ut stamina, corollæ inserta. *Germen* 1 ovatum; *stylus* filiformis, brevis, sed staminibus longior; stigma acutum, adultius nigrum. *Pericarpium* bacca monosperma ovata.

Man kann beyden Beobachtern die Genauigkeit ihrer Beobachtung nicht wohl absprechen, beyde Charaktere sind aber, meinem Erachten nach, allzumerklich von einander unterschieden, als daß man glauben sollte, die eine oder die andere sey aus einem Irthume entstanden; ich überlasse daher meinen Lesern zu entscheiden, ob nicht die Vermuthung des Herrn Jacquin, daß diejenige Pflanze, welche er gesehen hat, die *Cuscuta* baccifera barbadensium PLUK. *alm.* 126. *t.* 172. *f.* 2. von der chinesischen vom Herrn Pastor Osbeck beobachteten *Cassutha* RUMPH. herb.

herb. amb. 5. *p.* 491. *t.* 184. *f.* 4. Acatſia-valli RHED. *hort. malab.* 7. *p.* 83. *t.* 44. dem Geſchlecht nach unterſchieden ſey, zumal da ſich in der Structur von beyden eine merkliche Differenz zu finden ſcheint.

Von dem kleinen chineſiſchen Ofen oder Feuerbecken, deſſen S. 261. Erwähnung geſchehen iſt, habe ich dem Herrn Paſtor eine Zeichnung und Beſchreibung zu danken, welche ich aber, weil ſie zu ſpät eingelaufen iſt, da die Kupfer zu dieſer Reiſe ſchon geſtochen waren, anderwärts mittheilen werde.

Ich habe noch eine Neuigkeit aus Schweden zu berichten. Der Herr Archiater von *Linné* hat nehmlich, wie er mir unterm 20 Nov. des abgewichenen Jahrs gütigſt gemeldet, im October 1763. einen lebendigen Theebaum glücklich aus China erhalten. Er hält eine ſchwediſche Viertelelle im Stamme und befindet ſich im upſaliſchen Gewächshauſe ſehr wohl. Der Herr Archiater hoffet ihn zu vermehren und künftig unter freyem Himmel zu ziehen, da er bis nach Pecking hinauf wild wächſet, wo die Winter kälter ſind als in Schweden, und da der Landsmann deſſelben, die Syringa, die dortigen

tigen Winter aushält. Dieser Baum ist also der erste, welcher nach Europa gekommen ist, nachdem die Bemühungen der Herrn Osbeck und Toreen vergeblich gewesen, nachdem man ihn so oft aus Saamen zu ziehen mit dem widrigsten Erfolg versucht, und nachdem man sich so oft mit andern unächten Theebäumen, z. B. der Cassine und andern, in den holländischen und französischen Gärten geschleppet hat. Vor zehen Jahren erhielt der Herr Archiater von *Linné* einen Baum aus China, welcher der rechte Theebaum seyn sollte; da er aber blühete, zeigte sichs, daß es die Camellia war. Vor kurzem gab ein Ungenannter aus Chemnitz bey dem hiesigen Intelligenzcomtoire einen Zweig von einer Staude ein, welche er aus einem unter dem Thee gefundenen Saamen gezogen, die aber noch nicht geblühet hat. Die Vergleichung derselben mit einem Zweige des rechten Theebaums, welchen ich der Gütigkeit des Herrn Pastors Osbeck zu danken habe, hat ausgewiesen, daß sie nichts weniger als eine Theestaude ist; vielleicht zeigt sichs wenn sie blühet, ob sie, wie es scheint, auch die Camellia sey.

Schließlich wünsche ich von Herzen, daß immer mehrere Reisende den würdigen Beyspielen des verdienten Herrn Pastors Osbeck und seiner übrigen Landsleute, nachfolgen, und auf dem von ihm gebahnten Wege ihre Namen unsterblich machen; daß aber auch durch diese und alle übrige Entdeckungen in der Känntniß der Geschöpfe, vornehmlich der Hauptzweck derselben, die Erkänntniß unsers göttlichen Erlösers, durch welchen alle Dinge geschaffen sind, immer mehr befördert und ausgebreitet werden möge. Leipzig den 25 Sept. 1764.

D. Johann Christian Daniel Schreber
der ökonomischen Gesellschaft zu Leipzig Mitglied und Sekretair, der Kön. Akad. der Wissenschaften zu Stockholm Correspondent.

Vorrede des Verfassers.

Geneigter Leser,

Im Jahr 1750. ward ich von der schwedischen ostindischen Compagnie berufen, auf einem nach Ostindien gehenden Schiffe das Amt eines Schiffspredigers zu verwalten, das ist, Abends und Morgens Betstunde zu halten, Beichte zu sitzen, das Abendmahl zu reichen, zu catechisiren, die Kranken zu besuchen, Todten zu begraben und des Sonn- und Festtags zu predigen.

Eine Reise, die so beschwerlich war, als lange sie dauerte, erforderte einiges Vergnügen zur Abwechslung mit den ordentlichen Geschäften. Ein jeder wählte sich etwas nach seinem Geschmacke. An meiner Seite fand ich nichts, das sowohl mich auf der Reise, als meine Freunde bey meiner Wiederkunft, auf eine unschuldigere Weise hätte vergnügen können, als die Naturalhistorie.

Die lehrreichen Vorlesungen des Herrn Archiaters und Ritters Linnäus, welche ich in dieser Wissenschaft in Upsala zu nutzen Gelegenheit gehabt, verbanden mich zur Dankbarkeit. Ich kam ohne Geld zurück, dessen ich auf der Reise zur Befriedigung meiner rühmlichen Neugierde weit mehr bedurft hätte; aber ich wuste, daß ich bey einem so einsichtsvollen Manne durch neue Naturalien meine Schuld auf eine viel bessere Art abtragen konnte.

Ich hielt, zu meinem eigenen Vergnügen, über alles, was ich auf der Reise bemerkte, ein Tagebuch; aus diesem nun theilte ich Demselben einige Beschreibungen neuer in Spanien, China und anderen Gegenden gefundenen Gewächse mit, welche so fort dem botanischen Hauptbuche, welches damals unter der Aufschrift *Species Plantarum* gedruckt werden sollte, und mit welchem meine Kräuternamen übereinstimmen, einverleibet wurden. Der Herr Ritter erinnerte mich in seinen Briefen von Jahre zu Jahre meine Reisebeschreibung heraus zu geben, welchem Verlangen ich mich lange widersetzte, weil ich glaubte solche Beschreibungen könnten nur Naturkennern, oder wenigstens Liebhabern der natürlichen Geschichte gefallen; aber alle meine Einwendungen wurden durch den Rath mehrerer Gelehrten, besonders aber durch den Befehl eines grossen Herren, dessen Namen ich allemal mit der grössesten Achtung nenne, gehoben. Hier ist also, was ich nur zu meinem eigenen Vergnügen bestimmt hatte.

Ich habe die Breite der Oerter, so wie sie um die Mittagszeit beobachtet und berechnet ward, angezeigt, damit man sehen möge, wie oft

oft ein Ostindienfahrer das Clima verändert. Auf dem Meere habe ich viele Fische und Vögel so beschrieben, daß sie auch von denen, welche sie nie gesehen haben, wenn sie ihnen vorkommen, wieder gekannt werden können. Einige welche ich nur vom weiten gesehen, habe ich bis auf das Weitere unter den Namen, die ihnen die Seeleute beyzulegen gewohnt sind, um der Höhe willen, auf welcher sie sich entweder zu gewissen Jahreszeiten, oder beständig aufhalten, angeführet. Schwalben und andere bekannte Vögel, welche sich dem Schiffe näherten, habe ich angemerkt, damit durch mehrere dergleichen Bemerkungen die Geschichte ihre Wanderungen einmal ins Licht gesetzet werden möge.

Während meines Aufenthaltes in China und andern fremden Orten bin ich auf das äussere Ansehen der Einwohner, ihre Kleidung, Sitten, Religion, Handel, Unterhalt 2c. besonders aber auf die Beschaffenheit des Landes, den Boden, die Thiere, Amphibien, Fische, Vögel und Insekten, desgleichen auf Plantagen, wild wachsende Bäume, Kräuter, Pflanzen, Saamen u. s. w. von welchen ich eine gute Anzahl mitgebracht habe, aufmerksam gewesen. Die meisten neuen Pflanzen sowohl, als andere Naturalien, habe ich in der gelehrten Sprache beschrieben, damit sich auch die Ausländer derselben bedienen können; einige aber in der Muttersprache, der Liebhaber derselben wegen. Ich habe

habe den natürlichen Ort der Pflanzen z. B. Ebene, Berg, Thal, im Schatten ꝛc. deswegen angezeigt, weil die Unwissenheit hierinn die Bemühungen und Unkosten der Gärtner und Gartenfreunde, fremde Gewächse in ihren Gärten zu ziehen, oft vergeblich macht.

Ich habe gezeigt, daß andere Völker, besonders die Chineser, größtentheils von Früchten, Wurzeln und Kräutern leben, und daß sie in ihren Sümpfen solche Gewächse bauen, welche an andern Orten nicht fortkommen; wozu wir unter unsern wildwachsenden Pflanzen ebenfalls einen hinlänglichen Vorrath finden würden. Die Chineser unterrichten ihre Kinder nebst einem unvernünftigen und heidnischen Götzendienste zuallerförderst in der Sittenlehre und der Haushaltung; eine Einrichtung von wichtigen Folgen!

An einigen Orten habe ich bey uns gemeine Dinge aufgezeichnet, die aber deswegen merkwürdig sind, weil man sie an so entlegenen Orten antrift, an welchen alles übrige fremd ist, woraus sich wenigstens Anlaß zu andern Schlüssen nehmen lassen möchte.

Wir sind gewohnt zu fragen, wozu ein Ding nütze sey? und hatten oft aus Uebereilung nur allein dasjenige für nützlich, was zur Arzney, Kleidung und Nahrung dienet, gerade, als ob das Auge keinen Anspruch auf das Vergnügen hätte, und das Vergnügen nicht zu dem Nützlichen gehörte. Man bewundert die Kleidertrachten und Haußgeräthe entlegener Oerter und hebet sie mit Sorgfalt auf. Sollten denn wohl die Werke, welche aus der Hand des Schöpfers gekommen sind, eine geringere Aufmerksamkeit verdienen?

Meine an verschiedenen, mehrentheils aber unruhigen Orten aufgezeichneten Anmerkungen sind kurz und ungekünstelt, und man wird an der Schreibart erkennen, wie schlecht die Feder in einer brennenden Hitze oder auf dem chinesischen Gestade fliesset, woselbst ich um dem Argwohne des Volkes auszuweichen, ofte mit der Hand in der Tasche auf meiner Schreibetafel habe schreiben müssen. Die Anwendung kann ein jeder, der die Sache vor sich hat, selbst machen. Die Eilfertigkeit des Drucks hat einige im Sinne gehabte Zusätze ausgeschlossen.

Ich wünsche meinen Anmerkungen nur halb so viel Beyfall, als sie mir Mühe und Aufmerksamkeit gekostet haben. Ich habe mich auf Java gewagt, wo Tiger und Krokodille die Wälder bewahren; in China, wo die Sonnenhitze auf nackten Hügeln, räuberisches Gesindel auf den Landwegen und muthwillige Kinder auf abgelegenen Gassen tägliche Plagen sind; und auf die Ascensionsinsul, wo die Sonne die Eyer der Schildkröten ausbrütet, und in einer sehr kurzen Zeit die munterste Jugend abmatten kann. Daß ich indeß nicht Ursache habe, mir meine Reise gereuen zu lassen, habe ich aus der geneigten Aufnahme geschlossen, mit

welcher

welcher mich die Herren Directeurs der ostindischen Compagnie bey meiner Zuhausekunft beehrt haben, welche mir auch noch dasselbe Jahr zu einer abermahligen Reise Vollmacht ertheilten, die ich aber gewisser dazwischen gekommner Hindernisse wegen unterlassen muste.

Ich habe meinem Tagebuche die Briefe des ehemaligen Schiffpredigers Torcens beygefügt. Dieser Mann verließ nicht lange nach seiner Rückkunft von Suratte das Irrdische, verdient aber, wegen seiner Gelehrsamkeit und Aufrichtigkeit, seinen Freunden unvergeßlich zu seyn. Es würden noch mehr wissensbegierige Schweden mit Reisebeschreibungen hervor treten, wenn es den Bemittelten gefiele, diejenigen zu unterstützen, welche auf ihren Reisen durch etwas Neues in der Geschichte der Natur und der Haushaltung, dem gemeinen Wesen nützlich zu seyn suchen. Hiezu aber werden kostbare Bücher und Reisekosten erfordert, auf welche ich sowohl meine Besoldung und die Zusammenschüsse meiner Zuhörer verwandt habe, zu denen sie sich aus Liebe für mich verstunden, und für welche ich ihnen unaufhörlich verbunden bin.

Stockholm, den 25. April 1757.

Erklärung der Kupfertafeln.

1. Tafel. BAECKEA *frutescens.* LINN. *sp. pl.* 2. p. 515.

2. — OSBECKIA *chinensis.* LINN. *sp. pl.* 490.

3. — 1. PTERIS *semipinnata* frondibus subbipinnatis: foliolis lateralibus loboque infimo semipinnatifidis. LINN. *sp. pl.* 1534.
    2. VTRICVLARIA *bifida* scapo nudo bifido. LINN. *sp. pl.* 26.
        a. mit der Blume.
        b. mit der Frucht.

4. — PTERIS *vittata* frondibus pinnatis: pinnis linearibus rectis basi rotundatis. LINN. *sp. pl.* 1532.

5. — HELICTERES *angustifolia* foliis lanceolatis integerrimis, fructu ovato recto. LINN. *sp. pl.* 1366.

6. — TRICHOMANES *chinense* frondibus supradecompositis, foliolis pinnisque alternis lanceolatis: pinnarum laciniis cuneiformibus. LINN. *sp. pl.* 1562.

7. — RHAMNVS *lineatus* inermis, floribus hermaphroditis, foliis ovatis lineatis repandis subtus reticulatis. LINN. *sp. pl.* 281.

8. — BARLERIA *cristata* foliis oblongis integerrimis, calycis foliolis duobus latioribus ciliatis, duobusque linearibus acutis. LINN. *sp. pl.* 887.

9. — GERARDIA *glutinosa* foliis ovatis serratis, bracteis linearibus hispidis. LINN. *sp. pl.* 849.

10. — CARPESIVM *abrotanoides* floribus lateralibus. LINN. *sp. pl.* 1204.

11. Tafel. CLERODENDRVM *fortunatum* foliis simplicibus lanceolatis integerrimis. LINN. *sp. pl.* 889.

12. 1. HOLOTHVRIA *velificans*.
    2. GASTEROSTEVS *Ductor*.
    3. Eine chinesische Zange.
       a. Ganz mit dem dazu gehörigen Ringe.
       b. Der Fuß ohne den Ring. Siehe davon die 191 Seite.
    4. Eine chinesische Rolle. S. die 199 S.

13. 1-11. Die Benennungen der verschiedenen Theesorten, mit chinesischer Schrift. S. davon die 205. u. f. S.
    12. Der chinesische Name der *Dioscorea* alata oder Yams. S. die 254 S.
    a-p. Die chinesischen Benennungen des in China gebräuchlichen Geldes S. 216. u. f.

P. Osbecks
Reise
nach
Ostindien und China.

Gothenburg

Nordliche Breite 57 Grad 42 Min. Länge 6 Grad von Upsala westlich.

Im Jahr 1750.

Den 18 November.

1. Von Gothenburg, (woselbst die schwedische ostindische Compagnie seit dem Jahre 1731, da sie die erste Octroy zur Treibung dieses Handels erhielt, ihre bey dem alten Werft liegende Schiffe ausrüstet und wieder einlaufen lässet,) begab ich mich in sehr ungestümen Wetter nach Wargö-Hâla, dem gewöhnlichen Ankerplatze der ostindischen Schiffe, wenn Rifwe Fiol und die übrigen Buchten in den hiesigen Scheeren mit Eis beleget sind, wodurch sie die Ungelegenheit vermeiden, sich durch ein beschwerliches Eissägen in See zu helfen. Vorgedachter Ort, der seinen Namen von der daselbst liegenden Wargö (Wolfsinsul) hat, liegt anderthalb Meilen von

Gothenburg. Ich that diese Reise bis Hinsholm zu Lande, und gieng von da zu Wasser an Bord des Schiffes Prinz Carl, welches der erste Dreydecker ist, den Schweden nach Ostindien sendet. Es war vor kurzen in Stockholm gebauet, hatte eine Grösse von 390 Last, führte eine Besatzung von 132 Mann, und war beynahe segelfertig, um nach Canton in China abzugehen.

S. 2. Waldung vermisset man in dieser Gegend leider überall; daher die Lotsen und andere Insulaner, sich gezwungen sehen, entweder ihr Holz in der Stadt zu kaufen, woselbst es seit einiger Zeit im Preise ungemein gestiegen ist; oder auch Torf zu brennen, der, wie ehedem in Halland gewöhnlich gewesen, vierseitig gestochen ist. In dieser Provinz war bereits 1670. der Torf so gebräuchlich, daß die Bürgerschaften in Falkenberg und Laholm damals die zollfreye Einfuhre des Brenntorfs verlangten, welches ihnen aber abgeschlagen wurde; weil man den Torf mit dem Holze gleichschätzte. Im Jahre 1672. erhielt endlich Laholm für den in ihrem Gebiete gewonnenen Torf die Zollfreyheit *). Heutiges Tages verfähret man mit dem Torfe in Halland, und anderwärts, mehrentheils anders, als ehedem, welche neue Art die Bauern des Fiärekreises nur erst vor etwan 30 Jahren von den Falkenbergischen und Wardbergschen Einwohnern gelernet, wie mir alte Leute dasiger Orten berichtet haben. Vermuthlich haben ihnen einige Seefahrer von dieser Zubereitung die erste Kenntnis ertheilet, welche folgendermaßen geschieht: Wenn der Landmann die Sommersaat bestellet hat, verfügt er sich in das Torfmoor. Wer zuerst

---

*) S. Assess. Richardsons Beschreib. von Halland S. 84. 215. 216.

erst kömmt, eignet sich den besten Platz zu. An einem solchen Moor hat nicht nur ein, sondern mehrere Dörfer, ja öfters ganze Kirchspiele, Antheil. Sie stechen zuförderst den Rasentorf so tief ab, als die Wurzeln der Heide und anderer Kräuter reichen; alsdenn begiessen sie die Torferde mit Wasser, und graben sie mit Spaten nach und nach so tief aus, bis sie Leim- oder Sandgrund erreichen. In der Mitte der Moore können sie eine Klafter tief graben, an den Seiten derselben aber nicht. Die Grube wird so eingerichtet, daß zwo Seiten derselben abschüßig werden, damit man mit Pferd und Karren hinein fahren könne. Dieser Schlamm S. 3. wird hernach aus der Grube heraus, und auf das Feld gefahren, daselbst mit dem Spaten zu einer Dicke von 3 bis 4 Zollen ausgebreitet und übers Kreuz durchschnitten, damit man ihn nach dem Trocknen in viereckichte Stücke zerbrechen könne; die aber härteren Torf verlangen, drücken den noch weichen Schlamm mit den Händen in Stücke von Gestalt runder Brodte, und lassen dieselben auf dem Felde neben einander gelegt trocknen. Den einigermaßen trocknen Torf legt man auf Haufen, doch so, daß der Wind durch dieselben streichen könne, und bewahret sie für Regen. Des Sommers führet man ihn nach Hause, verwahret ihn unter Dach, und verbraucht ihn bekanntlich zum Brauen, Backen, Kochen und Einheitzen. Die Torferde ist theils röthlich, theils braun und theils pechschwarz, welches nach dem Berichte der Bauern gleich gut ist; sie sagten aber dabey 1) der Torf müsse frey von Sand seyn, weil er sonst einen stärkern Geruch von sich gäbe, 2) er müsse nicht mit Thon vermischt seyn, der ihn am Brennen hindere, und müsse auch 3) von Baumstöcken und großen Wurzeln rein seyn,

weil

weil die Erde um dieselbe mürbe und locker wäre. Gemeiniglich trift man die besten Torfmoore in grossen Feldern an, in welchen das Wasser besser, als in den Wäldern austrocknen, und die Wurzeln vermodern können. Wo Heidekraut auf den Mooren wächst, zeigt es sehr oft die beste Torferde an. Diese Pflanze ist allemal auf den guten Torfmooren, auf welche der Wind frey spielen können, und die Gewächse meistentheils vermodert sind, anzutreffen *), wie wir in Halland und andern von Holz entblösseten Gegenden, allwo der Brenntorf am längsten im Gebrauch ist, sehen. Indessen ist mir nicht unbekannt, daß die Erde auch aus solchen Brüchern, in welchen die Heide noch nicht eingewurzelt ist, vornehmlich an denen Orten, wo man nicht die Wahl hat, zum Torf gebraucht wird. Es ist ausgemacht, daß die Torferde eine Art Dammerde ist, oder aus verweseten Gewächsen erzeuget wird; und scheint dieselbe größtentheils aus verfaultem rothen Moße (*Sphagnum* palustre LINN.) das man in West-

---

*) Das Heidekraut findet sich alsdenn erst auf den Torfmooren ein, wenn selbige völlig ausgetrocknet sind; denn es verträgt die Nässe nicht, sondern gehet gern aus, wenn ein Ort, wo es stehet, unter Wasser gesetzt wird, wie solches auch der Herr Ritter von LINNÉ in der schonischen Reise unterm 26 Jul. angemerkt hat. Doch wächst die *Erica* myricæ folio hirsuta BAVH. *pin*. 485. in Brüchern und Mooren, wie ich denn diese sonst in Teutschland seltene Abänderung des Heidekrauts in Mecklenburg an dergleichen Stellen unter dem Post und *Vaccinio* uliginoso häufig angetroffen habe. Auf was für Art aber dieses rauche Heidekraut von dem gemeinen glatten (*Erica* vulgaris glabra C. B.) entstehe, solches ist mir unbekannt, und verdienet durch Versuche ausgemacht zu werden. D. S.

Westgothland **Zwitaremås** nennet, (und wovon vermuthlich die Brücher (**Mässar**) die in andern Provinzen **Myror**, vielleicht von **Myror** Ameisen, die sich in diesem Moße aufhalten, heissen, den Namen haben), bestehet, wie ich denn in einem Moor im Walde einer Klafter tief graben gesehen, und dieses Moß überall und bis auf diese Tiefe frisch gewahr geworden bin. S. 4.

Den 20 Novembr.

Die Zollbedienten musten untersuchen, ob auch Geld und dergleichen, dem Verbote zuwider aus dem Lande geführet würde; Bley und einige Zeuge, waren fast die einzigen Waaren, die wir, um sie in Canton abzusetzen, von hier mit nahmen.

Der schwedische Handel wird daselbst meistens mit spanischem Silbergelde betrieben.

Den 24 Novembr.

Lebendig Vieh von verschiedener Art, als Ochsen, Kühe, Kälber, Schweine, Schaafe, Hüner ꝛc. nahmen wir als Erfrischungen auf der Reise mit, und ausserdem folgende Eßwaaren:

    672 Pfund Fleisch.
    336 Pfund Stockfisch.
    224 Pfund Butter.
    1248 Pfund Brod.
    3360 Kannen Erbsen.
    3360 Kannen Gerstengrütze.
    15680 Kannen Schiffsbier, welches nach Verlauf einiger Wochen auf der Nordsee sauer ward.

Nachher ward Wasser unser gewöhnliches Getränke, das öfters schlecht schmeckte und voller Würmer war.

Wir nahmen 32 Schiffsfässer und 7 Orhoft Wasser von Tång-ön am Bord. Die Speiseordnung für die Mannschaft war folgende:

Des Sonntags, Montags, und Donnerstags bekam das Schiffsvolk Fleisch, Erbsen, Grütze, Butter oder Oel.

Des Dienstags Speck, Erbsen, Grütze, Butter oder Oel.

Des Mittwochs, Freytags und Sonnabends Stockfisch, Erbsen, Grütze, Butter oder Oel.

Auf der Rückreise ward mit Calvansen, Reis und Pudding abgewechselt.

Jedweder Mann erhielt die Woche

Fleisch dreymal, jedesmal	1 Pfund.
Speck einmal	½ Pf.
Stockfisch dreymal	½ Pf.
Erbsen für die ganze Woche	¼ Kannen.
Gerstengrütze für die ganze Woche	¾ Kannen.
Salz für die ganze Woche	¼ Pf.
Butter für die ganze Woche	1 Pf. oder
statt derselben Oel	⅛ Kanne.
Brod wöchentlich	6 Pf.
Schiffsbier oder auch Wasser	3½ Kanne.
Brandwein täglich ½ Jungfer od.	1/16 Kanne.

bis 1 Jungfer und ausserdem noch bey verschiedenen Fällen. So lange es kalt war, ward auch des Morgens bey dem Frühstücke ½ Jungfer gegeben.

Punsch ward auf der Rückreise alle Sonntage, und bisweilen, doch nur selten, auch des Mittwochs, gereichet.

Den

Den 27 Novembr.

Wir giengen mit einem Südostwinde bey Sonnenaufgange unter Segel. Das Wetter war schön.

Seeadler (*Alca* Grylle) ward eine Gattung großer Seevögel genannt, die wir auf den Klippen stehen sahen, und von welchen man sagt, daß sie 10 bis 12 Flundern nach der Reihe verschlucken können. S.5.

Skags Feuerthurm auf Jütland hatten wir des Nachmittags um ein Uhr auf eine halbe Meile Westlich nahe.

Wingarnas Leuchtthurm, und das Marstrandische Schloß, waren, nachdem wir von den Piloten Abschied genommen, beynahe die einzigen Aussichten des Vaterlandes, die noch unsere Augen ergötzten.

Den 28 Novembr. 57 Grad 20 Min. N.B.

Norwegen sahen wir Nachmittage.

Den 29 Novembr. 48 Gr. 50 Min. N.B.

Seemöven (Larus) leisteten uns sowohl jetzo, als auch nachher, besonders bey schweren Stürmen Gesellschaft.

Den 1 Decembr. 62 Gr. 32 Min. N.B.

Landvögel suchen ihre Ruhe bisweilen auf den Schiffen. Ein solcher Flüchtling fieng heute an unser Begleiter zu werden, fiel aber, ehe er uns erreichte, ins Wasser, aus welchem zu entkommen, seine Beine nicht lang genug waren, ohnerachtet er zu den Schneppen gehörte.

Die Färö-Inſuln 1750.

Den 2 Decembr. 63 Gr. 5 Min. N. B.

Den 6 Decembr. 61 Gr. 14 Min. N. B.

Die Färöinſuln, welche wir dieſen Morgen anſichtig wurden, ſahen ſo betrübt, als die Tage um dieſe Zeit aus. Man wird hier wenig anders, als hohe mit Schnee bedeckte Berge, einen trüben Himmel und ein brauſendes Meer gewahr. Dieſe Inſuln gehören Dännemark, woher ſie ihr benöthigtes Getraide erhalten, welches die Einwohner, die recht dienſtfertige Leute ſeyn ſollen, mit Strümpfen, Wämſen, Handſchuhen, Bettdecken, Tran ꝛc. bezahlen, denn die Schaafzucht und Fiſcherey ſind ihre vornehmſten Gewerbe. Man ſagt auch, daß ſie viel Wallfiſche fangen, daß ſie trocknen Stockfiſch ſtatt Brod eſſen und daß ſie ihr Schaftalg in die Erde vergraben, um es nach und nach ſtatt Butter oder Oel verbrauchen zu können.

S. 6.

Den 9 Decembr. Gr. 60. Min. 10. N. B.

Rochelle, ein kleines Eyland, ſo groß wie ein Schiff, glaubten wir in der Nacht vorbey geſegelt zu ſeyn.

Den 19 Decembr. 60 Gr. 10 Min. N. B.

Nordkaper (*Delphinus* Orca?) nannten unſere Seeleute eine Wallfiſchart, die ſich heute durch ihr Waſſerſprudeln anzeigte. Der däniſche Mißionarius Hans Egede, ſagt von demſelben in ſeinem Tractate: Gamle Grönlands nye *Perluſtration* 4to 1741. „Die Wallfiſchart, welche man Nord„kaper nennt, hat dieſen Namen von dem Nord„kap in Norwegen, wo ſie häufig anzutreffen, wie„wohl

Die Färö-Inſuln vorbey 1750.

„wohl ſie ſich auch bey Island, Grönland und an=
„dern Gegenden finden laſſen, maſſen ſie die Orte,
„wo Heringe und andere kleine Fiſche in Menge ſind,
„aufſuchen, wie man denn oft mehr, als eine Ton=
„ne Heringe in dem Magen eines ſolchen Wallfi=
„ſches angetroffen hat. Der Nordkaper hat in ſei=
„ner Natur und Beſchaffenheit mit dem Finnfiſche
„(*Balæna* Phyſalus) viel ähnliches, welcher als ein
„ſchneller Fiſch vorzüglich das weite Meer ſucht,
„gerade als ob er befürchtete, ein Raub ſeiner Fein=
„de zu werden, wenn er ſich denen Küſten nähern
„ſollte. Dieſer Fiſch hat einen feſtern und ſteifern
„Speck, als jener, auch iſt ſein Fiſchbein nicht ſo
„lang und gut, daher er ſelten aufgeſucht und ver=
„folgt wird.„ Ein mehreres ſiehe in *Kleinii* Hiſt.
Piſc. Miſſ. 2. p. 12. Balæna borealis Nordkaper.

Den 27 Decembr. 48 Grad 23 Min. N. B.

Einen unglücklichen Vorfall verurſachte
das Schwanken des Schiffes, nach überſtandenem
Sturme; es fiel nehmlich ein junger Mann aus der
Tackelage auf das Verdeck und ſtarb ſofort. Man  S, 7,
nähete ihn nach Schiffsgebrauch bald darnach in
ſeine Hängmatte, Abends um halb ſechs Uhr hiſſete
man die Flagge auf die halbe Stenge, warf Erde
auf ihn, laß die gewöhnlichen Gebete, und ver=
ſenkte ihn unter Abſingung eines Geſanges
in die See.

❊ ❊ ❊

1751.

1751.

Den 7 Jan. 36 Grad 35 Min. N.B.

Cap Vincent oder Caput Vincentii, eine Erdzunge Spaniens, kam uns Vormittage ins Gesicht. Die Ufer schienen hoch und weiß zu seyn, und gaben dem Lande durch die beständig grünen Bäume ein schönes Ansehen.

Den 4 Jan.

Der Granatberg zeigte sich wegen seiner Höhe in einer grossen Entfernung uns zur rechten.

Die Klippe St. Pedro, die wir ebenfalls zur rechten hatten, war uns wegen des Schiffes Schweden in frischem Andenken. Dieses Schiff hatte die Krone Schweden zu einem Geschenke für den türkischen Kaiser bestimmt; als es aber der Commandeur Wagenfeld im Jahr 1738. nach Constantinopel führen sollte, verunglückte es hieselbst im November. Von der nachher aus dem Wasser gezogenen Artillerie sind annoch in Cadix sechs metallene Canonen und ein Mörser, alle mit dem Namen und Wapen des glorwürdigsten Königs Carls des Zwölften gezieret, zu sehen, welche daselbst zum Dienste des schwedischen Reiches aufbehalten werden.

Fischerkähne lagen fast überall am Strande.

Weise und braune Mewen (*Larus* canus *et* fuscus) fanden sich eben daselbst, gleich als ob sie mit den Fischern um den Rang zu streiten hätten.

Rota, eine kleine Seestadt, lag uns zur linken.

Porcos, die grössere und kleinere, sind zwo Klippen, welche bey dem Einlaufe der Reede von Cadix rechter Hand liegen und bey welchen uns die

Lotsen

Lotsen glücklich vorbey brachten. Wenn das Wasser niedrig ist, siehet man sie deutlich, bey hohem Wasser aber kann man sie nur an der sogenannten Brandung, oder den zurückprallenden gebrochnen Wellen erkennen.

St. Sebastian ist ein Castell auf einer kleinen Insul bey Cadix, das, so wie noch zwey andere Castelle, zur Beschützung dieser Stadt dienet.

Die Bay von Cadix oder die Reede, nennt man die bekannte spanische Seebucht, in welcher jährlich die Schiffe vieler Nationen einlaufen, wo auch wir nach einem kurz vorher überstandenen Sturme und einer sechswöchentlichen Reise, Nachmittags um zwey Uhr ankerten, und nach geschehener Salutation, von verschiedenen unserer Landsleute bewillkommet wurden. Man konnte von dem Schiffe einige spanische Städte sehen, als zuförderst Cadix, Puerto real an der Bay, Puerto de Sancta Maria gerade gegen Cadix über und Rota weiter hinauf nach der See.

Das Quarantainbot, oder Praktikboot, wie es unsere Schweden nennen, war eine mit grünem Zeuge verdeckte Schaluppe, die zwölf Mann ruderten, und in welcher zwey oder drey Herren des Gesundheitscollegii in Cadix saßen. Nachdem sich die Schaluppe uns an die Seite gelegt hatte, fragten sie: woher das Schiff käme? wie dasselbe und wie sein Capitain hieße? wie stark seine Besatzung? u. s. w. Die erhaltenen Antworten verzeichneten sie auf einem kleinen Papiere. Wir händigten ihnen auch das Schiffstagebuch ein, und sagten ihnen dabey, daß des verstorbenen Mannes Name und Todesart in demselben stünde. Sie nahmen das Tagebuch mit ans Land, um es dem Collegio vorzeigen zu können, befahlen uns aber vorher, keinen, vor erhal-

erhaltener Erlaubniß, vom Schiffe zu lassen; weswegen wir auch bis dahin die Gans, als das gewöhnliche Zeichen, daß ein Schiff die Quarantaine hält (wie man sagte) auf den Vortopp setzen muſten.

Ein Mann klemmte sich des Abends drey Finger ab, und wir ſahen mit Kummer, wie das eine Stück derselben an einer ⅛ Elle langen Sehne noch an der Hand hieng.

Den 10 Januar.

9.
Die Glieder des Gesundheitsrathes kamen mit einem ſchwediſchen Dollmetſcher um Mittagszeit abermals zurück, um ſich von dem Tode des verlohrnen Mannes näher zu unterrichten. Als wir es ihnen von neuen erzählten und uns auf das Tagebuch beriefen, fragten ſie: ob der Capitain es auf Seele und Seligkeit beſchweren wolle? worauf mit ja geantwortet ward. Sie erkundigten ſich hierauf nach dem Namen und Alter des erſten und zweyten Steuermannes, und fragten: ob ſie und die ganze Beſatzung in dieſer Sache einſtimmig wären? worauf ſie die vorige Antwort erhielten. Endlich zogen ſie ab und verſprachen den Nachmittag wieder zu kommen, worinn ſie auch Wort hielten. Sie kamen unter Löſung der Canonen mit dem damaligen Commißionair der Compagnie, James Gough, und mehr andern an Bord, beriefen die Mannſchaft auf das Verdeck, und als ſie alles geſund und munter fanden, ließen ſie ſie unverzüglich wieder abtreten, und der Umgang mit andern Leuten war uns nun nicht mehr unterſagt. Finden ſie aber bey ſolchen Unterſuchungen einen oder den andern krank: ſo muß ein ſolch Schiff auf dieſe Freyheit lange genug warten.

Die spanischen Bote, oder die sogenannten Barken, sind sowohl, als die grösseren Fahrzeuge wegen ihrer langen Bogspriete und der grünen Binsentaue besonders.

Picaronen, von dem spanischen Worte picaro, ein Schelm, werden die Wachtbote, welche mit Mannschaft, die geladene Gewehre bey sich haben, besetzet sind, gewöhnlich von den Fremden, (und vielleicht auch von den Spaniern) genannt. Solche Wachtbote legen sich allemal an unsere ostindische und andere Schiffe, um alle spanische Bote, welche ab und zu fahren, zu durchsuchen, und von den Sachen, die sie den Schiffen zuführen, die Zollzettel zu besehen. An den Städten liegen Jachten, die wie ihre kleinern Bote mit geladenen Gewehr versehener Mannschaft besetzet sind, um allem Schleichhandel zu wehren.

Den 13 Januar und folgende Tage.

Orselle oder Oricelle (*Lichen* Roccella) eine Moßart, die auf den Canarieninsuln, besonders aber auf Teneriffa wächst, sahe ich auf einem schwedischen Schiffe, dabey berichtet ward, daß das Pfund in Livorno ohngefähr 2 Thl. Kupfermünze kostete, und zum Rothfärben gebraucht würde.

Das Clima ist nicht sehr angenehm; den eine grosse Hitze zwinget die Einwohner in den besten Sommertagen zu Hause zu bleiben, und zu schlafen, des Nachts aber auszugehen. Ausser ihren Wohnungen fällt ihnen die Sommerhitze beschwerlich und in denselben haben sie vom May bis in die Mitte des Octobers von den Mücken viel auszustehen.

Die Ebbe und Fluth ist bey Cadix sehr merklich.

Seepflanzen sind hier am Strande sehr selten, da doch der schwedische Strand Fuci, Conservæ und mehr andere Sorten in Ueberfluß hat.

Cadix miólja ist ein länglicher erhabener Platz ausserhalb der Stadtmauer, an welchem alle zu Wasser nach der Stadt Reisende an Land steigen. Hieselbst stehen zwo Säulen von weissen Marmor, welche der Gouverneur der Stadt unter der Regierung Königs Philipps des fünften aufrichten lassen, welches auf denselben angezeichnet stehet. Ausserdem ist hier eine Wache für die Soldaten und ein kleines Zollhaus. Es lagen hier auch Mauerziegel, Olivenholz, spanische Fichten mit Aesten, Zapfen und Blättern, und schwedische Canonen ꝛc. Man hatte daselbst Früchte, Wasser und andere Sachen feil. Hier befand sich eine Menge Leute, die aber mehrentheils müßig stunden.

Das Stadtthor, welches man zu paßiren hat, wenn man von vorerwehntem Platze in die Stadt gehen will, ist doppelt, und zwar eines für die ein- das andere für die auspaßirenden bestimmet. Bey-
11. de sind mit Zugbrücken versehen und mit Soldaten besetzet, bey welchen ein Haufen scharffsichtiger Visitatoren stehen, die gemeiniglich in braune weite Kittel, auf Spanisch Caſſaquilla genannt, gekleidet sind, deren sich hier zu Lande auch andere, besonders wenn sie reiten, bedienen. Unter dem Rocke sollen sie, zu ihrer Vertheidigung, stets geladene Pistolen oder Pufferte bey sich tragen. Diese weiten braunen Röcke und niedergeschlagene Hüthe, sind ihre und ihrer Landsleute allgemeinste Tracht. Sie können einander durch die Thore ein Zeichen geben, wenn etwas vorfällt, und müssen auf alle unerlaubte Ein- oder Ausfuhre, besonders des Geldes, für welches ein gewisses Procent erleget werden muß, mit einer

ungemei-

ungemeinen Strenge sehen. Die Auspaßirenden werden so scharf visitiret, daß ich es kaum beschreiben kann. Als ich mich einstmals mit einer Tasche voll Steinarten, die zum Argwohn Anlaß gaben, eilfertig aus dem Thore begeben wollte, gerieth ein solcher Visitat.r in einen Amtseifer, griff mir in die Tasche, sahe mich drohend an und durchsuchte mich sorgfältig, fand aber zuletzt nichts, als Steine, welches ihm sehr lächerlich und seltsam vorkam.

Tobak und Schnupftobak sind einzuführen hier völlig und bey Lebensstrafe oder ewiger Verbannung auf die Galeeren verboten; der jedoch ausgenommen, den die Spanier selbst aus ihren americanischen Colonien bringen. Es kann einem also eine volle Dose Rappee die größte Ungelegenheit zu Wege bringen.

Cadix oder Cadiz, englisch *Calis*, ist die vornehmste Seestadt Spaniens, sehr volkreich, und liegt in der Landschaft Andalusien an der See, am Ende einer Insul unter 36 Grad 33 Min. Norderbreite, und 13 Grad 45 Min. Länge westlich von Upsala. Die Stadt ist mit köstlichen Mauern und Festungswerken versehen, die mit prächtigen metallenen Stücken, deren Anzahl man auf 300 angiebt, besetzet sind *).

Die

---

*) Die Stadt ist nach ihrem Ursprunge und Alterthümern beschrieben von IOAN BAPTISTA SVARETZ de SALAZAR in seiner Antiguedades de la ila y civdad de Cadiz 1610. 4to 317 Seiten, und nachher im Emporio de el orbe *Cadiz Illustrada*, investigacion de sus antiguas Grandezas, discurcida en concurso de el general imperio de *España*, por el R. P. F. GERONIMO de LA CONCEPCION, Religioso descalzo de el orden de nuestra Señora de

12. Die Mauern sowohl, als auch die meisten Häuser in der Stadt, sind von einer Steinart, die sie Selleria nennen, aufgeführet: diese hier so allgemein gebräuchliche Steinart ist:

TOPHVS *particulis testaceis, argilla et arena coadunatus;* oder ein Gemisch von Schnecken, Thon und Sand. Man sagt, daß die vorhin genannten Klippen *Porcos,* aus diesem Gesteine bestehen. Man bricht dasselbe an denen Ufern in der See, und führet es von der Mölja bey flachem Wasser in hohen Karren, unter welche man diejenigen Stücke, so zum Aufladen zu groß sind, mit Stricken anhängt, ganz sacht in die Stadt. Der Stein ist leicht zu hauen und darum zum Bauen sehr gut, weil er von Zeit zu Zeit härter wird.

Der Absatz der Mauer, auf welchen man mittelst einer Treppe kömmt, die dem Thore rechter Hand ist, ist mit holländischen Klinkern belegt und so breit und eben, als die schönste Landstraße. Von demselben siehet man, nicht ohne Vergnügen, über den äusseren Theil der Mauer, der etwan zwo Ellen höher und sehr schmal ist, die ausgehenden und vor Anker liegenden Schiffe, und unter diesen die spanische Silberflotte; nach der Stadt zu aber eine Gasse, in welcher Sallate, Wurzelwerk und allerley Früchte täglich sowohl im Winter als Sommer feil geboten werden.

Sparto nennen die Spanier eine Graßart, davon sie ihre Seile und Taue zu Fahrzeugen und andern Bedürfnissen verfertigen. Diese Graßart ist
Stipa

de el Carmene, y Gaditano de origen, que la dedica a la muy Noble y muy Leal Civdad de Cadiz. Amsterd. 1690. Fol. 663 Seiten. Es kostet hier 4 Pesos duros.

Stipa tenacissima, oder Spartum herba Plinii. CLVS. *Hist. 2. p. 220.* welche an nassen Stellen wachsen soll. Das Tauwerk hievon ist so dauerhaft, ohnerachtet es nicht getheret wird, daß die Spanier bisher nicht nöthig gehabt haben, hierinn dem Gebrauche anderer Nationen zu folgen; sondern sie trocknen ihr Graß, und spinnen es, ohne vorher zu rösten, wie wir unsern Hanf, zu allerley Gebrauche. Mit der Zeit könnte uns dieses Anleitung geben, von unsern wilden Graßarten dergleichen aufzusuchen, welche zu ähnlichen Gebrauche dienlich seyn können; und mit dem Strandrocken, (*Elymus arenarius*) in Versuchen dieser Art den Anfang zu machen. Von dem Sparto werden auch die spanischen Fußmatten gemacht, welche nach Schweden gebracht werden.

Ein Gang mit weissen Marmorpfeilern, und Ruhebänken, längst der Mauer, nahm seinen Anfang, etwas weiter hin, wo der vorhingedachte Absatz aufhörte.

Olivenbäume (*Olea* europaea) und *Populus alba* waren zu beyden Seiten gepflanzet, und wurden durch eine Wasserkunst mit unterirrdischen Rinnen auf einmal gewässert. Es hat die Stadt also den Vorzug, ein Stück eines künstlichen Gartens in ihre Mauern einzuschliessen, folglich kann man daselbst das Vergnügen des Land- und Stadtlebens zugleich und nach Gutbefinden geniessen. Der Weg weiterhin hat mit der Zeit ähnliche Zierden zu erwarten, welches ich durch die daselbst gepflanzten Bäume zu schliessen veranlaßt worden bin.

Die Wälle waren an denen übrigen Orten von gleicher Breite, und mit Sande bedeckt, daß man also mit vieler Bequemlichkeit rund um die Stadt gehen konnte. Hölzerne Creutze stunden auf den Wäl-

Wällen hie und da und auch an andern Orten aufgerichtet.

Bettler hörte man fast überall: Una limoneta por et amor de Dios y por las benditas almas à este pobre: oder andere ähnliche Bitten um Gottes oder der Heiligen willen, schreyen.

Mit dem Fischen machten sich die Soldaten auf der Mauer, wo sie saßen und ihre Angeln herunter ließen, wenn Fluth war, ein Vergnügen.

14. Mein Verlangen, ihre Kunst genauer zu betrachten, wurde mir abgeschlagen. Ich ward diesmal, und auch bey andern Gelegenheiten, inne, daß Fremde nicht die Freyheit haben, auf der Mauer stehen zu bleiben und sich von derselben umzusehen.

Die Landseite hat noch höhere Mauern, und die Gräben, Wälle und Batterien sind künstlicher angelegt, als ich es beschreiben kann. Man arbeitete noch täglich hieran.

Der Markt, nahe an dem vorhingedachten Seethore, ist, so wie eine Gasse, welche demselben zur rechten längst dem hohen Spatzierwalle geht, allemal mit Eßwaaren reichlich versehen, die man in Gewölbern, Buden, auf Tischen, in Säcken ꝛc. antrift, und da ein jeder durch Schreyen anzeigt, was er zu verkaufen hat; so ruft z. B. einer Castañas calientas y cocidas, gekochte, warme Castanien; ein anderer hat einen Wasserkrug auf dem Rücken und ein Glas in der Hand und schreyet agua del Puerto, Wasser von Port Mari; noch ein anderer leitet einen Esel, der in ihrer Sprache Borica heißet, mit Milchfässern auf dem Rücken, und schreyet Leche! Milch ꝛc. insonderheit findet man hieselbst schöne Gartengewächse.

Früchte als, Naranjas agrios Pomeranzen, Naranjas dulces oder de China Appelsinen, Limonios

nios agrios, Citronen, Limonios dulces süße Citronen, Castanien, Wallnüsse, Mandeln, Haselnüsse, Cocusnüsse (von Westindien) Feigen, Rosinen, Aepfel, Eicheln, Canariensaamen, Linsen, Pfeffer, Bohnen und Erbsen von allerhand Art.

Grünes, z. B. Sellerie, Endivien und andern Sallat, Blumen= Savoier= und weissen Kohl, Petersilie, Spargel, welcher auf ihren trocknen Bergen wild wächst.

Wurzeln als grosse Potatos (*Convolvulus Batatas*) von Geschmack fast wie gelbe Rüben, die man auch hieselbst findet; langer röthlicher und wohlschmeckender Radies, eine Menge Laucharten, als Purio, Chalotten, Weislauch, den sie zu ihrer Fleischwurst häufig essen; allerley Eßwaaren zu geschweigen.

15.

Fische, besonders gesalzene Seefische, wurden hier auf dem Markte in unglaublicher Menge verkauft, wie ich denn über 30 Arten derselben auf Spanisch nennen hörte. Ich hatte auch Gelegenheit eine grosse Anzahl durchzusehen, lasse aber hier ihre Beschreibungen und Namen mit Fleiß weg.

Die Häuser sowohl Privathäuser, als öffentliche Gebäude, sind größtentheils von den oben S. 7. beschriebenen Steinen, wie auch von einer Gattung Kalksteine aufgeführet. Sie haben mehrentheils die Höhe von 2 bis 3 Stockwerken, und sind mit Altanen versehen, die selten und nur in den vornehmsten Häusern Fenster, mehrentheils aber statt derselben ein Paar Halbthüren haben, die man öffnet, wenn man das Tageslicht hinein lassen, oder von dem Altan die in grosser Menge vorbeygehenden Leute sehen will. In diesen Altanen haben sie gemeiniglich ihre Wasserkrüge stehen, worinn sich das zur Haushaltung gekaufte Waſſer am beſten aufbehalten läſt.

Blumentöpfe mit Raute, Rosmarin und dergleichen *) finden hier ebenfalls ihren dienlichen Platz. Die Häuſer der Vornehmern ſind ſo einwärts gebauet, daß ſie einen vierſeitigen Platz einſchlieſſen; an dem andern Stockwerke gehen innerhalb ringsherum Altane, auſſer an einigen Orten, wo innwendig an der einen Seite ein kleiner viereckiger Luſtgarten befindlich zu ſeyn pflegt, aus welchem die *Paſſiflora* cærulea an der Mauer bis über die Fenſter des zweyten Stockes klettert, allwo auf beſondern Geſtellen, Cypreſſen, (*Cupreſſus* sempervirens) ſpaniſcher Pfeffer (*Capſicum* frutescens) Citron- und Apelſinbäume u. ſ. w. ſtunden, dergleichen auch unten in den kleinen Gärten anzutreffen waren.

Die Zimmer ſind ſehr hoch, geweißt, ohne Tapeten und Mahlerey, gemeiniglich aber mit Portraiten und vergoldeten Meublen ausgezieret.

16. Man futterte hier auch in Vogelbauern Vögel, als Papagoyen (*Pſittacus* garrulus) Canarienvögel (*Fringilla* Canaria) das braune Rebhuhn von Weſtindien (*Tetrao* rufus) *Loxia* violacea und *Loxia* Cardinalis, welche ſich von dem vorhingedachten ſpaniſchen Pfeffer ernähren ſoll.

Kachelöfen und Camine waren in dieſem Lande ſo fremde, als Froſt und Schnee.

Fußböden und Dächer waren von Ziegelſteinen; die erſtern werden mehrentheils mit Matten von Sparto bedeckt; die Sparren, Latten und Steine der Dächer aber verbirgt man auf keine Weiſe,
welches

---

*) Solche Blumentöpfe kauften wir um ſie auf das Verdeck zu ſtellen für 3 Stück von Achten.

welches der Schönheit der Häuser nachtheilig seyn würde, wenn nicht theils die Gewohnheit, theils die Höhe machten, daß es nicht sehr bemerkt wird.

Die Dächer waren horizontal, und es ließ sich auf denselben sehr angenehm gehen. Gemeiniglich waren sie an den Seiten mit Blumentöpfen gezieret und glichen also Gärten; in den Töpfen waren Levcoien (*Cheiranthus* incanus) und andere schöne Blumen; wo aber diese ausgegangen waren, da konnte man die Töpfe ohne Mühe und Kosten voll *Chenopodium* hybridum, *Alsine* media, *Sonchus* oleraceus, und ausser dem *Parietaria* Lusitanica, so ebenfalls auf Dächern wächst, haben. Wo sich das Wasser auf den Dächern sammlet, da wächst *Bryum* murale, *Cotyledon* Umbilicus, auf denen trocknen Mauern aber *Lichen* parietinus. Auf den Scheidemauern zwischen den Häusern, waren zerbrochne Stücke Glas angebracht, um das Uebersteigen zu verhindern.

Thürme ohne Spitzen, waren auf verschiedenen Dächern einzeln oder mehrere angebracht. Sie hatten vier Seiten, eine Höhe von einigen Ellen, und dienten zu einer guten Aussicht über die Stadt und Schiffe.

Die Flaggen werden in den Häusern der Consuls bey Ankunft der Schiffe, auf solchen Thürmen, gehisset; diß geschahe, als wir uns auf die Reede legten, ebenfalls bey dem schwedischen Consul.

Die Thüren waren hoch, hatten gemeiniglich zween Flügel, und an den innern Gemächern oft keine Schlösser.

17.

Die Thorwege werden bey denen Vornehmen durch eine Klinke innwendig, ohne Drucker verschlossen, hingegen ist auswendig eine Klingel angebracht; wenn diese angezogen wird, so kann der Pförtner von dem Altane herab, mittelst einer Schnur die Klinke aufziehen, und den einen Thorflügel öffnen, der sich mittelst eines Gewichtes wieder zuschliesset, wenn man nur die Schnur nachläßt. Kömmt aber des Nachts jemand, so muß man, um zu verhüten, daß sich kein unangenehmer Gast im Finstern einschleiche, herunter gehen und das Thor öffnen.

Das unterste Stockwerk wird von den Vornehmen zur Stallung, zur Aufbewahrung des Futters u. d. g. gebraucht. Der Stall hatte jedoch seine besondere Thüre nach der Gasse.

Mit dem Feuer gehet man ziemlich nachläßig um, und die Kutscher giengen mit brennendem Kien in den Ställen; indessen hört man nur selten von Feuersbrünsten, weil alle Häuser maßiv sind.

Oel wurde stark in den Lampen gebrannt, deren man sich statt des Lichtes bedient. Es wird auch bey Bereitung des Essens an der Stelle der Butter gebraucht.

Die Höfe waren gewöhnlich mit viereckigen Talk- oder Topfsteinplatten belegt.

Brunnen hatten einige mitten auf den Höfen; deren Wasser aber nicht trinkbar ist, sondern zu andern Gebrauch in der Haushaltung dient.

Die Platten, mit welchen die Dächer gedeckt waren, glichen kleinen Rinnen, oder den bey uns gebräuchlichen Schmierdeckeln an den Wagen, waren aber mehr zusammen gebogen. Man deckt mit denselben die abschüßigen Dächer, die flachen aber mit Dachziegeln.

Die Gassen waren mit runden Feldsteinen gepflastert, und hatten die Rinnsteine in der Mitte, welche mit Unreinigkeiten von Fruchtschalen und dergleichen angefüllt waren, die in der Hitze sehr bald in Fäulung gehen, daher denn an den meisten Orten ein sehr übeler Geruch zu entstehen pflegt.

Die

Die **Einwohner** waren von der Sonnenhitze bräunlich; die meisten hatten große schmale Köpfe, große Ohren und Augen, schwarze Augenbraunen und Haare; sie waren munter, lebhaft und ungezwungen.

Man findet hier eine große Vermischung der europäischen Nationen, und ausserdem Negern, deren man sich mehrentheils zu den Arbeiten in der Küche bedienet.

Ihre Rede ist sehr nachdrücklich und besonders, denn sie begleiten ihre Worte mit gewissen Bewegungen des Kopfes, der Achseln und Arme. Die Soldatesque, sowohl Officiers, als Gemeine, werden wegen ihres freundlichen und gesitteten Betragens von den Ausländern sehr gerühmt; das Seevolk hingegen wetteifert in Ungezogenheiten, wenn sie sich einander mit ihren Boten begegnen, welches eine unter ihnen gebräuchliche Art des Grüssens seyn soll.

Die **Kleidung** der Mannspersonen ist sehr bequem; denn wenn sie nicht sonderlich prächtig seyn wollen, bedecken sie ihre balbirten Häupter mit einer Mütze von weisser Leinewand und einem niedergeschlagenen Huthe, um dessen Kopf sie ein mit einer kleinen Schnalle versehenes Band legen, und damit der Wind ihn nicht abwerfen möge, durch ein anderes Band unter dem Halse anbinden. Sie gebrauchen keine Halstücher. Ihre übrige Tracht ist eine kleine Weste, deren Ermel an der Hand offen und mit kleinen Preußischen Aufschlägen besetzet sind; über dieselbe ziehen sie eine lange weite Kappe, welche gewöhnlich schwarz oder braun ist; ihre Füsse sind mit leinenen Strümpfen und Socken darunter, und Schuhen mit niedrigen Quartieren und Absätzen bedeckt, obgleich die unreinen Gassen höhere erforderten. Sie führen ausser einem couleurten Schnupftuche zur Abtrocknung des Schweisses auch noch ein weisses bey sich. Bisweilen sahe man einige junge Leute mit Müffen gehen, ohneractet es damals so warm war, als es des Sommers in Schweden ist. Mit Gold besetzte Kleider sind bey den Niedern eben so wenig, als bey den Grossen etwas rares. Die Vornehmen tragen Stöcke, welches ein besonderes Ehrenzeichen vorstellen soll, wenn sie nicht angekleidet sind. Einige, die schwere Krankheiten überstanden, oder grossem Unglücke entgangen, hatten ein Gelübde gethan, sich Zeitlebens grau zu kleiden.

19.

Das Frauenzimmer trug ihr eigen Haar, entweder in langen und breiten Flechten, oder kurz mit Touppee und Aigrette darauf; oder aber wie die schwedischen Bauermädchens, in die Höhe gebunden. Fischbeinröcke waren nicht gebräuchlich. Sonst tragen sie eine Art einer Enveloppe von schwarzen seidenem Zeuge, die um den Leib fest ist, und worein sie auf der Gasse den Kopf hüllen, in Häusern aber sie auf den Rücken werfen; davon hängen zwey einer Hand breite Streifen von demselben Zeuge bis auf die Füsse. Wenn sie in die Kirche gehen wollen, so gehört ein Rosenkranz oder Paternoster, und ein Fecher in der Hand, nothwendig mit zum Putz.

Der schwedische Consul, Herr Jacob Bellmann, ward wegen seiner Zärtlichkeit gegen seine Landsleute und Freundlichkeit gegen jedermann geehret und geliebet. An dem Portale seiner Wohnung, dem Eingange gerade über, stund das schwedische Wapen, in seinen Zimmern aber hiengen die Bildnisse unseres damaligen allergnädigsten Königs Friedrichs, des jetztregierenden Königs, und Königinn

niginn Majestäten, und des Kronprinzen **Gustavs** Königl. Hoheit.

Kirchen, Oratoria, Klöster und Hospitäler sind sehr schön. Die noch unvollendete Kirche von weissen Marmor, zu welcher die Stadt seit langer Zeit und noch jährlich etwas gewisses erleget, ist unter denselben die größte und kostbarste. Das unterirrdische Gewölbe derselben, welches an und vor sich die Größe einer ziemlichen Kirche hat, und in welchem bereits Leichen beygesetzet werden, ist, wie man sagte, ganz fertig, die Mauern über der Erde aber sind noch nicht hoch genug aufgeführet; gleichwohl wird für den Patron dieser Kirche beständig Licht gebrannt. Derselbe ist S. Francisco Xavier, der wegen der Verkündigung seiner Lehre in Japan von den Heyden zum Märtyrer gemacht wurde, und so viele Wunderwerke verrichtet haben soll, als Wachslichter um sein Bild brennen, weswegen die Einwohner im Vorbeygehen, den Huth abziehen.

Weissen glimrigen Marmor (*Calcarius* scintillans WALLERII) sägete, hieb und schliff man zur Bekleidung der Kirche, und zog ihn vermittelst eines Trittrades, darinn zween Mann giengen, auf die Mauer. In den Kirchen brannten Wachslichter und Räucherkerzen Tag und Nacht. Bey denen Eingängen steht ihr agua benedita oder Weyhwasser in einer Schüssel oder Gefässe, in welches sie beym Ein- und Ausgehen die Finger tauchen und sich damit bekreutzen.

Das Kirchenpflaster besteht überall aus Steinen. Auf denselben knien, in Ermangelung der Bänke, Männer und Weiber, Hohe und Geringe.

Die Glocken läutete man rund um und also gar nicht wie bey uns; man bimmelte fast den ganzen

20.

zen Tag, bald auf dem einen, bald auf dem andern, bald auf allen Thürmen zugleich, zur Betstunde, zur Messe, des Gewitters und der Todten wegen, und dies letztere besonders des Abends, da sie ihre Todtenmessen halten.

Rosario oder einen Rosenkranz muß ein jeder beyderley Geschlechtes tragen, um die Zahl seiner Gebete darnach einrichten zu können. Er besteht aus einer feinen silbernen oder meßingenen Kette mit Glaßcorallen oder Perlen ꝛc. und einem Creutze, woran noch drey oder mehr Medaillen, mit den Bildern der Heiligen, die man am höchsten schätzet, hängen.

Das Kreutzen geschieht mit dem Daumen vor und nach ihrem Gottesdienste oder Gebete dreymal, nehmlich für der Stirne, dem Munde und auf der Brust, damit nichts sündliches die Augen, den Mund und das Herz beflecken möge; welches für sie um desto nöthiger ist, da sie nach ihrem Catechismus glauben, daß das Zeichen des Kreutzes das vornehmste Kennzeichen eines Christen ist.

Heyrathen geschehen zeitig genug, denn ein Knabe von vierzehen und ein Mädchen von zwölf Jahren haben Erlaubniß sich zu ehlichen.

Ihre Begräbnisse sind von unsern in vielen Stücken unterschieden. Sie tragen vor der Leiche ein Kreutz und Laternen. Wenn die Leiche ins Grab gesenket, werfen sie ungelöschten Kalk mit hinein. Des Abends höret man für die Todten Messe lesen und die Orgeln spielen, wiewohl die Lebendigen nur Nutzen davon haben. Ihre Kirchhöfe sind ausser der Stadt; auf denenselben begraben sie ihre Leichen, verstatten aber keinem Protestanten in ihren Gräbern eine Ruhestelle.

21.

Die

Die Proceßionen könnten von einem Unkundigen leichtlich für Leichenbegängnisse angesehen werden. Sie bestehen aus einem Haufen vornehmerer und geringerer Leute, welche unter Vorhertragung eines Creutzes und vieler Laternen, die Stadt ordentlich durchwandern, und dabey die Litaney und das Te Deum absingen. Diese Gänge stellen sie jeden ersten Sonntag im Monat und an gewissen jährlichen Festtagen, als den 2 Febr. den 25 März, den 15 Aug. den 8 Septembr. und den 8 Decembr., ausserdem aber an verschiedenen Tagen der Heiligen, und wenn für die Gefangenen Speise gesammlet werden soll, da sie Kessel, Schüsseln, Töpfe rc. mitnehmen, an. Begegnet man einer solchen Gesellschaft, so siehet man bey gewissen Gelegenheiten die Leute stille stehen, die Häupter entblössen, auf die Knie fallen, wie unrein auch die Gasse seyn mag, und kurz, ihnen alle mögliche Ehrerbiethung erweisen. Drey Tage vor der Fasten haben sie Erlaubniß sich auf allerley Weise zu erlustigen; sie werfen alsdenn auf die Vorbeygehenden überzogenen Kümmel und wohl schlimmere Sachen.

Die Schulen haben Rector und Collegen, welche die Kinder das Christenthum und die Meßformeln lehren, welche sie alle zugleich her zu murmeln angeführet werden. Sie geben selten zu einer andern, als zu der Muttersprache Anleitung, und man sagt, daß ausser den Jesuiten nur sehr wenige Latein verstünden, welche sich einer besondern Aussprache bedienen, so sagen sie zum Beyspiel für mihi, miki &c. Das Hebräische und die Juden sind den Spaniern gleich lieb, weswegen sie beyde von ihren Collegiis ausschliessen.

Die spänische Poesie wird sehr hoch geachtet, besonders werden die Werke des Quevedo fast ohne

Maaß gerühmt. Comödien in Versen werden häufig gedruckt und beständig vorgestellt und ihre Durchlesung ist das vornehmste Vergnügen vieler Leute. Den Zustand der Wissenschaften in Spanien hat der gelehrte spanische Benedictinermönch

22. GERONIMO FEJOO in seinen Cartas eruditas, oder gelehrten Briefen 1750. Tom 3. carta 31. p. 384. am allerbesten geschildert. Nachdem er angemerkt hat, daß die Schmeicheley die Scribenten dieses Landes zu sehr eingenommen habe, daß dieser Fehler ihnen auf vielfache Weise Verachtung zuziehe, daß sich einige über seine Schriften, sein Theatrum criticum sowohl als das jetzt genannte Werk, ärgern und daß sie, wenn sie ihm auf keine andere Weise etwas zur Last legen können, sich mit Lügen behelfen, und sagen:

> Iamque faces & saxa volant, furor arma ministrat. --
> Quod genus hoc hominum quaeve hunc tam barbara morem
> Permittit patria. VIRG. Æneid. L. I.

So zeiget er endlich, daß die Ursache hiezu nichts anders als Unverstand ist. Seine eigene Worte sind folgende:

„Ein jeder, der sich vorsetzet, etwas zu schreiben, „hat zu erwegen, daß er bereits tausend Feinde wi„der sich habe. Tausend? ich sage zu wenig. Sei„ne Unfreunde sind oder können wenigstens alle die „werden, welche berühmt werden wollen, ohne das „Vermögen dazu zu besitzen. Seine Unfreunde „sind oder können wenigstens alle diejenigen wer„den, die, obgleich ihre Widersprüche zwar nicht „Stich halten; dennoch aber nicht nachgeben, weil „sie dafür halten, das Publicum habe sie über alle

„im

„im Reiche gesetzet. Seine Unfreunde sind oder
„können wenigstens alle diejenigen werden, deren
„Meynungen er bestreitet; denn sie sehen, daß ihr
„Credit so viel mehr abnimmt, als der Verfasser
„Beyfall erhält. Seine Feinde sind oder können
„wenigstens alle diejenigen werden, die das Volk in
„einer allgemeinen Unwissenheit zu erhalten bemühet
„sind. Wer siehet nicht, daß dieses die fertigste
„Feder furchtsam machen kann, und das um desto
„mehr, wenn man dabey erwegt, wie viele und leich=
„te Mittel es giebt, dem Publico auch wider die
„beste Schrift Mißtrauen einzuflößen. Es sind
„falsche Ausrechnungen, ein unordentlicher Kopf,
„boshafte Auslegungen, verstümmelte Perioden:
„es sind Unwahrheiten und endlich eine grobe und
„unverschämte Schreibart. Das allgemeinste Ur= 23.
„theil des Neides über Schriften, die etwas beson=
„ders enthalten, ist in Spanien, daß es bloße Cu=
„riositäten sind, die zu nichts dienen und ohne wel=
„che man alles Nöthige doch wissen kann, welches
„Urtheil sie über alle Werke der Ausländer fällen,
„gerade, als ob sie lauter unnütze Sachen enthielten.
„Aber gesetzt, daß diese Curiositäten objective genom=
„men, zu nichts dienten, so kann doch das Lesen der=
„selben von großem Nutzen seyn. Sollte das Ver=
„gnügen der Lecture nicht anständiger seyn, als wenn
„man seine Stunden in Ermangelung des Lesens
„tausendmal schlechter zubringt? Sollte es keine
„Wissenschaft seyn, diese Curiositäten zu wissen?
„Sollte es nicht besser seyn sich um dieselben, als
„um Weibergewäsche zu bekümmern, bey welchen
„es ohne lieblose Beurtheilungen des Nächsten nicht
„abgeht? Sollte es nicht besser seyn, eine Gesell=
„schaft durch Versuche aus der Naturkunde zu er=
„gétzen, als sie mit einem unnützen Gespräche, das
„böse

„böse Folgen nach sich ziehen kann, zu unterhalten?
„Man betrachte den zureichenden Vorrath unserer
„Bücher, mit welchen man die Zeit vergnügt zu=
„bringen kann! Sagt man von Comödien und Lie=
„dern, so sind ihrer freylich genug; aber sie können
„von vielen, besonders von jungen Leuten, nicht oh=
„ne Schaden gelesen werden. Gesetzt aber, dies
„wäre nicht; sollte es dennoch nicht besser seyn,
„Schriften von der Naturkunde, der Sternkennt=
„niß, der Kräuterwissenschaft, der Erdbeschreibung,
„der Naturgeschichte u. s. w. zu lesen? Denn alle
„diese Dinge sind viel gründlicher, und bleibender,
„als das Vergnügen, welches das Lesen vorbey ge=
„gangener Begebenheiten, Händel ꝛc. zurücke läßt,
„daher dieses jenen aus Misgunst so genannten Cu=
„riositäten auf keine Weise an die Seite zu setzen ist.
„Diese Curiositäten zeigen den Spaniern, wie weit
„die Ausländer bereits in der Naturkunde, Mathe=
„matik, Zergliederungskunst, Optik, Kräuterkennt=
„niß und andern Wissenschaften gekommen sind.
„Diese Curiositäten zeigen den Spaniern, wie
„der Zuwachs dieser und anderer Wissenschaften die
„Ausländer in den Stand gesetzet hat, solche freye

24. „Künste zur Vollkommenheit zu bringen, die das
„menschliche Leben bequem und weniger beschwerlich
„machen. Wer in Spanien würde es nicht für
„eine bloße astronomische Curiosität halten, daß der
„berühmte Florentiner GALILAEUS GALILAEI
„die fünf Jupiterstrabanten entdeckt, und für eine
„geometrische Curiosität, daß der nahmkundige
„Holländer HUIGHENS die krumme Linie Cycloi=
„da erfunden hat? Aber die Entdeckung der Tra=
„banten des Jupiters war der Erdbeschreibung nütz=
„lich und diente zur Bestimmung der rechten Lage
„vieler Häfen, wodurch manche Schiffbrüche ver=
„hütet

"hütet sind; und Huighens Cycloide brachte die
"Penduluhr zu mehrerer Vollkommenheit. Wer
"in Spanien würde nicht sagen, und wer sagt
"nicht, daß die Untersuchung der Gestalt der Erde,
"welche der König von Frankreich in den letztver-
"flossenen Jahren durch zehen gelehrte Männer,
"nicht ohne grosse Kosten besorgt, zwar eine beson=
"dere, aber unnütze Arbeit sey? Diese Arbeit aber
"kann der Steuermannskunst, besonders in den
"vom Aequator entfernten Orten, eine viel grössere
"Gewißheit geben. Wer würde nicht sagen, und
"wer sagt nicht, daß die jetzo so häufig angestellten
"electrischen Versuche nur zum Vergnügen der
"Müßiggänger dienen? Aber, wo ich nicht irre, so
"hat man bereits in England durch Proben gezeigt,
"daß man die Lähmung, eine Krankheit, die durch-
"gängig für unheilbar gehalten wird, damit curiren
"könne, und es ist wahrscheinlich, daß künftig meh=
"rerer Nutzen durch mehr neue Versuche werde ent=
"decket werden. Wer würde nicht sagen, daß eine
"krumme Linie, die Herr Newton erfunden, zu
"nichts weiter tauge, als daß sie denen Mathemati=
"kern was zu reden mache? aber die Anwendung
"derselben bey dem Bau der Schiffe hat zu einem
"schnelleren Seegeln vieles beygetragen. Wer in
"Spanien würde nicht sagen, und wer sagt es
"nicht noch, daß die weitläuftigen Untersuchun=
"gen, welche die Ausländer in Absicht der Bil=
"dung und Stellung aller Theile des menschlichen
"Körpers vornehmen, und wobey sie, der Feinig=
"keit der Objecte wegen, sich öfters der Vergrösse=
"rungsgläser bedienen, nur eine blosse Curiosität
"sey? Aber die Anwendung derselben hat sehr vie=
"len chirurgischen Operationen Zuverläßigkeit ver=
"schaffet, so daß jetzo viele geheilet werden, die vor

C ptausend

„tausend Jahren für unheilbar gehalten seyn wür„den. Ich würde kein Ende finden, wenn ich fort„fahren wollte, alle die Vortheile zu erzählen, wel„che aus den verschiedenen Erfindungen und Ver„suchen der Ausländer geflossen sind, die die Spa„nier für unnütze Werke der Neubegierde halten. „Die Spanier sage ich. Aber welche Spanier? „Weit entfernt, daß ich diesen Vorwurf der ganzen „Nation machen sollte. Er trift nur einige thö„richte Spanier, einige unverständige Großprah„ler, welche sich die Welt zu überreden bemühen, „daß man nicht mehr lernen könne, als sie bereits „wissen, ohnerachtet ihnen nicht unbekannt ist, daß „ihre Wissenschaft dermaßen klein ist, daß sie nicht „den hundertsten Theil des Werthes des Papieres „ihrer Schriften beträgt. Die medicinischen Wahr„heiten, welche ich öffentlich bekannt gemacht habe, „sind Spanien sehr vortheilhaft geworden. Zu„förderst sind in dem geringeren Einkaufe auslän„discher Heilkräuter ansehnliche Summen erspart, „welche Ersparung ihren Grund theils in der Ueber„zeugung der Aerzte von der Ungewißheit ihrer Kunst, „theils und noch mehr in der Ueberzeugung unzähl„barer Kranken von dem Nachtheile des häufigen „Gebrauchs der Arzeneyen hat. Ich bin überzeugt, „daß Spanien durch dieses Mittel von dem Jahr „1726. an bis jetzo, viele Millionen Thaler weni„ger ausgegeben habe, als es würde ausgegeben ha„ben, maßen man aller Orten bemerkt, daß die „Ausgaben derer Apotheker geringer sind, als sie „zu seyn pflegten. Gegenwärtig verschreiben über„haupt die Medici weniger, als die, welche es nicht „sind. Feldscherer und Bader, denen es nie ge„fällt, wenn man sich einem Medico anvertrauet, „sind diejenigen, welche in denen Apotheken die „grösten

„gröſten Rechnungen haben, wohl wiſſend, daß ſie „aus keiner andern Urſache mehr verſchreiben, als „weil ſie weniger wiſſen u. ſ. w.

Gegen dieſen Mann hat FRANCISCO SOTO MARNE geſchrieben; FEJOO aber vertheidigte ſich in ſeiner Schrift, die die Aufſchrift hat:

Juſta repulſa de iniguas acuſationes. Carta edit. 2. Madrid 1749. 4to.

Buchbinderladen fand man hier verſchiedene und in denenſelben theils ſpaniſche Bücher, welche von der Religion handelten, auf elend Pappier gedruckt, in weiche Pappdeckel gebunden und ſtatt Klauſuren mit Riemen verſehen waren; theils Franzöſiſche gut gebundene, von der Naturhiſtorie, Medicingeſchichte ꝛc. Man hatte auch alte Bücher auf Tiſchen auf dem Markte und anderer Orten feil.

Die Bibel zu leſen, ſtehet nur der Geiſtlichkeit frey, worauf die Inquiſition genau ſiehet. Sie wird daher nicht in der ſpaniſchen, ſondern nur in der lateiniſchen Sprache feil gehalten, da nun die Spanier ſich nur ſelten mit einer andern, als ihrer Mutterſprache abgeben, ſo kann dies Verbot deſto weniger übertreten werden.

Ihr Catechismus, oder ihre ſogenannte Doctrina Chriſtiana iſt ſehr kurz und in 12mo. Die erſte Frage in demſelben iſt: Was hat der Chriſt für ein Kennzeichen? Antwort: das Creutzen, von welchem, wie es geſchieht, vorher Nachricht gegeben. Es werden in demſelben ſieben Sacramente angeführet, nehmlich: Bautismo, Confirmacion, Poenitencia, Communion, Extrema uncion, Orden, Matrimonio, wobey erinnert wird, daß die fünf erſten nothwendig ſind.

Barmherzigkeitswerke werden 14 genannt, unter denen auch das Almoſengeben an Fremde iſt.

Er führet sieben Peccados capitales oder Hauptsünden, und eben so viele Tugenden an:

1) Soberbia der Hochmuth.
2) Avaricia der Geitz.
3) Luxuria die Unmäßigkeit.
4) Ira der Zorn.
5) Gula die Trunkenheit.
6) Invidia die Mißgunst.
7) Pereza die Faulheit.

1) Humilidad die Demuth.
2) Largueza die Freygebigkeit.
3) Castidad die Keuschheit.
4) Patiencia die Geduld.
5) Templanza die Mäßigkeit.
6) Caridad die Liebe.
7) Diligencia der Fleiß.

27. Zur Erlernung der spanischen Sprache wird man kaum ein besseres Wörterbuch als des SOBRINI antreffen, welches Spanisch und Französisch 1744. in 2 Theilen in 4to herausgekommen ist. Der Preis desselben war hier 4½ Pesos. Des SOBRINI Grammatica kostete so wie seine Gespräche jedes einen Peso. Da aber die Aussprache der spanischen Wörter sich nicht leicht aus einer fremden Grammatik erlernen läßt, so dürften folgende Anmerkungen einem Schweden nützlich seyn.

A a wird wie das schwedische a gelesen.

B be liest man im Anfange eines Wortes, wie im Schwedischen: z. B. Basa ein Glas; in der Mitte eines Wortes aber wie w. z. B. Sabér wissen wird gelesen Sawer, weswegen man es öfters statt v gebraucht, als z. B. Caveza auch Cabeza der Kopf. Dieser Umtausch aber passet sich nicht vor l und r, denn

denn man kann nicht havlar, statt hablar reden oder schreiben.

C Ce wie im Schwedischen. Vor i und e wie z; vor a, o und u wie k, ausgenommen wenn man cedilla darunter setzet z. B. çupia liest man supia. Sc liest man eben so, wenn h gleich darauf folgt, z. B. conoscér wird gelesen konosår kennen; man spricht es wie folgenden Buchstaben lispelnd aus.

ç Ce oder c con cedilla wird lispelnd wie z ausgesprochen, weswegen diese Buchstaben im Schreiben ofte verwechselt werden.

Ch wird wie tj gelesen z. B. Ocho achte wie Ottio; folgendes aber ausgenommen; machina, anichillar, charidad.

D de wie im Schwedischen.

E å wird bald wie å, z. B. Ser bleiben, liest man Sår; bald wie e gelesen, als Quien, quienes, welcher, welche, lies kien kienas; Tengo ich habe, lies Tången.

F f wie im Schwedischen.

G Khå lieset man für e und i wie h oder mehr kh, doch so, daß man das k kaum höret. Z. B. Getheos lies Håteos, mugér ein Weib lies muhår oder mukher. Für a, o und u aber hart z. B. Garba, Gomez, Gumina.

G vor a, o und u wie im Schwedischen z. B. manga der Arm, huelgome das ist mir lieb.

H atje wird im Anfange eines Wortes nicht ausgesprochen z. B. hombre lies ombre.

I i wie im Schwedischen.

j spricht man wie kh aus, doch so, daß man das k kaum höret z. B. Joseph lies Khosså.

K wird nie, als nur in fremden Wörtern gebraucht.

L ållå wie im Schwedischen.

LL liest

LL åljå liest man wie lj z. B. llamar neu lies ljamar.

M åmå wie im Schwedischen, am Ende des Wortes aber wie n g z. B. Ephraim lies Efraing.

N enå wird am Ende des Wortes wie ng gelesen z. B. razon lies rasong die Ursache. Im übrigen braucht man es wie im Schwedischen.

N˜ ånjå wird wie nj gelesen, als años lies anjos das Jahr.

O å lies wie å und bisweilen wie o.

P på wie im Schwedischen.

Ph wie f, am Ende eines Wortes aber wird es nicht gehöret z. B. Joseph lies Khosa.

Q khu liest man wie k, wenn u darauf folget, z. B. Que lies kå, Quitar lies kitar; in Wörtern lateinischer Herkunft z. B. Question, eloquentia ist dies nicht so.

R årå wie im Schwedischen.

S åså wie im Schwedischen, bisweilen aber wie ein doppelt s z. B. cosa lies kossa. Eines doppelten ss bedient man sich in fremden Wörtern und bisweilen in einigen neuen Spanischen.

T tåå wie im Schwedischen. Tj schreibt man ci.

U, o spricht man, als das Mittel zwischen u und o aus; hinter g aber wie w, z. B. agua Wasser, lies agwa; hievon wird ausgenommen arguir, welches argoir, Guia wie gia und ignales wie igales gelesen wird.

V lieset man wie b, z. B. ver lies ber, bisweilen aber wie w als in verdad.

X åckis lieset man vor einem Vocal eben wie j, nehmlich wie kh. Z. B. Paxora ein kleiner Vogel lies Packharo; wovon es kömmt, daß diese beyden Buchstaben öfters verwechselt werden, wie dexar und dejar. Es wird auch bisweilen als ss ausgesprochen

sprochen, als maximo lies massimo. Vor einem consonante wird es mehrentheils wie f gelesen, als pretexto lies prätästo.

Y y liest man wie das lange j im Schwedischen, z. B. major lies mayår grösser, für meyor, besser lies måjår. Wenn das y ein copulativum ist, so liest man es wie i, und wenn sich das darauf folgende Wort mit j anfängt, verwandelt man es in e, z. B. falso e impossible. In griechischen Wörten behält man den Laut des y.

Z sede liest man, wie vorher von c gesagt, doch etwas härter, als dezir.

Kein protestantisches Buch darf in die Stadt kommen, ehe und bevor es die Herren der Inquisition durchgesehen haben. Solche Weitläuftigkeit zu vermeiden, wagte ich nicht ein Buch an Land zu nehmen, ob ich derselben gleich öfters, besonders der Naturhistorie wegen benöthigt gewesen wäre.

Die Speisen sind wegen der vielen bey uns unbekannten Fischarten, Früchte und Wurzeln, bisweilen etwas fremde. Ich habe kein Rockenbrod, noch viel weniger geringeres und hart Brod, sondern nur Spanisches oder Französisches gesehen. Das letztere, das man hier von englischem Weitzen bäckt, ist bey uns bekannt genug. Die grosse Dürre verursacht ofte Mißwachs, der auch das Jahr vorher gewesen war. Das Zuckerbrod, welches von Geschmacke und Grösse dem Biscuit der Franzosen ähnlich ist, heist auf Spanisch Visocho. Man tunkte dasselbe über Tische mehrentheils in Wein. Es giebt hier auch eine Art von Zuckerbrod, welches das Ansehen der Pfefferkuchen hat, oben vergoldet und aus Wassermelonen gemacht wird; welches auf Spanisch Calabassa heisset.

In der Fastenzeit durfte keiner, als nur Kranke, die sich für eine gewisse Abgabe einen Freyheitszettul dazu verschaffet hatten, Fleisch essen. Da man hier die Kühe selten melket, so hält man ihr Fleisch für das beste. Statt der Kühe melket man Schaafe, Ziegen und Esel. Wir kauften für unser Schiff ein paar Ochsen, deren Fleisch ungemein trocken war, welches ausser Zweifel theils von denen Bremslarven, die sie um diese Zeit in ihrer Haut zu ernähren genöthigt sind, theils von dem Mangel guter Weide herrühret; denn den schönen schwedischen Graswuchs vermißte man hier durchgängig; statt desselben aber waren die Weiden mit Disteln und andern scharfen Gewächsen, welche ich ihres Ortes anführen werde, bedeckt.

Sovaja nannte man eine Art Getraide, welches in die eingeschlossenen Plätze der Stadt, nicht für Menschen, sondern für das Vieh gesäet wird. Sie verkauften es an uns bundweise, da es noch grün war und keine Aehren gesetzet hatte, welches im Märzmonat zu geschehen pflegt.

Die Bienenzucht wird nicht geringe geschätzet, wenn sich das spanische Sprüchwort anders bestätigen soll: Abéya y oveja, y piedra que traveja, y pendola trans oreja, y parte en la Igreja deséa a su hijo vieja. Die Mutter wünschet ihrem Sohne Bienen, Schaafe, Mühlsteine, die Feder hinter das Ohr und einen Platz in der Kirche.

Küchenkräuter zog man sowohl in als ausser der Stadt, besonders aber Sallat, Portulak, Spinat und Zwiebeln. Die Gärten waren mit Wällen eingefaßt, auf welchen die *Agave* americana oder americanische Aloe statt einer Hecke gepflanzet stund; wo aber diese fehlte, hatte man getrocknete *Salsola Kali*

Kali gelegt, oder auch einen von Strauchwerk geflochtenen Zaun gesetzet.

Origanum creticum, so auf Spanisch Oregano heißt und unter der Benennung des spanischen Hopfens auch bey uns bekannt ist, gebrauchte man Anjovis und andere Eßwaaren damit schmackhafter zu machen. Man berichtete mir, daß man diese Gewürzart in China mit Vortheil absetzen könne, wesfalls sie in den Apotheken, wo sie in Ueberfluß zu bekommen war, aufgekauft wurde.

Rosmarin, den wir unter die Zierden unserer Orangerien zählen, führte man hier Fuderweise zum Verkauf.

Apfelsinen und andere Früchte werden alle Tage beym Schlusse der Mahlzeit und auch ausserdem gespeiset; damit sie aber keine Krankheiten verursachen sollen, isset man Brod dazu. Es ist kein kleiner Vorzug, den ganzen Winter hindurch sich in den wohlriechenden Gärten vergnügen und die schmackhaftesten Früchte pflücken zu können, dazu die Einwohner dieser Stadt Gelegenheit haben; es giebt aber in der ganzen Stadt nicht einen einzigen Trunk gut Wasser, sondern es muß alles vom Lande gekaufet werden. Das beste Wasser kömmt von der Stadt Port Marie in Booten, oder es wird auch den Landweg durch Esel getragen und in den Häusern in grossen Steinkrügen aufbewahrt. Der Wasserhandel ernährt seinen Mann reichlich, denn wo ich mich recht besinne, so konnte ein spanisches Boot jedesmal, wenn es von gedachtem Orte Wasser holte, gegen 40 Thl. Silbermünze (etwan 17 Rthl.) verdienen. Eine solche Reise aber lies sich in vier und zwanzig Stunden ohne Beschwerde machen, wenn sie nehmlich mit der Fluth hingiengen und mit der Ebbe zurücke kamen.

Xereswein ist hier der beste und gebräuchlichste Wein, der in der nicht weit von Port Marie belegenen kleinen Stadt Xerez de la Fronteras, gepreßt wird, und ihm den Namen giebt. Ausser dem kleinen Weinvorrath, den unsere Ostindienfahrer von Schweden mit nehmen, kaufen sie hier so viel Xereswein, als sie auf der ganzen Hin- und Rückreise gebrauchen; denn da er sehr stark ist, so behält er auch in den wärmsten Himmelsstrichen seine Güte. Ein Viertel Kask, das 40 bis 45 Kannen hält, kostete gegenwärtig ohngefähr 40 Thl. Silbermünze. Tinto- oder Rotawein wird für nicht so gesund wie der vorhergehende gehalten und war auch wohlfeiler.

32. Rosinen kauft man hier auf, und setzt sie oft mit grossem Gewinn in China ab.

Spanischer Brandwein ist sehr stark und kann als Weingeist gebraucht werden. Man giebt ihn der Besatzungsmannschaft, mit $\frac{z}{z}$ Wasser vermischt, zum Morgenschluck, und bedient sich desselben auch zum Punsch, der wöchentlich zweymal nach dem Essen gegeben wird. Ausserdem aber pflegt der Capitain bey starkem Sturme die Matrosen mit Punsch oder Brandwein zu erfreuen.

Chocolade wird hier des Morgens, und bisweilen auch des Nachmittags statt Thee getrunken und Butterbrod dazu gegessen. Die Zubereitung derselben geschieht wie folget: Man trocknet die Cacaobohnen (*Theobroma* Cacao) wohl und zerreibt sie auf einem flachen Steine zu einem ganz weichen Teige, wozu man unter dem Reiben etwas Zimmet thut. Den Teig thut man in dergleichen papierne Formen, daß die Tafeln ohngefähr die Gestalt der Ziegelsteine bekommen. Eine solche Tafel wiegt ungefähr 1 Pfund. Wenn man die Chocolade

kochen

kochen will, so nimmt man auf eine zerschnittene Tafel 10 Tassen Wasser. Währendem Kochen rühret man mit einem Rührholze um, dessen dickeres Ende unten kömmt, fast die ganze Kanne ansfüllt und tief ausgeschnitten ist. Wenn man sie einschenket, so rühret man sie ebenfalls jedesmal um. In der Art der Zubereitung liegt wahrscheinlich die Ursache des bessern Geschmackes dieses Getränkes in Spanien, als bey uns, wiewohl daselbst die Vanille, eine sehr theure americanische Frucht, nicht dazu gethan wird. Thee und Caffee sahe ich nie trinken.

Die Handwerke wurden von Franzosen, Engländern und Italiänern getrieben, die mittelmäßig arbeiteten, sich aber entsetzlich hoch bezahlen liessen. Tücher und Zeuge werden mehrentheils durch französische, englische und italiänische Kaufleute hieher gebracht.

Die Börse ward in einer breiten Gasse am Markte, welche Calla nueva oder neue Strasse heisset, gehalten. Während der Versammlung der Kaufleute hieselbst ward der Ausgang der Strasse nach dem Markte zu mit einem Schlagbaume verschlossen, so wie es bey unsern Zöllen gewöhnlich ist.

Zu Feuerholz ward die spanische Fichte, der Oliven- und wie man sagte, auch der Korkbaum gebraucht, und alles nach dem Gewichte verkauft.

Das Gewichte ist in den Schriften der schwed. Acad. der Wissensch. 1746. S. 279. und nachher beydes Maas und Gewicht in gedachten Schriften 1755. S. 180. genau beschrieben.

Geld wird ausser dem, das im Lande gemünzet wird, durch die bekannte Silberflotte von America in grosser Menge ins Land gebracht. Die schwedischen ostindischen Schiffe führen jährlich gegen ein gewiß gewisses Procent viele tausend Pesos duros aus. Unser Schiff alleine holte zu dieser Reise 204199 Pesos duros 4 Reales, 2 Quartos ab.

Andere practiciren, wie man sagt, sehr viel Geld aus, und die Spanier selbst schicken dessen nicht wenig nach Ostindien und andere Orte. Geht jemand mit einer Summe Geldes aus der Stadt, und es wird entdeckt, so verlieret er dasselbe nicht nur, sondern kömmt auch ins Gefängniß, und zieht sich andere Ungelegenheiten zu.

Die Münzsorten, welche ich während meines Aufenthaltes in Spanien gesehen habe, sind folgende:

Goldene:

1) Goldstücke, die 20 Pesos courant oder 16 Pesos duros gelten.

2) Pistolen zu 37½ Real de plata oder 3 Pesos duros 7½ Real.

3) Eine portugiesische Goldmünze zu 84 Real. Auf der einen Seite stehet das portugiesische Wapen und auf der andern des Königs Brustbild mit einem R darunter und der Randschrift: IOANNES V. D. G. PORT. ET ALG. REX. 1750.

4) Englische Guineen zu 4 Pesos duros und 8 Real.

Silberne:

1) Peso duro, auf Französisch Piastre, hält 10 Reales de plata, und gilt jetzo nach schwedischen Gelde 9 Thl 24 öre Kupfermünze. Ein Courantpeso, oder ein solcher, dessen man sich in Handelsrechnungen bedient, hat 8 solcher Reales. Diese Gattung von Peso nennen die Holländer Stück von

von achten und die Spanier Reales de a Ocho. Die alten Pesos duros sind nicht wie die neuern rund. Wenn der Chineser die Wahl hat, so nimmt er die runden lieber an, denn sie fallen mehr ins Gewicht und in die Augen.

Die Javaner machen es eben so, welche gegenwärtig dieses Geld allem andern vorziehen, weil sie das Spanischcastilische Wapen darauf sehen, und also nicht, wie vorhin ofte geschehen, durch bleyerne und andere Münzen hintergangen werden können.

2) Pesetta oder Pistrine ist ein doppelter Real.

3) ein Real de Plata hält 17 Quart und ein Real de Villon halb so viel. Man sahe hier auch halbe Reale 2c. von Silber.

Kupferne:

1) Quarto oder Quart, hat den Werth 2 Ochaven, von welchen er durch die VI und eine grössere Feine unterschieden wird.

2) Ochavo ist die geringste gangbare Münze, welche ich hier zu Lande gesehen. Sie ist von verschiedener Grösse und Ansehen, und öfters grösser, als ein Quarto.

Der Pferde bedient man sich nicht zum Ziehen, und überhaupt nur selten zu Fuhrwerk, wie schön sie auch sind. Wenn der Spanier ausser der Stadt reitet, so hat er eine weite Weste oder *Caſſaquilla* an, trägt aber weder Rock noch Stiefeln, ob es wohl sehr nöthig wäre. Er bedient sich hölzerner Steigbügel, die etwas ähnliches mit einem Platteisen ohne Deckel haben; in dieselbe setzet er die Füsse, und sie dienen ihm also nicht nur zur Unterstützung, sondern auch zum Futteral für die Schuh, die Verunreinigung derselben zu verhüten.

Die

Die Maulesel (*Equus* Asinus Mulus) die bey denen Spaniern Mulo auch Mula heissen, pflegt man überall vor die Caleschen zu spannen, und fähret mit denselben sehr langsam. Ihre Wägen haben keinen Bock oder Kutschersitz, denn es reitet der Kutscher auf einem der Maulthiere. Die Maulesel pflanzen sich nicht fort, wenigstens sind dergleichen Beyspiele überaus selten. Sie entspringen, wenn man eine Stute mit einem Borick oder auch mit einem Mulo belegt. Das gemeine Volk glaubt, daß die Jungfrau Maria bey der Geburt Christi den Maulesel verflucht habe, weil er das Heu aufgefressen, welches der Ochse zusammengesucht hätte; und daß von dieser Verbannung und von nichts anders ihre Unfruchtbarkeit herrühre. Ihr Futter ist in denen Städten gemeiniglich Hechsel mit Korn.

Der Esel (*Equus* Asinus) ist kleiner, als das kleinste Pferd, und in Spanien, sowohl in denen Städten, als auf dem Lande, sehr gemein. Auf Spanisch heist der Hengst Vurro und die Stute Vurra, welches wie Burro und Burra gelesen wird. Burrico ist hievon das diminutivum und bezeichnet einen kleinen Esel, daher man ihn auf Schwedisch Borika nennet. Sie sind mager, aschfarben, werden aber nach dem Abscheren schwärzlich, und können viele Arbeit aushalten. Man futtert sie wie die Pferde mit Heckerling, sie nehmen aber auch mit dem, was in den Rinnsteinen gefunden wird, vorlieb. Wenn sie auf die Märkte kommen, so überstimmen sie das Geräusche des Volkes mit ihrem unangenehmen Geschrey. Man bedient sich derselben zu allerley Arbeit, aber nicht in die Karren zu spannen, welches man selten anders, als bey dem Steinführen vom Strande siehet; sondern man packt dem Esel Sand, Stroh, Gassenunrath, kurz, alles,

alles, was an einen andern Ort gebracht werden soll, auf den Rücken, und bedient sich dazu der Quersäcke von Matten, die oben offen sind; zum Transportiren des Wassers und der Milch aber gebraucht man eichene von Brettern gemachte Sättel, auf welche man die Fässer zu beyden Seiten legt. Das Rückenstück dieser sowohl als der Pferdesättel gehet weit herunter. Man braucht bey den Eseln weder Zaum noch Gebiß, denn der mit einer Ruthe neben hergehende oder reitende Eseltreiber schreyet nur, wenn sie aus dem Wege gehen aré oder araki, so lenken alle die von demselben Treiber regieret werden, wieder ein. Diese Thiere sahe man vor dem Landthore zu Hunderten, wo sie zur Planirung der Gegend ausserhalb der Gräben Sand trugen; diejenigen zu geschweigen, welche in der Stadt fast überall angetroffen werden. Man beschläget ihre Hufe nie, gebraucht sie aber dennoch auf denen Poststationen als Reitpferde, welches aber für einen Ungewohnten eine langsame und elende Reuterey abgiebt.

36.

Tobak rauchten beydes alt und jung, ohnerachtet er so wie der Schnupftobak sehr theuer ist. Man raucht ihn nur selten aus Tobakspfeifen, sondern aus zusammengerollten Blättern, die man auf Spanisch cigarro nennt, oder rollet auch den Cardus in Papier. Der beste spanische Schnupftobak kömmt von Cevilla. Zum Schnupftobak hat man kleine Dosen von Olivenholze, die sehr gut aussehen.

Castañiolas wurden zwey schwarze längliche Hölzchen genannt, die sich das Frauenzimmer mit Bändern an denen Daumen befestigte, um damit unter dem Tanzen ein Geräusch zu machen.

Es war angenehm, vor das Thor auf der Landseite spatzieren zu gehen, weil man daselbst nicht durch Zollbediente beunruhiget war, sondern einige höfliche Schildwachen die Fremden vielmehr zurechte wiesen.

Der Landweg war prächtig und mit Steinbänken zu beyden Seiten versehen. Das Bombenwerfen und andere Ergötzungen zogen viel und allerley Leute herbey, welche hier ausruheten. Anderer Orten aber waren die Wege nicht so schön.

Man reiset hier sowohl wegen des Vorspanns als Verpflegung viel unbequemer und theurer, als in Schweden. Die Reisenden führen allemal Büchsen und Pistolen bey sich, daß es fast das Ansehen hat, als ob sie zu Felde zögen; denn sie haben sich für den Räubereyen zu fürchten, die tiefer ins Land etwas sehr seltenes, in Andalusien aber sehr gemein seyn sollen; daher ist das Sprüchwort entstanden:

37. De el Andaluz guarda tu capuz. Al Andaluz haze la cruz, al Sevillano con una y otra mano; al Corduvés con manos y piés: Nimm deine Capuse für den Andalusier in acht, und schlage für ihn ein Creutz. Für den Sevilier kreutzige dich mit beyden Händen, für einen Cordubes aber mit Händen und Füssen.

Raubthiere und Schlangen fand ich nirgend, es begegnete mir aber jemand, welcher eine grosse Eydexe an einem Bande hatte. Diese Eydexe war über einen Fuß lang, und schimmerte von grüner, gelber und andern Farben. Sie war sehr empfindlich; denn wenn sie an die Erde gesetzt wurde, sperrte sie den Rachen gegen die Vorbeygehenden auf, besonders wenn ihr der Stock vorgehalten ward. Der Besitzer sagte, daß er sie in der Apotheke verkaufen könne.

Euphorbia Paralias hatte ihren Platz in dem sandigen Boden nahe am Strande, wohin die See ihre Wellen bisweilen warf. Sie war gegenwärtig noch ohne Fructification.

Spartium monospermum, das bey denen Spaniern Retamas heist, wächst wie Weidenbüsche an der See, so weit der Flugsand reicht. Besonders hatte dieses Gewächs auf der Halbinsel, auf welcher Cadix gebauet ist, welche fast ganz mit einem feinen weissen Sande bedeckt ist, überhand genommen, und gedeyet daselbst ungemein, obgleich fast gar keine andere Pflanzen, ausser etwa die kriechende Hauhechel (*Ononis* repens) fortkommen. Der Retamas erlangt bisweilen die Dicke eines Arms, seine Rinde ist aschfarben, die vielen Aeste sind grün, die Blätter glänzen wie Seide, die jüngern Blätter sind lanzetförmig, die älteren aber mehr stumpf, forne ein wenig gespalten und zurück gebogen. Die Blumen sind in unzählbarer Menge, klein, weis und mit rothen Kelchen. Der Nutzen dieses Gewächses ist ausnehmend: zur Dämpfung des Flugsands hat es kaum seines gleichen. Die Blätter und jungen Aeste sind Leckerbissen für die Ziegen, man merkte aber nicht, daß sie die Rinde der Stämme verletzet hätten. Durch seine schönen und lange dauernden Blumen macht es den traurigsten Ort zum schönen und lieblich riechenden Garten. Man bedienet sich der Aeste zum Binden statt des Basts; und auch die Gartengewächse, die zu Markte gebracht werden, sind damit zusammen gebunden. Das ganze Gewächs dient auch den Ziegen und Schweinen gegen die brennende Sonnenhitze zu einem immergrünen Schirme.

Die Schweine wurden hier Herden- oder Haufenweise durch eigene Hirten gehütet, die ihnen täglich Eicheln, so in Cadix oder andern Orten gekauft werden musten, und was sie sonst bedurften, austheileten. Die Schweine waren sehr groß, dünnhärig und kohlschwarz. Vielleicht stammen sie aus Africa

Africa her, welches desto wahrscheinlicher ist, da Schweine von dieser Farbe tiefer im Lande sehr selten seyn sollen. Es würde für einen Hauswirth sich der Mühe verlohnen, diese Gattung anzuschaffen, man müste sie aber auch so wie hier mästen, und ihnen täglich einige Bewegung verstatten: denn diese hindert das übermäßige Fett, und macht das Fleisch wohlschmeckend. Es ist zwar die Ausfuhre der männlichen Schweine verboten, eine trächtige Sau aber kann zur Fortpflanzung der Zucht noch nützlicher seyn. Wir kauften für unser Schiff viele Schweine und schlachteten gewöhnlich des Sonnabends eins, da denn des folgenden Tages eine Suppe oder sogenannte Puspas davon gekocht ward.

Kleine Gärten, und in denselben hier oder da einen Palmbaum (*Phoenix* dactylifera) der ihnen ein schönes Ansehen gab, fand man auch auf dieser Insul.

Den 23 Jan. und folgende Tage.

Puerto de Santa Maria, das unsere Seeleute Port Marie nennen, ist eine kleine unbefestigte Seestadt ohngefähr ¾ Meilen gerade über die Reede von Cadir. Dahin verfügte ich mich heute. Die Stadt liegt auf einer Ebene, nicht weit von dem Auslaufe eines Stromes. Wenn man in diesen Strom einläuft, so ist die Stadt zur linken, und zur rechten eine niedrige mit Büschen bedeckte kleine Insul, auf welcher der Oleander (*Nerium* Oleander), welchen die Spanier Yerva mala, das ist das böse Kraut nennen, am Wasser im Sande stand. Bey unserer Ankunft empfiengen uns die mit geladenen Gewehren bewafneten Visitatoren in einem Boote. Nachher brachte man uns in kleineren Booten auf flächeren Grund, wo wir viele Kerls antrafen, die für ein Trinkgeld die Ankommenden an das Land tragen, welches sie sehr geschickt verrichteten. Zu eben diesem Zwecke stunden auch Pferde und Esel in Bereitschaft. Die Stadt ist zwar kleiner, als Cadix, sie hat aber schönere Straßen; die öffentlichen sowohl als die Privathäuser sind wie in Cadix alle von Stein, aber kleiner. Einige derselben waren seit der letzten durch die Engländer geschehenen Plünderung noch nicht wieder aufgebauet. In einem Kloster dieses Ortes zeigte man mir einige Schränke voll Ueberbleibsel von Heiligen, meine Leser aber werden verzeihen, daß ich sie aufzuzeichnen vergessen habe. Die Häuser waren mit Blumentöpfen, und diese mit Rosmarin, Nelken und andern prächtig blühenden Blumen gezieret, das *Sempervivum* arboreum aber war noch ohne Blüte. Wo diese Schönheiten fehlten, hatte die Flora selbst auf der harten Mauer *Bryum* murale, und *Lichen* parietinus, ausser diesem aber *Cotyledon* umbilicus Veneris, dessen Blätter fast in allen Ritzen wuchsen, auch an einigen Orten *Mercurialis* anqua und *Parietaria* lusitanica gepflanzet. Vom *Sisymbrium* Irio? und *Senecio* vulgaris, waren die eingefallenen Mauern ganz gelb. Die Stadt hat frisches und recht gutes Wasser, und zwar so reichlich, daß sie über das, was ihre Einwohner gebrauchen, noch der Stadt Cadix und dem grösten Theil der auf ihrer Reede liegenden Schiffe mittheilen kann. Man hält dis Wasser in dieser Gegend für das allerbeste, wesfalls man die Wasserhändler auch in Cadix auf dem Markte, oder wo sonst dergleichen feil ist, schreyen höret: Agua del Puerto! Dem Berichte nach wird dieses Wasser ¼ Meile weit vom Lande, in unterirrdischen Canälen hieher geleitet. Es sind unterschiedliche Häuser in der Stadt, wo das Waſſer geholet wird; beſonders iſt ein beſonders dazu beſtimmtes am Strome, welches zu des Königs Philipps des fünften Zeit erbauet worden; woſelbſt die Schiffsboote anlegen, und ihr Waſſer holen, welches ſehr geſchwinde geht, indem die Röhren, ſo durch die Mauern nach dem Strome gehen, für eine geringe Erkenntlichkeit geöfnet werden. Die fünf Röhren nach der Stadtſeite, wo die Einwohner der Stadt und der Dörfer trinken und ihr Waſſer holen, rinnen beſtändig. Das andere Haus hievon war ein engliſches Wirthshaus, welches die allgemeine Herberge aller Ausländer iſt.

40. Die Blätter des *Crithmi* maritimi mit Eßig eingemacht*), wurden ſowohl hier, als in Cadix zum Braten gegeſſen. Dieſes ſaftige Kraut wächſt an den engliſchen Küſten, und vielleicht auch an ähnlichen Orten in Spanien, aber hier herum nicht. Es wird zwar nicht in Schweden angetroffen, wir haben aber ſtatt deſſelben die Salicornia und andere ſaftige Kräuter.

Der Weitzen aus einem geſtrandeten Fahrzeuge ward während der Ebbe aus dem Strome aufgenommen, mittelſt eines Siebes von dem anklebenden Leimen gewaſchen, und den Schweinen gegeben, welche dieſes Futter im Falle der Noth ſelbſt aufſuchen.

Die

---

*) Die Art dieſes und dergleichen ſalzige und ſaftige Gewächſe einzumachen, wie ſolche in England gebräuchlich iſt, beſchreibet der Herr Profeſſor Kalm in ſeiner Reiſe nach dem nordlichen America, im 2 Theile S. 97. der ſchweb. Ausg. unterm 3 Aug. D. S.

Die Gegend umher prangete bereits mit verschiedenen in völliger Blüte stehenden Gewächsen. *Malva* rotundifolia mit grossen röthlichen Blumen, wuchs um die Häuser sowohl, als auch ausserhalb der Stadt sehr häufig, und ward beydes von Ochsen und Schweinen sehr gerne gefressen; *Euphorbia* heliofcopia aber giengen sie allemal vorbey und frassen lieber im Falle der Noth den stachlichten *Carduus* syriacus, dessen weiß gefleckte Blätter die Felder zieren, der aber übrigens eine sehr schlechte Nahrung seyn mag.

Die Ochsenwärter giengen mit langen Stäben, wie die polnischen Bärenführer.

Die Lage der spanischen Länder ist in dieser Gegend an der See eben, anderer Orten aber gebürgig.

Der Boden ist ebenfalls sehr verschieden. Am Strande zeiget sich, wenn die See zurückgetreten ist, ein blauer Thon, und an demselben ein feiner weisser Sand, der hier und da das Land einige Büchsenschüsse weit vom Meere bedeckt. Er sieht oft aus wie grosse Schneeweben oder Berge, wo ihn Fichtenwälder oder andere Gewächse in dem Fortfliegen hinderlich sind. Weiter vom Meere findet man auf denen Höhen eine mit Sand und Feldsteinen gemengte Dammerde, die bald eine röthliche, bald eine andere Farbe hat. In den Thälern trift man einiger Orten eine hellblaue oder andere Thonart, so wie in einem Theile des Weitzenlandes, an.

Von Strandkräutern gab es nicht sehr viele. 41. *Spartium* monospermum und *Juncus* acutus waren nur eben hervor gekommen. Etwas weiter vom Wasser wuchs *Schoenus* (mucronatus) involucri foliis scapo longioribus. Noch weiter vom Wasser nahmen die Gehölze von der spanischen Fichte (*Pinus* pinea) ihren Anfang, die dem weiteren Treiben des

Sandes wehrete. In denselben fand ich eine *Ononis*; hier wuchsen auch *Cheiranthus* incanus, *Cerastium* viscosum, *Lotus* cytisoides und *Crepis* barbata; diese letztere blühete schon, und der Cheiranthus incanus bey meiner Abreise; die Ononis aber wartete auf eine andere Zeit.

Einige Insecten hatten ihre Wohnung im Sande, besonders *Scarabæus* (sacer) lævis, thorace inermi, capite antice sexdentato.

Gärten oder Plantagen nahmen einen grossen Theil des Feldes, ausser der Stadt, ein, und enthielten Citronen- Apfelsinen- Mandel- und Olivenbäume, welche den Eigenthümern nicht wenig einbringen.

Der Citron- der Pomeranzen- und der Apfelsinenbaum sind einander sehr nahe verwandt, und werden mehrentheils unter einander gepflanzet. Der angenehme Geruch der Blumen ist im Stande, halb todte Menschen wieder zu erwecken. Die Frucht reifet so langsam, daß darüber das ganze Jahr hingeht. Man rühmt von einigen Gärtnern, daß sie Früchte ziehen können, davon ein Theil aus Pomeranze, der andere aus Apfelsine, der dritte aus süsser und der vierte aus saurer Citrone bestehet.

Sovaja (Siehe vorher) war an einigen Orten unter die Bäume gesäet. Bisweilen waren auch Stücke in den Plantagen mit Sallat, Radies, Zwiebeln u. d. g. bestellet.

Palmbäume (*Phoenix* dactylifera) waren an wenigen Orten anzutreffen; bey dem Kloster aber standen einige, die beynahe eben so hoch waren, als das Haus. Die Datteln, deren einige von den Bäumen gefallen waren, glichen von Farbe und Grösse den weissen Pflaumen ziemlich. Die Blätter wurden geflochten und von den Mönchen zum Zierrath

Zierrath in die Häuser am Palmsonntage verschenkt, an welchem Tage man auch dergleichen auf die Gassen streuete.

Die Weinplantagen hatten gegenwärtig ein trauriges und unserem Senglande (Swedieland) ähnliches Ansehen, denn man sahe weder Blätter, noch Blumen. Die Weinstöcke waren Reihenweise gesetzet, und zwischen denen Reihen Furchen aufgeworfen. *Medicago* polymorpha und *Rumex* spinosus blüheten hier.

Der Mandelbaum, *Amygdalus* communis, Spanisch Almendro, zierete mit seinen weissen ins röthliche fallenden Blumen die Weingärten.

Der Olivenbaum, *Olea* europæa, war auf sehr grossen Feldern angebauet, deren Boden gemeiniglich aus einer röthlichen mit kleinen Steinen vermengten Dammerde bestand. Der Baum heißt auf Spanisch Olivo, die Frucht aber, oder die Oliven, açeytuna. Auf den Stämmen wuchs *Lichen* cristatus, und unter den Bäumen blüheten *Cheiranthus* trilobus und *Valeriana* Cornucopiæ. In einem dieser Oelgärten fand sich *Arum* Arisarum, welches mit seiner Wurzel sehr tief gehet. Die Oelbäume waren noch ohne Blüte und nachläßig verzäunet.

Spanische Schaafe sahe ich hier ein und andermal in kleinen Haufen. Sie waren alle weiß, und hatten bey den Augen, Ohren und Maule schwarze Flecke. Siehe LINNÆI Reise durch Westgothland. S. 58.

Kronartischocken, *Cynara* Scolymus, auf Spanisch Acanziles, oder Alcachofa, auch Cardillos, wurden auf kleinen Erdhügeln, wie bey uns der Hopfen gepflanzt; die übrigen Küchengewächse aber als Sallat, Bohnen, Rüben u. s. w. wie in Schweden gezogen.

Die zarten Pflanzen bedeckte man mit Schirmen, die fast horizontal ein paar Ellen hoch über der Erde aufgerichtet wurden. Das Wasser zum Begießen ward aus denen Brunnen mittelst eines grossen Rades, durch Menschen oder Esel herauf gezogen. Der Rand dieses Rades reichte bis ins Wasser, und an denselben waren verschiedene irdene Töpfe mit doppelten Stricken befestigt, wodurch das Wasser ausgeschöpfet wurde.

43. Die Bohnen, *Vicia* Faba, stunden unter freyem Himmel bereits in voller Blüte, die man in Schweden nicht vor Johannis zu sehen bekömmt. Ein deutlicher Beweis der Verschiedenheit des Clima.

Die Erdwälle, mit welchen man hier so wohl die Baum= als Küchengärten sehr gut einheget, sind ofte 3 Ellen hoch, und überdies mit verschiedenen dicht an einander gesetzten zackichen Gewächsen bewafnet. Unter diesen ist

Agave America das gewöhnlichste, schönste und dienlichste. Diese ist die grosse sogenannte americanische Aloe, welche auf Spanisch Pita heist. Sie ist aber keinesweges die Aloe vera oder Sempervivum, wie man vorgiebt, es wäre denn daß man alles, was beständig grünet, Sempervivum nennen wollte, welches aber eben so ungereimt wäre, als wenn man die Tanne und den Wacholder für einerley Baum halten wollte, weil beyde des Winters grün aussehen. Die Blätter, von denen man sagte, daß sie ohngefehr 6 Jahr alt wären, waren 3 Fuß lang. Die jährigen, bereits verweseten Stengel hatten über zwey Mannslängen; die neuen Stengel aber, die bereits eine Elle hoch geschossen waren, fiengen nun an ihre langen Staubkolben (antheræ) zu zeigen. Die Blumen waren gemeiniglich abgefressen, die Staubträger aber und die Stempel unverletzt.

Der

Der Nutzen der Agave ist vielfach; denn ausserdem, daß man sich derselben zu lebendigen Gärten oder Hecken bedient, röstet und handthieret man die Blätter wie den Hanf, worauf sie sich spinnen, und zu Geldbeuteln und andern Sachen gebrauchen lassen. Mit den Spitzen der Blätter, welche wie Pfriemen, spitzig und steif sind, kann man Löcher in die Ohren stechen und die Tobakspfeifen ausräumen; zu Zahnstochern aber muß man sie nicht nehmen, weil ihre Stiche (wie man sagte) sehr schwerheilende Wunden geben. Man berichtete, daß die Schmerzen vergiengen, wenn man geröstete Blätter auflegte; die Americaner heilen die geile Seuche mit dem Safte der Wurzeln. Ein mehreres kann man in dem Gedächtniß der Sophia Elisabeth Brenner, welches in Stockholm in Fol. gedruckt lesen. In demselben drückt sie sich, bey der Gelegenheit, da die erste grosse americanische Aloe im Septembr. 1708. in Schweden und zwar in Noors Sätesgård zu blühen anfieng, und den folgenden Winter damit fortfuhr, über die Eigenschaften dieser Pflanze folgendergestalt aus: „Die Agave, sagt sie, ist ein „Gewächs, das nach den einstimmigen Zeugnis„sen der glaubwürdigsten *) Schriftsteller dem In„dianer, alles, was er bedarf, darreichet. Will „er seinen Acker umzäunen, so pflanzet er sie um „denselben, weil ihre Blätter sehr steif und mit un„zählichen Stacheln bewafnet sind. Unternimmt „er einen Bau, so nimmt er die erforderlichen „Balken und Sparren von der Agave, die er statt „des Holzes gebrauchen kann, und macht das Dach „seiner Wohnung von ihren Blättern. Die Blät-

44.

*) NARDVS ANTONIVS RECHVS *de re medica nov. hispan.* Lib. VIII. Cap. 12. Romæ 1651.

„ter aber nutzen ihm noch zu viel mehrern. Er
„nimmt von denselben sein Papier, seine Wäsche,
„Kleidung, Schuh, Zwirn, Schüsseln, Teller
„und mehr Geräthe. Die Stacheln der Blätter
„dienen ihm zu Nägeln, Spiessen und Nadeln. Ge-
„fällt es ihm, so macht er sich von dem Safte Wein,
„Honig, Zucker und einen dem Eßige ähnlichen Saft.
„Vergräbt er die dicken Blätter eine Zeitlang in der
„Erde, so schmecken sie besser als Melonen und fast
„wie bezuckerte Citronen. „

45. *Cactus* Opuntia, dessen Stiel oft die Stärke eines starken Arms übertrift, dient ebenfalls zu einer
guten Verwahrung auf den Wällen, und ausserdem
noch verschiedene andere z. B. *Ilex* Aquifolium auf
Französisch Hou.

Zwischen denen stachlichten Gewächsen nahmen
verschiedene andere Gewächse ihren Aufenthalt, und
ziereten sie mit ihren schönen Blumen aus, als:

Lycium europæum.
Atriplex portulacoides.
Chenopodium ambrosiodes.
Asparagus officinalis.
- - falcatus.
- - acutifolius.
- - aphyllus.
Galium Aparina.
Aristolochia rotunda.
Fumaria officinalis, Spanisch Conojito.

Arundo Donax, Spanisch Caña, reckte sein
Haupt über alle übrigen. Seine Blumensträusse
waren vertrocknet. Man bedienet sich desselben zu
Stöcken und Angelruthen.

An der steilen Seite dieser Wälle, nach dem
Wege hin, wuchs *Bryum* acaulon ericæ tenuifoliæ
folio.

folio. DILLEN. *Musc.* 388. *f.* 49. *f.* 55. *V. Anethum* Foeniculum, *Phlomis* purpurea, *Teucrium* Iva, *Targionia* hypophylla und *Chamærops* humilis, welches letztere am besten fortkam und von oben herunter hieng. Sie blüheten jetzo noch nicht und eben so wenig als *Daphne* Gnidium, eine Strauchart, die unserm Post (*Ledum* palustre) ähnlich sahe und am Wege stand. Blühend fand ich hier

    Geranium cicutarium.
    Clypeola jonthlaspi.
    Vinca major (an einem einzigen Orte)
    Hyacinthus serotinus.
    - - monstrosus.
    Verronica agrestis.   46.
    Myosotis scorpioides arvensis.
    Thlaspi Bursa pastoris.
    Centaurea pullata.
    - - sphærocephala,
    Silene conoidea.
    Reseda glauca.
    Anagallis latifolia.
    Arum maculatum.
    Matricaria Chamomilla.
    Biscutella didyma.

In den Gärten standen, ausser den gepflanzten, folgende von selbst hervorgekommene Gewächse in Blüte:

    Papaver rhoeas.
    Stachys hirta.
    Vicia lutea.
    Eine *Physalis*.
    Solanum nigrum vulgare.
    Alsine media.
    Borago officinalis Spanisch Boraja.

Malv

Malva rotundifolia, flore maj. rubescente.
Sonchus oleraceus. Spanisch Serajas.
Urtica urens. ⎫
  – – dioica. ⎬ Spanisch Ortega.

Ricinus communis Spanisch Higuera del inferno oder höllischer Feigenbaum sparsam.

Sisymbrium Irio und

Senecio vulgaris welche auch auf Dächern, an den Rinnen und auf den Aeckern wachsen.

Punica Granatus war jetzo ohne Blume.

Auf den Feldern, die mager und öde waren, war der *Chamærops* humilis, der auf Spanisch Palmito heißt, so gemein, als bey uns der Wachholderstrauch, welchem er doch weder in der Gestalt, noch in der Höhe ähnlich ist; denn der Palmito hat einen schmalen gleichsam gedruckten Stiel, mit hakenförmigen Zacken an den Kanten. Der Stiel, dessen Länge nicht viel über ¼ Elle ist, endigt sich mit einem eben so langen Blatte, welches anfänglich wie ein Fechtel in Falten zusammen liegt, nachher aber oben aus einander springet. Wenn der Stiel länger wird, so leget er sich an die Erde, oder hängt auch, wie vorhin gesagt, herunter. Gegenwärtig hatte dieser kleine Palmbaum weder Blumen noch Frucht. Das Blatt desselben gebraucht man überall zu Besen und statt des Bastes. Die Wurzel, welche sich sehr ausbreitet, wird in den Städten verkauft, und wenn die Schale abgezogen, roh gegessen.

47.

Auf eben diesen Feldern wuchs die vorhin gedachte Distel; ferner

Illecebrum Paronychia.
Crocus Bulbocodium.
Salvia verbenaca.
Tragapogon Dalecampii.

Cynoglossum cheirifolium.
Iris Xiphium.
Calendula officinalis.
Stachys arvensis.
Marrubium vulgare (ohne Blumen)

Zwischen und unter den *Palmito*-Büschen stand blühend:

Lamium amplexicaule.
Geranium molle.
Andropogon bicorne?
Linum usitatissimum.
Sherardia arvensis.

An dem Wege zwischen den Gärten blühete:

Anemone palmata.
Asphodelus fistulosus.
- - ramosus Spanisch Gamon. Diese schöne Pflanze, welche die Höhe von etwan 5 Fuß erlangt, fand man in und ausser den Gärten.

Doronicum Bellidiastrum.
Beta vulgaris.
Echinops Ritro.
Anchusa officinalis.
Silene pendula.
Stellaria arenaria.
Lycopsis vesicaria.
Hypochœris radiata.
Ranunculus bulbosus.
Lichen physodes.
Panicum Crus galli.
Euphorbia Peplus.
- - falcata.
- - exigua.
- - helioscopia.
- - Esula.

48.

Euphor-

Euphorbia myrsinites.
Lagurus ovatus.
Rumex Acetosa.
Silene floribus lateralibus solitariis, calycibus lanatis, foliis ciliatis. Der Stengel ist schmal, einen Fuß lang, fast ganz rauh und ohne Aeste. Die Blätter sind lanzettförmig, unten am Rande mit einer weissen Wolle gehärt, der übrige Theil derselben ist fast ganz glatt. Aus den unteren Blattwinkeln entspringen kleine unvollkommene Aestchen. Die Blumen kommen aus den obern Blattwinkeln, einzeln, wechselsweise nicht aber paarweise, und stehen auf kurzen Blumenstielen. Der keulenförmige Kelch hat 10 mit einer längeren weissen Wolle bedeckte Ecken.

Den 28 Jan. und folgende Tage.

Ich gieng abermal vor die Stadt Puerto de Santa Maria, und fand ausser vorhin gedachten Pflanzen den *Ranunculus* aquatilis, dessen weisse Blumen die Teiche und Gräben fast ganz bedeckten. Eben daselbst hielt sich auch *Conferva* bullosa auf. Ich erreichte einen kleinen aus spanischen Fichten bestehenden Wald, in welchem der *Byssus* candelaris die Stämme der Bäume bekleidete. Der Wald war, so wie die Gärten, mit lebendigen Zäunen von der *Agave* umgeben. Es ist kein Wunder, daß die Kienwälder so eingeheget werden, da die dünnen und sehr harten Breter zu den Citronkisten, die öfters theurer als die Früchte zu stehen kommen, davon geschnitten werden. In dem Fichtenwalde fand ich verschiedene rare Pflanzen, und unter diesen das *Sisymbrium* sylvestre, auf welchem sich eine harige Raupe befand, die in der Folge zu einer glat-

glatten, hellgrünen, länglichen, spitzigen, kantigen, warzigen, schwarzpunctirten Puppe ward, und auf dem Rücken eine flache Bogenförmige Erhöhung hatte. In der dritten Verwandlung ward der *Papilio* Hyale f. Papilio carolinianus luteus apicibus nigris. PETIV. *Muſ. p.* 12. *T.* 7. *f.* 10. daraus.

Orchis bulbis faſciculatis, nectarii labio ovato indiviſo ſubcrenato, konnte hier genauer betrachtet werden, welches aus folgender Beschreibung erhellet: Die Wurzel beſtehet aus 2 oder mehreren fleiſchigen, einförmigen Zwiebeln, auſſer 4 bis 6 Zaſern, gegen den Anfang des Stammes. Der Stengel iſt ohngefehr Spannenlang, rund, und roth. Von den Blättern ſtehen viere nahe an der Wurzel, die unteren ſind gröſſer, länglich oval, (ovato-lanceolata); die obern ſind kleiner, bunt, wechſelsweiſe geſetzt, und bedecken mit der Scheide, worein ſie ſich nach unten endigen, den übrigen Theil des Stengels. Das Blatt, ſo unter jeder Blume ſteht, iſt lanzettförmig, und wie die kleinern Blätter des Stengels röthlich. Der Blumen ſind höchstens ſieben, ſie ſind fleiſchfarbig, und beſtehen aus 5, nehmlich drey äuſſern und zwey innern Blumenblättern, die ſich faſt gleich, lanzettförmig und nach der Länge zuſammen gewickelt (convoluta) ſind. Die untere Lippe des Honigbehältniſſes iſt eyrund, ungetheilt, ſchwach gekerbt. Die zween Staubfäden (Stamina) haben kugelförmige grüne Staubbeutel.

Antirrhinum arvenſe war ſehr klein, verrieth ſich aber doch durch ſeine gelbe Blumen.

Allium ſubhirſutum. Die Wurzel beſteht aus zwo, drey oder mehr weiſſen Zwiebeln, die unten kleine Zaſern abgeben; ihre Schuppen ſind hart, braun, über einander her gelegt, und unregelmäßig gebildet. Der Schaft iſt rund, oben

50. oben unbedeckt. Die Blätter sitzen gewöhnlich mehr nach der Wurzel zu, sind schwerdförmig, unten mit einer wenig merklichen Schärfe (carina) versehen, spitzig, am Rande behäret, länger, als der Schaft. Die Scheide ist zerrissen, und mehrentheils welk. Die Blumen bilden eine Dolde, (umbella) sind weis, und bestehen aus sechs ovalen, länglichen, hohlen, aufrechtstehenden Blumenblättern. Die sechs Staubfäden sind zugespitzt, so lang als die Krone (corolla) und sitzen auf dem Blumengrunde; die Staubbeutel sind länglich, kurz und stehen aufrecht. Der Fruchtknoten (germen) ist kugelförmig, abgestumpft, dreyeckig; der Staubweg hat die Länge der Staubfäden; die Narbe (Stigma) ist aufgerichtet. Die Saamenkapsel ist kugelförmig, mit drey Fächern. Die meisten Saamenkörner sind eyförmig, eckig. Dieses Gewächs wuchs am schönsten unter dem Gebüsch, welches aus folgendem Strauche bestand:

Passerina hirsuta: ihre Kennzeichen zeiget folgende Beschreibung. Der Stamm ist sehr ästig, von Farbe und Holz dem gemeinen Wacholder ähnlich, ohne Blätter, rund, ausgebreitet (diffusus) die Aeste sind voller Blätter und hin und her gebogen. Die Blätter stehen wechselsweise ohne Blattstiele, sind fleischig, klein, oval-lanzettförmig, in der Mitte niedergedrückt, mit eingebogenen Rande, oder kahnförmig, oben wollig, weis, unten dunkelgrün, und bedecken die Zweige. Die Blumen haben keine Blütstiele; sie kommen in Menge aus einerley Knospe mit den Blättern hervor, sind klein und gelb. Statt des fehlenden Kelches, stehen vier oder auch mehr Blätter unter den Blumen. Die Krone (corolla) besteht aus einem trichterförmigen, auswendig wolligen Blumenblatte; die

Blu-

Blumenröhre ist walzenförmig; die **Mündung** viertheilig, kürzer als die Röhre. Die Abschnitte der Mündung sind oval und zurückgerollet. Die acht **Staubfäden** sind in der Röhre befestigt, kurz, und viere derselben stehen etwas weiter herunter als die andern. Die **Staubbeutel** sind fast eyförmig, liegen auf den Fäden in die Quere, und haben zwey Fächer. Dieser Strauch wächset, wie bey uns die kleinen Wachholdersträuche, in dem Fichtenwalde, auch an andern Orten ausserhalb der Stadt, und wird hier Torvicho anderer Orten aber Tomillo genannt. Auf diesem Busche hält sich *Meloe* (maialis) fegmentorum abdominis marginibus dorfalibus rubris auf.

Saltamatos nannten die hiesigen Einwohner eine Gattung Heuschrecken, welche sich in dem vorhin gedachten Walde aufhielten. Sie hatten eine so ansehnliche Grösse, daß man sie im Vorbeyfliegen kaum von kleinen Vögeln unterscheiden konnte, welchen sie auch darinn glichen, daß sie nicht auf der Erde, sondern auf grossen Bäumen ruheten, und oft so hoch sassen, daß man sie kaum erkennen konnte.

Ausser der *Coccinella,* feptem punctata sammlete ich verschiedene rare Insecten, welche in meiner Abwesenheit im Wirthshause, dessen Zimmer allerley Fremden fast den ganzen Tag offen standen, zum Theil zerstöret wurden. Die übrig gebliebenen welche ich mit an Bord nahm, waren folgende:

Scarabæus (facer) lævis, thorace inermi, capite antice Sexdentato. *Habitat in arenofis maritimis.*

Scarabæus (Typhoeus) thorace tricorni: intermedio minore. *In campis.*

Scarabæus thorace mutico, capite cornuto, elytris ftriatis.

Carabus totus niger, ſtriis 7 in ſingulo elytro muricato.

Tenebrio (muricatus) elytris muricatis.

Papilio (Rumina) tetrapus, alis ex coccineo luteo argenteo et nigro variegatis, primoribus rotundatis ſ. *Papilio* medius gaditanus ex nigro et ſulphureo varius. CATESB.

Oniſcus (Aſilus) abdomine foliis duobus obtecto, caudæ extremo ſemiovali. *Habitat in piſcibus marinis*.

Den 8 Februar und folgende Tage.

Da ich mein gröſtes Vergnügen auf dem Lande um Port Marie fand; ſo reiſte ich heute abermal dahin, und kaum trat ich bey meinem alten Wirthe ein, als ich ſchon etwas neues antraf. Es ſtund nehmlich vor dem Fenſter eine Pflanze, die man Sanct Joſephsblume nannte und welche hier herum an niedrigen Stellen wild wachſen ſoll. Ihr Schaft war dreykantig und die Blumen ſchneeweis. Es war *Allium triquetrum*. Ich machte mich ohne Begleiter auf den Weg nach Puerto real, muſte aber des regnigten Wetters wegen, wieder umkehren. Folgende Gewächſe fand ich bey dieſer Gelegenheit blühend:

An niedrigen Orten	*Geranium* gruinum
	Bellis annua.
An den Wegen	*Ciſtus* fumana.
	- - tuberaria.
	- - ſalicifolius.
	Anemone palmata.
52.	*Antirrhinum* bipunctatum.
	unter dem Palmito.

Auf

Auf magern Hügeln
überall: Satureja capitata (sine flore)
Lavandula Stoechas.
Ornithogalum umbellatum.
Ornithopus compressus.
Antirrhinum Orontium.
Teucrium fruticans.
Leucojum autumnale.
Coronilla juncea.
Hippocrepis comosus.
Anthyllis tetraphylla.
Ruta graveolens
Cistus hirtus.
- - salvifolia, der auf Spanisch Ro heist und ein kleiner Strauch ist, so gegenwärtig wenig Ansehen hatte. Seine Aeste lagen an der Erde, mit welcher sie, so wie die Blätter, fast einerley Farbe hatten; im Märzmonat aber übertraf er mit seinen grossen, weissen, wohlriechenden Blumen alle seine Nachbaren. Es fieng an immer stärker zu regnen, weswegen ich zurück eilen muste; ich gerieth aber auf einen andern Weg, der nach der Stadt Sanct Lucas führet. Ich fand an den Gärten daselbst ein Bäumchen (Spartium spinosum) welches schöne hochgelbe Blumen hatte. Endlich sahe ich mich gezwungen, von dem Landwege zur Linken abzuweichen, da ich denn über einen wüsten Fleck kam, der, einige Haufen ausgenommen, unter Wasser stand; auf demselben wuchs eine vorhin gänzlich unbekannte Pflanze, das *Verbascum* Osbeckii nehmlich, wovon ich folgende Beschreibung machte: Das Kraut breitet sich nach allen Seiten aus. Der Stengel liegt auf der Erde, ist ungetheilt, dreyeckig, nervig. Die Blätter sind oval, mit Einschnitten am Rande; die oberen

sind kleiner, beynahe stiellos, die untern haben Blattstiele. Die Blumenstiele sind wollig, die meisten zweyspaltig, und entspringen aus den Blattwinkeln. Die Blumendecke ist bis auf die Hälfte fünffach getheilt, wollig, mit lanzettförmigen aufgerichteten Abschnitten. Die Krone ist radförmig; ihre Röhre ist kurz; die Mündung fünftheilig. Die fünf Staubfäden sind sehr kurz und sitzen auf einer Klappe, die den Fruchtknoten bedeckt; die Staubkölbchen sind länglich, aufgerichtet und länger, als die Staubfäden. Der Fruchtknoten (germen) ist beynahe rund; der Staubweg übertrift die Staubfäden an Länge; die Narbe ist ungetheilt, spitzig. Die Frucht konnte man jetzo noch nicht sehen. Die ganze Pflanze hatte einen Bisamgeruch, und möchte wohl künftig in denen Apotheken einen dienlichen Platz bekommen.

Des Nachmittags um 3 Uhr kam ich in meinem gewöhnlichen Quartiere durch und durch naß an; leistete aber etwan eine Stunde nachher einigen meiner Landsleute, welche ausser der Stadt Citronen kaufen sollten, Gesellschaft. Ich ward in einem Garten sehr bald eines besonderen Baumes gewahr, der bloß einige krumme Fruchtscheiden, aber weder Blätter noch Blumen, mithin nichts, daran man ihn erkennen konnte, hatte. Der spanische Name desselben ist Aromas, und unser aufmerksamer Löfling, welcher auf königl. spanische Unkosten nach America gereist ist, um einige Jahre hinter einander in der Naturgeschichte Anmerkungen zu machen, meldet mir in seinem Schreiben von Madrid, daß es *Mimosa* Farnesiana sey. Einer aus meiner Gesellschaft sagte, daß er an einigen Orten der Levante diese Frucht, als daselbst Mißwachs am Getreide gewesen, habe essen sehen.

Wir

Wir giengen von hier in eine Citronplantage, woselbst *Tanacetum* Balsamita, so hier Yerva de Sancta Maria hies, und *Cheiranthus* Cheiri, und zwar letzterer in Töpfen gepflanzet waren. Unter den wildwachsenden Pflanzen war die *Anchusa* officinalis und *Spergula* pentandra häufig.

Ohnweit der Stadt giengen wir bey einem Brunnen vorbey, der mit einer hohen Mauer eingefaßt war, um welche eine Rinne gieng, in welcher das Wasser zur Viehtränke stehen bleiben konnte. Der Brunnen war mit einer Gattung Binsen (*Juncus acutus*) die auf Spanisch Paron genannt wird, bedeckt. Auf den Abend kamen wir in unsere Herberge zurück, in welcher wir für eine offene Kammer und ordinairen Tisch täglich einen Piaster bezahlen musten. Rechnet man andere unvermeidliche Ausgaben hiezu, so werden 3000 Thaler Kupfermünze für die ganze Reise nach China, zu mehreren Vergnügungen auf dem Lande nicht weit reichen.

54.

Den 10 Februar.

Heute Vormittage gieng ich von der Stadt ab, in der Absicht an Bord zu gehen; ein schleunig entstandener Levantsturm oder Ostwind aber führte uns vorbey und nach Cadix, woselbst wir den folgenden Morgen um 9 Uhr nicht ohne Verwunderung an Land stiegen. Der Landweg ist viel länger, man kann aber auf demselben durch Puerto Real und Chiclana, zwey kleine wenig merkwürdige Städte, reisen.

Ich war froh aus der gefährlichen See in einen angenehmen Garten zu gelangen. Die Lusthäuser desselben bedeckte unser immer grüner Epheu (*Hedera* Helix) der auf Spanisch Yedra hies.

E 3 *Apis*

Apis violacea suchte des Vormittags auf den Bohnenblüten ihre Nahrung; des Nachmittags aber ruhete sie auf den Weinranken und anderm trocknen Strauchwerke, welches man über die bedeckten Gänge gelegt hatte, um die Hitze abzuhalten. Diese Lauben waren überall mit der *Passiflora* cærulea bedeckt, die gegenwärtig weder Blumen noch Frucht hatte. Uebrigens fand man hier ausser gedachten Bohnen, die indianische Kresse, wilde Rosen, Wunderbaum (*Ricinus* communis) und Boretsch (*Borrago* officinalis) welche auch in unseren Gärten gemein geworden sind.

Spanische Heimchen, Spanisch Grillo. halten die vornehmen Leute in kleinen Käsigen, welche man Grilleria nennet; dahingegen unsere Heimchen, ohne im geringsten geachtet zu werden, auch dem geringsten Drescher ihr Lied gerne umsonst vorsingen.

55. Den 15 und 16 Februar.

Ich unternahm abermal eine Reise nach Puerto de S. M. da ich den vorhingedachten Fichtenwald, welcher mit Hecken umgeben war, und in dem ich die schöne, nunmehr verwesete Orchis gefunden, zum andern male besuchte. Da ich aber ausser dem bereits angeführten nichts antreffen konnte, verfügte ich mich in den offenen Wald, der seinen Anfang beym Flugsande nahm und sich eine Strecke in das Land hinein zieht. Es war um denselben kein Zaun, und ich traf auch, ausser einem bescheidenen Forsthüter, keinen Menschen darinn an. An einem niedrigen Orte fand ich eine unserer schönsten Blumen, die auch in einer Orangerie eine Zierde seyn würde.

Dieses war *Ophrys* insectifera adrachnites (labio trifido): Die Wurzel ist ein Zwiebelbüschel,

büschel, dessen Zwiebeln länglicht, und die äussern kürzer, als die mittlern sind. Der Stengel ist spannenlang, grün, über der Mitte unbedeckt. Die Blätter sind grün, die Wurzelblätter oval=lanzettförmig, der Zahl nach viere oder mehrere. Die Blätter unter den Blumen (bracteæ) sind grün und haben die Länge der Blumen. Der Blumen sind wenige, ohngefehr drey. Von den Blumenblättern sind die drey äusseren länglich, die zwey innern klein wie Zähnchen. Die unterere Lippe (labium) ist oben zartwollig, dunkelroth mit sehr schönen Flecken, und in 3 Theile zerschnitten; der mittlere Abschnitt derselben ist der kleinste, daher die ganze Lippe einen fast viereckigt=herzförmigen Umriß hat. Die Staubbeutel sind gelb, eyförmig, länglich.

Endlich segelte ich nach dem Schiffe. Den darauf folgenden Sonntag empfiengen vor der Predigt 17 Mann die heilige Communion.

Den 1 und 2 März.

Regen und andere Umstände hatten mich vorher gehindert, eine Tagereise an das Land zu machen, nunmehro begab ich mich mit dem spanischen Wasserboot nach der Stadt Puerto de S. Maria, von da ich mich so fort auf den Weg nach Puerto Real machte, welcher Stadt ich auch gegen Abend sehr nahe kam, dennoch aber aus Verlangen nach meiner ehmaligen Herberge zurück kehrte. Ich hatte folgende Gewächse gefunden.

Auf einer dürren Höhe blühete

Anagallis monelli.

Mercurialis tomentosa, von dem letzteren fand ich bloß zwo Stauden, deren eine männlichen, die andere weiblichen Geschlechtes war. Da beyde nur einige Klaftern weit von einander entfernet stunden, so konnte die Befruchtung durch Hülfe des Windes noch füglich geschehen. Die *Conyza* saxatilis verbarg ihre Blumen annoch.

Die Wiesen, welche unbezäunt waren, prangten an einigen Orten mit

Adonis annua, welche zu unseren schönsten Gartenblumen gehöret.
Lupinus albus.
- - varius.
- - hirsutus.
- - luteus.
Cerinthe major.

An den Wegen.

Echium creticum.
Cistus (Tuberaria) calycibus hispidis unguibus petalorum et calycibus punctatis.
Cynoglossum Cheirifolium? corolla reflexa cærulea.
Anchusa angustifolia.

An niedrigen Orten.

Chenopodium fruticosum.
Cynara humilis.
Anthemis valentina.
Arenaria rubra.
Chrysanthemum coronarium.
- - segetum.

An einem Teiche.

Veronica Anagallis aquatica.

Am Strome.

Salicornia fruticosa.

Auf Erdhügeln:

Scorpiurus falcata.
Hyoseris radiata.
   - - Hedypnois.
   - - Rhagadioloides.
Rubus fruticosus.

In einem leimigen Grunde an den hoch liegenden Graßplätzen:

Scrophularia sambucifolia und nahe dabey
Ammi hispanicum.

In den Olivenplantagen und andern trocknen
Stellen:

Cheiranthus trilobus.

In Gruben und andern Orten wuchs:

Carex cespitosa;

zwischen den hochliegenden Graßplätzen auf einem
unfruchtbaren Berge, kam nichts fort als

Ophrys insectifera myodes, labio 4 fido.
Die Wurzel besteht aus zweyen beynahe runden Zwiebeln. Der Stengel ist oben zwey-
eckig (anceps), platt gewunden. Von den
Blättern stehen viere an der Wurzel, und diese
sind oval-lanzettförmig; das fünfte ist lanzettförmig, und endigt sich unten in eine Scheide.
Das unter jeder Blume befindliche Blatt (Bra-
ctea) ist so lang als der Eyerstock. Von den
Blumblättern sind die drey äusseren länglich
mit zurückgebogenen Rändern und die beyden
inneren gleich breit. Die obere Lippe ist grösser, als in den andern Arten, die untere Lippe
ist in vier Lappen getheilt, am Rande sehr zurück
gebogen, oben nach der Spitze zu zartwollig und

Castanienbraun, über welche ein gekrümmter glänzender Querstreif läuft. Die beyden mittelsten Lappen sind die längsten. Die Staubfäden sind fadenähnlich; die Staubbeutel eyförmig, gelb.

Des Abends hatte ich die Ehre mit zwey spanischen Priestern zu sprechen, von welchen mir der eine eine Reise nach der Stadt S. Lucas anbot, woran mich aber die Nacht und andere Umstände hinderten. Den Tag darauf gieng ich an Bord und hatte also diesen angenehmen Ort zum letzten male gesehen.

Den 6 März.

Bey meiner Ankunft in Cadix sahe ich *Hedysarum* coronarium in Menge. Die Spanier nennen es Soya und die Franzosen Saint Foin, man brachte es als Futter für das Rindvieh in grossen Bunden zur Stadt. *Tillæa* procumbens wuchs auf allen Wällen.

Den 16 März.

58. Ich begab mich mit dem Boote des Capitains Eckeberg die Bay von Cadix hinauf bis an einen Ort, wo man mit eben der Bequemlichkeit, wie bey Puerto de Sancta Maria gutes Wasser erhalten konnte, wiewohl der Weg zum Schiffe der Friede, etwas länger war, welches bemeldeter Capitain anher gebracht, um dasselbe für Rechnung der schwedischen ostindischen Compagnie zu verkaufen, weil man es nunmehro für einen Ostindienfahrer zu klein hielt. Wir kamen bey der spanischen Silberflotte und dem kleinen Castel Pontal, wo die Schweden ihre Todten gegen Bezahlung begraben dürfen, vorbey. Als wir endlich bey dem Wasserplatze ans Land stiegen, vergnügten mich so fort manche Naturalien, welche

ich

ich bisher noch nicht angetroffen hatte. Es waren hier nach allen Seiten grosse und trockne Heiden, welche ich sehr gerne ganz durchsucht hätte; der Rest des Tages aber verstattete bloß eine Gegend zu durchwandern. Wir nahmen den Weg nach der Stadt Isla und konnten folgende seltene Pflanzen betrachten:

Spartium spinosum.
Genista anglica. Spanisch Espino.
Pistacia Lentiscus.
Smilax aspera.
Ulex europaeus.
Orobanche major.
— — ramosa. Sie war von folgender Beschaffenheit.

Der Stengel ist einer Spanne und darüber lang, unzertheilt, glatt, saftig. Die Blätter unter der Blume sind lanzettförmig, unter jedweder Blume ist eines. Die Blumendecke bestehet aus einem vierspaltigen Stücke; die 4 Abschnitte desselben sind gleichbreit (lineares) und am Rande gehäret. Die Krone ist einblättig, rachenförmig; die Röhre beynahe walzenförmig, und hat die Länge des Kelches; der Rachen ist offen (dehiscens). Die obere Lippe zweyspaltig, forn eingekerbt; die untere dreyspaltig mit gleichen Abschnitten. Zwey Honigdrüsen sind in der Unterlippe und bisweilen an der Seite. Der Staubfäden sind vier, welche fast gleich, und ziemlich lang zu seyn pflegen. Die Staubbeutel weiß, doppelt (didymæ) aufgerichtet, zu einem Halbcylinder verbunden und enden sich unterhalb der Narbe mit einer kurzen Borste (seta). Der Fruchtknoten (germen) ist länglichrund; der Staubweg zugespitzt. Die Narbe keulenförmig, groß, zweytheilig

lig und mit der Spitze herunterwärts gebogen. Die Saamencapsel ist länglichrund, einfächerig, zweyschalig. Die Saamen sind sehr klein und zahlreich.

Ophrys bracteis cymbiformibus.

Die Wurzel = = =

Der Stengel hat die Länge einer Spanne. Der Blätter sind drey oder mehrere, ihre Gestalt ist oval-lanzettförmig, sie stehen wechselsweise. Die Blätter unter den Blumen sind kahnähnlich, oval, und die untersten die größten. Die drey äusseren Blumblätter sind länglich, und wie die Blätter unter der Blume, der Stengel, und die Blätter am Stengel, nicht bunt; die zwey inneren Blumblätter sind klein, oval, zusammengeneigt und fallen etwas von der grünen Farbe ab; die obere Lippe ist die kleinste, an ihrem Ursprunge gefärbt. Die untere Lippe ist fleischig, oval, stumpf oder eingekerbt, mit einwärts gebogenen Seiten farbig, einen Flügel ausgenommen, der an beyden Seitenspitzen grün ist. Die Staubfäden sind fadenförmig, einer derselben sitzt an der Unterlippe und einer an dem äussern Blumenblatte. Die Staubbeutel sind kugelrund, gelb. Der Fruchtknoten ist gefurchet. Ich fand nur eine einzele Pflanze, die vielleicht verwachsen und unnatürlich war.

Serapias lingua.

Die Wurzel besteht aus zwey hängenden, eyrunden, schwarzen Zwiebeln.

Der Stengel und die Blumen sind links gedrehet. Ersterer ist mit Blättern bedeckt. Die Zahl der Blätter beläuft sich ohngefehr auf sieben, sie sind schmal-lanzettförmig, und wie die Stengel roth punctiret. Die Blätter unter den Blumen sind mit den Blumblättern gleichgroß, und wie jene

lanzett-

lanzettförmig, gespitzt, auf der innern Fläche blaß-
roth, glänzend, aber nicht, wie die Blumenblätter,
am Grunde dunkelroth. Die zwey inneren Blumenblätter sind am Grunde am breitesten, wellenförmig gebogen, gegen die Spitze schmal, scharf zugespitzt, mit ganzen Rändern. Die Lippen sind
lang und roth; die obere hat schmale zurückgebogene
Spitzen, die untere ist dunkelroth, groß, lanzettförmig, hat gegen den Grund an beyden Seiten
Einschnitte, und ist auf der Oberfläche mit einzelnen dunkeln Haren besetzt. Die Staubfäden sind
sehr kurz, gelb. Die Staubbeutel haben eine
grüne Farbe.

Sie wächset auf den Ebenen unter dem vorhingenannten Asphodelo.

Serapias Lingua. Var. minor findet man eben 60.
daselbst mit der vorhergehenden.

Hier wuchs auch *Cistus* salvifolia und an einem
Garten *Myosotis* apula. Ich merkte bey derselben
folgendes an:

Die Blumendecke hat auf ihren Abschnitten eine dichte Wolligkeit. Die Krone ist fünfspaltig;
die Röhre lang linienartig; die Mündung fünftheilig mit ovalen Abschnitten. Die Staubfäden sind
beym Grunde an der Krone befestigt, und wegen ihrer Kürze kaum sichtlich; die Staubbeutel sind
sehr klein, länglichrund. Der Stengel ist spannenlang. Die Blätter stehen am Stengel gleichbreit, unten mit einer hervorragenden Linie, rauch,
wechselsweise gestellet.

Wir erreichten endlich Isla, welches eine kleine
unbefestigte Stadt und die kleinste von den vorhin angeführten Städten ist. Sie liegt eine Viertelmeile vom Strande in einer einigermassen ebenen
Gegend, und hat an der einen Seite ein unfruchtbares

res Feld und auf der andern einen Fluß. Die Häuser waren zwar von keiner besondern Grösse, indessen doch maßiv; die Gassen breit und schön. Das *Spartium* junceum zeigte seine vortreflichen Blumen in einem Garten über der mehr als Manns hohen Gartenmauer; man konnte dieses Gewächs auch schon in einer grossen Entfernung durch seinen erquickenden Geruch entdecken. Wir nahmen unser Quartier bey einem Engländer, der an der andern Seite der Stadt wohnte. Er begleitete uns über eine Brücke zwischen der Stadt und der Halbinsel von Cadix, um uns eine Seegeltuch-Fabrique zu zeigen, welche durch Zigeuner und andere Gefangene, sowohl Männer und Weiber, als Kinder, betrieben wird. Diese Leute sassen heute als an einem Feyertage in ihren Gefängnissen eingesperret, aus welchen sie, so wie in Cadix, durch die Gitter die Vorbeygehenden mit Betteln beunruhigten. Auf dem Fabriquenhofe befanden sich die Soldaten, welche die Wache hatten. Wir musten unverrichteter Sache umkehren und ich sahe bloß die *Arenaria* rubra und einige andere gewöhnliche Pflanzen in der Gegend der Wohnung des Engländers, welche an dieser Seite zu äusserst lag.

Nachdem wir das Mittagsbrod gespeiset, muste ich mich des bevorstehenden Sonntags wegen wiederum zu meiner Gemeine verfügen. Ich nahm
91. den Rückweg über eine Wiese, auf welcher in Flor stand:

    Cratægus Oxyacantha.
    Ricinus communis.
    Convolvulus althæoides.
    Astragalus boeticus.
    Heracleum sphondylium.
    Malva mauritiana?

Hypo-

	Hypochæris maculata.
	Plantago coronopus.
In Gruben	*Ranunculus* muricatus.
	Crepis foetida.
Auf dem Felde	*Frittillaria* meleagris.
	Poterium fanguiforba.
	Anthoxanthum odoratum.
	Teucrium fruticans.
	Reseda glauca.
	- - lutea? (tetragyna procumbens)
	Briza media.
	Centaurea fphærocephala.

Spargel (*Afparagus* officinalis) pflückte man hier auf dem Felde und verkaufte ihn, wenn er jung war, zu eben dem Gebrauch, wie bey uns.

Dem Strande näher blühete:

Hyofcyamus albus
Corrigiola litoralis.
Statice armeria.

Des Nachts leuchtete es verschiedener Orten im Wasser, welches Licht durch faulende Stücken vom Rochen und andern Fischen verursacht ward.

Den 18 März.

Die vorhin gedachte *Meloe* variegata erhielt ich heute von einem Herrn, welcher bey Isla gewesen war. Dieser erzählte, daß als er das Insect zu Gesichte bekommen, die um ihn befindlichen spanischen Leute ihn gewarnet hätten, es nicht in die Hand zu nehmen, vorgebend, daß der Biß dieser Meloe giftig sey. Der Spanier machte dis vermeintlich schädliche Thier zu fangen grosse Anstalten,

ten, vermuthlich in der Absicht, von dem Fremden eine Belohnung zu erhalten.

Euphorbia serrata? erhielt ich ebenfalls von gedachtem Orte. Ihre umbella universalis war trifida triphylla, folia cordato-lanceolata reflexa.

Ich erhielt auch die *Scilla* peruviana.

Den 20 März.

Bey Lichtung des Ankers wurden kleine Krabben mit in die Höhe gezogen. Diese Krabbenart war: *Cancer* brachyurus, hirsutissimus, subovatus. Desgleichen

Chiton laeve, welches Petiver Oscabrion nennet. Die Schale ist kahnförmig, und besteht aus 8 Querstücken, welche in die Quere mit Furchen überzogen sind. Der Rand der Schale ist weich, das übrige hart. Das Thier ist platt, weich und bedeckt die innere Schale, welche es, wenn man dasselbe berühret, so zusammen ziehet, daß die eine Spitze die andern fasset. *Cancer* brachyurus ovatus, Spinosus postice lævis.

An die Stelle unseres bisherigen Oberfeldschers, den wir in Spanien krank zurücke lassen musten, ward ein Engländer Namens Thomas Druit angenommen. Es kam auch ein spanischer Passagier, Joseph Garcias Domingo Riveir, der ein Sohn eines Kaufmanns aus der Stadt Sant Ander, und etwan 20 Jahr alt war, an Bord, um mit nach Manilla in Ostindien zu gehen.

Vieh von verschiedener Art, als Ochsen, Schweine, Hüner, Tauben u. s. w. war in solcher Anzahl auf das Schiff gebracht worden, daß ein Theil davon bis zur Rückreise von China übrig blieb.

Spanien 1751.

Nach einem Aufenthalt in Spanien von 10 Wochen, segelten wir Abends um 6 Uhr mit gutem Winde von Cadix, ob man gleich den östlichen Passatwind nicht leicht über dem 30sten Grade der Breite zu erhalten pflegt.

Die Witterung war während unseres Aufenthaltes in Spanien ungemein veränderlich; bald hatte man fast eine ganze Woche Dürre, bald Nebel, bald war es drey bis vier Tage regnigt, bald blitzte es und fast beständig war es stürmisch.

63.

Den 23 März 33 Grad 15 Min. N. B.

Es war etwas unvermuthetes, unseren Wiedehopf (*Upupa* Epops L.) so weit von Schweden anzutreffen. Er näherte sich heute dem Schiffe und begleitete uns eine gute Strecke. Schon vorher hatte ich ihn in Spanien gehabt; und damit man sehen möge, wie sehr ihn der Himmelsstrich oder die Jahreszeit verändert habe, entwarf ich folgende Beschreibung: Der Schnabel ist eckig, zusammengedrückt, etwas gebogen, lang, scharf. Die Kinladen sind beyde gleich lang, dreykantig. Die Nasenlöcher sind länglich. Der Kopf ist mit einer Kuppe gezieret, die aus gelbbraunen Federn mit schwarzen Spitzen besteht, welche die Länge des Schnabels haben; jedoch sind die mittlern, etwan 24, etwas länger. Der Hals, die Brust, der Bauch und der vordere Theil des Rückens waren gelbbraun. Der hintere Theil des Bauches weiß, und der Rücken schwarz mit weissen Querlinien, nahe am Schwanze aber weiß. Die 16 Schwungfedern waren schwarz mit breiten weissen Querlinien: die 9 fördersten Federn, haben eine, die 10te 2 und die übrigen 3 auch 4 weisse Querlinien, ausser drey kleineren Flü-

F gel

gel Deckfedern. Die 8 schwarzen Schwanzfedern sind oben und unten mit einer weissen Querlinie versehen. Die Lenden werden, so wie der Schnabel, bis an die Nasenlöcher, von kleinen gelbbraunen Federn bedeckt. Die Füsse und Zehen sind schwarzgrau; von den 3 Vorderzehen ist der mittelste der längste, die beyden übrigen aber haben mit dem Hinterzeh einerley Länge. Der Vogel hatte die Grösse einer Taube. Man sagte mir, daß er von seinem Laute auf Spanisch Coccis hiesse.

Den 26 März.

Des Morgens um halb sieben Uhr sahen wir Teneriffa, in N.N.W. eine Insul, welche nebst den übrigen Canarieninsuln: Canaria, Palma, Gomora, Lancerota, Ferro, Port Santo, 64. Forta Ventura und Madera den Spaniern gehöret. Teneriffa sieht nach der Seeseite wegen der hohen Berge ohne Bäume sehr unfruchtbar aus, sie soll aber doch tiefer ins Land sehr angenehm seyn, und eine Menge Waitzen, Citronen, Pomeranzen, besonders aber Weinreben hervor bringen. Die Stadt Santa Crus liegt auf der Insul nach dem Meere hinaus; wir giengen bey derselben ziemlich nahe vorbey, und zählten auf ihrer Reede 14 Schiffe vor Anker, von welchen, eines die schwedische, eines die englische, und eines die französische Flagge zeigte, nachdem wir unsere Flagge gehisset hatten. Die Stadt ist bekannt genug; wir holen daselbst viele süsse Weine, Canariensect und Malvasir, und führen ihnen die Dauben zu den Pipen zu, von welchen sie ihre Weinfastagen machen. In dem letzten Kriege hatte die Krone Spanien hieselbst ihre Schatzkammer für die Silberflotte, da denn auch unsere schwedischen Ostindienfahrer daselbst ihr Geld zu

dem

dem chinesischen Handel abholten. Die Stadt ist mit Mauren, Schanzen und andern Defensionswerken umgeben. Der Bischoff von der grossen Canaria soll hier seinen Sommersitz gewählet haben, und also von hier aus sein geistliches Regiment führen. Wir hatten den Pico de Teneriffa, welcher unter 28 Grad 12 Min. Nord. Breite und 34 Grad 15 Min. Länge von Upsala westlich liegt, um 12 Uhr in N. W. 3 bis 4 Leags von uns. Dieser Berg wird zu den höchsten in der Welt gezählet. Er lag an der andern Seite der Insul, ward aber nichts destoweniger über die übrigen Berge weit hervorragend und von Gestalt eines Heuschobers gesehen. Man hält dafür, daß sein Gipfel brenne, daher sich keiner hinauf wagt. Da wir Teneriffa zur Rechten hatten, war uns Canaria zur Linken, wiewohl sie ausser unserm Gesichtskreise lag. Es soll hier die Durchfarth sicherer, als an der andern Seite von Teneriffa seyn.

Den 28 März 22 Grad 12 Min. N. B.

Nach 8 Uhr des Abends nahm der Wind etwas ab, worauf ein so anhaltendes Blitzen folgte, daß es schien, als ob das ganze Schiff in Feuer stünde. Nachher donnerte es auch etwas, und ohngefehr um 9 Uhr fiel ein heftiger Hagel, der den größten Bohnen glich. Die Gestalt der Hagelkörner war nicht gleich, sie hatten aber alle in der Mitte 2 bis 3 weisse Ringe, wie Fischaugen; die mehresten waren an einer Seite platt und an der andern erhoben. Das Ungewitter beschloß sich endlich mit einem heftigen Regen. Ein merkwürdiger Gründonnerstag-Abend, besonders dem Tropico Cancri so nahe, welchen wir um die folgende Mitternacht paßirten.

Den 30 März, 19 Grad 34 Min. N. B.

Besanties ist unsern Ostindienfahrern ein so geläufiges Wort, als es den Naturkennern bisher unbekannt gewesen ist. Eine Menge von Besanties segelten jetzo mit ihren bogenförmig ausgespannten Häuten bey dem Schiffe vorbey, schlugen aber bisweilen um und tauchten die Segel ein. Ich war nicht im Stande einige dieser Thierchen zu erhalten, wie sehr ich es auch wünschte. In einer grossen Entfernung glichen sie grossen Fischblasen mit kleinen Segeln, wovon ihre Benennung den Ursprung hat.

Die fliegenden Fische (*Exocoetus* volitans) welche sich unter dem Tropico und besonders häufiger nach Westen zu aufhalten, wurden nun von dem Schiffe beunruhigt. Diese Fischart hat viele Feinde, die sie sowohl im Wasser als in der Luft verfolgen. Im Wasser jagen sie die Boniten (*Scomber* pelamis), die Albecoren (*Scomber* Thynnus) und andere Fische; in der Luft aber stellen ihnen die Tropikvögel (*Phaëton* æthereus), die Bubbi (*Pelecanus* Piscator) und die Mannaren (*Pelecanus* Aquilus) nach. Alle diese betrachten sie, als einen für sie bestimmten Unterhalt. Der Herr der Natur hingegen hat ihnen vorzüglich vor andern Fischen sehr lange und breite Brustfloßfedern gegeben, mittelst welcher sie so leicht und schnell, als immer ein Vogel fliegen, die sie aber auf jede Strecke von kaum einem Büchsenschusse wieder in das Wasser tauchen. Auf dieser ihrer Flucht fallen sie bisweilen auf die Schiffe, von welchen sie sich ohnmöglich wieder erheben können, sondern geschwind sterben müssen. Auf den Abend bekamen wir auf dem Schiffe

Schiffe eine Schwalbe zu sehen, die so naß war, als ob sie eben aus dem Wasser gekommen wäre.

Den 31 März 17 Grad 40 Min. N. B.

Die Schwalbe, welche uns gestern besuchte, war nunmehr dermassen abgemattet, daß man sie mit der blossen Hand haschen konnte. Sie war eine Hausschwalbe, *Hirundo* rustica. Es ist gewiß besonders, dieselbe in einem von Schweden so entfernten Orte, und so verschiedenen Himmelsstriche anzutreffen. Ich getraue mir nicht für gewiß zu behaupten, daß sie gestern aus dem Grunde des Meeres, in welchem sie ihr Winterlager gehabt, gekommen, weil es so nahe an den Canarieninsuln war.

66.

Den 1 April 15 Grad 20 Min. N. B.

Wir sahen nun eine Schildkröte, welche auf der Oberfläche des Wassers ruhete, durch das Vorbeysegeln des Schiffes aber aus dem Schlafe gebracht wurde; und eine Gattung Vögel, die das Schiffsvolk Bubbi nannte.

Den 3 April 10 Grad 22 Min. N. B.

Von der Seekatze (*Sepia* Loligo) sagte unser Paßagier, daß sie die Spanier ässen, und daß sie in ihrer Sprache Congrejo hiesse. Ob die Seekatze ihre Kunst von dem fliegenden Fische, oder letzterer die seine von der erstern erlernet habe, ist mir unbekannt; beyde aber fliegen, ohnerachtet keiner von ihnen ein Vogel ist, und beyde werden auch durch einerley Feinde verfolget. Wenn die Seekatze fliegen will, dehnet sie ihre Arme (tentacula) wie eine Bürste, desgleichen auch ihre rhombische Schwanzflossfeder aus, womit sie sich auch dismal zu ihrem

Unglücke in die Höhe gebracht hatte. Sie hat besondere Kennzeichen:

Der schwarze Schnabel gleicht dem Schnabel eines Habichts, die Kinladen sind spitz, kurz, gekrümmt. Der Schnabel ist von dem zirkulrunden, zerrissenen Maule umgeben, um welches 10 Arme in einem Kreise ringsherum sitzen, deren 8 beynahe dreykantig, durchsichtig, fadenförmig, zugespitzt, an dem äussern Ende warzig und gezähnt; die zwey übrigen aber rund, fadenförmig, länger, am Grunde glatt und nur an der Spitze warzig sind. Die Schale ist weich, cylindrisch, vorne dicker, glatt, rothfleckig. Die Augen sind groß, schwarz. Der Kopf und die Fühlhörner sind durchsichtig mit feinen schwarzen Tüpfeln punktirt. Der Rücken ist forne goldgelb auf braun stossend, und wird nach dem Schwanze zu nach und nach durchsichtig, mit schwarzen Punkten. Der Bauch ist hellroth. Der Schwanz ist scharf gespitzt und mit einer weichen rhomboidalischen Floßfeder bedeckt; er soll eine Blase, und in derselben einen Tintenähnlichen Saft enthalten und von den Chinesern gegessen werden.

67. Der Bonet (von dem spanischen Worte bonito, schön) ist eine Fischart, welche den Ostindienfahrern innerhalb der Tropiken allemal häufig vorkömmt, und die sich daselbst von den fliegenden Fischen und Seekatzen ernähret. Der Bonet ist von dem Makrilgeschlechte, aber viel grösser, als unsere Art. Er wird gegessen, wiewohl er sehr trockenes Fleisch hat. Man fängt ihn dieserwegen und zwar auf folgende Weise: Man stecket einen kleinen von Bley oder Zinn gegossenen Fisch auf einen grossen Angel, daran setzet man die Spitzen von zwey Federn gegen einander über; damit er einem fliegenden Fische noch ähnlicher werde, bringt man auch statt der Schwanzfloßfeder

feder ein paar Federn an. An dem Kopfe des nachgeahmten fliegenden Fisches befestigt man die Schnur. Der Fischer fähret alsdenn mittelst einer Angelruthe entweder von dem Bogspriete oder einem andern Orte des Schiffes mit dem Fische über dem Wasser hin und her, bis der Bonet anbeißt. Man schießt ihn auch mit Harpunen, welches die andere Art sich seiner zu bemächtigen ist. Den Namen dieses Fisches findet man in manchen Reisebeschreibungen, damit er aber auch von andern, als Ostindienfahrern gekannt werden möge, sind folgende Kennzeichen zu bemerken:

Scomber (Pelamis) pinnæ dorsalis anterioris ossiculis 15; pinnulis subtus inter caudam et anum 7.

Schwedisch Bonet. Spanisch Bonito.

Die **Rückenfloßfeder** hat 15 oder 14, die **Brustfloßfedern** jede 28, die **Bauchfloßfedern** 7, und die **Afterfloßfeder** 14 Strahlen. Die **Schwanzfloßfeder** ist groß, zweyspaltig, und hat 26 Strahlen. Der Kopf ist zusammengedrückt. Der Leib ist an denen Seiten mehr erhoben, als platt; der Bauch fällt weniger ins runde, als der Rücken. Das **Maul** ist groß oder vielmehr der Rachen sehr weit. Die untere **Kinbacke** ist die längste. Der **Vorkopf** läuft spitzig zu. Die Augen sind mittler Größe, sitzen an den Seiten des Kopfes und sind rundlich, schief, silberglänzend. Die **Kieferdecken** bestehen aus zwoen ganzen Scheiben. Die **Deckhaut,** (membrana branchiostega) ist 6 strahlig, bedeckt, die obersten Strahlen sind sehr lang und die untersten sehr kurz. Die Zähne sitzen in denen Kinladen in einer Reihe; sie sind zugespitzt und sehr zahlreich. Die Zunge ist keilförmig, an den Seiten mit einer erhobenen Haut.

68. Die Seitenlinie ist gebogen, sie nähert sich nach dem Kopfe zu dem Rücken mehr und ist auch daselbst viel dicker. Die Schuppen sind sehr klein und stehen ganz einzeln. Die Farbe des Bauches ist bis an die Seitenlinien silberfarben, an jeder Seite laufen der Länge nach 4 schwärzliche Linien. Der Rücken ist bläulich und wenig erhoben. Die Seitenanhänge des Schwanzes sind dünne. Die erste Rückenfloßfeder vom Kopfe, bis zur zweyten Floßfeder hat 15 harte, von einander entfernte Strahlen, von denen sich die 10 hintersten nach dem Tode des Fisches gemeiniglich in eine Rückenfurche legen. Die zwote Rückenfloßfeder besteht aus 10 bis 14 weichen Strahlen, welche an denen Seiten mit knorplichen, kaum zu unterscheidenden Blättchen bedeckt sind. Die Brustfloßfedern haben einen elliptisch= oval= lanzettförmigen Umriß; sie sitzen mitten an den Seiten, und haben 28 an der Spitze getheilte Strahlen, davon die untersten die kürzesten sind. Die Bauchfloßfedern sind lang, mit siebenästigen Strahlen, die am Grunde fast zusammen gewachsen sind; die inneren sind die kürzesten. Die Afterfloßfeder sitzet dem Schwanze ein wenig näher, als die Rückenfloßfeder, mit welcher sie von einerley Grösse und Beschaffenheit ist, und hat 14 kaum von einander zu unterscheidende Strahlen. Die Bauch= und Afterfloßfedern sind so wie die folgenden kleinen weicheren an den Seiten mit einer knorplichen Haut umgeben. Unterhalb der beyden Rückenfloßfedern sind noch 8, und unten vom After zum Schwanze 7 kleine Floßfedern mit verschiedenen kleinen Strahlen. Der Schwanz ist gabelförmig, sehr ausgebreitet, aus 26 Strahlen zusammengesetzt. Die Bauch= und Brustfloßfedern stehen dem Anfange der Rückenfloßfeder gerade gegen

gen über, und haben mit den ersten Strahlen der
ersten Rückenfloßfeder beynahe eine Länge. Die
Schwimmblase sitzet am Rückgrade und ist lang.
Das Herz ist tetraedrisch. Der Bauch länglich-
rund. In und nach dem Tode zittert der Fisch sehr.
Die Länge desselben ist kaum zwey Fuß.

Ich habe viele derselben untersuchen können,
und in allen gefunden, daß die erste Rückenfloßfeder,
das beste Unterscheidungsmerkmal ist.

Den 4 April, 8 Grad 19 Min. N. B.

In der verwichenen Nacht, etwas nach 1 Uhr
paßirten wir die Sonne im 9 Grad 20 Min. Nord.
Breite und 3 Gr. 15 Min. von Teneriffa westlich;
da die Sonne westlich im Widder 25 Gr. 25 Min.
40 Sec. stand. Daher ward heute keine Beobachtung angestellet.

Ein Delphin (Tumlare) ward mit der Harpu- 69.
ne gehauen, zerbrach aber dieselbe und entkam.

Den 5 April, 6 Grad 28 Min. N. B.

Die Hitze war heute, so wie gestern ungemein
stark.

Von dem Wasser, das bereits faul zu werden
anfieng, ehe wir einmal recht von Cadix kamen,
ward gesagt, daß es nun bald wieder gut werden
würde; welches auch seine natürliche Ursache hatte,
denn es fiengen sich schon in demselben kleine ausge-
krochene Fliegen und Asseln zu zeigen an, wenn man
es durch grobes Tuch (walmar) seihete.

Den 6 April, 4 Grad 40 Min. N. B.

Den nordöstlichen Passatwind, der das ganze
Jahr hindurch den Schiffen ohngefähr vom 30 Grade
Nord. Br. bis auf diese Höhe so bequem forthilft,

weil derselbe beständig aus Nordost bläset, oder doch von diesem seinen Hauptstriche nicht weit abweicht, verlohren wir nun. Des Morgens fieng es an zu regnen, nachher ward es stille, welches bey der Linie immer so zu seyn pflegt.

Der Albekor ist ein Fisch, der dem vorhin gedachten Bonet sehr gleichet, von welchem ihn doch auch bey eiliger Betrachtung die längeren Brustfloßfedern und der weissere Leib, woher er den Namen hat, unterscheidet. Uebrigens siehet man den Unterschied genauer in folgender Beschreibung:

Scomber (Thynnus) pinnae prioris dorsi osciculis 14. pinnulis subtus inter caudam et anum 8. Pinna Dorsalis prior oss. 14. post. 12. Pect. 32. Ventr. 6. Ani 13. Caudæ 30.

Die erste Rückenfloßfeder hat harte Strahlen, die hintersten derselben legen sich in eine Rückenfurche; die zweyte Rückenfloßfeder ist biegsam, wie bey dem Bonet dreykantig, die 8 fördersten Strahlen sind die längsten, sie sind einfach und haben ohngefähr die Länge der ersten Floßfeder; die folgenden Strahlen werden gradweise kürzer und zertheilen sich in verschiedene Aeste; sie hängt mit den acht kleinen biegsamen Floßfedern zusammen, deren Strahlen getheilet sind. Die Brustfloßfedern sind ohngefähr 6 Zoll und folglich wohl dreymal so lang, als des Bonits, sie sind 32 strahlig. Die Bauchfloßfedern sind 6 strahlig. Die Afterfloßfeder ist 13 strahlig, wovon die hintersten die kürzesten sind. Sie ist fächerförmig und hängt mit den 8 kleinen Floßfedern zusammen. Die Farbe der zweyten Rücken- und der Afterfloßfeder, desgleichen der 8 kleinen Floßfedern, ist oben und unten gelb. Das Schwanzgefieder ist 30 strahlig, grösser, als bey dem Bonit, aber nicht so ausgedehnt. Die Länge des Fisches beträgt kaum 2 Fuß. Der Leib ist zusammengedrückt mit platten Seiten, unten (bis an die Seitenlinie und drüber) weis, mit kleinen Schuppen. Der Kopf ist weniger gespitzt; der Rachen weit; die untere Kinnbacke ist die längste; der Vorkopf einigermassen zugespitzt. Zähne und Zunge sind wie bey dem Bonit, aber die erstern ein wenig mehr von einander abstehend. Die Kieferdecken bestehen aus 2 grossen ganzen Klappen. Die Augen sind groß, rund, silberfarben.

Er zittert nach dem Tode. Der Gallengang ist Regenwurmförmig, bläulich. Der Bauch länglichrund.

Man fängt die Albekoren an eben den Orten und auf eben die Weise, wie die Bonite, beyde sind gleichgroß und werden auch beyde gegessen.

Springer ward eine Gattung grosser Fische genannt, welche des Abends ihre Rückenfloßfedern in der Nähe des Schiffes über dem Wasser zeigten.

Den 7 April 3 Grad 47 Min. N. B.

Der Hay, welcher für das ärgste Raubthier unter den Fischen gehalten wird, ward heute gefangen. Die Schriftsteller haben bereits manche Arten derselben, meistentheils aber sehr undeutlich beschrieben. Die Ursache davon ist wohl, daß sich einige Arten nur in den grossen Meeren aufhalten, in welchen sie von aufmerksamen Augen nur selten betrachtet werden, daher denn das ganze Geschlecht ein und denselben Namen erhält, weil sich alle Arten in der Ferne betrachtet sehr ähnlich sehen. Man hat auch nur selten Gelegenheit mehrere Arten zugleich mit einander zu vergleichen, wodurch sich die Verschiedenheit am besten bemerken liesse, welches ausserdem

so

so leicht nicht ist, da die Floßfedern bey denenselben nicht den einzigen Unterschied machen. Der Hay, welcher bey der Linie überall angetroffen wird, ist

Squalus conductus. Squalus Canicula Lin. S. N. p. 234. 8.

71. Die Länge ist 5 Fuß. Der Leib ist oben blaugrau, unten weiß. Der Kopf ist platt, mit einem kurzen, halbrunden Vorkopfe. Die untere Rinbacke hat vier Reihen gesägter Zähne. Der Schlund ist mondförmig, groß, einen Zoll und drüber von der Kopfspitze. Die Zunge ist dick, forne abgerundet und gezähnt. Die Augen waren nach seinem Tode von beyden Seiten mit einer Haut bedeckt, eine Querlinie ausgenommen, welche in der Mitte zu sehen war. Die Bauchfloßfedern sind nahe am After, sie sind breit, kurz, abgestumpft, einigermassen zusammenhangend. Die Afterfloßfeder ist kurz, und mitten zwischen dem After und Schwanz. An dem Schwanze ist eine dreyeckige Höhlung. Die Brust- Bauch- und Afterfloßfedern sind weiß mit schwarzen Spitzen; die übrigen aber haben mit dem Körper eine Farbe und weisse Spitzen.

Er wirft lebendige Junge. Man fängt ihn mit sehr grossen an starken Stricken befestigten Angeln, welche nicht weit von dem Haken ein Gelenk haben. Auf den Angel steckt man ein grosses Stück Speck, ein halb Huhn, oder dergleichen, welches er ohne Furcht hinterschluckt. Er hat ein überaus zähes Leben, und wirft sich noch hin und her, wenn man ihm gleich den Schwanz, wodurch das Blut wie aus einer Sprütze heraus sprützt, und den Kopf abhauet; ja wenn man ihm auch die Eingeweide ausreisset, lebet er doch noch eine Stunde und drüber, welches wir sahen, als wir lotsen mit ihm fiengen.

In seinem Magen fanden wir Boneten, Seekatzen und ganze Hüner mit Federn, so wie wir sie, wenn sie gestorben waren, über Bord geworfen hatten. Wenn ein gefangener Hay sich auf dem Verdecke hin und her wirft, nimmt sich ein jeder für ihm in acht, denn er soll mit seinem gräulichen Gebisse ein Bein, wie einen Kohlstengel abbeissen können, wenigstens ist nicht rathsam einen Versuch zu machen. Wenn das Schiffsvolk an solchen Orten in die Boote steigen, müssen sie sich in acht nehmen, daß sie nicht mit den Füssen ins Wasser kommen; denn ich habe gesehen, daß einer einen grossen hölzernen Quadranten verschlingen wollte, da er ihm aber zu breit war, so blieben nur die Merkmahle seiner Zähne darauf. Seine Raubgierde macht, daß die Seefahrenden ihn fangen, ihm einige oder alle Floßfedern abschneiden und ihn so wieder in die See werfen, mehr dergleichen Aufzüge zu geschweigen, mit welchen sie sich belustigen. Stirbt ein Seemann und wird an solchen Gegenden, wo Haye angetroffen werden, über Bord geworfen, so findet er ohnfehlbar sein Grab in ihrem Leibe. Die grossen Haye werden nie, und die kleinen sehr selten, und nur im Nothfalle, gegessen. Man schneidet sie nehmlich in Scheiben, welche so oft und lange im Wasser ausgedrückt werden, bis kein Tran mehr übrig ist, oder so lange das Wasser noch fettig wird. Wenn es solchergestalt gewaschen ist, kocht, oder bratet man es, und isset dasselbe mit Butter. Der Theil nach dem Schwanze zu ist der beste, die Vordertheile aber isset man nicht gerne. Die Haut und Floßfedern werden bekannter massen unter dem Namen **Chagrin** zum Poliren gebraucht. Man findet sie in den chinesischen Apotheken und anderer Orten in Menge. In dem Kopfe über den Augen sitzet eine dicke, weisse

72.

Mate-

Materie in zwo Höhlen, welche, nachdem die Haut herunter gezogen worden, heraus genommen, getrocknet, gepülvert und als ein emmenagogum gebraucht wird.

Dieser Hay hatte zween Begleiter:

1) **Der Sauger:** *Echeneis* Remora.

Die Deckhaut (membr. branchiostega) hat 9 parallel laufende, gebogene Strahlen, welche wie die Kieferdecken, eine schwarze Farbe haben. Die Länge des Fisches beträgt ohngefähr eine Spanne. Die Rückenfloßfeder ist 22 strahlig, die Brustfloßfedern 26. und die Bauchfloßfedern, welche vermittelst einer Haut zusammen hängen, 5 strahlig. Die Afterfloßfeder sitzt gegen die Rückenfloßfeder, und hat 21 Strahlen. Der Schwanz ist sichelförmig, und hat ohngefähr 16 Strahlen. Der ganze Körper ist mit einer schwarzen oder bey den jungen mit einer gränlich weissen schwarz schattirten Haut bedeckt. Der Kopf ist platt. Die Zähne sitzen in zwo Reihen, im Gaumen und auf der Zunge. Die obere Kinbacke ist die kürzeste. Die Augen sind klein, der Augenzirkul ist weiß. Von der vordern Spitze des Kopfes bis an die Spitzen der Brust- und Bauchfloßfedern, gehet eine Haut, oder hervorstehender flacher Schild, welcher länglichrund ist, am Rücken hängt, und die Breite des Fisches und wohl darüber hat, der glatte Rand desselben aber ist nicht befestigt. Mittelst dieser Haut, die 18 rauhe, doppelt-kammförmige Querlinien, welche durch eine Mittellinie in 2 Theile der Länge nach getheilet werden, hat, hängt sich der Fisch an die Brust oder den Bauch des Hayes an. Der Sauger, den Artedi beschreibt, ist viel grösser gewesen, mir aber niemals so groß zu Gesichte gekommen.

Er

Er hängt sich öfters an den Hay so fest, daß er sich mit demselben auf das Schiff ziehen läst.

Den 8 April, 2 Grad 49 Min. N. B.

2) Loots, oder Lodsmanties wird ein kleiner Fisch genannt, der der Makrele mit der Querlinie über den Leib, der Gestalt nach ähnlich ist. Den Namen eines Lotsen hat er von den Seefahrern deswegen erhalten, weil er dem Hay gleichsam auf dem Fusse nachfolget, so lange derselbe im Wasser ist; und zwar nicht einzeln, sondern herdenweise, welche auf allen Seiten um den Hay herum schwimmen. Man glaubt, daß er dem Hay seinen Raub anzeigt; und in der That ist der Hay an sich selbst sehr ungeschickt. Der Hay thut auch nicht nur den Lotsen nichts, sondern er lässet ihnen auch wider alle ihre Feinde einen sichern Schuz angedeihen. **Wer kann die grossen Thaten des Herrn ausreden und alle seine löbliche Werke preisen?** Ps. 106, 2. Diesen so seltenen und merkwürdigen Fisch hatte ich jetzo Gelegenheit zuerst zu beschreiben. Es ist *Scomber* cœruleo albus, cingulis transversis nig. 6, dorso monopterygio S. d. Schrift der Akad. der Wissensch. auf das Jahr 1755. 16 B. S. 71. (der Schwed. Ausg.) *Gasterosteus* Ductor. LINN. *Syst. Nat.*

Die Kieferhaut hat 6 Strahlen. Die Kieferdecke besteht aus 2 ganzen Knorpelplatten. Die Seitenerhebungen am Schwanze sind scharf und weich. Die Rückenfloßfeder geht von der Mitte des Rückens bis zum Schwanze und hat 30 Strahlen, davon die 3 ersten hart, kurz und kaum sichtbar, die folgenden länger sind, die übrigen aber nach und nach wieder kürzer werden und sich theilen. Die Brustfloßfedern sind klein, 19 strahlig. Die Bauch-

Bauchfloßfedern sind ebenfalls klein und haben 5 Strahlen. Die Afterfloßfeder ist 16strahlig. Der Schwanz ist gabelförmig und hat 26 Strahlen mit schwarzen Spitzen. Der Kopf ist schmal. Die Stirne abgestumpft. Die Kinbacken haben ohngefähr eine gleiche Länge, doch scheinet die untere bey aufgesperrtem Maule etwas länger zu seyn. Der Rachen ist länglichrund, klein. Die Zähne sind sehr klein, und stehen in grosser Menge in den Kinbacken; im Gaumen sind keine. Die Augen sind klein und rund. Der Stern ist schwarz. Der Augenzirkul Gold- und Silberglänzend. Der Rücken ist blau; der Bauch silberweiß. Den Kopf, den Leib und selbst das Schwanzgefieder umgeben und zieren 7 bläulich schwarze Linien. Die überaus kleinen Schuppen schliessen sehr fest an.

74.

Den 10 April, 1 Grad 50 Min. N. B.

Das südliche Kreutz ist ein aus 4 Sternen bestehendes Sternbild, davon 2 von der zweyten und 2 von der dritten Grösse sind. Es liegt an dem Hintertheil des Gestirnes der Centaurus, welches man an der südlichen Seite der Linie gewahr wird, wenn sich der Nordstern verbirget. Dieses Kreutz fieng nun an sich zu zeigen.

Den 11 April, 8 Min. Nord. Br.

Nachmittage paßirten wir die Linie. Man beobachtete bey dieser Gelegenheit die alte Gewohnheit, vermöge welcher die ganze Besatzung auf das Verdeck gerufen, und über alle die, welche diese Höhe nicht schon vorhin paßiret waren, einige Eimer Wasser gestürzet wurden, wovon auch diejenigen, welche diese Reise schon ehedem gemacht, ihren Theil bekom-

bekommen konnten. Man siehet aus Holms Beschreibung von Neuschweden, daß diese Cerimonie schon 1642. auf der Reise nach America üblich gewesen ist. Was dazu die erste Veranlassung gegeben habe, ist schwer auszumachen. Man pflegt zwar in diesen Gegenden die Schiffe des Morgens und Abends mit Salzwasser zu begiessen, damit ihnen die grosse und unerträgliche Hitze nicht schaden möge, welche, zumal wenn man ihr durch einige gute Schlucke Brandwein zu statten kömmt, die Leute verrückt machen kann. Durch eine solche sogenannte Taufe aber die Gesundheit zu bewahren, kann Anfangs ohnmöglich die Ursache hiezu gewesen seyn; und sie ist es auch jetzo nicht, indem dadurch mehrere krank, als gesund werden, sich durch das Salzwasser die Kleider verderben, und andere Ungemächlichkeiten zuziehen.

Nachhero machten alle diejenigen, welche zum ersten male hier waren, einen Zusammenschuß, der 354 Thaler 16 Oere Kupfermünze austrug, und für welchen sich das Seevolk, wenn sie einmal wiederum Gothenburg glücklich erreichen, auf dem dortigen Keller lustig macht. Zu einem andern freywilligen Zusammenschusse für das Gothenburgische Kinderhaus, der hier ebenfalls gemacht ward, trug ein jeder bey, und er bestieg sich auf 813 Thaler 24 Oere Kupfermünze.

Den 14 April, 5 Grad 16 Min. Süd. Br. 75.

Der sogenannte südöstliche Passatwind, kam uns nun bereits zu statten. Dieser Wind führet den Namen, weil er in allen Jahreszeiten, fast beständig aus Südost wehet, oder doch hiervon nicht sehr abweichet. Er hilft den Schiffen auf der Seite nach America ungemein fort, bis sie nachgehends

G ohnge-

ohngefähr auf 22 Grad oder etwas mehr südlicher Höhe, einen westlichen Wind erhalten, der sie weiter fördert.

Den 26 April.

Um halb 10 Uhr paßirten wir den Wendezirkel des Steinbocks. Es zeigten sich fliegende Fische.

Den 2 May, 31 Grad 19 Min. Süd. Br.

Malmucken ward eine Gattung brauner Fischmeven, mit kurzen Flügeln und weissem Bauche genannt, welche um das Schiff schwebten und die wir nachher an mehreren Orten sahen, aber nie einen derselben fangen konnten.

Der S. O. Passatwind, welcher unter dem Tropico westlich zu werden pflegt, ward es allererst in der abgewichenen Nacht.

Den 5 May, 33 Gr. 16 Min. Süd. Br.

Es flogen verschiedene Gattungen Vögel um das Schiff, und unter diesen die sogenannten Alcadrassen oder Albatrassen (*Diomedea* exulans). Sie haben die Grösse der Gänse und sind überall weiß, die Schwung- und Schwanzfedern ausgenommen, welche an den Enden schwarz, aber am Grunde auch weiß sind. Wir trafen sie auch an andern Orten z. B. in 36 Grad, desgleichen in 35 Gr. 18 Min. Breite.

Captauben nennen die Seefahrer eine Gattung Vögel, die die Grösse der Tauben haben, übrigens aber weit genug von denselben verschieden sind. Ihr eigentlich Vaterland ist die Gegend des Vorgebürges der guten Hoffnung, das im 33 Gr. 15 Min. Süd. Breite und im 30 Grade der Länge östlich von Upsala lieget. Es flog eine Menge derselben ab und zu, und begleitete uns bis zum südlichen Tropick.

Die-

Dieser Vogel ist *Procellaria* Capensis und hat folgende Bildung:

Die Grösse ist wie der gemeinen Taube. Der weiß und schwarz gesprenkelte Körper ist mit schwarzen und weißlichen sehr feinen Dunen bedeckt. Der Schnabel ist schwarz, schmal, kegelförmig und kurz; die obere Kinlade zugespitzt, gekrümmt und in der Mitte in der Gegend der Nasenlöcher höckerig. Um die Gegend der Nasenlöcher sind erhobene Linien der Länge nach, die aber nicht parallel laufen. Die untere Kinlade ist gerade, platt, an der Spitze etwas erhoben, nicht sehr spitz, zusammengedrückt, und gegen die Spitze zu mit parallelen Einschnitten versehen; unten ist sie mit einer schmuzig schwarzen Haut überzogen. Die innwendige Schnabelhaut ist weißlich. Die Zähne sind blättrig, und stehen in die Quere. Die Zunge ist weißlich, glatt, am Grunde zerrissen, breit, an der Spitze scharf abgestumpft, und füllet den Schnabel genau aus. Die *Epiglottis* ist gabelförmig. Der Leib ist unten ganz weiß. Der Kopf und die Gegend um die Augen sind bedeckt. Der Hals ist oberhalb, so wie der Vordertheil des Rückens schwarz, indem die Federn desselben grau und an der Spitze schwarz sind; der hintere Theil des Rückens aber schwarz und weiß gesprenkelt, und dessen Federn weiß mit schwarzen Spitzen. Die Kehle ist gemeiniglich weiß, bisweilen aber von den schwarzen Spitzen der kleinen Federn schwärzlich. Vielleicht ist dieses eine Verschiedenheit des Geschlechts. Die Flügel sind lang, unten weiß mit weißen Seiten, oben schwarz mit 2 grossen, weissen Flecken. Die Schwungfedern sind weiß mit schwarzen Spitzen. Die 3 ersten sind die längsten, an diese schliessen 12 oder mehrere kleinere, und an diesen am Grunde der Flügel wieder 10 etwas grössere an. Die äussere Seite der ersten Schwungfeder ist schwarz, die nächsten an diesen nehmen bis zur fünften nach und nach an dem schwarzen Rande so wie an der Länge ab, die übrigen kürzeren haben nur schwarze Spitzen. Die obern Flügeldeckfedern sind weiß mit schwarzen Spitzen, die obersten kleinen ausgenommen, welche ganz schwarz sind. Die unteren Deckfedern sind ganz weiß, die äussersten kleinen aber schwarz. Der 14 äusseren Schwanzfedern (rectrices) sind kurz, weiß mit schwarzen Spitzen. Die übrigen sind eben so viel und werden oben und unten bedeckt. Die Schenkel sind theils durch die Bauchfedern, theils durch eigene Dunen fast bis an die Knie bedeckt. Die Füsse haben verbundene Zehen, und sind wie die Schienbeine (tibiæ) schmutzig schwarz. Die Zehenhaut ist schwach gekerbt. Der äussere Zeh ist der längste und fünfgliedrig; der mittelste hat 4 Gelenke, wovon die beyden, welche ihrem Ursprunge am nächsten, an der einem Seite weiß sind; der äussere der drey Vorderzehen ist zweygliedrig und an der inneren Seite weißlich. Der vierte oder Hinterzeh ist der kürzeste und bestehet aus einem Gliede oder Nagel. Die äussersten Glieder der Zehe sind gekrümmt. (hamosi).

77.

Dieser Vogel schreyet wie ein Papagoy, und speyet Tran, wenn man ihn anfasset. Man fängt ihn ohne viele Mühe mit getheertem Segelgarne oder mit Speck auf der Angelruthe; man isset sie aber nicht gerne, sondern nur in Hungersnoth. Auf unserem Schiffe kochten und assen wir einmal dergleichen, sie schmeckten aber sehr tranig.

Die Capsbalken oder die beyden Sternhaufen, deren einer, welcher nahe nach dem Polo Eclipticæ liegt, Nubecula major und der andere Nubecula minor

minor heißt, sind den Ostindienfahrern sehr bekannt. Sie bemerken, wie der eine, welchen man des Abends weiter unten an dem Horizonte siehet, nach und nach herauf und über den andern steigt. Hieraus können sie an der Südseite der Linie eben so gut wissen, um welche Zeit in der Nacht es ist, als unsere Bauern nach dem Wenden des Wagens die Zeit rechnen können.

Den 6 May, 34 Grad Süd. Br.

Wir musten unsere Winterkleider hervor suchen, denn die Kälte war hier nicht viel geringer, als des Winters in Schweden. Diese Veränderung verursachte viele Krankheiten, wie denn von der Besatzung 22 Mann das Bette zugleich hüteten, davon die mehresten das hitzige Fieber, einige Kopfschmerzen und einige noch andere Krankheiten hatten.

Der Sturmvogel (*Procellaria* æquinoctialis) hat von den Seefahrern diesen Namen erhalten, um die unangenehme Bedeutung seiner Ankunft anzuzeigen. Sie nennen diese Vögel auch Malefitzen, vermuthlich von male facere, weil, wenn sie sich zeigen, bald ein Sturm zu erfolgen pflegt. Ein paar dieser kleinen Vögel begleiteten uns und hielten sich der Oberfläche des Wassers nahe, wie sehr auch die Wellen tobten. Sie zeigten sich auch die folgenden Tage.

Den 16 May 36 Grad 22 Min. Süd. Br.

Der Trompeter Zetermark, ein schöner und tugendhafter Jüngling, verblich kurz vor Mittage am hitzigen Fieber und ward Nachmittags um 4 Uhr im Meere begraben.

Den 18 May, 36 Gr. 8 Min. Süd. Br.

So klein auch der vorhin gedachte Sturmvogel ist, so war er doch beherzt genug, mit den grossen Seevögeln zu speisen, wenn wir Schweingedärme und dergleichen über Bord warfen. Er war bey dem Austheilen mehrentheils der erste und der letzte.

Den 21 May, 35 Grad 15 Min. Süd. Br.

Der Hundehay, ein Fisch, den ich vorhin ofte nennen hören, ward heute gefangen. Er war viel grösser, als die übrigen seines Geschlechtes, welche wir bisher gesehen hatten. Seine Farbe war stahlgrau und unten weiß. Dieser *Squalus* caninus hatte folgende Kennzeichen:

Der Körper ist, ohne den Schwanz, 8 Fuß lang. Die Farbe des Rückens ist bleygrau und des Bauches weiß, ohne Flecke. Das Maul ist dünn, länglich, daran sind 2 kleine Nasenlöcher. Unter dem Kopfe hat er verschiedene sehr kleine Oefnungen. Die Zähne stehen wechselsweise, und haben zart gesägte Ränder. Die obere Kinbacke ist die längste. Die Zähne in der ersten Reihe sind wie des vorhin beschriebenen Hayes (*Squalus* Canicula) gerade, sie sind aber spitziger und unten breiter. Die Zähne der zweyten und dritten Reihe sind eingebogen. Die Augen sind schwarz, glänzend und nach dem Tode mit einer weissen Haut ganz bedeckt. Beyde Rückenflossfedern sind kurz und zinnfarben. Die Brustflossfedern sind über einen Fuß lang, haben parallele Ränder, am Grunde aber einen Ansatz, sind unten weiß und oben von Farbe des Rückens. Die Bauchflossfedern hängen am After zusammen, sind weiß, kurz und haben einen walzenförmigen Ansatz. Die Afterflossfeder hat die Farbe des

des Rückens und ist kurz. Die Schwanzfloßfeder ist 2 Fuß lang, bleyfarben. Das ganze Thier glänzet und ist mit einer schönen Haut bekleidet. Herz und Augen bewegten sich nach dem Tode noch lange.

Eines seiner Eingeweide war einer weitläuftigen Perlenschnur ähnlich, dessen Glieder die Grösse der Eicheln hatten und dick Geblüte enthielten. An der einen Brustfloßfeder hiengen viele *Chrysalides* mucronatæ thorace imbricato. Die Todten aber, die den *Squalus* Canicula begleiteten, ward ich bey diesem nicht gewahr.

Den 22 May, 35 Gr. 14 Min. S. Br.

Auf dieser Höhe muß ein Seemann wachsamer, als an irgend einem andern Orte seyn, denn eine kleine Wolke verwandelt öfters das herrlichste Wetter in einen so schweren Sturm, daß die blossen Masten statt aller Segel hinlänglich sind.

Das Land von Africa fieng sich nun an von N. O. gen N. nach O. N. O. zu zeigen. Um 5 Uhr Nachmittags begruben wir einen von unsern Leuten, der am hitzigen Fieber gestorben war. Um diese Zeit schätzten wir Cap Falso N. gen O. ½ O. als das nächste Land auf 8 bis 9 Meilen entfernt. Wir fanden mit dem Bleywurf auf 90 Klaftern Grund. Bey dieser Gelegenheit fischten wir nach Cabliau, aber vergeblich.

Den 23 May 35 Gr. 46 Min. S. Br.

Um 1 Uhr Nachmittags hatten wir wiederum auf 90 Klaftern Grund. Die Verlassenschaft der Verstorbenen ward verauctioniret.

Den 25 May, 36 Gr. 56 Min. S. Br.

Ein Mann, der einige Wochen krank gewesen war, starb am hitzigen Fieber, und ward des folgenden Tages vor der Predigt begraben.

Den 27 May, 37 Gr. 19 Min. S. Br.

10. Sechs Delphine folgten dem Schiffe und hielten sich mehrentheils in der Wasserfläche auf. Nie habe ich wegen Mannigfaltigkeit der Farben prächtigere Fische gesehen, als diese. Der Delphin ist das im Grossen, was der Goldfisch im Kleinen ist.

Den 29 May, 37 Grad 33 Min. S. Br.

In der vergangenen Nacht um 2 Uhr sahe ich eine Mondfinsterniß, welche an dessen südöstlichen Seite den Anfang nahm und bis 3 Uhr 45 Min. fortfuhr, da nur noch der nordwestliche Rand verfinstert war. Nachher nahm er allmählig an der östlichen und westlichen Seite zu, bis er und zwar um 5 Uhr wieder voll war. Noch vor dem Ende der Finsterniß fieng der Nebel als ein Vorbote eines Sturmes an, mehr und mehr zu zu nehmen, welcher Sturm sich auch bey einem ganz trüben Himmel einfand.

Die sogenannten Seelöwen sahen wir in einer weiten Entfernung von dem Schiffe, konnten aber nicht unterscheiden, ob es ein Fisch oder ein Thier war. Nach Ansons Abbildung *) muß es eine Seehundart seyn. Die, welche er bey der Insel Juan Ferdinandez fieng und aß, waren 12 bis 20 Fuß lang und 8 bis 10 Fuß dick.

Den

---

*) S. Ansons Voiage autour du monde 1750. 4to p. 110. T. 13.

Den 7 Jun. 37 Gr. 30 Min. S. Br.

Gegen 8 Uhr des Abends hörten wir einige mal ein tiefes und hurtiges Getöse. Wir vermutheten, daß diese so besondere Stimme von einem grossen Fisch herrühre, und vielleicht war es der, welchen wir des folgenden Tages sahen. Einige berichteten, daß sie seinen Weg gewahr würden, und daß er im Finstern etwas leuchtete. Vermuthlich entsteht dieser Schein von der heftigen Bewegung, die sein geschwinder Fortgang dem salzigen Wasser mittheilet; denn des Nachts leuchtete und funkelte das Wasser allezeit um das Schiff herum. Dieses kann aber ausserdem von verschiedenen Dingen herrühren, als von mancherley Gewürme, von todten Fischen und andern verdorbenen Körpern.

Den 12 Jun. 36 Gr. 54 Min. S. Br.

Das Seewasser rasete entsetzlich, und ward von dem Winde, wie der Schnee auf dem Lande von dem stärksten Sturm umher getrieben; die Wellen glichen sowohl der Farbe als Höhe nach, grossen Schneeweben. Hier beobachteten wir, nach Verlauf vieler Jahre, was Virgil ehedem geschrieben hat: Surgunt æquora. Des Nachmittags um 3 Uhr schlug das Wasser durch die Lucken und Fenster in die Kajüte. Die Menge dieses Wassers lief in der Geschwindigkeit durch die Hütten, und verdarb alles, was es an Zucker, Kleidern, Büchern und andern Sachen fand. Dieser Zufall setzte uns in die grösste Verlegenheit. So schlecht wurden wir bey St. Pauls und Amsterdams Klippen bewillkommet, bey welchen uns die folgende Nacht ein Hagel- und Sturmwetter mit solchem Nachdrucke vorbey half, daß das eingereffte Fock- und Formarssegel hinlänglich war, da doch sonst wohl 20 Seegel zugleich beygesetzt werden musten.

Den 14 Jun. 35 Gr. 16 Min. S. Br.

Seegraß sahen wir bey dem Schiffe vorbey treiben, vielleicht war es ein Fucus: denn unsere Reisenden nennen diß ganze Geschlecht überhaupt Seegraß, welches eins der sichersten Zeichen zu seyn pflegt, daß Klippen, Inseln oder Land in der Nähe sind.

Den 15 Jun. 34 Gr. 1 Min. S. Br.

Anas nigra, fast so groß, als eine Gans, ward heute und nachher im 30 Gr. S. Br. gesehen. Sie sehen in einiger Entfernung schwarzbraun, der Kopf und die Füsse schwarz, der Schnabel weiß. Die Flügel sind obenher graulich, unterwärts aber schwärzer.

Den 21 Jun. 30 Gr. 49 Min. S. Br.

Wir versammleten uns, wie gewöhnlich, unsere Morgenandacht abzuwarten, ein schleunig aufsteigender Sturm aber veranlaßte uns abzubrechen, da wir kaum den Anfang gemacht hatten.

82.
Den 22 Jun. 29 Gr. 34 Min. S. Br.

Ein Nordkaper *) oder ein grosser einige Faden langer Fisch, der bey dem Schiffe vor- und rückwärts schwamm, strich, ohnerachtet das Schiff beynahe mit der größten Geschwindigkeit segelte, einmal schnell voraus, muste uns aber endlich den Vorzug einräumen, woran er (wo nicht mehr andere in seiner Gesellschaft) das Wasser so hoch sprützete,

*) Vergleiche hiemit S. 6.

tzete, daß man es in einer ansehnlichen Entfernung sehen und hören konnte.

Den 3 Jul. 23 Gr. Süd. Br.

Da das Meer stille war, so beschäftigten sich die Matrosen mit Reinigung des Schiffes.

Die **Langhälse** (*Lepas* anatifera) hatten sich auf der Reise unter dem Schiffe und besonders am Steuerruder in Menge angesetzet, wurden aber jetzo sämmtlich zerstöret. Wenn das Wasser über sie steigt, so strecken sie ihre Fühlhörner als eingebogene Hände oder Hamen aus, um ihre Nahrung zu fangen; diese ist entweder Conferva rivularis, welche um sie wächset, oder andere Sachen, welche ihnen das Wasser zuführet. Die Ursache, welche die Alten veranlaßte, diese Lepas, Concha anatifera zu nennen, ist aus *Grews Museum* S. 148. zu ersehen, woselbst er unter andern sagt, daß einige für gewiß behaupten, es gebe auf den orkadischen Inseln gewisse Würmer, welche in hohlen Bäumen wüchsen, die mit der Zeit Kopf, Füsse, Flügel und Federn, vollkommen so wie die Seevögel, bekämen, und so groß würden als wie Gänse. Diese Thierchen haben folgende Gestalt:

Das **Thier** (Triton) hat 10 paar kammförmige Arme, welche sich schraubenförmig gegen einander neigen, grau oder schwarz aussehen, am Grunde zusammen hängen, und die Länge eines Zolles haben. Ein jedes einzeles Paar ist unten verwachsen und ganz. Ausser diesen 10 Armen befindet sich ein einfacher in der Mitte, welcher regenwurmförmig, kürzer, an der Spitze haarig und vielleicht das Werkzeug ist, die von denen übrigen Fühlhörnern ergriffenen Speisen zum Maule zu bringen. Ausserdem sind an jeder Seite ein paar Arme, welche denen ersten

sten 10 gleichen, aber etwas entfernter stehen, kürzer sind und eine Wasserfarbe haben. Das Maul ist aus 7 eingebogenen Blättlein, welche an der innern Seite gesägt sind, zusammen gesetzet. An den Seiten des Maules sind Hülfblättlein, welche den vorhin gedachten gleichen. Sie hangen alle an einer länglichrunden Blase. Die Schale hängt an den Schiffen vermittelst einer lederähnlichen, schrumpflichen Röhre, von einer unvollkommnen schwammigen Substanz, die zähe und bläulich ist, und 10 oder mehr ringförmige Runzeln hat. Die Schale (Lepas) ist zweyklappig, oval, zusammengedrückt, wasserfarbig mit gelben Näthen. Eine jede Klappe wird durch eine Quernath in 2 Theile getheilet, davon der, welcher die Spitze ausmacht, der kleinste ist. Die sich öfnende Seite hat gelbe fast linienähnliche Ränder; der Rücken aber macht beynahe einen Zirkul aus. Der Rückenrand ist bräunlich und hat zu beyden Seiten schwarze und gelbe Näthe. Der Grund ist safrangelb.

Adelphozion nenne ich eine Gattung Gewürme, welche im Wasser zu hunderten an einander hiengen und anfänglich für Schlangen gehalten wurden, sich aber, als wir sie mit Hamen fiengen, von einander gaben. Ein jeder derselben war einen Zoll lang, kaum einen Querfinger breit, hatte zusammengedruckte Seiten, und glich, wenn man ihn obenhin ansahe, kleinen Fischen ohne Floßfedern. Der ganze Körper war weich, durchscheinend, nach den Enden aber etwas fester. Man fand darinn keine Knochen, sondern nur eine feine Senne oder Seitenlinie und etwas von der Schnautze entfernt recht in der Mitte ein rothbraunes Auge, welches beyden Seiten dient. Da es mir an Zeit und Gelegenheit fehlte, sie sogleich näher zu betrachten, legte ich für

den

den folgenden Tag einige in Weingeist, und andere in Seewasser, in beyden aber hatten sie ihre rechte Gestalt verlohren. Ich sahe nachhero bey dem Herrn Aßistenten Braad eine Zeichnung von vielen an einander hängenden Gewürmen, welche er auf seiner Reise nach Suratte, mit dem Schiffe der gothische Löwe, angetroffen, die vielleicht mit diesen einerley und etwan nur dem Alter nach verschieden seyn mochten, sie hatten aber mehrentheils die Gestalt verschobener Vierecke.

Den 6 Jul. 19 Gr. 5 Min. S. Br.

Wir waren nach der Seite von America so weit gekommen, daß wir Neuholland bald zu sehen vermutheten, worauf wir, wiewohl vergeblich, hoften; bekamen aber statt dessen wiederum einen vortheilhaften Paßatwind.

Den 9 Jul. 14 Gr. 15 Min. S. Br.

Zwey Tropickvögel (*Phaëton æthereus*) welche diesen Namen von denen Seefahrern bekommen, weil sie sich innerhalb den Sonnenwendezirkeln aufhalten, schwebten heute in einer ansehnlichen Höhe und hielten sich in der Luft wie die Lerchen an einer Stelle. Sie schienen groß, und weiß, mit einem langen schmalen Schwanze, welcher aus einigen Federn mit schwarzen glatten Rändern bestehet, der Schnabel ist roth. Die Beschreibung dieses Vogels kann weiter unten nachgesehen werden.

Den 11 Jul. 9 Gr. 37 Min. S. Br.

Unter den Ungemächlichkeiten einer ostindischen Reise ist diese eine der größten, daß die Würmer beydes Speise und Trank verderben. In dem Schiffsbrode hatten seit dem Anfange des Maymonats

nats Würmer gewohnt und waren jetzo von folgender Gestalt: Die Larve ist weiß, etwas harig, und hat einen borstigen Schwanz; der Vordertheil ist platt, der Hintertheil walzenförmig. Die 3 paar Füsse sind gelblich und sitzen nahe am Kopfe. Der Leib hat zwölf Glieder, den Kopf mitgerechnet. Der ganze Kopf mit dem nächsten Gliede oberhalb und der Schwanz sind schwarzbraun. Die Kinbacken stehen hervor. Die Antennen sind kurz, borstenartig. Ich habe auch andere kleinere, hellbraune, glatte und auch mittlere ebenfalls glatte gefunden; der Kopf und Schwanz der letztern war braun, der erstere aber nicht punktirt und das nächste Glied am Kopfe war auch nicht wie bey den vorhergehenden braun. Vielleicht kommen diese Verschiedenheiten nur vom Alter.

Den 12 Jul. 7 Gr. 53 Min. S. Br.

Wir bekamen heute Asien und zwar zuförderst die Insul Canibas zu Gesichte, deren östliche Spitze um 12 Uhr N. O. gen N., die westliche N. und das Mittel der Insul N. N. O. war und uns auf 2 bis 3 Leags nahe geschätzet ward. Der östliche Theil des Landes Java lag uns O. N. O. und der westliche N. N. W. Wir segelten nachher längst der Küste von Java hin.

Die Springer, die auch Tärninen und Tummler genannt werden (*Delphinus* Phocoena), hüpften vor und neben dem Schiffe zu tausenden herum, und machten bey dem Aufspringen ein heftiges Geschnaube. Sie schienen mir anderthalb Ellen lang, rostfarben; der Schwanz war horizontal und die Rückenfloßfeder hinten lappigt.

Die Luft war hier anfänglich durchdringend kalt, ohnerachtet das Clima zu den heissesten gehöret.

ret. Vermuthlich rührt dieses von einem Luftzuge zwischen den Bergen her.

Das Land ist überall sowohl in den Thälern, als auf den Höhen, mit grünen Bäumen bekleidet, deren Schatten dem Wasser weit von Lande einen Widerschein mittheilet. Die Sonne schien heiß, und so, daß von dem Lande ein Rauch, fast als wenn bey uns die Waldungen ausgebrannt werden, aufstieg; dennoch aber war die Luft hier unterhalb der Küste durchdringend kalt.

Den 13 Julius.

Bubbi, von dem englischen Worte booby, Dummkopf, nannten unsere Ostindienfahrer eine Gattung Vögel, deswegen, weil dieselben, wenn sie, welches oft geschieht, sich auf ein Schiff setzen um auszuruhen, nicht davon fliegen, wenn man sie fangen will, sondern bloß schreyen, um sich hauen, und Tran oder auch Fische ausspeyen, welche sie im Kropfe haben. Ein solcher ward heute mit blossen Händen gegriffen, dadurch ich Gelegenheit erhielt, ihn weiter, als dem blossen Namen nach bekannt zu machen. Es ist:

Pelecanus Piscator das **Männchen**: dessen Schnabel ist spitzig, erhoben, schmal, bläulich, auswendig mit einem gesägten Rande, und fast 2 Hände lang. Die Kehle und die Gegend um die Augen sind ohne Federn, und wie der Schnabel mit einer bläulichen Haut bedeckt. Die obere Kinlade ist erhoben, und hat an beyden Seiten eine nach der Spitze laufende Furche; die Spitze ist eingebogen, mit einem Ansatz versehen, am Kopfe hat der Schnabel eine erhabene Hervorragung; die untere Kinlade ist gerade und schmal, die Zunge, welche an derselben hängt, ist pfeilförmig. Die

Schna-

Schnabelhaut (cera) ist blaßblau. Die Nasenlöcher fehlen, wo man nicht den Bruch am Anfange des Schnabels dafür annimmt. Der Stern im Auge ist schwarz; der Augenzirkel weiß und wird hernach schwarz. Der Kopf, Hals, Rücken, die obere Seite der Flügel, und der innere Rand derselben, nebst den Schwanzfedern, sind pechschwarz. Die Brust, der Bauch und der Steis (uropygium) sind weiß mit schwarzgrau gewässert. Die Dunen und die untern Deckfedern der Flügel, besonders die 10 innern längern, sind weiß. Alle 64 größere Schwungfedern sind pechschwarz und unten weißgrau. Die erste Schwungfeder ist die längste, die folgenden, welche dieselbe Farbe haben, nehmen stufenweise ab. Das erste Flügelglied hat 10, das 2te 30 und das dritte oder innerste 14, auch mehr Schwungfedern. Die oberen Deckfedern haben graue Spitzen, die untern sind schmutzig, weiß, mit kleinen schwarzen Rändern. Der Schwanzfedern sind vierzehn. Die Lenden sind mit grauen Federchen bedeckt; die Beine nackend, weißlich; die Füsse weißlich, vierzehig; die Ränder der Zehenhaut ohne Einschnitte. Der erste Zeh hat 5, der zweyte 4, der dritte 3, und der vierte oder unterste 2 Glieder. Der Hinterzeh fehlte. Das Herz ist oval; die Leber lang. Der Vogel ist so groß wie ein Rabe.

Das Weibchen ist etwas kleiner. Der Schnabel ist mehr gesägt, nahe am Kopfe röthlich. Der Hals und die oberen Flügeldeckfedern sind weiß. Die drey fördersten Schwungfedern sind wie bey dem Männchen pechschwarz. Die folgenden grausprenklich und die letzten weiß und schwarz gemengt. Der Rücken, die Flügeldeckfedern und die 13 Schwungfedern, deren mittelste die längste ist, sind

weiß

weiß und rothgelb gesprenkelt. Die Füsse und Beine sind roth. Das übrige ist wie bey dem vorhergehenden. Ob dieser das Weibchen des erst beschriebenen Vogels sey, überlasse ich andern zu weiterer Untersuchung. Man vergleiche mit diesem Vogel den Anser bassanus beym Albinus Th. I. t. 86. Ich fand auf demselben eine schwarze Hippobosca.

Beyde Vögel waren ungemein mager, und sind wegen ihres tranigen Geschmacks nicht zum Essen dienlich. Im Fluge breiten sie ihre Schwanzfedern wie einen Fächer aus, und biegen ihren langen Hals nach der Seite, nach welcher sie ihren Flug richten. Sie setzen sich auf die Schiffe, und segeln öfters ganze Meilen mit, wenn sie nicht verscheucht werden. Sie werden von Läusen sehr beschweret, weswegen sie nicht gut zu beherbergen sind. Diese Läuse laufen sehr geschwinde und kriechen auch auf die Leute: einige sind klein und weiß, in der Mitte schwarz, einige sind braun, einige haben vier längere Füsse.

87.

Um 5 Uhr Nachmittage hatten wir Wincopers Point in N. gen W. und die Mitte der Insul in N. N. O. ½ O. Die fliegende Fische waren auch hier zu Hause. An einer kleinen Insul, die wir im Dunkeln paßirten, hatten wir starke Brandungen.

Den 14 Julius.

Heute war helles Wetter und wenig Wind. Nachmittage um 4 Uhr fanden wir 90 Faden Grund.

Das Haupt von Java, das wir Vormittags um 10. paßirten, lag uns anfänglich in N. N. W. ¼ W. und um 9 Uhr in N. gen W. Dieses hohe, steile Vorgebürge nennen unsere Seefahrer (nach dem Englischen) Java head oder auch Pico vom Prinz Eylande. Man hat es auf der Hinreise, wenn man in die Nieu Bay, welches die erste Reede in der Strasse ist, einlaufen will, zur rechten. Der Berg schien rothbraun. Nahe bey dem Haupte von Java ist eine Erdzunge, die überall mit Laubbäumen bedeckt, und mithin der Seite von Java, an welcher wir vorher hinsegelten, völlig ähnlich ist. Weiter Landeinwärts erhoben sich die Gegenden, und die grossen Palmbäume auf diesen Anhöhen ragten höher in die Wolken hinauf, als ich jemalen an andern Orten gesehen habe. An einigen, wiewohl wenigen Stellen, erblickte man in diesen dichten Wäldern kleine von blühenden Kräutern ganz gelb scheinende Flächen; welches dem Lande ein unvergleichliches Ansehen gab, mich aber desto mißvergnügter machte, da ich nicht an Land kommen konnte, sondern als ein Hungriger die Speise nur vom weiten zu sehen bekam. Diese Wälder sollen mit Tigern und andern wilden Thieren dermassen angefüllet seyn, daß keiner Herz genug hat, an der östlichen Seite der Insul zu wohnen. Es war in der Nacht sehr angenehm auf dem Verdecke; denn da wurden wir von dem starken angenehmen Geruche, den die Bäume und Gewächse von sich gaben, erquickt.

28. Ausserdem besuchte uns eine Menge kleine weisse Vögel in Gestalt unserer Möwen, die pfeifend um uns herum flatterten, und nachher eine andere etwas grössere Gattung Vögel, die sich aber bald wieder empfohlen.

Nieu Eyland oder die neue Insul, wovon Nieu Bay oder die neue Reede, die auch Miöbay genannt wird, den Namen hat, ist der Ort, an welchem das schwedische Compagnieschiff der gothische Löwe, als es einstmals den Paßatwind verlohren hatte, liegen bleiben muste, woselbst auch unsere schwedischen Schiffe auf der Rückreise allemal frisch Wasser

ser hohlen, und bey der Hinreise ebenfalls anhalten, wenn ihnen entweder Waſſer fehlet, oder eine Windſtille iſt, oder auch widriger Wind wehet.

Um 11 Uhr hatten wir 20 Faden Corallgrund.

Die andere Reede auf Java iſt die Wilkommens Bay, die dritte die Pfeffer Bay und die vierte Angeri, welche auf der Hinreiſe alle zur rechten liegen. An der linken= oder Südſeite ſiehet man das Prins Eyland oder die Prinzeninſul, welche ziemlich volkreich ſeyn ſoll und dem Könige in Bantam gehöret. Von dieſer Inſul holen die Schiffe anderer Nationen auf ihren Rückreiſen ihr Waſſer, welches anfänglich die ſchwediſchen Schiffe ebenfalls thaten, jetzo aber die neue Bay auf Java hiezu bequemer finden.

Sumatra, welches wir vom weiten hinter der Prinzeninſul ſahen, iſt gröſſer als Java, und wird auf 200 ſchwediſche Meilen lang geſchätzet. Das Land war auf dieſer Seite eben wie die Prinzeninſul, hoch und mit dichten Laubwäldern bedeckt, zwiſchen welchen kleine leere Plätze waren.

An dem Strande von Java zeigten ſich kleine röthliche Klippen und auf dem Waſſer Schildkröten. Des Abends überzog ſich der Himmel mit goldglänzenden Wolken, worauf Regen und Blitz erfolgten. Die Einwohner längſt dem Strande zündeten verſchiedene Feuer an, um dadurch die wilden Thiere von ihren Hütten zu ſcheuchen. Um 11 Uhr in der Nacht ward es ſtille, und wir giengen bey der vierten Hucke vor Anker.

Den 15 Julius.

Die Gewitterwolken lagen unten auf den Bergen, ſo daß die hohen Felſen über dieſelben hinaus ragten.

ragten. Donner, Blitz und Regen waren hier allgemein.

Gegen 8 Uhr des Morgens lichteten wir die Anker, nachdem wir um 7 Uhr Angeri Point in N. N. O. und die Insul Quer im Wege genannt, in N. ½ O. gehabt hatten.

Die Insul Kraka-tá war uns zur Linken. Um 9 Uhr giengen wir vor Anker. Wir hatten 15 Faden Tiefe und Leimgrund, auf welchem kleine weiße Schnecken, Schölpens genannt, lagen. Wir hatten die vierte Hucke von Java in S. ½ O, Quer im Wege in N. O. und die Angerihucke in N. O. gen O.

Es kamen einige Nachtschmetterlinge zu uns auf das Schiff, und wurden gefangen, z. B. *Sphinx Atropos* oder der Todtenkopfschmetterling. Die Oberflügel desselben sind oben schwarz mit weißsprenklichen Spitzen: Die Randkerben orangegelb. Unterhalb sind die Oberflügel, wie die beyden Seiten der Unterflügel, mit schwarzen Linien. Die Fühlhörner sind prismatisch-schwärzlich und haben auf der Spitze einen braunen Flecken. Die Augen sind groß und schwarz. Der Rücken ist schwarzbraun mit der Figur einer Hirnschale bemahlt. Der Leib ist unten schwarz mit orangegelben Ringen, oberhalb mit schwarzen und blauen abwechselnden Ringen gezeichnet. Die Füsse sind schwarz und braun schattiret, und die Stacheln derselben, welche wie Nesseln stechen, haben eben diese Farbe. Dieser Schmetterling hat eine stark gedrehete Zunge. Gefangen schreyet er beynahe wie ein Vogel.

Um halb 5 Uhr des Nachmittags segelten wir und um 6 Uhr liessen wir auf 10 Faden Tiefe in einem blauen sandigen Thongrunde die Anker fallen. Die Insul Quer im Wege war uns nunmehro in N. N.

N. N. W. und Angeri in S. gen S. Des Abends sahen wir bey der Küste von Java zwey Feuer.

Den 16 Julius.

Meistens stilles und schönes Wetter.

Um 11 Uhr lichteten wir die Anker, liessen sie aber bald hernach in einer mäßigen Entfernung disseits Angeri wieder fallen. Hier erhielt ich nach anhaltenden Ersuchen endlich die Erlaubniß mit der Jölle an Land zu gehen, welche Cocusnüsse und dergleichen zur Erfrischung für die Mannschaft herbey holen sollte, aber unter der Bedingung, ohne den geringsten Verzug zurück zu kommen, so bald mich der dabey commandirende Officier daran erinnern würde. Wir hatten uns auf den Fall, wenn wir nicht willkommen seyn sollten, mit geladenen Gewehren versehen.

So bald wir gelandet hatten, welches theils wegen des Corallgrundes, theils weil das Wasser sehr stark auf das Ufer strömte, nicht ohne Schwierigkeit geschahe, kamen uns einige Einwohner des Landes entgegen. Sie schienen anfangs unentschlossen zu seyn, ob sie uns als Freunde oder Feinde empfangen sollten, denn sie hatten damals mit den Holländern Krieg. Ein jeder hatte einen Dolch an der Seite, der einem Küchenmesser mit einen Hirschfängergehenke glich, und dessen Spitze mit der Toxicaria RUMPFII vergiftet war. Einer von ihnen trug ein paar Piken auf den Schultern und ein spanisch Rohr in der Hand. Sie giengen fast nacket, denn sie hatten ausser einem braunen blaufleckigen baumwollnen Gewande, das mit einem Schnupftuche mitten um den Leib gebunden war, und zwischen welchen ihre Dolche steckten, nichts an. Mit den Dolchen, deren Spitzen ver-

giftet

giftet waren, zerhieben sie die Cocusnüsse und andere Dinge; sie vertheidigen sich aber auch wider ihre Feinde mit denselben. Sie hatten um ihre schwarze verschnittene Hare ein zusammengelegtes buntes Schnupftuch gebunden, doch so, daß der Scheitel nicht bedeckt war. Wenn sie an Bord kamen, bedeckten sie sich bisweilen mit einem loßhangenden Hemde, das gemeiniglich blau oder gegittert war. Einige trugen auf den Fingern kupferne Petschirringe mit blauen Saphir ähnlichen Steinen. Diese Indianer waren zum Theil von mittlerer Grösse, die meisten aber klein; ihre Hare und Augenbraunen waren schwarz, die Zähne schwarzroth, die Augen und Nase klein, der Mund groß, und die meisten hatten keine Bärte. Sie waren freundlich, gesetzt, einfältig und dienstfertig; nahm man ihnen etwas, so schryen sie wie Kinder. Sie bedurften keine Stühle, weil sie wie die Meerkatzen auf den Fersen saßen. Ihr Gruß war Tabà Tuani oder guten Tag mein Herr. Sie boten uns endlich ihre Cocusnüsse, Pisang, Hüner, Bier, Büffelochsen, Schildkröten und Bettmatten an; und

91. zwar theils doppelte, welche an einer Seite grössere Rauten haben, theils einfache, welche man hier allemal kauft, und sich derselben, weil sie kühlen, statt der Bettlaken bedienet. Zur Bezahlung nahmen sie entweder spanisches Silbergeld, oder Waaren, als alte Hemden, Schnupftücher, Spiegel, Glaß, Messer, Netz- und Stecknadeln, Flintensteine u. d. g.

Das Seeufer bestand hier aus einem grauen Sande, in welchem verschiedene Corallen, als Madreporen, Milleporen rc. desgleichen Schnecken, als *Cypræa* alba. *Cypræa* punctata &c. angetroffen wurden. Das Land war hier kaum eine Elle höher, als die Wasserfläche. Auf dem Sande

sprung

sprung eine Menge kleiner Krabben sehr hurtig herum.

Eine kleine Hütte oder Koie, welche aus vier Pfählen bestand, an den Seiten offen, aber mit Cocusblättern gedeckt war, und deren man sich zu den Nachtfeuern bediente, konnte man am Strande sehen. Die Leute wohnten hier unter Affen und Papagoyen durchgehends so vergnügt, daß man in den größten Pallästen in Europa kaum vergnügtere Einwohner antreffen wird.

Die Bäume, welche insgesammt denen die bey uns angetroffen werden, ganz unähnlich sehen, wachsen nahe am Strande so dichte neben einander, daß es den Fremden beynahe ohnmöglich ist, in das Land zu kommen. Die Javaner hatten einen kleinen Weg durch den Wald, den sie mir aber zu gehen verboten. Sie begleiteten uns längst dem Strande nach der Seite von Angeri, an einen Bach, der etwan einen Büchsenschuß von unserem Bote war, woselbst wir ein Faß mit Wasser fülleten, welches aber nicht sehr gut war. An dem Bache stand ein Baum von ohngefähr 10 bis 12 Fuß Höhe, der sowohl Blumen als Frucht hatte, und von den Javanern Vientaro genennet wird. Es ist *Cerbera Manghas*; der Eyerstock ist eyförmig, die Narbe eyförmig und gespalten. Die äussere saftige Schale der Frucht enthielt einen milchähnlichen Saft, der sie verdächtig machte, ausserdem aber gaben die Landeseinwohner mehr als einmal zu verstehen, daß sie giftig sey. Man vergleiche den Arbor lactaria Malaice Bintaro RUMPF. 3. *p.* 234. und Jasminum Indicum MERIAN. *Surin. p. et t.* 8. Quauthlepatli s. Arbor ignea HERN. *Hist. mex. c.* 33.

Die übrigen Gewächse, welche ich hier sammlete, sind folgende:

92. *Acanthus* ilicifolius. Die Blumendecke ist doppelt; die äussere kleiner, an beyden sind zwey entgegengesetzte Blätter etwas grösser. Die vier Staubgefässe sind kürzer als die Krone, und 2 derselben länger als die andern beyden; die Staubfäden sind breit, zugespitzt und in der Mitte gestreift; die Staubbeutel sind länglichrund, aufgerichtet, gehärt und kürzer als die Staubfäden. Der beynahe eyförmige Fruchtknoten sitzt unter der Krone; der Staubweg ist fadenähnlich und hat die Länge der Staubträger; die Narbe ungetheilt. Das Saamengehäuse ist eine umgekehrt eyförmige zweyfächrige Capsel; in jedem Fach sind zwey platte rundlich-eyförmige Saamenkörner. Der Geruch ist wie der vom Lerchenschwamm (Agaricus).

Catesbæa? javanica. Die Blumendecke ist trichterförmig, sehr kurz. Die Röhre der Krone ist sehr lang, beynahe walzenförmig; der Rand ist kurz, fünftheilig. Die vier Staubfäden fadenförmig, sehr lang, und in der Blumenröhre eingelenkt; die Staubbeutel klein. Der Fruchtknoten rund und klein. Der Staubweg fadenförmig, und länger, als die Staubträger. Die Blumen sind blau, entspringen aus den Blattwinkeln; jeder Blumenstiel trägt höchstens drey Blumen. Die Stielchen jeder Blume sind kurz. Das Gewächs ist ein Strauch. Die Aeste sind herabhängend, viereckig. Die Blätter oval-lanzettförmig, einander entgegen gesetzt, glatt, gespitzt, gestielt, nach einer Seite gerichtet, und fallen jährlich ab. Wächset am Meere.

Convolvulus Pes capræ lag mit seinen langen Ranken und schönen Blumen am Strande.

Ischæmum muticum procumbens war das gemeinste Graß am Strande.

Vitex

Vitex trifolia. Die Blumendecke ist einblättrig, fünfzähnig, walzenförmig, sehr kurz. Die Krone einblättrig, rachenförmig; der mittlere Abschnitt der Oberlippe der längste und breiteste, die vier übrigen beynahe gleichbreit. Die vier Staubträger, deren 2 länger sind als die andern, sitzen am Grunde des Randes. Der Staubweg ist länger, als die Staubträger. Die Staubbeutel zweytheilig. Die Narbe zweytheilig, zurück gebogen. Die Beere umgekehrt oval. Die Aeste sind viereckig und wie die Blattstiele und Blätter unten wollig. Die Blätter sitzen je zwey, drey oder viere beysammen, die an den Aesten sind einfach. Die Blättchen (foliola) sind lanzettförmig, gesägt. Der Baum oder Strauch hat herunterhängende Aeste und einen Wermuthgeruch. Er wächst am Meere.

Asclepias gigantea. Das Honiggefäß hat eine Löwengestalt. 93.

Memecylon capitellatum? Die Staubwege sind fadenförmig und haben die Länge der Honighalter. Die Narben der Pistille blätterig und hängen zusammen. Die Blätter sind elliptisch, unten wollig.

Verbesina lavenia. Die Blätter haben an ihrem Ursprunge zwo und in der Mitte eine oder auch zwo Drüsen.

Sida cordifolia.

Urena sinuata. Die Blätter sind oval, herzförmig, gesägt, die untersten gemeiniglich mit einem eckigen Umrisse. Die Blumen stehen an den Spitzen. Es ist ein Bäumchen.

Michelia Champacca. Der Kelch fehlet. Die Krone ist doppelt. Sie hat 14 länglichrunde lanzettförmige Blumblätter. Die 6 äusseren sind die grössesten. Die Staubfäden sind zahlreich, sie sind

sind am Grunde um den Stempel herum eingelenkt, kurz; die Staubbeutel länglichrund und länger als die Staubfäden. Der Staubweg ꝛc. wie in der Nymphæa. Die Blumen sind gelb und wohlriechend, weswegen sie uns von denen Javanern als ein besonderes Geschenke überreicht wurden.

Tetradapa Javanorum. *Erythrina* Corallodendron? Die Blumendecke ist einblättrig einer Scheide ähnlich, (spathaceum) kurz, oval. Das Segel der Blume (vexillum) ist groß und schliest vier ovale kurze Blumblätter ein. Von den 10 Staubfäden hängen 9 bis auf die Mitte zusammen; alle sind oben zugespitzt; die Staubbeutel stehen aufrecht und sind länglichrund. Der Eyerstock ist lang, wollig. Der Staubweg zugespitzt; die Narbe mit zarten Härchen bedeckt, niederhängend. Die Blumen formiren verschiedene Quirle (verticilli); sie sind roth, und fallen bald ab. Die Frucht, welche unter dem Baume lag (wenn ich diß Gewächs so nennen darf) war eine rhomboidische schmale Hülse (legumen). Sie enthielt zween nierenförmige Saamen. Der Baum war etlichemal so hoch als ein Mann; sehr ästig, und hatte jetzo keine Blätter, aber sehr schöne scharlachrothe Blumen. Man vergleiche hiemit Gedala litorea; malaice Gelala laut et Gelala itam; Badensibus Dadab. RUMPF. *Tom.* 3. *p.* 231. *t.* 77. Er blühet (sagt er) im Ausgange des Julius, da die Blätter abfallen. In der Mitte des Augusts fallen die Blumen ab; im September kömmt die Frucht und das neue Laub. Die blutrothen Papagoyen, die man Luris nennet, haben zu diesen Blumen eine ungemeine Neigung; sie sammlen sich um die Blühzeit auf diesen Bäumen und saugen den Saft aus den Saftgruben, bey welcher Gelegenheit man sie in Schlin-

34.

Schlingen, die auf den Zweigen angebracht worden, fängt. Den mannigfaltigen Nutzen der Blätter und der Rinde in der Medicin findet man bey vorhin gedachten Verfasser angezeiget. Auf der Rinde wuchs *Byssus* candelaris, und an der Wurzel *Filix indica*, polypodii facie. MENZ. pugill. tab. penult.

Crinum asiaticum. Tulipa javana RUMPF. 5. p. 240. T. 105. Die Scheide (spatha) ist zweyblättrig. Die Blumen formiren an der Spitze des Stengels einen Kopf, und riechen sehr angenehm. Die Krone ist einblättrig; die Röhre ist cylindrisch, sehr lang; die Mündung sechstheilig, mit langen linienartigen zurückgebogenen Lappen. Die Staubträger und der Staubweg sehr lang und zurück gebogen. Die Staubfäden sind am Grunde der Mündung eingelenkt. Die Staubbeutel sind sehr lang, gleichbreit, quer auf der Seite gelegt. Der Staubweg ist länger als die Staubfäden, reicht aber wegen Verschiedenheit der Einlenkung nicht zu der Höhe derselben. Die Blätter sind sebelförmig, breit. Es wächst in sandigen Seeufer; und ward lebendig mit nach Schweden gebracht.

Cocos nucifera (Palma indica major RUMPF. 1. *p.* 1. Auf Javanisch Calappa); ein sehr hoher, aber nicht sonderlich dicker Palmbaum, mit einer schroffen Rinde, und bis an die Krone unzertheiltem Stamme. Auf der Rinde wuchs ein weisses mehliges Moos. Die Cocusnüsse, deren etliche zusammen zu oberst in der Krone hiengen, sahen aus wie Kohlköpfe, und waren etwas dreykantig. Die äussere Schale der Nuß, ist, wenn sie reif zu werden anfängt, gelb, und wird hernach braun; sie bestehet aus einem Hanfähnlichen Bast, statt dessen

sen sie auch von den Javanern gebrauchet, und derowegen gemeiniglich vor dem Verkauf abgeschälet wird, einen kleinen Streifen ausgenommen, welcher das Alter der Nuß anzeigen soll, weil er nach Verschiedenheit desselben grün, gelb oder braun ist. Doch kann man diese Nüsse auch, wenn es bestellt wird, unversehrt bekommen, in welchem Zustande sie das frischeste und meiste Wasser enthalten. Die faserige Schale läßt sich zu Lunten und Tauwerk, welches aber in frischem Wasser sehr bald stockt, sehr bequem gebrauchen. Die andere Schale unter der vorhin gedachten, ist vor ihrer Reife weiß, wird aber nachher braun und sehr hart, am Stiele ist sie einigermaßen eckig. Die Javaner gebrauchen sie, ihren braunen Zucker und andere Sachen hinein zu legen, die Ostindienfahrer machen Trinkgefässe und Punschlöffel daraus, und überdis verfertigt man davon kleine schöne Körbe. Dem Grunde oder Stielende gegen über sind drey kleine Löcher, von welchen sich jedoch nur eines bequem öfnen läßt. Die innerste Schale, welche dichte unter der harten sitzet, ist weiß und nicht viel härter, als eine ungekochte Rübe; man kann sie roh essen und sie schmecket beynahe wie süsse Mandeln, weßfalls sich auch die Seefahrer daraus mit etwas Zimmet, eine Mandelmilch bereiten. Man kann sie auch mit Eßig, Salz und Oel einmachen und wie Sallat essen. Die Nuß ist mit einem blassen, süssen Wasser angefüllt, welches aber bald sauer wird, wenn man es nicht bald nach Oefnung der Schale trinket. Jede Nuß enthält von diesem Wasser ohngefähr ein halbes Quart oder etwas mehr; wir bedienten uns desselben einige Wochen und so lange, als sie frisch blieben, statt Theewasser. Man sagt, daß der Saft als Waschwasser gebraucht, eine feine Haut mache. Wenn

die

die Nüsse alt werden, so gerinnet das Wasser zu einem schwammigen weissen Kern, aus welchem nachher durch die Oefnung der Schale Blätter ausschlagen, die sich, ohne daß die Nuß in die Erde geleget oder gewässert werde, sehr lange erhalten. Das Hundert Nüsse bezahlten wir mit einem Peso, duro oder spanischen Thaler. Die Bäume stunden längst dem Ufer an niedrigen Orten, und waren hier ziemlich häufig. Die Schriftsteller sagen mit vielen Umständen, daß dieser Baum den Einwohnern zur Kleidung, Unterhalt, Wohnung, Haußrath und anderen Werkzeuge hinreichend sey. Zu letztgedachten Gebrauch dienet der Stamm; aus den Aesten machen sie Bogen über die Haußthüren, an welche sie auf ihren Hochzeiten Blumen befestigen. Der Blätter bedient man sich zum Dache, zu Seegeln, Körben, Besen, und man schreibt auch mit den Bambunägeln darauf. Von dem Kerne und dem Wasser der Nuß erhält man Speise und Trank. Die äussere Schale giebt Kleider, Pinsel und dergleichen. Macht man in die Aeste einen Schnitt, so läuft aus der Wunde die Nacht hindurch ein klarer Saft, aus welchem nachher Syrup und Eßig bereitet wird. Ohne Cocussaft kann kein Arrack bereitet werden; wesfalls auch die Chineser dieses Getränke hier kaufen müssen. Der Indianer ganzes Frühstück besteht in dem Kern der Cocusnuß, Sagubrod und getrockneten Fischen, die Vornehmern aber legen gekochten Reis hinein. Der Schale bedient man sich wie des Arecks, nehmlich sie zu kauen, man thut aber Betel und Kalk hinzu. Die Schale pflegt man auch in Wasser zu legen, und siedet nachher eine Milch davon, die sie Santar nennen, mit welcher Kräuter, Kohl, Reis, und Fische gekocht werden; diese Milch aber wird leicht

96.

in

in einer Nacht sauer. Vermischt man sie mit einer bestimmten Menge Wassers und kocht sie in einem Topfe ein, so verlieret sie ihre weisse Farbe nach und nach, und wenn alles Wasser verdunstet ist, bleibt ein wahres Oel übrig, welches so klar, durchsichtig und süß, wie Baumöl seyn soll; dieses wird statt der Butter gebraucht und ist sehr nahrhaft. Beydes Manns- und Frauensleute schmieren sich mit dem Cocusöle, theils Krankheiten wegen, theils weil es Mode ist, und um sich schwarze Hare zuwege zu bringen. Das javanische und balaische Frauenzimmer mischet etwas Kurkumei hinein, wovon sie glänzend werden. Die portugiesischen Aerzte verschreiben das Oel mit Violensyrup wider den Husten und das Asthma, lassen beym Podagra und Chiragra die schmerzenden Glieder damit warm schmieren u. s. w. Die Wurzeln werden in Durchfällen und Fiebern gebraucht. Die Verhaltung des Urins und die gonorrhoea virulenta heilet man mit den Blumenzweigen, die aus ihrer Scheide (spatha) genommen und mit Sontari oder röthlichen Zucker gegessen werden. Wenn man frische Cocusnüsse bratet und kalt werden läst, oder sie dem Nachtthau aussetzet, so soll man mit denenselben die hitzigen Fieber und ähnliche Krankheiten heben können, welches sich auf den ostindischen Reisen sehr gut nutzen liesse. Auf Malabar trocknet man die Kerne der reifen Nüsse an der Sonne, und verführet sie an fremde Orte unter dem Namen Copra, daraus wird ein Oel gepresset, mit welchem man die Gewehre, das Rosten zu verhüten, bestreicht.

 Wilde Vögel hatten die hier seyenden Javaner jetzo nicht zu verhandeln, doch tauschte ich für
97. ein paar Brodmesser einen lebendigen Eisvogel ein. Es war *Merops* (viridis) supra ferruginea. Man
sahe

sahe ihm an, daß seine Bestimmung nicht war, durch seinen Gesang zu vergnügen, sondern die Erde und Bäume von Raupen und andern Geschmeis zu reinigen. Er pipte dann und wann, so lange er lebte, welches nur einige Tage dauerte, nach seinem Tode schrieb ich folgendes zu seinem Andenken. Der Schnabel ist schwarz, spitzig, bogenförmig gewölbt und hat einen schmalen Rücken. Die Augen sind schwarz, der Augenzirkul ist roth. Die Kinladen sind dreykantig. Die Zunge ist gleichbreit, schmal, an der Spitze eingerissen. Die Nasenlöcher sind rund, nackt. Der Kopf und Hals bräunlich. Die Brust, der Bauch und Schwanz sind weiß auf grünstossend. Die Flügel oben grün; der obere Rand, die Spitzen, und die Flügel unten haben eine blasse Eisenrostfarbe. Der Rücken, die Kehle und die Schwanzfedern sind blau. Er hat 21 Schwungfedern. Von den 12 Schwanzfedern sind die 2 mittelsten die längsten. Die Füsse und Beine sind aschgrau, nackt. Erstere haben drey Forder- und eine Hinterzeh.

Er wird in der Upsalischen Naturalienkammer aufbewahret.

Verschiedene Insecten, besonders Zweyfalter, flogen um uns herum; es war aber ihr Glück, daß wir nicht lange am Lande seyn konnten. Ich erwischte nur eine Biene *Apis* (rufa) thorace antice linea alba, abdomine fusco und schwarze Ameisen. Die letzteren waren auf denen Bäumen allgemein.

Die Proen oder fliegende Boote der Javaner, waren auf das Land gezogen und in den Wald gebracht, damit sie die starke Sonnenhitze nicht verderben möchte. Sie sind scharf und sehr schmal, weswegen sie mit einem Auslieger von Bambu versehen

sehen sind, welcher an der einem Seite im Wasser geht und sie fester macht *).

Javanische Schildkröten (*Testudo* javanica) kauften wir 2 Stück für einen Piaster. Beyde waren weiblichen Geschlechts. Die männlichen werden nur selten gefangen. Man richtet sie auf eben die Weise, wie die Schildkröten an der Ascensionsinsul zu, wovon weiter unten nachzusehen; letztere aber sind viel grösser und auch eine andere Gattung, welches aus folgender Beschreibung erhellet: Die obere Kinlade ist nach innen gestrieft, die untere gezähnt. Das obere oder Rückenschild ist rothbraun, gestrieft. Die fünf mittlern Fächer sind fünfeckig, neben denselben stehen auf jeder Seite 4 längliche Fünfecke, in die Quere; und am Rande 25 kleinere länglich viereckigte Fächer. Das Bauchschild ist gelblich weiß, netzförmig. An jeder Seite sind 8 Ribben. Die Tatzen und Füsse sind ganz, an den inneren Seiten aber ein wenig gekerbt.

98.

Nachdem wir nun die Javaner in ihrem Lande auf ohngefähr eine Viertelstunde besucht, ihnen 100 Cocusnüsse für einen Piaster, die vorhingedachten Schildkröten und andere Sachen abgekauft hatten, eilten wir wieder an Bord, wo wir um 12 Uhr eintrafen. Wir fanden hier viele Javaner, welche Cocusnüsse und folgende Sachen zum Verkauf anboten:

Tobak, den sie mit Arek kaueten. Der Tobak war aus breiten, dünnen, grünen Blättern in kleine Striefen geschnitten. Er soll sich sehr angenehm rauchen

---

*) Eine solche Proa mit ihrem Ausleger oder Nebenboote ist in des Lord Anson Reise um die Welt, 3 B. 5 Hauptst. umständlich beschrieben und abgebildet. D. S.

rauchen und möchte wohl der sogenannte Jungfern-tobak (Nicotiana paniculata) seyn.

Braunen Puderzucker in halben zusammen-gelegten Cocusnüssen, welche mit Blättern zusammen gebunden.

Flaschen von Calabassen oder Flaschenkürbissen (*Cucurbita* lagenaria), welche mit frischem Wasser zu ihrem und anderer Gebrauch angefüllet waren.

Schnecken, fürnehmlich Cypräen oder Schlangenköpfe.

Weisse Pompen (*Cucurbita* Pepo).

Pompelmosse (*Citrus* grandis) eine grosse rundliche, den Apfelsinen ähnliche Frucht, statt welcher man sie auch nach dem Essen geniesset. Sie ist jedoch viel grösser, als die Apfelsine und säuerlicher, weswegen sie den Durst mehr löschet. Die Schale ist schwammig und einen Querfinger dick, von Geschmacke bitter, wie die Pomeranze, mit welcher diese köstliche Frucht sehr nahe verwandt ist. Es war eine andere, runde, kleinen Apfelsinen ähnliche Frucht mit einer grünen sehr warzigen Schale, welche die Javaner Pompelmuß*) nannten; ich habe aber nur einige wenige davon zu sehen bekommen. Sie wurden in höherem Werthe gehalten, als die Pompelmosse, und waren auch von süsserem und angenehmeren Geschmack.

99.

Pisang oder *Musa* paradisiaca, sind gelbe, sehr weiche Früchte, welche den Fingern ähnlich sehen, indem sie mit den Stielen so an einander sitzen, daß sie eine oder ein paar Hände vorstellen können. Will man die Frucht einige Wochen erhalten, so muß man sie grün kaufen, da sie denn nach und nach

---

*) Limon tuberosus martinicus, malaice Lemon martin. RVMPF. 2. p. 101. t. 26?

nach reiset, und ziemlich gut zu essen ist, wenn die Schale gelb geworden und sich leichte ablösen lässet. Man hält sie für die verbotene Frucht, durch die unsere ersten Aeltern beyde sich und uns ins Elend gestürzt haben.

Javanische Meerkatzen, *Simia* (Aygula) caudata subbarbata, eminentia pilosa verticis longitudinalis. Das Seevolk nennet sie Tjäcko und vielleicht ist dieses auch ihre javanische Benennung. Sie sind nicht grösser, als eine kleine Katze; von Farbe überall lichtgrau oder graugelb, diß ist auch die Farbe des Schopfes auf der Scheitel, nur daß sie etwas höher ist; unter dem Bauche ist er weißlich. Die Nase, von welcher eine erhabene Senne nach der Lippe herunter läuft, ist schmal. Die Augen sind braun, der Stern schwarz; die Augenbraunen sind groß. Der Bart ist so klein, daß er kaum den Namen verdienet. Die Nägel sind schmal und lang, auf dem Daumen aber ist der Nagel kurz. Sie sind freundlich beydes gegen Menschen und gegen ihres gleichen, und liebkosen sich unter einander durch Umarmungen. Werden sie eines Affen von anderer Art gewahr, so grüssen sie ihn mit tausend Grimassen. In Ermangelung näherer Freunde spielen sie mit den Hunden; anfänglich können sie nicht gut alleine seyn; wenn sie schlafen, so stecken sie die Köpfe zusammen; sie schreyen des Nachts beständig, und gehen des Tages, wenn sie angebunden sind, unaufhörlich rück= und vorwärts. Wenn man sie scheel ansiehet, so werden sie böse und schmatzen. Im übrigen gleichen sie ihren Geschlechtsverwandten in der Unflätherey, der Geilheit, der Poßirlichkeit, dem Wohlgefallen an allerley glänzenden Dingen und in dem Appetit zu grünen Sachen und Früchten. Die Nüsse beissen sie sich selbst auf,

und

und verzehren die Kerne mit grossem Appetit. Man sagt, daß die Meerkatzen in China Rhabarber sammlen und Reis stossen. Weibchen bekömmt man nur selten zu Kaufe. Die Meerkatzen überhaupt gehören zu denen Waaren, welche von so entlegenen Orten am schwersten nach Hause gebracht werden. Ihr nächtliches beständiges Mauen ist unerträglich. Bisweilen werden sie mit dem Scorbut heimgesucht, der sie so steif macht, daß sie zuletzt kaum von der Stelle gehen können, und oft raubt er ihnen das Leben. Lässet man sie frey herum gehen, so üben sie tausend Possen aus, springen über alles, naschen den Leuten das Essen weg, jagen sich mit den Hünern, brechen den Vögeln das Genick ab, und treiben ihren Unfug wohl noch weiter, wie solches glaubwürdige Leute bezeugen können. Vor einigen Jahren hatte man auf einem Schiffe eine grosse Meerkatze, welche den Jungen auf die Bramraa nachstieg, als sie die Seegel einschlagen sollten, und einem, der ihrer Meynung nach nicht genug that, das Ohr wegbiß. Diese und mehr Ungemächlichkeiten sind die Ursachen, daß wir von diesen kleinen Possenreissern so wenige mitbringen.

Den 17 Julius.

Das Wetter war schön und stille.

Ein Javaner, der eine holländische Jacht von Batavia nach den westlichen Küsten unter der holländischen Flagge führte, kam, nachdem wir eine Kanone gelöset hatten, zu uns an Bord, und überbrachte uns zwo grosse Wassermelonen, die mit chinesischen Buchstaben gezeichnet waren, als ein Geschenk.

Nachmittage um 3 Uhr seegelten wir mit schwachen Winde von hier, giengen aber um 5 Uhr auf 20 Klaf-

20 Klaftern auf einem steinigen Sandgrunde wiederum vor Anker. Die folgende Nacht blitzte es.

Den 18 Julius.

Das Wetter war helle, Wind und Strom aber waren uns entgegen.

Die Javaner kamen zu uns und hatten Cocusnüsse, Pompelmose (*Citrus* grandis) grosse Caffeebohnen, Hüner von verschiedenen Farben, hellgraue Enten, Puderzucker, Tobak, verschiedene Matten, um in der Hitze auf denselben, an statt der Laken, zu liegen, einige Vögel in Käfigen, als kleine Papagoyen von vortreflichen grünen, rothen und blauen Farben, insonderheit folgende.

101. *Psittacus* (galgulus) viridis uropygio et gula rubra, vertice cæruleo. *Psittacus* viridis, remigibus rectricibusque supra viridibus, subtus cæruleis, uropygio pectoreque coccineo, vertice cæruleo. EDWARD. T. 6. Er hat die Grösse eines kleinen Sperlings. Der Schnabel ist wie bey den übrigen Arten gebauet. Die runden Nasenlöcher sitzen weit oben, und sind mit einer erhabenen Haut umgeben. Die Augen umgiebt eine bläuliche Haut mit erhobenen Punkten auf dem Rande. Der Kopf, Rücken, Bauch, die Flügel oben und die Schwanzdeckfedern unten sind grün, jede Feder aber unten am Grunde violet. Den Scheitel zieret ein runder blauer Fleck. Der Steis und die Kehle sind roth. Auf dem Halse stehet ein bräunlicher Fleck. Der hintere Theil des Rückens hat einen gelben Fleck, mehr niederwärts ist er bis an die Spitze des Steisses roth. Die 19 Schwungfedern sind an den äusseren Rändern blau, das übrige ist grün. Die 11 Schwanzfedern sind oben grün, unten blau, und

und reichen kaum vor den Deckfedern hervor. Die Javauer nennen diese Vögel *Parkiki*, und unsere Leute Perokitten. Dieser kleine Vogel ist wegen der Höhe seiner Farben bewundernswürdig, und diese einzige Eigenschaft ist es, die ihn allen Völkern empfiehlet. Wenn er in einem Käfig eingesperrt wird, lässet er seine pfeifende Stimme nur selten hören, sondern wird gemeiniglich ganz dumm. Er hängt sich mittelst der Füsse so, daß der Rücken gegen die Erde gekehret ist, und bewegt sich nur selten von seiner Stelle. Man futtert ihn mit gekochten Reis; wie denn auf diese Art im Jahre 1752, mit dem Schiffe der gothische Löwe, ein lebendiger, von mir aber nur ein ausgestopfter, nach Gothenburg gebracht wurde.

Psittacus alexandri. Dieser Papagoy ist doppelt so groß als der vorhergehende, und ist hier überall zu Kaufe. Die Schnabelhaut, (cera) oder diejenige Haut, welche sich von den Augen nach den Ohren hin erstrecket, ist schwarz. Die Flügel haben in dem äussersten Gliede 7, in dem andern 11, und in dem untersten, das sehr kurz ist, einige kleine Schwungfedern. Von denen 11 Schwanzfedern ist die mittelste die längste. Die obere Kinnlade ist die längste, und hellroth. Die untere ist hellgelb. Die Nasenlöcher, welche weit oben stehen, sind rund. Die nackte Kopfhaut geht rund um etwas länger herunter. Der Kopf ist mit hellblauen und blaßgelben sehr kurzen Federchen bedeckt. Die Schläfen sind an beyden Seiten schwarz. Uebrigens ist der Vogel überhaupt graßgrün, die Kehle und Brust ausgenommen, welche lichtroth sind. Die Flügel sind unten blaßgrau, fünfe ihrer Deckfedern aber gelb. Die Dunen dichte am Leibe grau. Der Schwanz gelblich. Die Lenden lang und
bedeckt;

bedeckt; die Beine kurz und wie die Füsse grünlich-
grau. Letztere haben 2 Forder- und 2 Hinterzehen,
von welchen die innersten die kürzesten sind.

Gracula religiosa. Die Javaner nennen ihn
Mai-nä. Man vergleiche mit ihm den Leu-kä der
Chineser. Er hat das Ansehen einer grossen
schwarzen Drossel, mit weissen Häuten an den Ohren. Der Schnabel, die Beine und Füsse sind
hellgelb. Von den äussersten Schwungfedern
hat jede einen weissen Fleck. Der ganze Vogel ist
übrigens schwarz. Bey jedem Ohre sind 2 weisse
Häute. Die Augen sind schwarz. Die kleinen
länglichrunden Nasenlöcher sitzen mitten auf dem
Schnabel. Die Kinbacken des Schnabels sind
beynahe gleichlang. Der die mehreste Zeit bedeckte
Augenzirkel blau. Die Beine und Füsse weiß,
schuppig. Letztere haben drey Forder- und einen
Hinterzeh. Die 7 äussersten der 16 Schwungfedern haben jede in der Mitte einen schwarzen Fleck.
Die 10 Schwanzfedern sind alle kurz. Der
Kropf ist nackt. Dieser Vogel frisset gierig, schreyet
stark, schmatzet mit dem Schnabel und kann, wie
man sagt, reden lernen. Einen solchen Vogel kauften wir hier, er starb uns aber in Canton.

Emberiza (familiaris) capite et rostro nigro,
uropygio luteo. Der Kopf ist schwarz und hat
einen kleinen Zopf. Der Schnabel pfriemenför-
mig, gerade, schmal, schwarz. Der Hals, die
Brust und der Kopf weißgrau. Die Schwanzdeckfedern gelb. Es war einer der artigsten Vögel, denn wenn man ihm vorpfiff, so sang er sehr
schön; wenn man den Käfig aufmachte, und ihm
die Hand vorhielt, so setzte er sich auf selbige. Ward
er eine Schüssel mit Wasser gewahr, so flog er hinzu
und badete sich, welches mehrentheils täglich geschahe.

schahe. Des Abends war er so lange unruhig, bis man etwas über den Käfig hieng. Wir unterhielten ihn mit Reis, bis ihn in Canton die Ratten auffraßen.

Javanische Turteltauben (Columba Turtur.) Der Kopf ist röthlichgrau. Der Schnabel schwärzlich und schmal. Die obere Kinbacke ist die längste, und endigt sich in eine nagelförmige, scharfe krummgebogene Spitze. Die untere Kinlade ist gerade. Die Nasenlöcher sind lang, gleichbreit, schräge, mit erhobenen Rändern. Der Augenzirkul ist roth. Die Kehle, die Brust und der Bauch sind rothgrau. Auf dem Halse sind weiße und eisenrostfarbne Punkte. Die Schwung- und Schwanzfedern sind wellenförmig roth und eisenrostfarben. Die Beine und Füsse sind roth. Sie hat 3 Forder- und einen Hinterzehe.

Javanische Sperlinge. (*Loxia* oryzivora) The Cock paddy or Rice-Bird EDW. T. 41. Der Schnabel ist bald mehr, bald weniger röthlich. Die untere Kinlade ein wenig länger, als die obere. Die Zunge ist scharf und zerrissen. Der Kopf und die Backen sind schwarz, bey jüngern Vögeln aber grau. Die Schläfen sind weiß. Der Hals, der Rücken und 7 Schwungfedern sind oben blau und schwarzgrau. Die Schwungfedern sind unten weißlich. Der Bauch ist röthlichweiß. Die 12 Schwanzfedern sind schwarz. Die Federn unter dem Schwanze sind weiß. Die Beine und Füsse sind von lichter Farbe. Der Hinterzeh ist so lang, als der mittelste Forderzeh.

Wir bekamen nun die sogenannten Patjallingen zu sehen. Es sind dieses kleine holländische Kauffartheyschiffe, welche hier zwischen den Insuln kreutzen, um allen Schleichhandel auf den Küsten zu verhindern.

Corallstücke wurden auf jeden Bleywurf mit in die Höhe gezogen.

Da wir eines contrairen Stroms wegen bey Toppenshuth, vor welchem Brabandshuth liegt, vor Anker liegen musten, lief das holländische Commandeurschiff Middelburg, das der Herr Commandeur Svavenbourg führete, nebst noch vier andern Kriegsschiffen, welche zusammen an der Küste von Java kreuzeten, bey uns vorbey. Sie berichteten, daß die Königinn von Bantam geblieben, der König aber gefangen worden wäre, und daß sie gegenwärtig mit 5000 Mann Dragonern und 1500 Husaren im Begriffe wären, von Bantam an alle Einwohner des Landes ohne Unterschied nieder zu machen, welche den von ihnen eingesetzten König nicht erkennen und sie für ihre Schutzherren ansehen wollten. Der Prinz von Madura unterstützte die Holländer hierinn auf alle mögliche Weise.

Die Insul Großjava liegt unter dem 6ten Grade Süderbreite und drüber, zwischen Sumatra, Banca, Borneo, Madura, Bali oder Kleinjava und dem Lande Eendraght. Man siehet also, daß es hier an Wärme nicht fehlen kann, wohl aber würde die Hitze unerträglich seyn, wenn die dichten Wälder die Feuchtigkeiten nicht nach der Regenzeit zurück behielten, und alles was lebet, unter den Bäumen Schatten und Erfrischung erhalten könnte.

Batavia ist die bekannte Hauptstadt der Holländer auf dieser Insul, welche sie 1619. an dem Orte, wo die alte Stadt Jacatra gestanden hatte, erbaueten. Da sie an der andern Seite der Insul liegt, so bekamen wir sie nicht zu Gesichte. Sie soll schöne Häuser haben, und von Kaufleuten aller

Nationen, sogar auch von Chinesern, die zu dem Reichthum des Ortes vieles beytragen, bewohnet seyn. Der holländische Rath von Indien, der ihren ostindischen Handel dirigiret, hat hier seinen Sitz.

Bantam, eine Stadt und Reich, das bisher von einem muhammedanischen Könige regieret worden war, und fürnehmlich mit Pfeffer einen grossen Handel treibt, vermeynen die Holländer jetzo unter ihre Bothmäßigkeit zu bringen, wodurch die übrigen Könige in noch grösseren Zwang gerathen würden. Die Religion des Landes ist die muhammedanische.

Die Sprache ist, wie berichtet wird, entweder ihre eigene oder die malaische. Leidecker hat in Batavien das erste Wörterbuch auf Malaisch und Holländisch geschrieben, welches der Cardinal Franz Barberini 1631. in 4to in Rom durch David Hexio lateinisch heraus geben lassen. HADRIANUS RELANDUS hat in seinen *Dissertationibus Miscellaneis* ebenfalls eine Sylloge von LEIDECCERI *Lexico* ans Licht gestellt. Anderer Werke, welche die Holländer auf Malaisch ediret z. B. das neue Testament rc. zu geschweigen. S. BAI. *mus.* *præf p.*124. Die malaische Sprache soll, nach dem Zeugniß unserer Ostindienfahrer, in Indien eine allgemeinere Sprache, als die lateinische in Europa, seyn. 105.

Fledermäuse? so groß als wie Raben, flogen alle Abend von Sumatra nach Java, um daselbst des Nachts ihrer Ruhe zu pflegen, des Morgens aber reiseten sie wieder nach Sumatra zurücke. Gewiß eine seltsame und einer genaueren Untersuchung würdige Haushaltung! Dem Fluge und der Grösse nach glichen sie unseren Raben. Ein glaubwürdiger

ger Mann verſicherte ſie in einem Garten in Batavia geſehen zu haben. Sollten dieſe Thiere etwan auf Java eine gewiſſe Nahrung antreffen, die ſie auf Sumatra nicht finden? Sollten ſie auf Sumatra gefährliche Feinde haben, die ihnen die Nächte unſicher machen? oder was mag auſſer dieſem die Urſache der ſo often Abwechſelung ihrer Wohnörter ſeyn?

Den 19 Julius.

Wir paßirten des Morgens bey hellem Wetter und mit gutem Winde die Spitze von Bantam, des Nachmittags um 2 Uhr aber 2 einander ſehr ähnliche Inſuln, welche die zween Brüder heiſſen. Der Grund war ein blauer mit weiſſen Sande gemiſchte Thon. Wir hatten von 10 bis 13 Faden Grund.

Den 21 Julius.

Das Waſſer ſchien gelb, und blühete nun, wie mir unſere Reiſenden ſagten.

Luciparra ſahen wir vor uns. Sie war wie alle Inſuln hier herum waldig, und man glaubte, daß ſie ihre eigene Einwohner hätte. Unſer Schiff erforderte wenigſtens forne 18 Fuß und hinten 19½ Fuß tief Waſſer, weswegen unſere Jölle und Schaluppe mit dem Boot vorausgehen muſten, ſo bald wir auf 5 Faden Grund fanden. An einigen Stellen hatten wir kaum 4 Faden Tiefe. Wir ſeegelten hier alſo nach dem Grund und Bleywurf und nicht nach dem Cours, wobey wir Sumatra nicht näher als bis auf 5 Faden Tiefe kommen, uns aber auch nicht weiter davon halten durften, als daß wir nur auf 7 Faden Grund hatten.

206. Die Inſul Sumatra, die uns beſtändig zur linken blieb, und der wir jetzo ſo nahe ſeegelten, war hier

hier sehr niedrig und eben, mit dicht stehenden Bäumen bedeckt, deren Stämme ohne Aeste und von einerley Höhe waren, daher der Wald bis auf eine ziemliche Entfernung wie eine beschnittene Hecke, oder als ein Rohrbusch im Wasser aussahe; weiter hin aber zeigte sich ein Haufen höhere und dunklere Bäume. Vermuthlich waren die ersten Bäume die sogenannten spanischen Röhre. Des tiefen Leimes wegen, der weit in den Wald hinein geht, soll das Landen hier sehr beschwerlich seyn. Gleichwohl sind bisweilen Schweden des Vergnügens wegen an Land gegangen und haben sich Stäbe gehauen. Juan de la Serna sagt in seinem Diccionario Geographico, daß vorhingedachte Insul 300 Leguas lang und 70 breit sey; daß auf derselben Reis, verschiedene Specereyen und Früchte wachsen; daß es hier viel regne und die Hitze stärker als auf Java sey; daß die kleinen Könige in Achen einen Oberkönig haben, und daß die Einwohner schwarze, garstige, stolze, tyrannische, verrätherische und treulose Muhammedaner wären, die alle Ausländer verachten.

Die Insul Banca lag uns zur Rechten. Der auf derselben liegende Berg Monopin konnte sehr weit gesehen werden.

Des Abends giengen wir vor Anker.

Den 22 Julius.

Wir segelten mit gutem Winde, jedoch von Banca nicht viel über eine halbe Meile.

Die Insul Nanka oder Polo Nanka, von der man frisch Wasser bekommen kann, sahen wir zur Rechten. Wir kamen der nördlichen Seite von Sumatra sehr nahe. Sie behielt das vorhingedachte

dachte Ansehen. Wir wurfen gegen der dritten Landspitze Anker.

Insekten kamen vom Lande zu uns.

Den 23 Julius.

Nachdem wir des Morgens einen Junker (so werden die chinesischen Jagten genannt) gesehen hatten, segelten wir eine kleine, unter dem Wasser verborgene Klippe, die so manche Ostindienfahrer in Furcht gesetzet hat, und die Friedrich Heinrich genannt wird, glücklich vorbey. Diese Gegend ist deswegen gefährlich, weil die Untiefen hinderlich sind, dem Lande zu nahe zu kommen; entfernet man sich aber zu weit davon, so kann gedachte Klippe der ganzen Reise ein Ende machen, wie solches einem holländischen Schiffe begegnet ist, welche Begebenheit noch in frischem Andenken ruhet.

Ich habe ehedem oft erzählen gehört, daß die Eichhörner über See segeln können; heute aber lernte ich, daß die Vögel diese Kunst ebenfalls verstehen, denn es segelte ein Bubbi (*Pelecanus* Piscator) bey uns auf einer Wurzel vorbey.

Monopin auf Banca verlohren wie des Nachmittags, zugleich mit Sumatra aus dem Gesichte.

Den 24 Julius.

Die sieben Inseln erblickten wir zur Rechten, aber in einer grösseren Entfernung, als die Inseln Polo-Taja zur Linken. Die Insul Lingen, welche zu den ersteren gehöret und recht unter der Linie liegt, paßirten wir gegen Abend um 6 Uhr.

Den 25 Jul. 1 Grad Nord. Br.

Der Wind war gut; wir sahen nirgends Land.

Den 26 Jul. 2 Grad 39 Min. N. B.

Polo Tingey, wo das schwedische ostindische Schiff Ritterhaus verunglückt ist, glaubten wir unter den Insuln zur Linken zu haben; es fand sich aber, nachdem wir bey einigen vorbey gekommen, daß es die Anamboinsuln waren. Die erste war eine kleine, hohe, weisse Klippe, und die andern mit Erde und einigen kleinen Kräutern bedeckt. Wir kehrten also um und nahmen einen andern Weg.

Vögel von verschiedenen Arten sahen wir in einer grossen Entfernung; es begleiteten uns auch Haye, nicht weniger eine Gattung Ahle mit gelben Querlinien, wenn es anders keine Schlangen gewesen sind. Sie hielten sich hinter dem Schiffe im Kielwasser, und ich möchte beynahe behaupten, daß sie uns nebst verschiedenen andern kleinen Fischen von der Straat Sunda nachgefolgt sind. Wir sahen sie auch den folgenden Tag.

Den 27 Jul. 4 Grad 20 Min. N. B. 108.

Das Wetter war klar. Wir segelten vor dem Winde.

Zwo Schwalben kamen des Abends und folgten dem Schiffe nach.

Den 29 Jul. 7 Grad 16 Min. N. B.

Der *Globulus* ist eine kleine einem Westenknopfe ähnliche weisse Schnecke. Sie ist einschalig, oben sehr erhoben, unten platt, und hat an beyden Seiten eingedruckte Strahlen. Der in derselben wohnende Wurm lag nach dem Gewinde in einem Kreise, war sehr schmal, und eines Querfingers lang, hatte 2 borstenförmige Hörner und einen fadenförmigen Schwanz.

Den 30 Jul. 8 Grad 59 Min. N. B.

Polo Candor nebst einigen andern hier herum liegenden Insuln sahen wir zur linken. Diese Insul ist bewohnt und gehöret unter den König von Cambogia. Sie liegt von Cambogia 15 Leguas, in der Breite von 8 Graden 40 Min. Im Jahre 1746. muste das Schiff Calmar bey Polo Candor überwintern. Der Prediger auf demselben, M. Tärnström, der zuerst versuchte, was für Glück ein schwedischer Naturalhistoricus auf solchen Reisen zu erwarten hat, beschloß allhier den 4 Decembr. seinen Lebenslauf, und ward unter Lösung zwoer Canonen begraben. Vorgedachtes Schiff muste bey dieser Insel vom 11 Octobr. 1746. bis zum 15 April 1747. widrigen Windes wegen liegen bleiben; denn in der chinesischen See wehen jährlich zween beständige Winde, und zwar jeder derselben beynahe 6 Monat; daher man vom April bis zum Septembr. mit Südwestwind nach China, in denen übrigen 6 Monaten aber mit Nordost davon hinweg segeln kann. Diejenigen sind gewiß nichts weniger als glücklich, welche zu der Zeit hier sind, wenn sich der Wind herum setzt; immassen sich alsdenn entsetzliche Stürme einzufinden pflegen, welche die Chineser Tai=fun nennen und die 26 Stunden mit solcher Heftigkeit wüten, daß die Leute auf den Schiffen nicht aus der Stelle können, sondern als angebunden stehen müssen; welches unsere Ostindienfahrer aus eigener Erfahrung berichten konnten.

Den 31 Jul. 10 Grad 30 Min. N. B.

Polo Zapata, welches die Schweden Läften (Leisten) nennen, ist eine kleine, nackte, weisse, hohe Klippe im grossen Meere, deren Gestalt ihr die gedachte Benennung zuwege gebracht hat. Bey dieser

ser Klippe hielten sich eine Menge Vögel auf, von welchen wir auf der Rückreise einen fiengen. Es war *Sterna* (stolida) grisea, capite albo. Die Booby waren hier überaus häufig. Ich fieng auch eine *Phalæna* seticornis spirilinguis, alis planis, superioribus cærulescentibus, margine exteriore duabus maculis luteis. Leib, Flügel und Füsse waren weiß. Der Kopf grün. Die Zunge rostfarben.

Die Kackerlacken, *Blatta* orientalis, kommen jährlich mit den Schiffen aus Ostindien. Man hat mir erzählt, daß als das Schiff Gothenburg auf seiner Rückreise aus China 1745. an einer Klippe ohnweit der Festung Elfsborg gescheitert und zu Grunde gegangen, und der naß gewordene Thee auf den Backöfen in der Stadt getrocknet worden, dieses Ungeziefer mit dahin gekommen wäre, und seitdem daselbst und an mehr Orten häufig gefunden würde. Dieses Geschmeisse, das sich des Tages verbirget, aber des Nachts hervor kömmt, frißt Schuhe und andre Kleidungsstücke, welche eine Fettigkeit bey sich haben. Man sagt, die Wanzen wären ihre Leckerbissen; wer also geneigt wäre eine Haußplage mit einer andern zu vertauschen, könnte vielleicht meinen Bericht bestätigen. Wir fanden diß Insekt, weiblichen Geschlechts, in einer Pisangfrucht (*Musa* paradisiaca) die von Java gekommen war.

Den 3 August.

Die Sonne war heute recht über uns, weswegen die Breite nicht beobachtet werden konnte; der Berechnung nach aber war sie 14 Grad 6 Min. N. Ich fieng hier eine *Libellula* fusca capitis - lateribus viridibus. Der Unterleib

110. terleib besteht aus 8 Gliedern. Die Flügel sind einander gleich, am Körper braun; der äussere Rand hat unten einen schwarzen rechtwinkelichen Fleck, auf der untern Seite aber ist derselbe nicht recht schwarz.

Den 5 August, 16 Grad 48 Min. N. B.

Es war heute, so wie in der abgewichenen Nacht, meistens stilles und helles Wetter; nachher aber veränderlicher Wind. Auf den Abend blitzte es. In der Nacht gegen 12 Uhr kamen starke Regengüsse, mit vielen Blitzen, wobey der ganze Himmel überzogen war; auf dem Vortopp ward man etwas, einem kleinen Sterne ähnliches, gewahr. Der Herr Canzeleyrath Klingenstierna sagt in seiner gründlichen Rede, welche er 1755. bey Abtretung des Vorsitzes in der Königl. Akad. der Wissenschaften von den neuesten electrischen Versuchen gehalten hat, daß dergleichen Flammen ein electrisch Feuer sind, welches eine electrische Wolke, gleich als ein Conductor, von sich giebt. Bey den alten Naturforschern, kommen diese Flammen unter den Namen, Helena oder Castor und Pollux vor.

Den 8 Aug. 22 Grad 4 Min. N. B.

Piedra Blanca oder die weisse Klippe bekamen wir gegen Mittag zu sehen. Da sich der Wind legte, fieng die Hitze an unerträglich zu werden. Gegen Abend giengen wir vor Anker.

Balistes Monoceros ist eine Fischart, die von Weiten den Flundern ähnlich siehet, denen sie auch, im Geschmacke nahe kömmt, nur daß sie magerer ist. Der Fisch war ¼ Elle lang, und dessen Leib mit einer schwarzgrauen rauhen Haut ganz bedeckt. Wir fiengen mit dem Hamen verschiedene, und ich hatte

Gelegenheit folgende Beschreibung davon aufzusetzen:

An jeder Seite ist ein Luftloch, und dabey innerhalb der Haut 2 Querknochen. Die erste Rückenfloßfeder nahe an den Augen besteht aus einem zurückgebogenen, zerbrechlichen und mit Häkchen bewaffneten Beinchen, welches eines Querfingers lang und also etwas länger als die übrigen Floßfedern ist. Die zweyte Rückenfloßfeder hat 47 Strahlen. Die Brustfloßfedern sind die kleinsten, jede 13 strahlig. Die Bauchfloßfedern fehlen, an statt derselben aber ist ein langer Knochen unter der Haut. Die Afterfloßfeder steht gegen der 2ten Rückenfloßfeder über und hat 51 Strahlen. Das Schwanzgefieder hat 12 ästige Strahlen. Der Rachen ist länglichrund, enge. Der untere Kinbacken ein wenig länger, als der obere. An jeder Seite desselben stehen 3 spitzige, breite und unten zusammenhangende Zähne, davon der mittelste gespalten ist. Die Lefzen sind beweglich.

III.

Den 9 August.

Das Schiff lag beynahe auf derselben Stelle wie gestern. Wir sahen zur Rechten, ausser gedachter Piedra Blanca die Insel Lan-tà und mehr Inseln dicht an der chinesischen Küste.

Den 10 August.

Vormittags war der Himmel heiter, aber der Wind uns zuwider.

Balistes scriptus. S. CATESBY 27. ein Fisch der dem Balistes Monoceros an Ansehen und Grösse gleich, aber über den ganzen Leib gleichsam als mit blauen orientalischen Buchstaben gezeichnet, ward hier gefangen und in spanischen Brandwein gelegt;

aber die vortreflichen Farben vergiengen mit seinem Leben.

Nachmittags wehete ein ziemlich guter Wind; um 7 Uhr des Abends aber liefen wir wieder in See, weil ein rothgewölkter Himmel und Blitz, Vorbothen eines Sturmes seyn sollen. Wir hatten auch die folgenden Tage dunkel Wetter, widrigen Wind und Regengüsse.

Den 13 August.

Heute ward beschlossen, Land zu suchen, wo man könnte; es war aber vergeblich.

Den 14 August.

Regen, Sturm und Gegenwind trieben uns beständig zurück. Eine Schwalbe, die wir seit einigen Tagen gesehen, begleitete noch das Schiff.

Den 15 August.

Trübe und unbeständig. Die fliegenden Fische, die wir auch den 11ten gesehen hatten, leisteten uns Gesellschaft.

Den 16 August.

Trübe und Regen. Wir steuerten nach W. gen S. längst dem Lande, wiewohl wir es nicht sahen. Um Mittag liessen wir die Anker fallen, und sahen Piedra Blanca in Nordost, jedoch nicht von dem Verdeck, sondern nur von dem Vortopp. Die Springer tanzten haufenweise vor dem Schiffe gegen den Wind.

Den 17 August.

Des Morgens sahen wir ziemlich nahe Land; ankerten auch nachher, giengen aber wiederum mit starken starkem Winde und Regen von dem Lande. Widriger Wind und Windstille hinderten uns bis zum 22 dieses Monats, die chinesischen Küsten zu gewinnen. Inzwischen erhielten wir folgende Naturalien:

Den 20 August.

Balistes nigro punctatus; und einen Wurmhaufen, der aus schmalen, glatten, runden, wasserfarbnen Würmern, die ohne Ordnung zusammen hiengen, zu bestehen schien, und eine zerrissene Medusa seyn mochte. Wenigstens bemerkte man keine Spur des Lebens.

Den 21 August.

Die Hitze war heute so wie gestern beynahe unerträglich. Die grossen Wasserjüngferchen (Libellula) welche dem Schiffe seit einigen Tagen gefolgt waren, befanden sich gleichwohl hiebey sehr gut.

Eine grosse todte Schlange schwamm vorbey und verursachte einen giftigen Gestank, der sonst dem Blühen des Wassers zugeschrieben wird.

Balistes chinensis wird ausser dem, daß das Bein, welches die erste Rückenfloßfeder ausmacht, etwas dicker ist, und daß hinter demselben eine Haut befindlich ist, von den vorher angeführten Arten an folgenden Kennzeichen unterschieden: Die hintere Rückenfloßfeder ist 34 strahlig. Die Bauchfloßfeder 13 strahlig. Die Brustfloßfeder besteht aus einem Beine mit 8 gekrümmten Strahlen; an dem Beine sitzet die häutige Floßfeder, wovon der Fisch eine grössere Breite erhält. Die Augen stehen sehr hervor, und haben einen rothen Zirkul. An jeder Seite ist vor dem Auge eine kleine Oefnung. Die Afterfloßfeder hat 30 Strahlen. Das Schwanzgefieder

gefieder ist 12 strahlig. Er ist kleiner, als die vorhin angeführten Arten.

Den 22 August.

Des Morgens lichteten wir die Anker und steuerten nach der chinesischen Küste, nachdem wir 14 Tage vor derselben zubringen müssen, und einen Zusammenschuß für die Armen von 334 Thaler 15 Oere Kupfermünze gemacht hatten.

Der Loots, welchen wir an Bord erhielten und uns einbrachte, muste dafür 20 Pesos duros oder gegen 200 Thaler Kupfermünze erhalten. Wir hatten Lantā zur Rechten und die südlichen Limesinsuln zur Linken. Das Wasser schlug hier hohe Wellen von den Inseln her. Diese sahen von Kräutern ganz grün aus, waren aber ohne Waldung. Der gewöhnlichste Einlauf nach China für die europäischen Schiffe ist sonsten bey den Lodronesinsuln, welche ihren Namen von den ehedem auf denenselben wohnenden Räubern bekommen.

Macao ist eine portugiesische Stadt auf einer Insul, die uns jetzo zur Linken, aber so weit entfernt lag, daß wir sie nicht sehen konnten. Hier schied unser spanischer Passagier von uns, und segelte nach Macao, von da er nach der spanischen Insul Manilla zu reisen hatte, woselbst er beständig zu bleiben gedachte.

Die Insul Linting hatten wir zur Linken. Wir waren gezwungen hier zu ankern, da der Wind fehlte und der Strom uns zuwider war. Die Fischer segelten mit dem Netze an dem Vorbaum. Hier fieng ich den *Papilio* (Lintingensis) tetrapus subtus pallide luteus nebulosus, supra nigricans luteo imprægnatus. Der Leib ist unten weißlich, oben schwärzlich. Die Fühlhörner sind borstenähnlich, schwärz-

schwärzlich. Die Flügel sind allesammt gezähnt; die oberen unten blaßgelb, mit wenigen kleinen schwarzen Flecken; die Unterflügel oben schwärzlich, unten gelb. Nach dem Grunde zu haben sie einen blauen Spiegelfleck, unten aber sind sie schmutzig gelb.

Den 23 August.

Als wir hier lavirten, begegnete uns ein Comprador oder ein chinesischer Einkäufer, der die Schiffe mit den nöthigen Lebensmitteln versieht, als mit Fleisch, Küchengewächsen, Brod und dergleichen. Er war mit Plantains oder der grösseren Art Pisang, Gujaves, Lämties und Wassermelonen von Macao gekommen. Er hies Attaj und seine Bedienten No=he und A=tjan. Der letztgedachte kam täglich mit einem grossen Sampan und hielt sich bey dem Schiffe oder dem Bengsal auf. Man sagte, daß er nebst den andern Compradorn des Nachts in dem Wam=på Zollhause zubrächte. In der Factorey zu Canton hat man ebenfalls einen Comprador, der auf ähnliche Weise alles anschafft, was in der Wirthschaft erfordert wird, und der jeden, der an Bord gehet, bis an das nächste Zollhauß begleiten muß, damit er anzeigen könne, wer dahin geht und was er von der Stadt mitnimmt. Wenn auch jemand stirbt, so muß der Comprador das Begräbniß besorgen. Derjenige, welcher unser Factoreycomprador werden sollte, hies Lußi.

Den 24 August.

Bocca Tiger, auf Chinesisch Pho=hao, der Tigermund, oder Pho=munn, die Tigersöfnung, ist ein enges Fahrwasser, bey welchem wir gegen Mittag

tag aus Mangel des Windes ankerten. Zur Rechten des Einganges war ein niedriges Castell, mit Bäumen umgeben; von den beyden Seiten desselben gieng ein Gang den Berg hinan, nach einem kleinen Hause, vor welchem eine kleine weiße Hütte stand, die für eine Opferlaube gehalten ward. Etwas weiter hin hatten wir zur Linken auf zwoen besondern Höhen zwey Castelle, ebenfalls mit Bäumen umgeben; das äusserste, welches dem Sunde am nächsten, war mit Wasser umflossen und hatte nebenbey eine kleine Hütte. Das innere ist höher, so daß es das andere bestreichen kann *).

Mandarin oder Befehlshaber ist eine Benennung, die unsere Ostindienfahrer von den Portugiesen entlehnet, und mit welcher sie alle diejenigen, welche in diesem Lande öffentliche Bedienungen verwalten, und sollten es auch nur die Unterzollbedienten seyn, belegen. Wenn die Chineser diß Wort aussprechen sollen, so sagen sie Mandeli; denn sie können den Buchstaben r nicht prononciren, woraus deutlich erhellet, daß das Wort Mandarin nicht zu ihrer Sprache gehöret. Itzt kamen solche Herren an Bord, um zu sehen, was wir für Leute wären. Zween Mandarins begleiteten uns den Strom hindurch bis nach Huam-pu, wo wir zween andere antrafen, davon sich ein jeder in einem Boote mit seinen Leuten, die jedoch ihre abgetheilten Räume hatten, an eine Seite des Schiffes legte. Der, welcher dem Schiffe zur Rechten und zwar sehr nahe lag, war vom Zolle, und muste, so lange wir in China waren, bey uns bleiben; der zur Linken aber war ein Soldat, und ward jeden Monat abgelöset.

Ihr

*) Man sehe hiervon Lord Ansons Reise um die Welt 3 B. 9 Hauptst.

Ihr Geschäfte ist, die unbändigen Chineser vom Schiffe abzuhalten, und diejenigen mit Tiapp oder Pässen, die sie im Zoll aufweisen müssen, zu versehen, welche von dem Schiffe nach Canton oder an einen andern Ort wollen. Ihre Leute konnten sich beynahe vom Waschen des leinenen Zeuges ernähren. Es ist merkwürdig, daß kein Chineser an seinem Geburtsort Mandarin werden kann.

Fischer kamen mit verschiedenen Fischarten zu uns, als Aalen, wenigstens einer Gattung derselben, die auf Chinesisch Paling heisset, Zungen, Rochen, und chinesischen Krabben:

Cancer chinensis. Diese sind doppelt so groß, als die schwedischen Krabben. Der Körper ist hell und fast durchsichtig, eine Querhand lang. Der Schnabel ist oberhalb mit acht und unten mit vier Sägeneinschnitten. Die Augen stehen hervor, gleichsam als ob sie an einem Stiele säßen. An den Seiten sind 2 Blättlein. Die Seiten sind lappig, gekerbt. Der Leib ist, den Kopf und Schwanz ungerechnet, 6 gliedrig. Der Schwanz hat 4 ovale Blätter, ausser einem mittlern, welches gespitzt, hohl und walzenförmig ist. Die fünf paar Hinterfüsse sind roth und nach innen am Rande mit Härchen besetzt; die fünf paar Forderfüsse sind scherenförmig; statt der allerfördersten sind 2 paar zweytheilige, gefiederte.

Des Abends giengen wir mit Fluth und Wind weiter und ankerten bey dem Löwenthurm, welches der erste der drey merkwürdigen Thürme auf dem Wege nach China ist.

Den 25 August.

Das Wetter war hell. Ein bemittelter Chineser warf aus seinem Boote eine Schildkröte zu der

Armen Dienſt in den Strom, welche ſich die Mühe geben wollten, ſie aufzuſuchen.

Nach einer Reiſe von fünf Monaten und vier Tagen von Cadix, kamen wir endlich nach Huam-pu, oder wie man es gewöhnlich nennet Wampo; dieſes iſt der Ankerplatz aller europäiſchen Schiffe in dem Strom von Canton oder Ta-ho, an welchem ſie verbleiben, ſo lange ſie hier handeln. Wir ſchätzten den Auslauf des Stromes, oder Boca Tiger, von dem Ankerplatze auf 4 ſchwediſche Meilen; bis nach Canton hatten wir 1½ Meilen, und die Stadt Huam-pu, welche den Ankommenden zur Linken liegt, war von dieſem Platze nur etwan ¼ Meile entfernt. An beyden Seiten des Stromes hatten wir groſſe niedrige Reisfelder.

Es lagen hier bereits 17 europäiſche Schiffe und eines kam nach uns. Es waren alſo auſſer den chineſiſchen Fahrzeugen, die ſich bey der Stadt, oder an einem andern Orte vor Anker legen, dieſes Jahr überhaupt 19 Schiffe.

Die europäiſchen Schiffe waren folgende:
2 Schwediſche: Prinz Carl,
    Der gothiſche Löwe, welcher ein wenig vor uns von Suratte kam.
1 Däniſches: Die Königinn von Dännemark.
2 Franzöſiſche: Der Herzog von Chartres.
    Der Herzog von Monteran.
4 Holländiſche: Das Commandeurſchiff die Standhaftigkeit. Friburg. Amſtelween. Geldermauſen.
9 Engliſche: Das Commandeurſchiff Eſſex. Lord Anſon. Anſon. Sanct George. Cæſar. True Briton. Triton. Harwick. Eliſabeth. Contri-Schiff. Succes-Gally.

Des Nachts hatten wir Musik, theils von den Insekten, theils von dem Geräusche auf der Gun=gung in den Sampanen und Bångsalen.

Wenn man bey Huam=pu ankömmt, so hat man zur Rechten ein grosses Feld mit Reis bestellt, denn anderes Getreide ist hier nicht im Gebrauch. Ein Stück desselben am Strome, ist durch einen Graben zu einem Bångsal, oder Lastagestelle für die schwedischen, dänischen und englischen Schiffe, von dem übrigen getrennt; diese Schiffe erhöhen durch ihren Ballast den Platz von Jahr zu Jahr, unsere Leute aber machten diesesmal eine schöne steinerne Brücke, an welche man mit grossen Booten sehr bequem anlegen konnte. Die Franzosen haben ihr Zeughaus auf dem Franzeylande, einer Insul, welche zur Linken etwas weiter hinauf nach Canton liegt. Den Holländern ist verboten, mit vielen Schiffen zugleich hier anzukommen, sie dürfen auch nichts von ihrem Geräthe an Land bringen, seitdem sie einmal versucht haben Kanonen in Wasserfässern an Land zu practiciren, welche aber zerbrochen, und also die Sache entdeckt worden war. Im Jahr 761. haben die Holländer, wie mir berichtet worden, auch ihren Bång=sal gehabt.

Bång=sal (auf Französisch Bancasal, auf Englisch Banckhal) nennen wir den Ort oder das Zeughaus selbst, wohin alles während unseres Aufenthaltes in China auf dem Schiffe unnöthige, als Holz= und Tauwerk, Pech und Theer, Hüner, Schweine und dergleichen, gebracht wird. Das Schiff, welches zuerst kömmt, wählet sich die beste Stelle. Jedwedes Schiff muß für den Platz, dessen es sich bedient, etwas gewisses erlegen, ausserdem aber den Comprador dafür bezahlen, daß er gleich nach Ankunft des Schiffes von Bambustämmen und Matten

ten ein einer Ziegelscheune ähnliches Zeughaus aufrichten läst, in welchem 2 Kammern für einen Steuermann oder Bångsals=Capitain eingerichtet sind, der mit einigen Matrosen beständig des Nachts an beyden Enden des Hauses Wache hält. So lange diese Wachen nichts von Dieberey merken, rufen sie sich von einem zum andern Bångsal zu: alles wohl! und schlagen auch, zu einem Beweise ihrer Wachsamkeit, öfters auf ein Gungung. Ehedem hatten sie die Freyheit, auf die Chineser, welche sich des Nachts dahinein wagten, scharf zu schiessen, welches jetzo nicht mehr geschehen darf.

118. Wenn ein vornehmer Fremder einen Besuch abstattet, oder ein Schiff seine Flagge wehen läst, so hisset man auch auf dem Bångsal die Flagge oder Gans. Gegen die Zeit der Abreise des Schiffes schlachtet man hieselbst das unterweges erforderliche an Ochsen und Schweinen ein.

Gungung nennen die Chineser ein Instrument, welches mit einem meßingenen Becken die größte Aehnlichkeit hat. In den Bångsalen und Factoreyen giebt man auf diesem Instrumente jede halbe Stunde mit einem Schlage an, auf eben die Weise wie es an der Glocke am Bord geschieht; man schlägt nehmlich um halb ein Uhr einmal, um 1 Uhr 2 mal an und fähret damit bis 4 Uhr fort, da 8 Schläge zu erkennen geben, daß 8 halbe Stunden verlaufen sind. Um halb 5 Uhr fängt man wieder mit einem Schlage an und fähret wie vorhin fort; es geschehen also allemal um 4, 8 und 12 Uhr 8 Schläge.

Die Chineser trommeln auf diesem Instrumente bey Feyerlichkeiten, und wenn sie ihre kleinen von Goldpapier gemachten Boote anzünden und in die See werfen, welches ein Stück ihres Abend= und

Morgengottesdienstes ist. Auf dem Schiffe ruft der Quartiermeister oder ein Cadet, der bey dem Compasse stehet, so oft das halbe Stundenglas aus ist, wie viel Schläge an die Glocke geschehen sollen, da denn derjenige, welcher zunächst bey der Glocke stehet, diesem Befehle unverzüglich nachkömmt.

Die dänische Insul, welche diesen Namen führet, weil diese Nation gemeiniglich ihre Todten hier begräbet, liegt gerade gegen dem Bångsai über.

Das Franzeyland, oder die Franzoseninsul, ist die nächste oberhalb der dänischen Insul. Auf derselben begraben die Schweden, Franzosen, Holländer und Engländer ihre Leichen. Auf beyden Insuln sind auch chinesische Grabmahle. Uebrigens siehet man hier überall zugerichtete Gartenbetten mit allerley Erdfrüchten, welche man bey uns für Seltenheiten der Gewächshäuser halten würde. Von dieser Nutzung sind jedoch die höchsten Plätze ausgenommen, auf welchen die Sonne fast alle Pflanzen verbrennet.

Den 26 August.

Es fieng an zu regnen, womit es 4 Tage anhielt.

Des Morgens salutirten wir, worauf das dänische Schiff antwortete.

Die Compagnie hatte bey Verlust der Besoldung und Confiscation der Waaren verboten, irgend etwas, ausser einigen Pfunden Zucker, Thee und etlichen Kannen Arrack zur Reiseprovision, von hier nach Schweden mit zu nehmen. Dieses Verbot laß ich den folgenden Tag, nach der Danksagung für unsere glückliche Ankunft ab, welches nachher noch zwey mal vor unserer Abreise geschahe.

Cyprinus Cantonensis, ward für den gemeinen Karpen gehalten; ist aber mit der **Grislagine** *Faun.*

Faun. Sult. 367. näher verwandt. Er ist über einen Fuß lang. Die Rückenfloßfeder hat 10 Strahlen und sitzt mitten auf dem Rücken. Die Brustfloßfedern sind 21 strahlig. Die Bauchfloßfedern sind 9 strahlig, von den Brustfloßfedern und dem After gleichweit entfernt. Die Afterfloßfeder ist 11 strahlig. Der Schwanz ist zwiespaltig und besteht aus 26 Strahlen. Der Fisch hat keinen Bart; der Augenzirkul ist gelblich. Die Nasenlöcher stehen zu oberst in dem platten Kopfe, und sind nur klein. Die Kieferhaut ist weich, vorstehend. Die Schuppen haben die Gestalt eines verschobenen Vierecks, und sind fächerförmig (flabelliformes).

Den 30 August.

Schön und trocken Wetter.

Die Franzosen, welche unser Schiff begrüsseten, wurden bey ihrer Ankunft, und wenn sie abgiengen, mit einigen Kanonenschüssen beehret.

Den 1 Septembr.

Das Bley, welches wir heute so wie gestern ausluden, wurde von einem Chineser gewogen; er zeigte das Gewicht durch einen Ruf an, und drey andere Chineser schrieben es in verschiedener Mandariner Gegenwart auf.

Das Kaiserthum China liegt bekanntermaßen in Asien zwischen dem nordlichen Tropico und 42 Graden nordlicher Höhe, wenn man aber die unter diese Regierung gehörenden tartarischen Länder, welche an dasselbe grenzen, mit rechnet, so erstrecket es sich bis auf 55 Grad in Norden, oder auf eine Länge von 357 schwedischen Meilen, in Osten und Westen von

100 bis

100 bis 130 *) oder ohngefähr auf 315 schwedischer Meilen Breite. Es grenzet also dieses Reich in Norden mit den rußischen Staaten, in Osten und Süden mit dem stillen Meere, und in Westen mit Tonkin, welches nebst Corea, Siam und Cochin China demselben zinsbar sind.

Die Namen, mit welchen man China oder Sina in den alten Zeiten belegt, sind nicht leicht zu sammlen, insonderheit wenn jedes Geschlecht, bey Erhebung desselben auf den Thron, es mit einem neuen Namen belegt **). Ob China seinen Namen von seinem ehemaligen Beherrscher Chin oder Sin, erhalten; ob es die Indianer wegen seiner grossen Menge an Seide so nennen ***) oder ob es Sinims land ist, dessen Esaias 49, 12. gedenkt, womit Gen. 10, 17. zu vergleichen, erfordert ein genaueres Nachdenken. An einigen Orten nennet man es Chuni *) und an andern Thoumcoewe oder das mittelste Reich **). Man sagt auch, daß die westlichen Tartarn China Kitai (wovon eine Gattung baumwollen Zeug, das von China kömmt, den Namen erhalten) oder Katai nennen, welche Benennung zu den Zeiten Alexanders des Grossen im Gebrauche war. Daß unter dem grossen Cham der chinesische Kaiser, und unter Chambalu seine Residenz Peking zu verstehen ist, dürfte ausser Zweifel seyn.

Ein*

---

*) SALMONS Modern History of the present State of all Nations Vol. I. p. I.
**) SALMONS Modern History Vol. I. p. 3.
***) SALM. Hist. ut supra.
*) BAIER. Lexic. Sinicum p. 145. f. 255.
**) LE COMTE Descript. of China p. 15.

Einwohner scheint China so bald als irgend eins der ältesten Länder in der Welt gehabt zu haben, aber eine gewisse Zeit zu bestimmen, wenn es bewohnt worden ist, überlasse ich andern. Der feste Grund, auf welchen die Chineser ihr Alter bauen, ist die Finsterniß, welche nach ihren Berechnungen 2155 Jahr vor Christi Geburt eingefallen seyn soll; aber die mäßige Geschicklichkeit dieses Volkes in solchen Beobachtungen vor Ankunft der katholischen Mißionarien, giebt billig Anlaß, an der Zuverläßigkeit ihrer Zeitrechnungen zu zweifeln; zu geschweige, daß der erste souveraine Kaiser Schivangti 213 Jahr vor Christi Geburt den Befehl ertheilt hat, alle historische Bücher zu verbrennen, und auch viele gelehrte Männer lebendig braten lassen, damit von den Verdiensten der vorigen Kaiser nichts weiter gedacht werden könne *). Indeß hat ein gelehrter Mann Gelegenheit genommen, die chinesische Geschichte mit der heiligen Schrift solchergestalt zu vergleichen, daß

Tai fo hi gewesen seyn soll	Adam und seine Frau Nicua, Eva.
Yen ti xin num	Seth.
Tilim quei	Enoch.
Ti chim	Kainam.
Ti mim	Mahalael.
Ti y	Jared.
Ti lay	Enoch.
Ti yu vam	Methusalem.
Hiven yuen	Lamech.
Hoam ti	Noa **).

Sonst

---

*) Universal history 8vo Tom. 20. p. 155.
**) BAIER Comment. de orig. Sinic. p. 288.

Sonst hält man dafür, daß Fo-hi der erste gewesen sey, der den Grund zu dem chinesischen Reiche gelegt habe. Daß dieses aber eben der Mann sey, den die heilige Schrift Noa nennet, wollen einige aus der fabelhaften Lebensgeschichte desselben schliessen. Seine Mutter, sagt man, ward schwanger, als sie auf den Sandbänken der Landschaft Xensi die Spur eines grossen Mannesfusses ansichtig, und von einem Regenbogen eingeschlossen ward. Sie gebahr hierauf den vorgedachten Fo-hi zur gehörigen Zeit, der in der Folge zum Kaiser erwehlet und Tientse oder Sohn des Himmels genannt ward. Er opferte jährlich zweymal zu Chang-ti, führte den Drachen mit fünf Klauen zum Wapen ein, (welchen die Kaiser noch, so wie die Grossen des Hofes einen Drachen mit 4 Klauen führen); und unterwies seine Unterthanen in verschiedenen Wissenschaften. Da aber die Geschichtbücher der Chineser nichts von der Sündfluth melden, und einige derselben zweifeln, daß je ein Fo-hi in China gelebet habe; so ist es kein Wunder, daß auch andere diß nicht glauben, ohnerachtet der Fo-hi, nach den eigenen Zeitrechnungen der Chineser, zu den Zeiten des Noa gelebet haben soll.

Es wird sich wohl keiner einbilden, daß China von Anfange an von solchem Umfange gewesen sey als jetzo. Die Landschaft Xensi konnte zum Anfange genug seyn, zu welcher nach und nach mehr hinzu gekommen, bis der Kaiser Schi-vang-ti endlich alle kleinen Könige sich unterwürfig gemacht hat. Der Kaiser Chi-Hoham-ti ließ, um die Streifereyen der Tartarn abzuhalten, 200 Jahr vor Christi Geburt die grosse Mauer aufführen. Diese Mauer nimmt ihren Anfang in der Landschaft Xensi in N. W. unter 38 Grad Höhe, erstrecket sich über alle Berge und

Thäler,

Thäler, zuförderst nach N. O. bis 42 Grad Breite, alsdenn nach S. O. bis 39 Grad; und endigt sich zwischen den Landschaften Peking und Leao tum bey dem See Kang; die Mauer ist von Ziegelsteinen 500 schwedische Meilen lang, 30 Fuß hoch, 5 Fuß und vielleicht an einigen Orten noch drüber dick. Die übrigen Grenzen des Reiches sind theils durch hohe Gebürge, theils durch tiefe Gewässer, die ein Fremder sich ohne Lootsen nicht zu paßiren getrauet, befestigt.

Während des tartarischen Krieges entstand 1644 ein innerlicher Aufruhr, den eine Hungersnoth verursachte, in welchem der Kaiser von China, Hoai Sum, auf seinem eigenen Schlosse angegriffen ward, und aus Schreck seine eigene Tochter ermordete, sich selbst aber in seinem Lustgarten an einem Baume erhieng. Man rufte den König der Tartarn, Tsongti zu Hülfe, welcher, nachdem das Reich einigermassen zur Ruhe gekommen war, von einigen zum Kaiser von China erwählet wurde; da aber die übrigen hierüber mißvergnügt waren, belagerte er mit seinen Soldaten, die es mit ihm hielten, die Hauptstadt Peking. Er starb aber und sein sechsjähriger Sohn *) Chun-tchi ward zum Kaiser oder Whängtai von China, wie er in ihrer eigenen Sprache heisset, erwählet, und die Regierung verwaltete während seiner Minderjährigkeit Amavan.

123. Seit dieser merkwürdigen Verbindung zwischen China und der Tartarey sind folgende Tartarn Kaiser über beyde Reiche gewesen:

Chun tchi gebohren 1638., kam zur Regierung 1644, regierte 17 Jahr, ward 23 Jahr alt.

Hång hi

---

*) Turkish Spay sagt, daß er 13 Jahre gewesen. Vol. 4. S. 167.

Käng hi oder Cang hi *) gebohren 1651, kam zur Regierung 1661, regierte 61 Jahr, und ward 70 Jahr und einige Monate alt.

Young tching **) gebohren 1677, kam zur Regierung 1723, regierete 13 Jahr, erreichte 58 Jahre.

Kän=lång gebohren 1716, lebte noch 1751. Man zählet in China folgende Landschaften:

1) Canton oder *Quamtum*, deren Hauptstadt Canton oder Kang cheu ist, die einzige grosse Handelsstadt, welche die Europäer besuchen.

2) *Fokien*.

3) *Tchekiang*.

4) *Kiagnan* oder *Nanking*, deren Hauptstadt eben diesen Namen führet, sonst aber auch Kiamnim heist. Sie liegt unterm 32 Grad der Breite.

5) *Chantong*, oder *Xanthum*.

6) *Petcheli* oder *Peking*. Die Stadt Peking, woselbst der Kaiser residiret, soll zwo Tagereisen im Umfange haben, vier mal grösser, als Paris seyn und über drey Millionen Menschen enthalten.

7) *Chansi* oder *Xansi*.
8) *Chensi* oder *Xensi*.
9) *Setchuen*.
10) *Tunnan*.
11) *Quangsi*.
12) *Koei tcheu*.
13) *Kiangsi*.
14) *Huquam*.

15) *Ho-*

---

*) BAY. Muſ. præf. p. 132.
**) Yum chim wird er in BAYERS Muſ. præf. p. 132. 136. f. 1. genannt.

15) *Honam.*
16) *Leaotong.*

124. Die Waaren, welche jede Landschaft mehr als die andern herfür bringt, sind folgende: Fokien giebt Zucker und den besten Thee; Tchekiang die feinste Seide; Kiagnan oder Nauking Firnis, Tusch und schöne Arbeit; Chansi, Chensi und Yunnan Eisen, Kupfer, Pferde, Maulthiere ꝛc.; Setchuen Schiffsholz, Medicinalkräuter, als Rhabarbar ꝛc.; Huquam und Kiangsi versehen die andern Länder mit Reis, wenn sie daran Mangel haben. Mittelst der vielen Ströme und Canäle, die es hier giebt, können die Waaren sehr bequem von einem Orte zum andern gebracht werden. Von Macao geht ein Canal nach Peking.

Das Steinreich, sagt DU HALDE, bringt Gold, Silber, Zinn, Kupfer, Quecksilber, Lapis Lazuli, Cinnober, Vitriol, Alaun, Jaspis [*], Rubinen, Crystallen, Magnetsteine, rothen weißgefleckten Marmor ꝛc. herfür.

Das Clima wird für sehr gesund gehalten, wiewohl die dahin kommenden Europäer sehr mit Geschwüren geplagt werden. Einige bekommen die rothe Ruhr, Seitenstechen und andere schwere Krankheiten, wovon der Genuß ungewohnter Früchte die vornehmste Ursache zu seyn scheint. Ich nahm nunmehro meine Betten (denn in China findet man keine, weil man auf Sophas zu liegen pflegt) und fuhr in einer kleinen Sampane nach der Stadt Canton.

Den

[*] Von Jaspis ist das Siegel des Kaisers S. DU HALDE Descript. of China ed. 3. Tom. 2. p. 19.

Den 2 Septembr.

Sam-pan nennet man die chinesischen Boote ohne Kiel, welche bald wie Tröge aussehen, von verschiedener Grösse, aber meistens alle bedeckt sind. Man hat

1) Passagir-Sampanen, um Leute zwischen der Stadt und den Schiffen hin und her zu bringen. Diese kann man nach Gefallen täglich miethen und zwar grössere oder Tau-ei-tin, oder kleinere Suu-tin, und mittelst derselben zwischen vorgedachten Orten sehr bequem reisen, welches, wenn man sich der Ebbe und Fluth hieben bedient, geschwinder geht, als man wohl vermuthen sollte. Diese Boote sind lang wie Schaluppen, aber breiter, fast wie ein Backtrog, und haben an den Enden ein oder mehrere Verdecke von Bambu. Das Dach ist von Bambustangen, welche in Bogen fast wie Reibeisen gekrümmt sind, zusammengesetzet, und kann höher oder niedriger gestellet werden; die Seiten sind von Bretern mit kleinen Lucken, die man nach Gefallen öfnen oder verschliessen kann; die Breter sind zu beyden Seiten an den Stützen fest geschlagen, sie sind nach innen treppenweise ausgeschnitten, um das Dach oder die Sprügel niederlassen zu können. An beyden Enden des Verdecks sind gemeiniglich zwo kleine Thüren, wenigstens ist diß an dem äussersten Ende. Eine schöne weisse, ebene Decke bis an den Rand hinauf macht den Fußboden aus, der in der Mitte aus losen Bretern besteht, welcher man sich bloß bedienet, wenn man schlafen will. Da diese Boote ihrer Gestalt nach von den unsrigen sehr abgehen, so werden sie auch auf eine andere Art gerudert. Es stellen sich nehmlich ein oder zween Ruderknechte an das Hinterende,

125.

und bringen die Sampane durch Bewegung eines oder zweyer Ruder sehr geschwinde fort und lenken sie dadurch zugleich, so wie es ihnen gefällt. Die Ruder, welche mit einem kleinen hohlen vierkantigen Eisen beschuhet sind, legt man auf eiserne Nägel, die in dem Rande der Sampane befestigt sind.

Bey dem Eisen sind die Ruder mit Fleiß zusammen gesetzt; wodurch sie etwas gebogen aussehen. Gemeiniglich sitzt forne ein Ruderer mit einem kurzen Ruder, das er aber nahe an der Stadt wegen des Gedränges so vieler hundert Sampanen weglegen muß, welches die Chineser veranlasset, ihre alte Art zu rudern bey zu behalten.

Statt des Pechs bedienen sie sich eines Teiges, der unserm Kitte ähnlich ist, und den wir Chinam, die Chineser aber Kiang nennen. Die Geschichtschreiber sagen, daß der Teig von Kalk und Harze, welches aus dem Baume Tongyeu und Bambu ockam fließt, gemacht werde.

126. Die Sampane, in welcher ich dißmal reiste, hatte ausser ein paar kleinen Stühlen folgende Meubles:

Zwo längliche Tafeln, auf welche einige chinesische Buchstaben gezeichnet waren.

Eine Laterne, sich derselben des Nachts zu bedienen.

Einen Topf, Reis darinn zu kochen.

Einen kleinen Schrank für ihren Hausgötzen, welcher mit Goldpapier und andern Zierrathen ausgeschmückt war; vor demselben stand ein Topf mit Asche, in welchen die Rauchkerzen bey dem Abgotte gesetzet wurden. Die Lichter waren nichts anders, als Bambuspäne, an deren oberen Ende Sägespäne von Kandelholz mit Gummi rund umher angeklebt sind. Diese Räucherkerzen werden des Abends

Abends vor den Gözen überall, in den Pagoden, Häusern und vor den Thüren an den Strassen angesteckt, welches zusammengenommen durch die ganze Stadt einen den Augen sehr beschwerlichen Rauch verursacht. Es stand auch vor dem Gözen Samso oder chinesischer Brandwein, Wasser u. s. w. Wir sollten versuchen ob sich nicht den Chinesern Wachholderholz statt Sandelholz, das von Suratte kömmt und fast eben so riechet, zuführen liesse.

2) Fischer Sampanen und solche, wie die sogenannten Kizdreher (Kattdräyare) gebrauchen, sind die kleinsten, schmal wie Nachen, und haben ein klein Verdeck von Stroh oder Bambu, oder sind auch wohl ohne dasselbe. Wie elend diese auch sind, so siehet man doch die armen Aeltern mit ihren nackten Kindern sich Sommer und Winter in denselben theils mit Fischen, theils mit Aufsuchung und Auffischung des über Bord geworfenen u. d. g. ernähren. Sie binden, um das Auffischen zu bewerkstelligen, viele Haken an eine Schnur und werfen dieselbe bald hie bald da aus, fast auf die Weise wie unsere Fischer ihre Aalkisten aussetzen. Das Glück ist hiebey verschieden. Es ist nichts so schlecht, das sich diese Leute nicht zu nuze zu machen wissen sollten, und die verreckten und über Bord geworfenen Schweine, welche nach einigen Tagen in die Höhe kommen, sind oft der Gegenstand ihres Zankes und veranlassen Schlägereyen. Die Ursache, warum die Europäer ihre auf den Schiffen verreckten Schweine im Strohme versenken, ist, damit sie die hiesigen Landeseinwohner nicht mögen nuzen können; denn man sagt daß die Chineser, wenn sie auf die Schiffe kommen, den Schweinen Pfeffer geben, welchen sie für ein Gift derselben halten, und diß in der Hofnung, daß wenn sie hievon stürben,

ben, sie ihnen zu Theile werden würden. So viel ist gewiß, daß die Schweine den Europäern, so lange sie in China sind, haufenweise weg sterben.

3) Entensampanen oder Boote, in welchen sie 4 bis 500 Enten auffuttern. Sie haben an beyden Seiten Rauffen und eine Brücke, welche man willkührlich niederlassen kann. Die Enten ernähren sich des Tages auf dem Strome von Kraut und Fischen; des Abends aber ruft sie ihr Herr alle in sein Boot; worinn sie ihm sogleich Folge leisten und ins Boot kommen, so bald er die Brücke niederläßt.

4) Lastsampanen oder die größten Boote, mittelst welcher man Porcellain, Seide und andere Waaren von Canton nach den europäischen Schiffen bringt. Es ist aber die Meynung nicht, daß dergleichen Boote bloß zu dem angeführten Gebrauche sind; nichts weniger, denn sie dienen ausserdem zur Wohnung ganzer Familien, welche in denselben gebohren worden, sich verheyrathen, leben und in denselben auch sterben. Gemeiniglich haben sie ausser den Schweinen, Hünern, Hunden ec. auch einige Blumentöpfe mit spanischen Pfeffer oder andern Pflanzen in diesen Booten. Alle vorhin angeführte Sampanen sind ohne Mahlerey.

5) Mandarinsampanen sind grössere oder kleinere roth bemahlte Boote, welche mit gemahlten Drachen und dergleichen Figuren, auch mit kleinen Flaggen ausgezieret sind.

6) Galeeren, Sao Sjoan, mit 18 bis 20 Rudern und 20 Mann. Sie liegen an der Stadt Canton und bey den europäischen Schiffen, vermuthlich um das beste des Landes wahr zu nehmen.

7) Jonken auf Chinesisch Joang-sjoan oder wie DU HALDE sagt Thouen, auf Portugiesisch Soma oder Sommes, sind ihre grösseren Fahrzeuge,

etwan

etwan 100 Ellen lang und 10 Ellen breit. Mit
dieſen Schiffen ſegeln die Chineſer auf die Küſten
von Batavia, Manila, Ainam, Cochin China,
Cambogia, Chinchju. Von letzterem Orte kam
der weiſſe Candiszucker, der jetzo 6 Tel 3 Mes
Peckuln koſtete. Ein ſolch Fahrzeug kann 1000
Kiſten Thee laden. Sie ſind hoch, laufen an beyden Enden rundlich zu. Das Ruder iſt ſehr dünn,
und kann ohne viele Mühe aufgezogen und am Hintertheile des Schiffes verwahret werden. Sie führen keine Oberſegel, ſondern nur ein groſſes Segel,
die Focke, die Blinde und das Beſan, welche alle
von Matten und mit Bambuſtangen quer über verbunden ſind. Wenn ſie die Segel ſtreichen, welches nicht ſehr bequem geſchieht; ſo klettert ein Ma-
troſe den Maſt hinauf und tritt die Segel nieder.
Man höret auf denſelben ein beſtändiges Geräuſch
und Gemurmel; das Commando muß hier alſo kein
Stillſchweigen erfordern. Sie ſind entweder ſchwarz
oder weiß gemahlt, und es iſt allemal an jeder Seite nach forne zu ein Auge abgebildet. Der Compaß iſt in 24 Striche abgetheilet. Das Holz, von
welchem die Fahrzeuge gebauet ſind, nennen ſie Saa-
mock. Die Anker ſind von harten Holze, das
Tät-ſjö oder Tie-mou genannt wird, werden aber
doch gemeiniglich an den Enden mit Eiſen beſchla-
gen. Sie ſind bequemer als unſere Eiſenanker, und
zu ſchwachen Schiffsgebäuden dienlicher.

Düngerſampanen hätte ich beynahe vergeſſen,
wenn ſie nicht allzu übel gerochen hätten, als wir
vorbey fuhren; welches von einer Gattung Dünger,
die bey uns nur eine gewiſſe Art Leute weg zu führen
berechtigt iſt, herrührte. Es ſind in Canton nach
dem Hafen hinaus verſchiedene groſſe und hiemit an-
gefüllte Tonnen in die Erde vergraben, welche wenn

ſie

sie einige Zeit gestanden haben, in die Boote ausgeschüttet und nach den Plantagen geführet werden, woselbst einiger Orten gemauerte Brunnen sind, in welche man diesen Dünger thut, mit Wasser vermischt, gut zerrühret und nachher überall im Lande g braucht.

Die Reisäcker, welche an beyden Seiten des Stromes, so weit man sehen kann, um diese Jahreszeit grün aussehen, und die aus vielerley Bäumen bestehenden herrlichen Waldungen, Berge und Thäler, machten die Aussicht, besonders nach der linken Seite vortreflich. Die sumpfige Lage der Reisäcker aber und das Mißtrauen der Leute verstattete mir nicht, sie näher zu betrachten.

129.

Der Zollhäuser, in welchen sich alle, welche in chinesischen Booten zwischen den Schiffen und der Stadt hin und her reisen, nothwendig angeben müssen, sind drey. Sie werden von unsern Leuten gemeiniglich Tiaphäuser genannt.

Diese Tiaphäuser sind auf Pfäle und einen steinernen Grund an den Strom und zum Theile noch über denselben gebauet, auch mit einer Brücke versehen, damit die Boote sowohl bey Ebbe als Fluth hinan kommen können. Damit auch keiner sich mit der Unwissenheit entschuldigen könne, so sind ihre Verordnungen an der Wand angeschlagen, ausserdem aber steht neben dem Hause eine mit grossen chinesischen Buchstaben bezeichnete Flagge. Die Schaluppen der Europäer gehen mit ihren Flaggen frey vorbey und bis an die Factorey, woselbst sie von den Zollbedienten empfangen werden.

Wenn man von einem Schiffe nach Canton reiset, und seinen von dem, bey dem Schiffe befindlichen Mandarin erhaltenen Tiap oder Zettul aufweiset; so setzet jedes der beyden ersten Zollhäuser einen

nen länglichrunden rothen Stempel darauf, im letzten Zollhause aber wird der Zettul abgegeben. Wenn man von Canton abgeht, so empfängt man vom Dollmetscher einen Tiap, und ein Comprador geht bis zum nächsten Zolle mit, woselbst visitiret und der Tiap gestempelt wird. Bey den übrigen Zollhäusern wird nachher eben wie bey der Hinreise verfahren.

Man verrichtet diese Reisen geschwinder und angenehmer, wenn man mit der Fluth nach Canton, und mit der Ebbe von da geht; beyde wechseln ohngefähr aller 6 Stunden. Wenn man von den Schiffen hinauf reiset, so ist zur Rechten ohnweit dem Schiffsplatze der erste Zoll; diesen nennen die Europäer:

Wampu Tiaphaus, auf Chinesisch heist er Huampu Siögun. Bey dem Eingange stand ein Granatbaum, *Hibiscus* mutabilis, *Rosa* indica &c.

Huampu, eine kleine Stadt, und ein Thurm mit 9 Absätzen, der auf Chinesisch Pa-ti-au heist, liegen hinter dem Zollhause.

Die Thürme dienen zur Zierde der Städte, und, nach dem eigenen Berichte der Chineser, auch zur Abmessung der Wege. Daß man sie aber bey feindlichen Ueberfällen zu Wachtthürmen gebrauchen solle, wie uns die Geschichte melden, wollen die Landeseinwohner nicht bekräftigen. Auf den Absätzen des Thurms wuchsen Bäume und Kräuter, deren Arten ich jedoch in einer so grossen Entfernung nicht bestimmen konnte. Etwas weiter hin sahe man den Ausfluß des andern Stromes, durch welchen die grösseren Fahrzeuge der Chineser gehen. Es stand auch hieselbst ein Götzentempel, nebst mehreren Häusern.

130.

Am Strande wuchs an verschiedenen Stellen *Saccharum* pluviatile und *Cyperus* odoratus.

Die Chineser fiengen hier Fische mit Matten, welche sie zur Fluthzeit längst dem Ufer aufstellten, und dadurch die kleinen Fische hinderten, mit der Ebbe zurück zu gehen. Wenn nun das Wasser gefallen war, sahe man viele Menschen, in dem blauen thonigen sandgemischten Grunde, bis an die Knie nach den kleinen Fischen, waten, diese hüpften wie Eidexen in dem Thone, wenn sie aber kein anderes Rettungsmittel sahen, krochen sie einen Fuß tief und drüber in den weichen Grund, worauf die Chineser acht gaben und sie mit den Händen ausgruben. Diese Fische mit Oele gebraten, sind nebst Reis der vornehmste Unterhalt der Armen. Es sind zwo Gattungen, wie aus folgenden Beschreibungen erhellet.

1) *Faj-je* oder *Gobius* pectiniroſtris L. Syſt. Nat.

Die Kieferhaut dieses Fisches hat 4 sehr kleine Strahlen. Die Rückenfloßfedern sind aschgrau mit bläulichen Querlinien und schwarzen Flecken am Grunde. Die erstere höhere Rückenfloßfeder geht von der Brust bis zur Mitte des Rückens und hat 5 Strahlen; die zweyte hat 26 sehr kurze Strahlen und reicht von der Mitte des Rückens bis zur Gegend des Afters. Die Brustfloßfedern sind 18 strahlig. Die einzige Bauchfloßfeder ist trichterförmig, sitzt nahe am Kopfe, und ist 10 strahlig. Die Afterfloßfeder hat 26 parallele Strahlen. Alle Floßfedern (ausgenommen die auf dem Rücken) sind bräunlich. Der Kopf ist schmal, eben, und hat mit der Mitte des Leibes einerley Breite. Der Rachen ist groß, länglichrund. Der Vorkopf platt. Die Zunge zerrissen, abgestumpft.

131. Die Zähne sind klein, spitz, gerade, ungleich, stehen

in

in der oberen Kinbacke nur in einer Reihe; in der Mitte sind wenige; in der untern Kinbacke nehmen sie den ganzen Rand ein. Die Lefzen sind kurz und bedecken die Zähne nicht. Nasenlöcher habe ich bey ihnen nicht gefunden. Die Augen sind erhaben, sehr hervorstehend, länglichrund, und stehen nahe beysammen oben auf dem Kopfe. Der Stern ist blau; der Ring goldfarben. Der Rücken aschgrau mit röthlichen und bläulichen schmutzigen Flecken. Der Bauch weislich. Der ganze Körper länglichrund, handlang, gleichsam zusammengedruckt.

2) Tan=nāo. *Gobius* niger. LIN. *Syst. Nat.*
Die Kieferhaut ist 4 strahlig. Die erste Rückenfloßfeder ist beynahe viereckig, sitzt mitten auf dem Rücken und hat 11 Strahlen. Die zwote ist länger, kleiner, steht dem After gegenüber, ist 10 strahlig, durchscheinend und an beyden Seiten mit schwarzen Querlinien. Die Brustfloßfedern sind umgekehrt oval, wie die vorhergenannte gegliedert, 10 strahlig. Die einzele Bauchfloßfeder bildet einen Trichter, und hat 12 Strahlen. Die Afterfloßfeder ist 13 strahlig. Zwischen dem Rücken= und Schwanzgefieder und zwischen dem After= und Schwanzgefieder ist ein Raum einem Nagel breit. Das Schwanzgefieder ist zugespitzt und hat 18 Strahlen, von welchen die äussersten die kürzesten sind. Der Leib ist wie an dem vorhergehenden, aber mehr weiß und unrein schwarzgrau. Der Kopf ist groß, mit sehr kleinen weissen Punkten. Der Rachen ist viel kleiner, beynahe rund.

Ein Landnetz ward von zween Chinesern gezogen, welche bis an das Kinn ins Wasser giengen.

Entensampanen lagen hier am Lande. Wenn der Eigenthümer die Brücke nieder lies und die Enten rief, so marschirten sie zu hunderten in das Boot.

Der Brandweinsthurm war etwas weiter hinauf, uns zur linken. Auf Chinesisch heist derselbe Tie-fâng. Wenn die Matrosen gegen denselben kommen, und von der Schaluppe durch die Fenster des Thurms quer hindurch sehen können, so sind sie berechtigt, von ihrem Reisebrandwein einen Schluck zu nehmen. Dieser Gebrauch hat dem Thurme, der zwischen Huampu und Canton auf dem halben Wege liegt, den gedachten Namen zuwege gebracht.

Der Lazarusbaum ist weiter hinauf zur Rechten. Man sagte, daß die Aussätzigen und mit andern scheuslichen Krankheiten behafteten Menschen unter diesem astreichen Baume ihren Aufenthalt nähmen.

Kleine Wirthshäuser, welche etwas weiter hinauf liegen, dichte neben einander und auf Pfählen über den Strom gebauet sind, machen den Anfang der Vorstadt aus.

Vor denselben liegen unzählige sowohl kleine als grössere Sampanen dichte neben einander, und ausser denselben auch Jonken oder grosse chinesische Fahrzeuge; wodurch der Hafen sehr schmal wird und wenn sich einige Boote begegnen, öfters ein Gedränge entsteht.

Wir legten nun bey dem andern Tiaphause an, welches auf Chinesisch Tâng-pack-tâp genannt wird, nachdem wir kurz vorher ein Castell paßiret waren, das mitten im Strome liegt, und uns zur linken blieb. Noch ein anderes Castell liegt weiter hinauf. Beyde waren mit Bäumen umgeben. Man sagte, die Holländer hätten eines dieser Vertheidigungswerke angelegt.

Das dritte Tiaphaus ist das vornehmste. Es liegt nicht weit von den Factoreyen, wird auf Chinesisch Tay-quam-fang-fang-gunn genannt, und ist das letzte wenn man nach Canton, und das erste, wenn man von da weg reiset. Hier wurden die Zollzettul angenommen und aufbehalten. Man hat nicht nöthig, sich bey mehreren Zöllen anzugeben, und wenn man auch von Canton bis nach Boca Tiger reisen sollte, ohnerachtet an diesem Wege noch manche Zollhäuser befindlich sind; denn zunächst an Huampo liegt das vierte Otin, das fünfte heist O-tjäng, das sechste Backsia-sunn; das siebende Tänn-tao und das achte Pho-munn oder der Bocca Tiger-Zoll.

Der Thurm von Canton, war der dritte den wir auf dieser Reise sahen.

Der erste Ort, an welchen die Europäer in der Vorstadt gelangen, ist die Factorey. Diß ist die gemeinschaftliche Benennung der Häuser, welche nach dem Strome hinaus oder auch auf Pfählen über dasselbe gebauet sind, und welche die chinesischen Kaufleute den europäischen Schiffen die Zeit über, da sie hier ihren Handel treiben, vermiethen. Diese Zeit beläuft sich ohngefähr auf fünf Monate oder wohl auch auf ein Jahr; wenn Schiffe so lange daselbst liegen bleiben, welches bisweilen, auſſer andern Ursachen, auch deswegen geschieht, damit nicht zu viele Schiffe zugleich zu Hause kommen und einen schlechten Preiß der Waaren zuwege bringen mögen. Innerhalb dieser Zeit leihet man die Gelder in China mit dem gröſten Vortheile aus. Wer aber nicht selbst ansehnlichere Summen aufgeborgt hat, wagt viel, wenn er sein Geld an einem Orte austhut, an welchem man den Schuldner nicht selten vergeblich sucht. Gemeiniglich miethet sich ein

jedes

jedes Schiff eine Factorey alleine, bisweilen aber ereignet sichs, daß zwey Schiffe einer Nation zusammen seyn können, welches dißmal mit zwey schwedischen Schiffen geschahe, welche, wo ich mich recht erinnere, dafür 900 Tel erlegten, welches damals jeden Tel zu 7 Thaler Silbermünze gerechnet 6300 Thaler Silbermünze austrug.

Die gedachten Häuser sind nur zwey Stockwerk hoch, aber sehr lang, und strecken sich mit dem einen Ende nach dem Strome, mit dem andern aber nach der Factoreystrasse. Einige sind von ungebrannten Ziegelsteinen aufgeführet, andere aber von Fachwerk; die Abtheilungen der Gemächer aber, der Fußboden oben, die Verschläge ꝛc. sind bisweilen von Holz. Sie sind also wegen Brandschäden schlecht genug versehen, wie denn auch 1743. den 7. des Christmonats, in einer Zeit von 3 bis 4 Stunden, über 150 Häuser in die Asche gelegt wurden. Das Unglück würde bey Ermangelung dienlichere Anstalten ohnfehlbar noch grösser geworden seyn, wenn nicht ein englischer Commandeur mit seinen Leuten das übrige gerettet hätten. Die Einwohner, welche ein unvermeidlich Schicksal glauben, sahen zu, ohne selbst eine Hand anzulegen. Die Factoreyen haben das Ansehen zweyer parallel neben einander gebauten Häuser, zwischen welchen ein Hof ist.

Der Fußboden in dem untern Stockwerke ist mit viereckigen oder vielmehr länglichen Steinen, eben so wie der Hof, belegt. In diesen Fliesen sind hier und da kleine Löcher, durch welche das Wasser in den Strom laufen kann. Die Treppen sind theils steinern, theils von Holze.

134. Die Zimmer sind hoch, und die Dächer, welche fast mit eben solchen Ziegeln, als in Spanien, gedeckt sind, abschüßig.

Fenster

Fenster sind auch auf den Dächern gebräuchlich; sie sind viereckig und kleiner als die Wandfenster. Es sind also oben keine Böden unter dem Dache. Selten hat ein Zimmer mehr, als an einer Seite Fenster. Diese Fenster sind lang, schmal, mit hölzernen Bögen und haben viereckige Scheiben von Perlenmutter, bey geringern Leuten von andern Schneckenschalen, welche an jeder Seite einer Hand breit sind. Bley und Glas bekömmt man nie in einem chinesischen Fenster zu sehen. Diese Fenster stehen des Tages offen, weil sie nicht Licht genug durch lassen, des Nachts aber verschließt man sie, um Mücken, Fledermäuse ꝛc. abzuhalten. In dem unteren Stockwerke sind wenig Fenster, und diese gehen nach der Hofseite.

Bey einigen Zimmern ist ein kleiner Garten, der die Grösse einer mittelmäßigen Stube hat. Durch die Thüren bekommen solche Zimmer hinlänglich Licht, wenn dieselben geöfnet werden; denn die Gartenseite ist ganz frey. Der Garten reicht nicht weiter auf den Hof, als die Stube.

Der Hitze wegen müssen die Thüren meistens offen stehen, man hängt aber eine Gardine von Nankin mit; mit Meßing beschlagenen Querhölzern, wovon eines oben, eines in der Mitten und eines unten an der Gardine befindlich ist, vor dieselbe.

Unsere Tapeten bestanden aus weissem chinesischen Papier, das an die Wände gekleistert ward.

Wie glatt aber auch diß Papier ist, so laufen dennoch die **Eidexen** (*Lacerta* chinensis) mit einer solchen Fertigkeit an den Wänden auf und nieder, daß sie schwerlich zu erwischen sind. Des Sommers sind sie in den Häusern häufig, des Winters aber begeben sie sich weg. Sie thun keinen Schaden, son-

dern

dern suchen sich nur ihre Nahrung, welche in Kackerlacken und andern Insekten bestehet.

135. Die chinesischen Vorlegeschlösser sind so eingerichtet, daß sich viele derselben mit einem Schlüssel aufmachen lassen; daher es die Vorsichtigkeit erfordert, dergleichen von Europa mit zu nehmen.

Die Compagnie unterhält in eines jeden Stube einen Tisch, Stühle, und ein Bette mit Vorhängen von Gage oder blauen Nankinzeuge. Man muß die Gardinen des Nachts dicht zuziehen, um die Mosciten, eine Gattung Mücken, abzuhalten, deren Gesang des Nachts beschwerlich ist und deren Stich der Anfang unheilbarer Krankheiten wird. Hieraus erkennet man, was die Verschiedenheit des Himmelsstriches thun kann; denn bey uns rechnet man Mücken- und Flohstiche beynahe für gleich, in China aber ist es ganz anders; und doch sind diese Mücken mit unsern von einer Gattung.

Es wird auch auf jedes Zimmer eine Lampe gehalten, welche mittelst einer langen Schnur unterm Dache befestigt ist. Die Chineser machen es in ihren Häusern eben so, wiewohl sie sowohl weiße Wachslichter als andere Lichter, die sie Lapp-tiock nennen, haben. Die letztern sahen aus, als ob sie von Fett wären, scheinen aber von der Frucht des Talgbaums gemacht zu seyn. Die äussere Rinde dieser Lichte, welche roth und steif ist, heist auf Chinesisch Nan-sy.

Einige hielten aussen vor ihren Stubenfenstern lebendige Gold- und Silber-Fische, die auf Chinesisch Kamni-ko heissen, in Glaßschalen. Die Farben derselben spielen wie bey den prächtigsten Vögeln. Man legte zu ihrem Unterhalte ein Kraut ins Wasser, dessen Blätter dem *Ceratophyllum demersum*

merſum und der *Piſtia* ſtratiotes glichen und welches hier Sju=jan=gai hies.

Andere hatten, nebſt den Fiſchen, auch verſchiedene kleine Bäume in Blumentöpfen vor den Fenſtern, dergleichen ſie ſonſt auch in ihren Baum= oder Luſtgärten zu ziehen pflegen, z. B. eine Art niedrige Apfelſinbäume mit der kleinen Frucht, welche in der Landesſprache Gatt heiſt; ferner dem Lemtjesbaum, welcher kleine, runde, ſehr ſaure Citronen trägt, die auf Chineſiſch Na=mang heiſſen, und welche man (gewöhnlich unreif) ſtatt der Tamarinden oder der ordinairen Citronen, die es in China nicht giebt, zum Punſch gebrauchet; und hiernächſt folgende Gewächſe: 136.

Capſicum frutescens.
Thuja orientalis.
Lan-fa oder *Leenfa* Chinenſ.
Moquai-fa Chinenſ.
Nyctanthes orientalis? Roſenholz.
Celoſia criſtata, auf Chineſiſch Lat ſeo.
Narciſſus Tazetta oder Chineſiſche Neujahrslilien, welche mitten im Januar blüheten und in ihrer Sprache Soiſin=fatt heiſſen. Die Cultur derſelben geſchahe ohne groſſe Kunſt, ſie ſtreueten bloß ſo viel groben Sand auf eine blecherne Platte, daß die Platte nur bedeckt ward, und auf denſelben ſetzten ſie die Zwiebeln ganz frey. Dieſe blüheten deſto eher, je mehr der Wuchs der Wurzeln in die Länge verhindert ward.

Gomphrena globoſa.
Impatiens Balſamina.
Ipomaea Quamoclit, auf Chineſiſch Kam=fan=fang, welches Gewächs die Hecken auſſer der Stadt zierete.

An beyden Seiten des Hofes werden die Thee- und Porcellainkisten, nebst andern erhandelten Waaren, über einander gesetzt. Der Hof ist querüber durch zwo oder drey gewölbte Mauern abgetheilet. Schuppen oder Remisen sind an einigen Orten quer über den Hof gebauet, an einigen Orten aber mit Gewölben unterstützet.

Eine Factorey hat mehrentheils folgendes Aussehen: Bey dem Eingange der Factoreygasse ist zu beyden Seiten des Thorweges eine kleine Bude, worauf gemeiniglich ein oder mehr Papiere mit einigen Figuren wie Wapen, und zwo runde Laternen, von Bambu mit Häuten überzogen, befindlich sind. Glas- und Hornlaternen sind gar nicht gebräuchlich. Der Thorweg der Factorey ist nach innen überbaut. Gleich hinter demselben steht eine hohe Tafel, beynahe so breit, als der Eingang, die dazu dient, daß man von der Gasse nicht auf den Hof sehen, dennoch aber mit Bequemlichkeit aus und ein gehen und das nöthige aus und ein bringen kann. Hinter der Tafel ist der Hof frey. Fast in allen Winkeln stehen Eymer, in welche die Aus- und Eingehenden ihr Wasser lassen können, welches nachgehends auf die Aecker geführet wird. Die fördersten Zimmer an beyden Seiten sehen aus wie Küchen; und vor denselben sind Gitter. Weiterhin quer über dem Hofe siehet man in dem zweyten Stockwerke einen offenen Saal mit einer Art eines Chores, auf welchem ein Altar, der mit Blumen und Rauchwerk bedeckt, und mit einem verguldeten Bilde, desgleichen mit einem Altargerüste oder Tafel versehen ist. Hinter demselben ist der Hof wieder frey, an den Seiten aber, oben und unten sind Zimmer. In den Schuppen hängen hie und da Laternen von gemalten Flor, in deren einigen des Nachts Oellampen brennen. Vor

den

den Schuppen und an den Seiten derselben, sind kleine Gärten mit Bambubäumen, Pompelmossen, Pisangbäumen und mehrern der bereits angeführten Arten. Die Mauer um die Bäume, nach der Hofseite hin, ist von Ziegeln, die, das Fundament ausgenommen, gittricht gelegt sind. Ich erinnerte mich hiebey des Befehles, den der Herr dem Volke seines Eigenthums gab, daß sie nicht nur Häuser bauen, sondern auch Gärten anlegen sollten, Jer. 29, 5. Zunächst an diesen Gärten ist wieder ein überbauter Hof, und sodann ein freyer mit Stuben und Lustgärten an den Seiten; zuletzt ist quer über den Hof im zweyten Stockwerke ein Saal, der an den Seiten Stuben hat, und ein anderer Saal geht nach dem Strome hinaus, der von uns zum Speisesaal gebraucht ward. Unter demselben war die Küche, die Wachtstube der Matrosen und die Wohnstube des Factoreycapitains. Der Factoreycapitain ist ein Steuermann, der darauf zu sehen hat, daß die Matrosen und chinesischen Arbeitsleute ihre Verrichtungen thun, und die Leute aufzeichnet, welche mit denen Lastbooten von dem Schiffe kommen, oder dahin gehen. In den Factoreyen wohnen der Superrargeur, die Aßistenten, die Hofmeister, die Köche und übrige Bedienung, die ganze Zeit des Hierseyns über, und ausserdem diejenigen, welche bisweilen vom Schiffe anher kommen.

Es sind beständig einige Matrosen hieselbst, welche Wache halten, und mit blossen Degen in den Händen, denen den Eingang verwehren, welche nicht hinein sollen. Sie zeigen auch durch gewisse Schläge auf ein Gungung an, wie es an der Zeit ist und trummeln mit einem Klöppel darauf, wenn des Mittags und Abends das Essen fertig ist. In den Factoreyen wird alles verwahrt, was sowohl

M 2 von

von den Schiffen nach der Stadt gebracht wird. Z. B. die Geldkasten, Wein, Bley, Tuch, Rosinen, Mandeln ꝛc. als auch alles eingekaufte und eingepackte Porcellain, Thee, Seide und viel andere Waaren, welche, nachdem sie von gewissen dazu verordneten Mandarinen gewogen und gestempelt sind, nachher mit grossen Sampanen an Bord gebracht werden. Mit jeder Lastsampane geht ein Mandarin, und einige bewafnete Matrosen von der Factorey mit nach dem Schiffe; letztere in der Absicht, die Sachen zu bewachen, damit nicht der Herr der Sampane etwas davon stehlen möge, welches dennoch bisweilen geschieht. Der Supercargeur giebt allemal einen Brief an den Capitain oder wer sonst den Oberbefehl auf dem Schiffe hat, mit, in welchem die Kisten und Packe nach ihren Nummern verzeichnet stehen, und die Matrosen bringen demselben eine Antwort zurücke. Die Factoreyflagge wird nach dem Strome hinaus gepflanzt und bey allen feyerlichen Begebenheiten gehisset.

Unsere Schiffe müssen sich auch einen Fiador halten. Man erwehlet hiezu einen der reichsten und besten Kaufleute; derselbe muß der Compagnie für allen Schaden stehen, auf den Fall, daß ein Europäer einem Chineser unrecht thäte, die Sache auf die beste Weise beylegen u. s. w. Unser Fiador hieß Suqua.

Kulier, nennen wir die chinesischen Knechte, welche in den Factoreyen bey Tische aufwarten, Speisen auftragen, Teller abwaschen, Messer und Gabeln putzen, die Lampen auf dem Hofe und in den Zimmern des Abends mit Oel füllen, die Gefässe rein machen und mehr dergleichen Arbeiten verrichten, welche die chinesischen Kammerdiener für geringe Geschäfte halten, als die Zimmer rein zu fegen,

fegen, bey dem Ein- und Ausbringen der Theekisten und anderer Waaren zu helfen u. s. w. Diese, nebst einem chinesischen Koch, besoldet die Compagnie. Ueberdies miethet gemeiniglich ein jeder, oder etliche zusammen, einen chinesischen Bedienten, der monatlich einige Rthl. bekömmt. Man läst durch sie alles nöthige ankaufen, wodurch sie sich öfters mehr, als durch ihr Lohn bereichern. Glücklich ist der, welcher nicht das Schicksal hat, einen Hausdieb zu miethen, welches sich öfters ereignet.

Die Stadt Canton ist der Handelsplatz in China, von welchem gegenwärtig, und seit dem der Handel auf A-moi aufgehöret und die Kaufleute dieses Ortes sich hieher begeben, alle europäischen Schiffe ihre chinesischen Waaren holen. Canton liegt in der Landschaft dieses Namens, auf einer ebenen und niedrigen Fläche, unterm 23 Grade 8 Min. Nord. Breite und 95 Grad 30 Min. 6 Stunden 22 Min. Länge, östlich von Upsala, dem Meridian von Peking aber 3 Grad 31 Min. westlich. An der einen Seite liegt sie am Strome, von welchem ein (oder vielleicht mehrere) Canäle durch die Vorstadt gehen. Die Häuser sind zu beyden Seiten dichte an den Steinbrücken, welche über den Canal gehen, gebauet, daher man denselben nicht sogleich gewahr wird. Beydes die alte und neue Stadt werden Canton genannt; letztere ist unbefestigt. Die alte Stadt, welche einige hundert Jahre gestanden hat, ist mit hohen Mauern und verschiedenen Thoren versehen. An einem jeden Thore wird Wache gehalten, damit kein Europäer hinein kommen möge, wo es nicht etwan bey besondern Vorfällen geschieht, wozu man die besondere Erlaubniß der Grossen haben muß; in diesem Falle wird man in einem verdeckten Tragesessel hinein getragen, mithin bekömmt man

die

die Merkwürdigkeiten des Orts dennoch nicht zu sehen. Die Schildwachen führen Karbatschen statt der Musqueten. Diese befestigte Stadt, in welcher alle Vornehme und wie man sagt, an der einen Seite Tartarn, auf der andern Chineser wohnen, ist ohngefähr auf drey Viertheile von der Vorstadt umgeben. Ausserhalb derselben, auf der Landseite, ist zwischen der Mauer und dem Graben ein schöner breiter Gang. Dicht an dem Graben nehmen die Plantagen ihren Anfang. Sie liegen größtentheils niedrig, bestehen aus allerley grünen Sachen, Wurzeln und Reis, und reichen so weit als man sehen kann. Die trocknen Hügel werden zu Grabstellen und Weiden für das Vieh gebraucht.

140. Die Stadtmauer besteht aus gehauenen Sandsteinen, ist mit allerley kleinen Bäumen und Kräutern z. B. *Ficus* indica, *Urtica* nivea &c. bedeckt, und oben auf der Mauer mit Wachthäusern versehen. Die Wache wird indeß so schlecht versehen, daß vorbeygehende Fremdlinge durch einen Steinregen dermassen begrüßt werden können, daß das Leben in Gefahr geräth, welches sich während meines Hierseyns mit einem Engländer ereignete. Man sagt, daß auf den Wällen 8 und 9 pfündige Kanonen lägen. So viel ist gewiß, daß man des Abends um 8 Uhr von denselben schiessen höret.

Den Umfang der Stadt zu messen, hat es mir an Gelegenheit gefehlet; er schien mir aber über eine schwedische Meile zu betragen. Von der inneren Beschaffenheit des Orts ist mir nichts weiter bekannt, als was man davon erzählt, nehmlich, daß sie ausser den Kaufleuten und dem Frauenzimmer, von den vornehmsten Herren bewohnt wird.

Tsang-to oder Tsang tack ist der Vornehmste in der Stadt, welcher sowohl über die Militz,

litz, als auch über die umliegende Landschaft und Städte das Obercommando hat, und von den Europäern mit einem Vicekönige verglichen wird. Die kleinen Herren fallen vor ihm auf die Knie. Sein Gefolge ist ansehnlich*), welches wir sahen, als er unser Schiff mit seinem Besuche beehrete.

Fu-jenn ist nächst dem Tsang-to der Oberste in der Stadt.

Happa oder der Vornehmste bey dem Zollwesen. Seinen Staat in der englischen Factorey siehet man in LOCHIERS Account p. 185. 1711. 8vo.

Das Hofgericht in Canton hat noch 17 andere Städte unter seiner Gerichtsbarkeit, von welchen eine von der andern und die übrigen von der dritten Ordnung sind.

Die Vorstadt von Canton, in welcher die Europäer während der Zeit, da sie handeln, wohnen, ist viel grösser, als die befestigte Stadt.

Die Gassen sind lang, aber selten gerade, ohngefähr einen Faden, bald mehr bald weniger, breit, und mit ebenen, länglichen Sandsteinen, (Cos chinensis) wie die Höfe, ohne Rinnsteine gepflastert. Die Steine sind durchlöchert, damit das Wasser durchlaufen könne, denn die Stadt ist, wenigstens zum Theile, auf Pfähle gebauet. Es ist gar nichts seltenes, auf denselben sowohl, als in den Häusern chinesische Schweine, Hunde und Hüner anzutreffen; gleichwohl aber ist hier alles sauber, weil beständig arme Leute mit Körben umher gehen, welche den Unrath aufheben. Anderes bey uns gewöhnliches Vieh habe ich nie in der Stadt gesehen, auch nicht einmal Pferde, welche man gleichwohl auf dem Lande antrift, woselbst ich auch Büffel-

14t.

M 4   ochsen

---

*) DV HALDE Defcription of China ed. 3. 8vo Vol. 2. p. 49.

ochsen gefunden habe, welche durch Wächter von den Plantagen, die selten umzäunet waren, abgehalten wurden.

Wagen und anderes Fuhrwerk siehet man in der Stadt nie, sondern das, was von einem Orte zum andern gebracht werden soll, als Schweine, Enten, Frösche, Schnecken, Wurzeln, Gartenkräuter oder anderes, wird in zween Körben, an einer Stange, auf deren jedes Ende man einen hängt, auf den Achseln getragen.

Lebendige Fische wurden hier zwar zum Verkauf auf die gewöhnliche Weise in Zobern herum getragen; aber in der Art, dieselben in den Häusern aufzubehalten, hatten die Chineser der Natur selbst nachgeahmt. Man setzte die Fische in grossen Wassergefässen auf die Strasse, jedes dieser Gefässe aber stand unter einer Rinne, welche aus der Mauer heraus gieng, und aus der das Wasser beständig, aber langsam auf die Fische herunter lief; daher man sie jeden Augenblick so frisch zu Kaufe erhalten konnte, als wenn sie nur eben aus dem Strome genommen worden wären. Zerhauene Fische trug man auf kleinen Tischen, die auf vorbeschriebene Art an einer Stange hiengen, auf den Gassen zum Verkauf herum; dieses geschahe auch mit Speck und Jdau-fu, einer Gattung Speise, welche unserem süssen Käse ähnlich ist, aber von chinesischen Bohnen (*Dolichos* chinensis) bereitet wird.

142.

Wer etwas zu tragen hat, muß beynahe beständig rufen, daß die Leute, welche die Hauptstrassen meistentheils ganz anfüllen, Platz machen.

Palankin oder chinesische Portechaisen, welche von zween halb nackten Chinesern ohne Riemen auf den Achseln getragen werden, konnte man ausser der Stadt für einen halben Piaster miethen.

Die Häuser sind mehrentheils von Ziegelsteinen gebauet und haben die Höhe der vorhin gedachten Factoreyen, doch sind einige derselben niedriger. Sie enthalten Kaufläden, Werkstädte und die Wohnungen der Frauenzimmer, welche weit von der Strasse sind.

Das Frauenzimmer hält sich beständig inne, daher man in den Buden und Werkstädten nur Mansperſonen und etwan bisweilen ein blindes Bettelweib siehet.

Einige Kaufleute haben verschiedene Läden in einem Hauſe, und zwar einen an dem andern in gerader Linie, auſſer denſelben aber kaum noch andere Zimmer. Des Abends laſſen ſie ihre Häuſer ledig und gehen zu ihrem Frauenzimmer nach Hauſe. In dem äuſſerſten Laden ſteht gemeiniglich grobes Porcellain, das die Chineſer ſelbſt kaufen; eine Menge Puppen und dergleichen. Dieſer Laden iſt nach der Straſſe zu, wenn die Lucken aufgemacht ſind, ganz offen, ſo daß die Vorbeygehenden alles, was in demſelben feil iſt, ſehen können. Mitten darinn iſt der Eingang zu einem andern Gewölbe, das ebenfalls an beyden Seiten mit Porcellain ausgeſetzt iſt, dieſes aber iſt feiner und für die Europäer, welche hier für den maulaffigen Chineſern mehr in Ruhe ſeyn können. Hinter dieſem iſt wieder ein anderes mit ſeidenen Zeugen, Sammet und dergleichen. An einigen Orten folgen darauf noch andere mit Theeſorten und andern gangbaren Waaren. An groſſen Feſten öfnet man dieſe langen und ſchmalen Häuſer ganz hindurch, illuminiret und zieret ſie mit gemachten Blumen und Bäumen, welche das Anſehen haben, als wenn ſie eigne Arbeiten der Natur ſelbſt wären. Das äuſſerſte Gewölbe iſt alsdenn den Muſicanten angewieſen.

143. In der Porcellainstraſſe, welches die breiteſte in der ganzen Stadt iſt, ſiehet man viele ſolche Häuſer mit vielen Gewölbern hinter einander, in welchen nur Porcellain befindlich iſt. Die kleineren Kaufleute begnügen ſich mit ein paar Läden hinter einander, in deren erſtem ſie, wie gedacht, grobes Porcellain, und in dem andern allerley andere Sachen haben, als ſeidene Zeuge, Schnupftücher, Band, baumwollne Zeuge, Tuſche, gemahltes Papier, Thee, Schnupftobaksdoſen von Perlenmutter, Schildkröten, Schnecken (*Cyprœa*), Fechtel, Theedoſen von Tutanego oder von Kupfer mit Porcellain emaille, engliſche Meſſer u. ſ. w.

In dem inneren Gewölbe iſt an einigen Orten eine Treppe nach einem Chore, welches über das äuſſere Gewölbe hinaus geht, und ſein Licht von den Fenſtern nach der Straſſe hin bekömmt. Sie pflegen diß Chor zum Speiſeſaal, zur Werkſtelle oder dergleichen zu gebrauchen. In einem ſolchen Chore arbeitete der bekannte ſogenannte Angeſichtmacher, welcher von Thon Menſchengeſtalten, meiſtentheils im kleinen macht. Die Europäer pflegen ſich öfters von dieſem Manne in ihren gewöhnlichen Kleidungen abbilden zu laſſen, und bisweilen trift er ſie ſehr gut. Die vorhingedachten oberen Zimmer, der Fußboden, die Abtheilungen, das Gitterwerk, desgleichen Thüren, Treppen und Stacketen nach der Gaſſe hinaus, ſind gemeiniglich von Holz.

Auſſen vor den Buden und Werkſtellen hängen Tafeln, auf welchen der Name des Kaufmanns oder Handwerkers mit groſſen chineſiſchen Buchſtaben geſchrieben ſtehet; an den Seiten ſind Planken aufgerichtet, auf welchen die Waaren verzeichnet ſind.

Statt der Kachelöfen und Camine gebraucht man hier Windöfen, welche sehr gut ziehen.

Die Töpfe, in welchen Reis und andere Speisen gekocht wurden, hatten ein plumpes Ansehen, gleichsam, als ob sie von rohen Eisen wären, in der Gestalt kommen sie mit dem Kelche an einer Eichel überein.

Leute von einerley Gewerbe wohnen mehrentheils in einer Gasse bey einander. Die Factoreygasse ist mit Kaufläden, Tischlern, Lackirern und Perlenmutterarbeitern versehen. Die Porcellainstrasse ist wegen ihrer schönen Porcellaingewölber bekannt. In den übrigen Strassen ist eine Menge von Drogisten oder Apothekern, Blumenmachern, Färbern, Parasollmachern, Buchbindern, Spiegelmachern, Schmieden, Schneidern, Schustern, Samsubreunern, Steinhauern, und einige Goldschmiede anzutreffen.

In den Apotheken, deren es sehr viele giebt, hiengen am Boden und an den Wänden Hirschgeweihe und eine Menge getrockneter Kräuter, welche bey uns unbekannt sind. Ich habe niemals bemerkt, daß sie mehrere Sachen zusammen vermischen, auch nicht daß sie Latwergen, Essenzen oder dergleichen, sondern nur verschiedenes Wurzelwerk theils ganz, theils zerschnitten verkaufen. Die Leute kauften ihre Arzeneyen ohne Recepte und curirten sich selbst, so gut sie konnten.

Jän-säm oder Jän-som heist in China die Wurzel, welche in unsern Apotheken unter dem Namen Radix Ninsi (*Panax* quinquefolia LINN.) vorkömmt. Jedwedes Loth kostete jetzo 30 bis 40 Loth fein Silber. Die Wurzel ist weislich, gleicht unsern Pastinaken in etwas, wird aber kaum so groß angetroffen; sie theilet sich öfters in zween Stämme,

worinn

worinn die Chineser etwas ähnliches mit einer Menschengestalt haben finden wollen, weswegen sie ihr den angezeigten Namen gegeben haben. Sie ist etwas höckerig oder gleichsam geringelt, und so ist sie auch innwendig. Sie ist hart und je mehr sie in das Gewichte fällt, je besser ist sie. Jän-sám, oder wie wir gemeiniglich sagen, Ginseng, darf nicht in China eingeführet werden, weil sie in diesem Lande wild wächst. DU HALDE sagt in seiner Description of China Tom. 2. daß sie in der Tartarey in der Breite von 39 bis 49 Graden wachse, daß sie auf einem langen mit Waldung umgebenen Gefilde, desgleichen in den Wäldern, an den Strömen, und den Wurzeln der Bäume, nicht weniger an den Füssen der Berge gefunden, in Thälern, Morästen und freyen Feldern aber nie angetroffen werde, und daß sie die Tartarn Orhota oder den Hauptmann der Pflanzen nennen. Als der Pater Jartoux die Karte über die Tartaren aufnahm, beschrieb er diese Pflanze, welche man auch, doch selten, in Setchuen findet. In America nennet man sie Garentongen oder Menschenschenkel. S. Universal History 8vo Tom. 10. p. 171. Des Verbotes ohnerachtet wird diese Wurzel dennoch von den Europäern, die die americanische in Spanien kaufen, heimlich eingeführet. Ich fürchte aber, daß sie kaum halb so viel dafür erhalten, als sie in China gilt. Die Chineser sind der Meynung, daß die westindischen Wurzeln nicht so gut, als ihre sind; sie hängen sie derowegen über einen kochenden Topf, daß sie schwitzen, und trocknen sie nachher wohl. Ich bin nie in die Apotheke gekommen, daß ich sie nicht hätte verkaufen sehen. Es bedienen sich derselben sowohl vornehmere als geringere Leute; täglich ein Loth, mehr oder weniger, in Suppe oder Theewasser gekocht,

kocht, soll ihrer Meynung nach in der Schwindsucht und mehreren Krankheiten ein unvergleichliches Heilmittel seyn. Im Jahre 1709. befahl der Kaiser, daß 10000 Tartarn ausgehen und so viel von diesen Wurzeln suchen sollten, als sie nur finden könnten, davon ein jeder dem Kaiser 2 Pfund der bessern unentgeldlich, das übrige aber für eben so schwer sein Silber liefern solle. Auf diese Weise erhielt der Kaiser in diesem Jahre über 20000 Katje oder chinesische Pfunde Jân-sâm.

Ich wünschte sehr, eine Käuntnis der chinesischen Medicinalkräuter zu erhalten, und zu wissen, in welchen Krankheiten sie dieselben anwenden. Ich suchte daher auf alle Weise diejenigen zu gewinnen, welche mir hierinn Unterricht ertheilen konnten, und erbot mich zu billigen Belohnungen; es war aber schlechterdings ohnmöglich, denn 1) konnte ich keinen Begriff von ihren innerlichen Krankheiten bekommen, da diese Leute selbst nicht im Stande sind, deutliche Beschreibungen von denselben zu geben; die blossen Benennungen ihrer Krankheiten aber sind für uns so unbegreiflich, als unsere für sie. Wenn sie krank werden, so verfügen sie sich in das Frauenzimmerhaus, in welches kein Fremder kömmt. 2) Waren ihre Medicinalkräuter selbst unbekannt, und das um so viel mehr, da man in den Apotheken nie einige derselben mit den Fructificationstheilen findet, ich konnte auch für Geld niemanden erhalten, der mir zeigen konnte, wo sie wüchsen. Vielleicht holen sie dieselben tief aus dem Lande, massen ich, ohnerachtet alles Suchens ausser der Stadt an den Orten, wohin ich kommen durfte, in den Gärten, an den Dörfern, auf Hügeln und Gräbern, und auf den Reisäckern, nicht ein einziges fand. 3) Sobald der Chineser merkt, daß jemanden an dergleichen

Nachrichten gelegen ist, so schweigt er, oder fertigt ihn auch mit Unwahrheiten ab, welches ich aus den ungleichen Berichten mehrerer Leute, mehr als einmal gewahr geworden bin, daher ich müde und verdrüßlich ward, mehrere Versuche von dieser Art anzustellen. Ich erwog endlich auch, daß die chinesischen Kräuter in unserm Himmelsstriche nicht fortkommen können, sondern wenn eines oder das andere in einer oder anderer Krankheit von besondern Nutzen seyn sollte, wir dasselbe nothwendig verschreiben, und solchergestalt die Einkünfte der Chineser auf eine unnöthige Weise noch mehr vermehren müsten, da ja unsere Apotheken mit hinreichenden Arzeneyen versehen sind. Wir haben sehr viele einheimische Pflanzen, die man bisher in der Medicin noch nicht versucht hat.

Die Goldschmiede arbeiten ziemlich gut, und gewöhnlich wohlfeiler, als bey uns, sie halten es aber ihrer Ehre nicht zu nahe, Betrüger zu seyn. Man hat in silbernen Schnupftobaksdosen bleyerne Bleche gefunden, mehrerer Betrügereyen zu geschweigen. Ihre Probiersteine hatten beynahe die Form eines Eyes oder unserer Seesteine. Man fand hier Dosen von verschiedenen Flüssen, Perlenmutter, unächtem Agat, welcher von Sumatra kömmt, und von Schildkröten, einige sind innwendig mit japanischen Kupfer gefuttert, die Deckel aber mit Figuren von Silber ausgelegt. Die Europäer lassen sich Knöpfe, Krücken ꝛc. machen, auf welche Weise ein Theil Silber, wieder nach Europa zurück geführt wird, nachdem es von denen Chinesern verarbeitet worden ist. Das Gold ist hier nicht in so grossem Werthe, als bey uns, und auch nicht so fein. Es wird hier viel Gold negotiiret und nach Frankreich und andern Reichen geführet.

Die

Die Tischler gebrauchen hier nicht so viel Werkzeug wie bey uns, sie sind auch überhaupt nicht so geschickt, als die unsrigen. In Ermangelung einer Hobelbank setzen sie sich an die Erde, drucken das Bret gegen den Bauch und halten es mit den blossen Füssen feste. Ihre Beile oder Tu=tao sind klein und an der linken oder innern Seite etwas ausgehölt, an der äussern aber, und in allem übrigen wie unsere Handbeile. Hämmer gebrauchen sie nicht, sondern behelfen sich statt derselben mit den Beilen. Ihre Nagelzange hat mit unserer nichts gleiches, sie besteht aus einem über eine halbe Elle langen Eisen, das kaum einen Finger dick und einen Zoll breit ist, doch ist es an dem einen Ende, an welchem 2 bis 3 Löcher sind, etwas breiter und dünner; an dem andern Ende hat sie einen vierseitigen Fuß, der ins Gevierte einen Zoll groß und an dem Rande scharf ist. Man hängt auf dieselbe einen losen viereckigen Ring, welcher nach dem Fusse gepasset ist; wenn man nun den Nagel, welcher ausgezogen werden soll, zwischen dem Fusse und Ringe fasset, so geschieht das Ausziehen ohne viele Mühe. S. tab. 12. f. 3. Ihre Wetzsteine waren von feinem Sandsteine, und wurden von unsern Zimmerleuten sehr gelobt. Ihre Sägen gleichen den unsern, sie sind aber klein und ohne Spanner; das ganze Gestelle ist von Holz. Die Handhabe ihres Bohrers und der Bohrer selbst, gleicht denen, welche wir zu Eisen und andern sehr harten Sachen gebrauchen. Sie arbeiten in vielerley sowohl harten als weichen Holzarten, die bey uns nicht weiter bekannt sind, als daß die davon gemachten Kisten Bureaux, Bretspiele ꝛc. mitgebracht werden. Das schwarze Ebenholz, welches auf Chinesisch Ghome heist, ist hier nicht sehr häufig, denn es muß von andern ostindischen Orten, besonders

ders von der französischen Insul Mauritius, hieher gebracht werden. Das Rosenholz ist schwer, roth, wohlriechend, hat schwarze und lichte ungerade Streifen, und ist sehr theuer. Eine andere Gattung lichtbraunen Holzes, von welchem sich die Europäer Kasten machen lassen, wird ebenfalls in hohem Werthe gehalten. Alle Theekisten werden von einer Gattung weichen Holzes gemacht, welche im Feuer wie unser Tannenholz prasselt; daher heist der Baum, von seinem Gebrauche Tia mock oder der Theebaum. Die Sorte lichtbraunes Holz, von welchem sich die Europäer Kleiderkasten machen lassen, wird auch theuer genug verkauft. Um meine Kleider zu bewahren und auf der Rückreise darauf zu liegen, kaufte ich mir für 100 Thaler Kupfermünze eine solche Kiste, die zwo und eine halbe Ellen lang und eine Elle breit, auch mit einem braunen Firnisse überzogen und mit Meßing beschlagen war. Man kaufte hier schöne Bretspiele von Rosenholze, welche mit Helfenbein und Ebenholz ausgelegt waren. Schaupann heist auf Chinesisch das Holz, von welchem sie ihre Särge machen, die fast überall gleichweit sind, und daher mehr den bey uns gebräuchlichen Bienenstöcken, als unsern Särgen ähnlich sind. Die Seiten und der Deckel dieser Särge sind von einigen Zoll dick geschnittenen Planken, der Boden und die Seiten sind ebenfalls von Planken; an den Enden die etwas hervor stehen, sind die Breter an der äussern Kante schräg und sehr scharf geschnitten. Die Särge werden so dicht gemacht, daß nicht der geringste Geruch durchdringen kann.

Die Lackirer haben ausser der bestellten Arbeit Bureaux, Theebreter, Dosen und dergleichen vorräthig. In dergleichen Werkstellen sowohl, als auch bey den Perlenmutterarbeitern und Porcellainmahlern,

lern arbeiten ganz kleine Knaben mit aller ersinnlichen Munterkeit. Die japanische Arbeit wird am höchsten geschätzet.

Kilang oder der schwarzbraune dicke Firniß, welchen man mit einem breiten, steifen Pinsel auf Kisten, Schränke und andere dergleichen Sachen streicht, ist den Augen nachtheilig. DU HALDE sagt, daß man den Firniß von einem Harze mache, welches von einem Baume, der in Setchuen und Kiangsi wächst, genommen wird; der theuerste Firniß soll aus der Gegend Kan-tcheou kommen, welches eine der südlichsten Städte in Kiangsi ist. Man fängt das Sammlen des Firnisses an, wenn der Baum 7 Jahr alt ist. Das Sammlen selbst geschieht in den Sommernächten, zu welchem Ende man in die Bäume Einschnitte macht, davon der unterste 7 Zoll über der Erde, und die andern in einer Entfernung von 7 Zoll von einander längst dem ganzen Stamm hinauf gemacht sind. Unter die Einschnitte setzet man Austerschalen, aus welchen man des Morgens den Firniß nimmt. S. DU HALDE Descript. p. 303. Der aufgestrichene Firniß muß unter Dach, und durchaus nicht an der freyen Luft trocknen.

Die Färber gebrauchten zu der violetten Farbe, die hier am meisten Mode ist, Brasilienholz oder Fernambuck. Ihre übrige Farbesachen bekam ich nicht zu sehen, ohnerachtet ich mehrmal in denen Färbereyen war. Ich bin der Meynung, daß sich von den chinesischen Färbern nicht viel lernen lasse, massen die Farben ihrer Zeuge mit den unsern kaum in Vergleichung zu stellen sind.

Bey den Perlenmutterarbeitern siehet man eine Menge Jettons, Dosen, Theelöffel ꝛc.

149. An Barbierern ist kein Mangel. Ihre Messer sind klein und etwas gebogen. Sie sind in ihrer Kunst sehr fertig. Die Haare und Bärte werden zum Dünger auf die Aecker gesammlet und angewendet.

Das Ramaßiren ist bey denen Chinesern zur Bewegung des Blutes, an statt des Aderlassens allgemein im Gebrauche. Die Ramaßirer reiben und schlagen mit ihren geballten Fäusten den ganzen Körper, und arbeiten an den Armen und andern Gliedern so fleißig, daß man das Knacken davon ziemlich weit hören kann. Dieses Handwerk wird von Jünglingen getrieben) welche eine Kette mit verschiedenen Instrumenten auf der Achsel tragen; unter diesen Instrumenten ist auch eine Zange, mit welcher sie ein Geräusch machen, das dem Klange einer Maultrommel gleicht, und durch welches sie ihre Gegenwart zu erkennen geben. Sie beschneiden und reinigen die Nägel mittelst eines Eisens, das einem schmalen Hobeleisen gleicht, und beschneiden die Haare in der Nase und an den Augenbraunen; alles für eine so geringe Erkenntlichkeit, daß auch die allerärmsten sich ihrer Hülfe bedienen können.

Das Porcellain kömmt von andern Orten theils gemahlt, theils ungemahlt hieher. Dasjenige, was hier nach gewissen Vorschriften oder mit Namen gemahlt wird, ist viel theurer. Das Porcellain, so von Nan=king kömmt, wird für das beste gehalten, jedoch nur nächst dem japanischen, wiewohl ein gewisser Schriftsteller sagt, daß das allerbeste Porcellain von dem Flecken Sinktesimo käme. S. l'Ambassade des Prov. unies p. 118. Das Steinporcellain ist das schwereste und theureste. DU „HALDE sagt, daß das Porcellain nur allein in der „Provinz Kiangsi in der Stadt King=te=tching ge=
„macht

„macht werde, die eine Meage lang seyn und eine
„Million Menschen enthalten soll. Das Porcel-
„lain ist eine Composition von zwoen Thonarten,
„davon die eine Pe-tun-tse und die andre Kao-lin
„heist; die letztere enthält glänzende Theilchen und
„hält die Materie zusammen. Nachher haben sie
„eine Stein- oder Kalkart aufgefunden, die sie
„Hoa che nennen und statt des Kao lin gebraucht
„wird. (Die Aerzte geben 6 Theile dieses Steines
„mit einem Theile Süßholzpulver ein, um das Blut
„zu kühlen). Das Porcellain wird mit Chekao,
„einer Steinart, die dem Allaun gleicht, oder auch
„mit Hoache glasiret. Der Chekao wird vorher in
„einem Ofen gebrannt. Zur blauen Farbe wird
„der Lapis Lazuli, und zu der violetten eine Steinart
„die Tsin genannt wird, gebraucht.„ DU HALDE
scheint damit den Cobalt zu meynen, mit welchem
unser Porcellain gemahlt wird. S. DU HALDE Description of China Tom. 2. p. 310. 312. 314. 324.

150.

Parasolle werden hier von schwarzen Wachs-
papier und Bambuholze in Menge gemacht, und
das Stück für 2 Thaler Kupfermünze und drüber
verkauft.

Die Bücher werden bloß in weiß oder wohl
auch in Goldpapier geheftet. Die Blätter sind dünn
und allemal doppelt. Das Format ist groß Octav.
In einer andern, als der chinesischen Sprache ge-
schriebene Bücher findet man nirgends im Lande,
und in der Vorstadt von Canton kaum andere, als
Calender zu Kaufe. Das Pappier wird von der
inneren Rinde des Bambubaumes gemacht*). Sollte nicht die Rinde des Wachholders und anderer unserer Bäume einen gleichen Nutzen haben können?

*) S. LE COMTE Description of China p. 186.

Die Spiegelmacher machen kleine elende Spiegel. Man berichtete mir, daß in Canton eine Glaßhütte seyn solle, welche ich jedoch zu sehen nie Gelegenheit gehabt habe. Es hieß, daß die Einfuhre des Glases von Europa verbothen sey. Indessen bringen die Europäer doch öfters Glaß mit, auf welches sie hier Rosen und andere Blumen mahlen lassen, in welcher Art Mahlerey die Chineser ziemlich glücklich sind.

Die Schuster haben europäische Schuh und Pantoffeln verfertigen gelernet, und verkaufen 4 Paar für ein Stück von Achten oder für 10 Thaler Kupfermünze. Sie sind aber auch nicht viel mehr werth, massen sie mit Baumwollzwirn genähet sind, daher die Näthe aufspringen und die Sohlen und Absätze loß gehen, so bald sie naß werden. Sie sind ganz und gar von Schweinsleder gemacht und oft an beyden Seiten rauch; das Haar wird mit einem glühenden Eisen abgebrennet.

Die Schneider bieten ihre Dienste an, so bald nur die Europäer hier ankommen; da fast ein jeder Unterkleider von seidenen Satin, Pa-de Soy oder

251. Taft gebraucht, wozu gemeiniglich die schwarze Farbe erwählet wird. Alle Europäer gehen hier sowohl, als auf den Schiffen, in den blossen Unterkleidern mit einer weissen baumwollnen Mütze und einem Hute darauf, auch einem Stabe in der Hand. Der Röcke bedient man sich nur, wenn ein fremder Europäer bey einem andern einen Besuch abstattet. Gewöhnlich besorgen die Schneider auch das Zeug, und lassen sich nachher alles bezahlen. Weste und Beinkleider von seidenen Satin kosteten 5 Tel oder 70 Thaler Kupfermünze. Die chinesischen Schneiderscheren sind klein, im übrigen aber den unsern völlig gleich. Ihre Nadeln haben runde Löcher, 100

der-

derselben kosten 1 Mes. Stecknadeln werden hier nicht gemacht. Statt des Bügeleisens bedienen sie sich einer kleinen Castrolle von Meßing oder Kupfer ohne Füsse, in welche sie glühende Holzkohlen legen, und die Näthe, oder was sonst gebügelt werden muß, damit reiben. Ihre seidenen Knöpfe und Knopflöcher sind stark und gut gemacht. Bisweilen lassen sich diese Schneider mit schlechterm Silber, als das spanische ist, begnügen. Die Elle, deren sich die Schneider bedienen, ist oft länger, als sie seyn sollte, die Kramelle aber ist ofte zu kurz.

Die Hutmacher flechten alle ihre Hüte so wohl für Manns= als Frauenspersonen von Bambu. Anderer Hüte bedienen sich die Chineser niemals. Sie machen die Hüte anfänglich wie eine runde Matte, und klopfen dieselbe nachher zu der erforderlichen Grösse aus. Die Hüte für das Frauenzimmer werden höher, als für die Mannspersonen gemacht.

Die Samsubrenner, oder die Leute, welche den chinesischen Brandwein, der Samsu genannt wird, bereiten, wohnen auch in der Vorstadt. Dieses Getränke riecht beynahe wie der schlechteste Fusel, und schmeckt auch nicht viel besser. Er wird von Reis gemacht, und ist keinesweges, wie einige dafür halten, mit dem Arrack, den die Chineser sowohl als wir von den Holländern kaufen, einerley, massen die Cocosnüsse, von welchen der Arrack gemacht wird, nicht hier, sondern auf Java und andern Orten, nahe an der Linie wachsen. Die Chineser machten den Samsu warm und tranken bey dem Essen eine Theetasse voll davon. Die starken Getränke werden von den Chinesern nicht gemißbraucht, es möchte denn von solchen geschehen, welche diese Kunst von den Europäern erlernet hätten.

Wäh=

Während meines Aufenthaltes in China habe ich unter einer so grossen Menge Volks auch keinen einzigen besoffenen Chineser gesehen. Die Heyden, die kein Gesetz haben, thun von Natur, was das Gesetz fordert; die Christen aber schämen sich nicht, mit diesen und andern Sünden Gott mitten unter den Heyden zu verunehren.

Die Steinhauer bewohnen eine gänze Nebenstrasse und vielleicht mehrere Gegenden. Sie hauen Grab- und Mühlensteine, die ersteren von rothem und die letzteren von grauem Sandsteine.

Die Müller wohnen in grosser Anzahl an einem abgelegenen Orte der Stadt, und verfertigen Reisgrütze. Man mahlet zufördertst die Hülsen auf einer Holzmühle herunter, nachher stampet man die Körner in einem steinernen Mörsel mit einem Klöppel fein; dieser ist mittelst eines eisernen Nagels an einem hölzernen Hebel befestiget, dessen einen Arm jemand nieder tritt, und sodann den Klöppel durch seine eigene Schwere auf den Reis in dem steinernen Mörsel fallen läst, womit fortgefahren wird bis der Grütze fertig ist.

An Uhrmachern ist hier Mangel. Die Chineser kaufen von den Engländern sowohl grössere, als kleinere Uhren. Man findet auch in ihren Kaufmannsläden englische Uhren feil, und zwar öfters für billige Preise, meistentheils aber von der schlechtesten Art.

Peruquen, Handschuh, Brod und Coffee können die Chineser entbehren, daher man auch hier keine solche Oerter antrift, in welchen dergleichen bereitet wird. Den Tobak spinnen sie nicht, sondern sie rauchen die Blätter so wie sie von Natur sind. Der Schnupftobak und das Kauen des Tobaks ist bey ihnen bisher noch nicht Mode geworden.

Die

Die Seidenmannfacturen sind so abgelegen, als die Wohnungen des Frauenzimmers, deren Geschäfte das Spinnen und Weben insonderheit ist. Ihre Webestühle sind dem Fußboden gleich und so gestellet, daß sie auf demselben sitzen und die Füßen in den Absatz in welchem die Stühle stehen niedersetzen können. Ich kam einmal in eine solche Werkstatt, welche nach der Gasse hinaus gieng und für welcher statt einer Thüre eine Bambumatte hieng; es entstand aber hiedurch bey dem Thürhüter eine Unruhe, der Hund empfieng mich als einen Feind, und die Weberinnen eilten von ihrer Arbeit. Die Europäer bestellen ihre Seidenzeuge, wenn sie ankommen, da sie denn kurz vor ihrer Abreise fertig werden. Aeltere Zeuge kauft man deswegen selten, weil selbige, nach einer so langen Seereise, bey der Rückkunft nicht viel mehr zu taugen pflegen. Die seidenen Zeuge werden zwischen zween glatten Steinen, die so dicke als die Zeuge breit sind, gerollt oder gemangelt. Der unterste dieser Steine steht an dem Fußboden feste und ist wie ein halber Zirkul ausgerundet. Der obere Stein ist nach dem unteren abgepaßt, in der Form eines halben Mondes. Man legt das Zeug, welches auf eine meßingene Rollwalze gewickelt ist, zwischen beyde Steine, worauf ein Kerl auf den obern Stein sich auf die Weise stellet, daß er mit jedem Fuß auf einer Seite steht, sich an einem Gestelle fest hält und solchergestalt mit seinem Treten besser rollet, als bey uns öfters vier Leute, auf unsern beschwerlichen und kostbaren hölzernen Rollen, es zu thun im Stande sind. S. t. 12. f. 4.

Die Baumwolle wird mittelst eines Instrumentes aus einander und rein gemacht, das sich mit Vortheil daher verschreiben lassen möchte. Ich bestellte

stellte zwar eines, der Chineser aber hielt sein Wort nicht, welches auch mit vielen andern Dingen geschahe.

Auf dem Markte, woselbst die Leute täglich wie die Ameisen herum laufen, wurden Früchte, Gartenkräuter, Fische, Speck ꝛc. verkauft.

Eine Pagode oder Götzentempel ist nahe dabey. In derselben räuchern sie ihren Götzen, welche die Europäer Joß, von dem portugiesischen Worte Dios, nennen, und welche unter einem oder mehreren verguldeten Bildern, von verschiedenen Gestalten, je nachdem ihr Regent oder Patron, den sie verehren, bey seinen Lebzeiten ausgesehen hat, vorgestellet werden. Sie erweisen ihm nunmehro diese Ehre entweder für seine Schriften, oder irgend eine andere Bemühung, mit welcher er sich um das gemeine Wesen verdient gemacht hat. Diese Bilder nehmen, nebst einigem Laubwerke an den Seiten, die Stelle der Altartafel ein. Sowohl auf dem Altar, als auf besonderen Tischen, werden Blumentöpfe, Räuchwerk und allerley Speisen und Getränke, als Früchte oder dergleichen aufgesetzet; insonderheit Pompelmose, eine Art Früchte, welche den Apfelsinen ähnlich, aber viel grösser sind, und eine Fingersdicke, schwammige Schale haben. Diese Frucht ist von einem sehr angenehmen Geschmack, saurer als Apfelsinen und süsser als Citronen. Solche Opfer geschehen auch in den Privathäusern; denn ein jeder hat seinen besondern Götzen. Vor dem Altare hängt an der einen Seite eine Glocke ohne Klöppel, und an der andern eine Trommel. An andern Orten pflegen an den Eingängen zur Pagode viele Höfe und Erhöhungen zu seyn, an beyden Seiten aber stehen sehr grosse Menschenbilder. Thürme sind nie auf den Pagoden; die Dächer derselben sind mit

mit grossen Drachen gezieret, die auf der Mauer der Länge nach liegen. Die Pagoden werden bisweilen von bemittelten Leuten erbauet, damit ihre Angehörigen zur Erinnerung dieses ihres Patrons sich täglich mit Räuchern, Opfern und andern Ceremonien beschäftigen mögen. Diese Opferpriester werden von den Chinesern Wāa=siäng und von den Europäern Bonzier *) genannt. Sie gehen mit blossen geschornen Köpfen, kleiden sich in stahlgraue seidene Röcke, mit weiten Ermeln, welche Messhemden ähnlich sind, und tragen Rosenkränze um die Hälse. Als sie am Laternenfeste opferten, erschienen sie mit rothen Röcken und hohen Mützen. Vielleicht waren sie von einem andern Orden, als die vorhingenannten. Die Wāa=siänger verrichten ihr Amt bisweilen zu Hunderten in einem Tempel. Statt der Kirchhofmauer sind die Häuser dieser Priester rund um die Pagode her gebauet. Sie leben von denen Gefällen, welche die Vermächtnisse ihrer Patrone, zu ihrer sowohl, als der Haushalter reichlicher Unterstützung, abwerfen. Der Reis, welches ihre vornehmste Nahrung ist, wird in einem nahe an der Pagode eingemauerten Kessel gekocht. Sie speisen alle zusammen in einem Saale.

Der Handel wird theils durch die eigenen Einwohner des Reiches, theils durch die Armenier und andere asiatische Nationen getrieben, der Europäer zu geschweigen.

Von Canton wird jährlich eine Menge theils fremder theils eigener Producte ausgeführet; insonderheit:

---

*) Bonzier oder Bonzes werden auch die Opferpriester in Japan genannt.

Porcellain, zu allerley Gebrauch. Es wird theils gemahlt, theils ungemahlt aus dem Innern des Landes hieher gebracht. Das gemahlte von Nankin wird hoch geschätzet. Das japanische wird für das beste gehalten. Das Steinporcellain ist schwerer, härter und theurer, als das ordinaire. DU HALDE sagt, daß das feineste in der kleinen Stadt Kin-te-ching gemacht werde.

Rohe Seide. Die beste muß rein und nicht feucht seyn, auch nicht abschmutzen, und in Kisten gut eingepackt werden.

Seidene Zeuge von allerley Art, sowohl ein= als vielfärbige, als Damaste, Satine, Podesoye, Tafte, Pilonge, Sammete c.

Baumwollene Zeuge: Weisse Leinewand; die gewöhnlichen Stücke enthalten 92 Kâbi oder $37\frac{1}{2}$ Ellen, und sind nicht viel über $\frac{1}{2}$ Elle breit. Ein Stück kostet 2 Pesos duros oder ohngefähr 20 Thaler Kupfermünze; wiewohl einige, wenn man die Bodmerie dazu rechnet, in höherem Preise sind. Von ihrer Hausleinwand, welche feiner, dichter, ungebleicht und stärker ist, kömmt ein Stück, das 113 Kâbi oder $7\frac{3}{4}$ schwedische Ellen enthält, $4\frac{1}{2}$ Piaster. Bettdecken, baumwollne Trilche für 4 bis 5 Mes, Strümpfe, Schnupftücher c. findet man hier im Ueberfluß. Alle diese baumwollene Zeuge aber erhält man von Madras und andern indianischen Handelsstädten, viel stärker und von viel beständigeren Farben. Köstliche Zitze, madraßische Leinewand, madraßische Schnupftücher c. sind auch in Canton zu haben, dahin sie die englischen Schiffe bringen; da man sie aber aus der andern oder dritten Hand kaufen muß, so sind sie sehr theuer. Man findet hier auch Leinewand von andern rohen Materialien, als Hannoes, Kantjä, Chinchão für

4 Kan=

4 Kandarin 4 Cas die Elle. Die letztere wäre zu Chor- und Meßhemden vorzüglich dienlich, denn sie setzt keine Fasern auf die Kleider, wie unsere Leinewand und baumwollene Zeuge.

Sonnenfächer, welche hier von Pferdeknochen, Elfenbein, Perlenmutter, Schildkröten und Bambu in Menge gemacht werden.

Mahlereyen; welche theils Menschen und ihre Handlungen, theils Bäume, Kräuter, Blumen, Früchte, Vögel und dergleichen vorstellen. Was hiebey der Kunst abgeht, ersetzen die lebhaften Farben.

Blumen von Papier und seidenen Zeugen. Unter der unzählbaren Menge von Blumen, welche hier feil sind, war keine einzige in natürlicher Gestalt, sondern entweder die Blätter oder die Blumen verstellet. Es kam mir eben so vor, als wenn ein Mahler, ein Pferd mit Hahnenfüßen oder einen Menschen mit Klauen abbilden wollte.

Lackirte Sachen, als Buraux, Spinden, Näheladen, Puder- und andere Dosen, Theebreter, Tische, Schnupftobaksdosen ꝛc.

Gold, wovon vieles nach Frankreich und andern europäischen Orten geführet wird.

Kupfer in Stangen. Das japanische Kupfer wird hier sehr gebraucht, um Perlenmutter und andere Dosen damit einzufassen. Die Schildkrötendosen werden inwendig mit dergleichen verguldetem Kupfer ausgelegt.

Tutanego (Wallerii Mineral. S. 464. Spec. 32.) hat man in länglichen Stücken, deren 5 bis 6 ein Peckul ausmachen, welches 3 bis 4 Tel kostet. Es kömmt von Queda und Jahor auf den malackischen

schen Küsten, mit den englischen Contraschiffen *) eine Menge desselben hieher. Man glaubt durchgängig, daß dieses Metall mit Bley vermischt, und zu den Theekisten-Futtern gebraucht werde.

Zinn kömmt von Pegu und Jahor in kleinen Stücken.

Bley zu Theedosen und zum Ausfüttern der Theekisten.

157. Allaun. Eine reine und klare Sorte davon wird die Kattje für 2 Kanderin verkauft.

Lazurstein kömmt aus den nordlichen Gegenden von China und von Thibet.

Borax, den wir sonst, nachdem er rafiniret worden, jährlich von den Holländern als eine für unsere Goldschmiede höchst nöthige Waare kaufen. Vermuthlich wird mit dem Rafiniren desselben bey uns schon der Anfang gemacht seyn, da wir uns denn hinführo mit rohem Borax, den wir in unsern eigenen Schiffen von Suratte mit ansehnlichem Profite holen können, zu behelfen im Stande seyn werden.

Qveckſilber wird probiret, indem man es durch sämisches oder anderes dünnes Leder drücket, in welchem nichts Unreines zurücke bleiben muß, wenn das Qveckſilber gut ist. Man läſt auch etwas davon in einem Löffel über dem Feuer abrauchen; bleibt nun ein Fleck zurücke, so hält man es für unrein und verfälſcht.

Zinnober, in Kuchen sowohl als gemahlen, wird nicht für gut, sondern für unrein gehalten. Der beste muß rein, von schiefrigen speiſigem Gefüge,

---

*) So nennet man die europäischen Schiffe, welche zwischen Indien und China oder andern ausländischen Orten hin und her gehen.

füge, einer glänzenden Kermesinfarbe, sehr schwer und in grossen 2 bis 3 Zoll dicken, breiten Stücken seyn. Er ist mehrentheils mit dem Quecksilber in einerley Preise.

Firniß.

Tusch. Der beste kömmt von Nankin.

Bisam oder Moschus, kommt in Blasen von Tonkin. Der ächte brennt mit einer Flamme wenn man ihn anzündet, welches er nicht thut, wenn er mit Bocksblut verfälschet ist. Wenn der Chineser Bisam bey sich führet, sagt DU HALDE, so kann er auf den Feldern für den Schlangen sicher schlafen.

Zucker erhält man hier für guten Preiß. Der Puderzucker wird auf dem Franzenlande zubereitet. Der Kandiszucker kömmt von Cochin China und andern Orten. Der weisseste und klareste Kandiszucker kam in Hüten von Chinkiu; die Peckul kostete 6 Tel und 3 Mes. Hutzucker wird in China nicht gemacht.

Thee *) welchen die Europäer im funfzehnten Jahrhunderte mit grossem Appetite trinken gelernt, und seit der Zeit sich mit einander um die Wette bestrebet haben, den Chinesern dafür und für mehrere Mode gewordene Sachen das meiste Geld zuzuwenden; wächset sowohl in China als Japan, wovon man Kämpfers Amoenit. exot. p. 505. et seq. nachlesen kann, woselbst sowohl das Gewächs, als auch das Pflücken und Rösten der Blätter beschrieben wird. Er wächset auch in Tonkin; der beste Thee aber kömmt, wie DU HALDE sagt, von Fokien. Wir haben so viele Theenamen, als Oerter sind,

158.

———————
*) Thee wird auf Chinesisch Tia genannt. S. c. 13. Te heist er in Fokien, und weil die Europäer hieselbst zuerst landeten, so ist dieser Name beybehalten worden.

sind, von welchen er kömmt, und als er verschiedentlich zubereitet wird; obgleich aller chinesischer Thee von ein und demselben Strauche seyn soll *). Man pflegt die Theesorten überhaupt in braune oder grüne, je nachdem sie das Wasser färben, einzutheilen.

Brauner Thee ist: Hånam-Te t. 13. f. 2. oder Kuli-Te, welcher an gewissen Orten um Canton wächset und von den Chinesern, aber nicht von den Europäern getrunken wird, massen er von schlechterem Geschmacke, als der übrige ist. Die getrockneten Blätter sind theils gelb, theils bräunlich. Die Theebäumchen, welche hier in Blumentöpfen verkauft werden, erreichen kaum die Höhe einer Elle. Die Blume besteht mehrentheils aus 7 weissen Blättern, von welchen die 3 untersten die kleinsten sind.

An-Kay f. 3. ist eine schlechte Theeart von einem Orte dieses Namens.

Te Bo-he, der von uns gemeiniglich Thebou genannt wird, heist bey den Chinesern Mo-ji. f. 3. α. Von dieser Sorte wird, in Vergleich der andern Sorten, der meiste nach Schweden gebracht. Der gute
riecht

---

*) Man ist bisher durchgängig der Meynung gewesen, daß aller Thee von einerley Baume, und nur durch das Alter, und die Art der Sammlung und Zubereitung unterschieden sey. Herr Hill hat aber neuerlich die Entdeckung gemacht, daß nur der braune Thee vor der Theestaude mit sechsblättrigen Blumen, welche Kämpfer beschrieben und abgebildet hat; der grüne aber von der mit neunblättrigen Blumen genommen werde. Jene heist in des Herrn Archiaters und Ritters von Linnée Spec. pl. ed. 2. p. 734. *Thea* bohea, diese *Thea* viridis, und unterscheidet sich, ausser den Blumen, durch die längern und schmälern Blätter. D. S.

riecht angenehm, ertheilt dem Waſſer ſehr geſchwinde eine bräunliche Farbe, und beſteht aus gleichgefärbten Blättern; ſind aber einige derſelben ſchwarz, ſo iſt es eine ſchlechte Anzeige.

Tao-Kjänn f. 4. wird die beſte Art Theebou genannt.

Kongo oder der Chineſer Kong-fo, f. 5. riecht angenehm. Die Blätter ſind feiner als des Te bo he, er wird aber von dem beſten Theebou ſchwerlich, wo nicht durch den Preiß unterſchieden; denn der Kongo iſt etwas theurer.

Sutſchong oder Soatchuen, f. 6. den die Chineſer Soatjang oder Su-tjann nennen, iſt der theureſte unter den braunen Theen, und bey unſern Vornehmen der gebräuchlichſte, ſo wie es der grüne Thee bey den Engländern iſt. Dieſer ertheilet dem Waſſer eine gelbgrüne Farbe und einen angenehmen Geſchmack, wenn man anders nicht davon zu viel in die Kanne thut, wovon beydes Farbe und Geſchmack unangenehm werden.

Padre-Sutſchang iſt der beſte Thee, den man trinken kann, welcher weder an Geruch noch Geſchmack und Farbe dem beſten rußiſchen Thee etwas nachgiebt, wie ſolcher zu Lande mit den Caravanen nach Rußland kömmt. Die Blätter dieſes Thees ſind groß, gelblich, nicht zuſammen gerollt, ſondern ausgebreitet, und in Papier zu halben Pfunden, wie Cardustobak, eingepackt. Nimmt man ihn auf der Seereiſe nicht aufs beſte in Acht, ſo verändert er ſich ſehr.

Linkiſäm f. 7. iſt eine Sorte Thee, welche ſchmale, rauhe Blätter und Stiele hat. Man gebraucht dieſelbe nur ſelten für ſich, ſondern zur Verbeſſerung anderer Sorten. Die Chineſer können Kongo zu Pecko machen, wenn ſie zu dem erſten nur etwas

159.

linkisam thun. Man vergleiche hiemit, was Kämpfer in den Amoenit. p. 853. unter dem Worte Sasanqua anführet *).

Back-hä oder Pack-hä f. 8. ist der, den wir Peko nennen, und der aus punktirten Blättern besteht. Er ist gelinde, wohlschmeckend, und man sagt, daß er die wenigste Hitze verursache.

Von grünen Theen hat man:

Heysang, der auf Chinesisch Hey-tiann oder Hay ki ong f. 9. genannt wird.

Singlo oder Sänglo, von dem Orte, woher er kömmt. Die Chineser nennen ihn auch Singtia. f. 11.

Bing oder Kaiserthee.

Tid-Te f. 10. ist wie Erbsen zusammengerollt.

Heysan utchin unterscheidet sich von dem Heysan skin an den schmalen und kurzen Blättern.

Go-be hat lange schmale Blätter.

160. Sie machen auch Theekuchen, welche theuer verkauft werden. Es ist beynahe unglaublich, was für eine Menge Thee jährlich sowohl nach Europa, als in andere Länder verkauft wird, und wie eine unzählbare Menge Hände mit einer so unnöthigen Waare beschäftigt sind. Der Landmann muß zuförderst die Theesträucher mit Mühe pflanzen, und warten, jedes Blatt für sich zu rechter Zeit pflücken,

die

---

*) „Sasanqva, eine kleinere Art des Tsubakki, mit „einfacher gemeiniglich fünfblättriger Blume, mit „vielen Staubfäden in der Mitte, mit einer birn„förmigen dreykörnigen Frucht, von Grösse eines „Pistacienkernes, deren 3 Kerne weiß und kugelrund „sind. Die zubereiteten Blätter davon werden un„ter den Thee gethan, um ihm einen angenehmen „Geruch zu verschaffen.„

die jüngern von den ältern Blättern absondern, und sie mit einer ungemeinen Genauigkeit trocknen. Der grüne Thee soll von den jüngern Blättern, oder auch durch öfteres Rösten so verändert worden seyn. Da aber einige braune Theearten ebenfalls aus zarten jungen Blättern bestehen, und die andere Ursache unwahrscheinlich ist; so stelle ich mir vor, daß es von der Verschiedenheit der Gefässe oder Platten, auf welchen der Thee, ihren eigenen Berichten nach, getrocknet wird, herrühre. Es ist nicht unwahrscheinlich, daß der grüne Thee auf kupfernen, der braune aber auf eisernen Platten geröstet wird, um so viel mehr, da der grüne Thee laxiret, welches eine Wirkung des Kupferrostes zu seyn scheint, der braune aber eine entgegengesetzte Wirkung zeigt. Wenn der Kaufmann endlich die Theekörbe der Bauern gegen geringe Bezahlung erhalten hat, so muß er ihn oft ganze Jahre lang ungemein in Acht nehmen, und ist beständig ungewiß, wenn oder für welchen Preiß er ihn absetzen werde. Wenn sich nun die Europäer entschlossen haben an einem Orte zu handeln, so lassen sie die Körbe ausschütten, (ich rede jetzo von dem Theebu, denn die feinern Theesorten werden in ihren Kisten gekauft). Ist verdorbener Thee darunter, so wird er gewrackt. Man packet alsdenn den guten Thee in neue Kisten, welche tariret, gezeichnet und mit Bley ausgefüttert sind. Ein Chineser steigt in eine solche Kiste, und tritt den Thee, so wie er aus den Körben hinein geschüttet wird, fest zusammen, welches eine so beschwerliche Arbeit ist, daß, ohnerachtet ein solcher Kerl fast ganz entkleidet ist, ihm doch der Schweiß an den Füssen herunter läuft. Ob man gleich alle Vorsicht gebraucht, um zu verhüten, daß nichts fremdes in den Thee komme; so läst sich doch nicht

verhin-

verhindern, daß, auſſer dem Schweiſſe des Chineſers, wenn ſich dieſer etwa ſtößt, auch wohl etwas Blut mit hinein kommen kann. Der Thee iſt ſchon vorher durch ſo viele niedliche Hände gegangen, daß ein paar ſchwitzende Füſſe nicht viel zur Sache thun*).

161. Wenn nun mehrere Kiſten durch eine anſehnliche Menge Kuliers oder chineſiſche Knechte auf einmal zuſammen getreten ſind; ſo werden ſie mit Papier wohl überkleiſtert, und alsdenn aus den Magazinen nach den Factoreyen getragen, woſelbſt ſie von den chineſiſchen Zollbedienten, in Gegenwart des Dollmetſchers, gewogen, und mittelſt einer ſteifen Bürſte, oder auch mit einem hölzernen Stempel, roth gezeichnet werden. Einige arme Leute begnügen ſich an den Blättern des *Rhamnus* Thea, mit welchen ſie ſtatt des rechten Thees dem leimigen Waſſer einen beſſern Geſchmack ertheilen. In der Beſchreibung der holländiſchen Ambaſſade nach China wird geſagt, daß ſie ſich auch einer Gattung Mos ſtatt des Thees bedienen.

Soja oder der Chineſer Tjong-jao (*Dolichos* Soja LINN.); der japaniſche iſt beſſer und theurer als der chineſiſche. Von der Zubereitung deſſelben kann man in Kämpfers Amoen. S. 839. nachleſen. S auch Soja Dolichos Flor. Zeyl. 354. Das Kattie koſtete 3 Kanderin.

Kampfer wird hieſelbſt ungeläutert in gutem Preiſe verkauft. Soll er weit verführet werden, ſo muß man ihn in Tutanego gut verwahren. Wenn der

---

*) Die Adern waren auf den Füſſen einiger Chineſer ungemein groß, und liefen in ungewöhnlichen Krümmungen. Auf ihren Achſeln hatten die Bambuſtangen, an welchen ſie die Theekiſten und andere ſchwere Sachen tragen, tiefe Gruben gemacht.

der Kampfer nahe bey den Thee gepackt wird, so verderbt er desselben Geruch und Geschmack. Ein Chineser berichtete, daß man den Kampferbaum (*Laurus Camphora* LINN.) bey Canton fände, und daß er Tjong=sió genannt würde; er fieng auch an zu erzählen, auf was Weise der Kampfer oder der Chineser Tjoug Não durch Kochen aus dem Holze erhalten würde; so bald er aber vernahm, daß der Baum bey uns fremd sey, wartete ich auf weiteren Unterricht vergeblich. Ich bat ihn, mir nur einen Ast davon zu zeigen, er gab mir aber zur Antwort, daß die Blätter bereits abgefallen und nichts mehr daran zu erkennen sey. Was er zu verbergen suchte, kann man dennoch bey dem Kämpfer Amoen. S. 770. u. w. nachlesen.

Reis (*Oryza* sativa) ist das tägliche Brod der Chineser, und wächset hier so häufig, daß sowohl die Europäer, als andere Nationen, sich und ihre Landsleute für sehr geringen Preiß damit versehen können. Wenn eine Hungersnoth im Lande ist, so laufen die Landleute zu Tausenden nach Canton zusammen, wo sie ihren Unterhalt besser verdienen, und größtentheils vom Reisgrütze für 2 Stüber (8 Pf.) täglich leben können. An der Seeseite ist gar kein anderes Getraide gebräuchlich. 162.

Rhabarber, auf Chinesisch Tay hoang, wird das Kattie für 2 Mes und weniger verkauft. Wenn man dem Berichte der Chineser Glauben beymessen darf, so wächst um Canton keine Rhabarber. Ich sahe aber an einem Orte der Stadt ganz frische Wurzeln, welche man an der Sonne trocknete; daher sie nicht weit her seyn konnten. DU HALDE sagt, daß die beste Rhabarber in Set chuen wachse. Die Zeichen ihrer Güte sind, daß sie trocken, alt und gleichsam mit orientalischen Buchstaben bezeichnet seyn muß.

muß. Die chinesischen Aerzte gebrauchen die Rhabarber nie für sich alleine *), sondern geben sie allemal frisch mit andern Medicamenten versetzt ein. Sie schneiden die Wurzeln in kleine Scheiben, und legen sie in einem Durchschlage über einen kochenden Kessel, damit die Wurzeln die Dämpfe des siedenden Wassers einschlucken mögen. Nachher legt man sie 6 Stunden lang an die Sonne; diß wiederholet man neunmal. In Macao kochen sie die Portugiesen mit Wasser, und trinken dasselbe als ein Magenstärkendes Mittel **).

Chinawurzel (*Smilax* China) auf Chinesisch Lâng-fan-tao, muß schwer und nicht wurmstichig seyn. Sie ist hier sehr wohlfeil. In unserm Schiffe schütteten wir sie bloß zwischen die Theekisten, und führten sie so unsern Apotheken zu. Sie wächset am Strome auf dürren Hügeln, die der Wind bestreichen kann.

163. Galgant oder Radix Galangæ (*Maranta* Galanga) ist ebenfalls eine angenehme Wurzel. Sie muß roth und nicht wurmstichig seyn. Man kauft sie in Menge und gebraucht sie wie die China, die leeren Räume im Schiffe zwischen den Theekisten damit auszufüllen.

Indigo wird hier auch verkauft; der beste aber kömmt von Biana bey Agria in Indien ***).

Perlenmutter hat man hier im Ueberfluß.

Die Chineser verkaufen ihre Waaren selbst auf Java, in Indien, in Japan, auf den philippinischen und andern asiatischen Inseln. Sie verführen

---

*) Der Jesuit Martini starb von einem Loth Rhabarber S. BAYERS Musf. die Vorrede S. 23.
**) BAYERS Musf. die Vorrede S. 24.
***) SALMONS History. Vol. I. S. 259.

ren sowohl ihre eigene, als die von den Europäern zu ihrer und anderer Bedürfniß erhandelten Waaren.

Einkommende Waaren von Europa sind Silber, Bley, dünne Kleider, Scharlache, blaue, schwarze, dunkele und violette wollene Zeuge; Flintensteine, Pistolen, Flinten, Klingen, Uhren, Weine, Rosinen, Bouteillen und anderes Glas, Ginsäng 2c.

Von unterschiedenen Orten Asiens erhalten die Chineser manches und unter diesen

Papagoyen.
Elfenbein.
Schildkrötenschalen.
Teufelsdreck.

Pinang oder *Areca* Catechu; eine Frucht, welche inwendig einer Muscatennuß ähnlich siehet. Unsere ostindischen Schiffe haben nun angefangen Areck von Suratte nach Canton zu bringen. Man wickelt ein Viertel der Nüsse in ein Betelblatt, und bestreuet sie mit Kalk von Austerschalen. In Indien wird es für eine Verachtung angesehen, wenn jemand mit einem grossen Herren spräche und nicht vorher Pinang gegessen hätte; so wie der, welcher den Besuch abstattet, es ebenfalls sehr übel nimmt, wenn er nicht mit Pinang tractiret wird. Die Chineser heben die Schalen der Arrecknüsse auf und machen ein Decoct wider die Dysenterie u. s. w. daraus. Man sagt, daß sie auch, mittelst des Pinangs, geilmachende Arzeneyen, und deren Gegenmittel, die Blätter von Oheatgoena, nebst andern Giften, einander beybringen. Alte rund gemachte und polirte Pinangnüsse, eine Nacht in Wasser gelegt, in welches vorher Schlangenholz geweicht geworden, werden

den bisweilen für Piedra del Puerco ausgegeben, wie Rumph sagt.

Vogelnester *) sind ein rares und theures Gericht; sie haben das Ansehen eines Schälchens oder einer halben Citronschale. Die besten sind weiß und klar, fast wie Hausenblase. Sie werden zähe wie ein Stück Leder. Man hohlt sie von Borneo, Java, den moluckischen Inseln, Cambogia und Cochin China. Die Vögel sollen diese Nester von kleinen Fischen auf den Klippen im Meere bauen; sie sollen zu dem Schwalbengeschlechte gehören, aus ihrem Schnabel einen schleimigen Saft von sich geben, mittelst dessen sie die Nester an den Klippen befestigen; auch sollen sie sich des auf dem Meere schwimmenden Schleimes bedienen, alle Theile des Nestes damit zusammen zu leimen, wie die Schwalben dieses mit Thon thun. Man nimmt ihnen die Nester, wenn die Jungen bereits ausgeflogen sind **).

Sanguis Draconis. Die Güte dieser Farbe wird auf weissem Papiere probiret.

Sagu ***) oder Sego von den moluckischen Inseln, Java, Sumatra, Jahora und Borneo. Die weisse Sagogrütze ist rarer und muß von einer andern Art seyn.

Costus

---

*) Nidus avis nennt man sie in unsern Apotheken. Jenova, Jenika vulgo Jens. Nidus halcyonum, vulgo nidus avium, pro obsoniis ad coquinas expetitus. -- Nidos hos rupibus oceani orientalis affixos, parant hicundines marinæ, domesticis multo majores, ex holuthuriis mari innatantibus materiam decerpentes. KAEMPF. Amoen. p. 833.

**) DV HALDE Descript. of China 8vo Tom. 2. p. 201.

***) Diß ist der malaische Name; er wird auf Java Bulum genennt und aus dem Mark des *Cycas* circinalis gemacht.

Costus dulcis (*Costus* arabicus LINN. Mat. Med.) oder Putchuck, ist eine in unsern Apotheken gebräuchliche Wurzel. Sie muß hell seyn, und wie Violen riechen.

Gewürze: als Pfeffer (*Piper* nigrum) langen Pfeffer (*Piper* longum) Kubeben (*Cubeba* LINN. Mat. Med. 526.) Nelken (*Caryophyllus* aromaticus) Cardamomen (*Amomum* Cardamomum) von Cochin China, Cambogia und Siam. 165.

Stocklack von Pegu. Das Gummi, welches die Stäbe ganz bedeckt, ist klar und von einer hohen Farbe. Das Lack von Vizapatnam ist nicht so gut.

Gummi Benjamin kömmt von Sindi und den Gewürzinsuln, in grossen 50 bis 60 Pfund schweren und in Matten gepackten Kisten. Das beste sieht weissem Marmor ähnlich. Man hat auch schlechteres, welches schwarz und mürbe ist. Es wird in Kisten gepackt.

Cambogia oder Gummigutt, von hochgelber Goldfarbe, von Cochin China, Cambogia ꝛc. in Bündeln.

Sandelholz (*Santalum* album) ist wohlriechend und kömmt von Suratte, woselbst unser schwedisches Schiff, der gothische Löwe, welches das erste schwedische Schiff war, das gedachten Ort besuchte, im Jahre 1750. diß Holz für 7 Tel einkaufte und davon in Canton eine Menge, den Pekul für 13 Tel, absetzte. Der Chineser bedienet sich dieses Holzes zu allem seinen Räuchwerke. Er nimmt die Sägespäne davon, klebt sie an ein Stöckchen, zündet dasselbe an und stellet es vor seine Götzen oder an andere Orte, wo er einen angenehmen Geruch hervorbringen will.

Was von den angeführten Waaren nach Schweden geführet wird, ist aus den Cargen zu ersehen.

Kåbi, oder die chinesische Elle, ist etwan 15 schwedische Zoll lang. Sie ist in 10 Pann, und jeder Pann in 10 Kanderin eingetheilet. Die Ellen der Schneider sind gewöhnlich länger und betragen 16⅔ Zoll. Diese Maßstöcke werden von Bambu gemacht.

166. Das Gewicht entscheidet hier alles, was empfangen und ausgegeben wird. Indessen hat das spanische Geld seinen gewissen Preis, und ein Piaster gilt 7 Mes und 4 Kanderin; auf St. Helena wird er für 5 Schillinge gerechnet. Der Chineser setzet seinen Stempel auf die Piasters, um sich desto leichter für den falschen, welche bisweilen von Zinn oder Kupfer nachgemacht und versilbert werden, zu hüten. In Ermangelung der Scheidemünze, trägt der Chineser, nebst dem Gewichte, auch eine Schere bey sich, mit welcher er das Silbergeld zerschneidet und bey dem Kauf der Waaren die abgewogenen Silberstücklein entweder giebt, oder auch dergleichen bekömmt. Diese Schere, welche sehr dick ist, nennen sie Kiapp-Chin. Wenn der Chineser das Silber zerschneiden will, so fasset er es zwischen die Scherenblätter, und schlägt damit so lange gegen einen Stein bis die Stücken abfallen.

Kas, welches die Chineser Lai nennen, ist die einzige gangbare Münze, welche in China geschlagen wird, und sowohl an Grösse als Werth unsern ⅛ Oeren Silbermünze fast gleich kömmt. Diese Münze ist von Meßing, rund, hat in der Mitte ein vierkantig Loch und einen glatten Rand, ist aber an den Seiten mit chinesischen Buchstaben gezeichnet.

Datchin heist ihr grösseres Gewicht, mit welchem sie nach Pekul und Kattjen wiegen.

Läy-

Láy-tang ein kleineres, womit sie kleine Sachen wiegen.

Ein Peckul oder Tdaam, wie es die Chineser nennen, hält 100 Kattje, oder 139 Pf. 21 7/16 Loth 17/32 As Victualiengewicht, wird aber durchgängig für 142½ schwedische Krämerpfunde gerechnet.

Ein Kattje oder chinesisch Kann, welches 1 Pf. 12 11/16 Loth 17/32 As ist, hält 16 Tel.

Ein Tel *), welches die Chineser Lea nennen, hält 10 Mes, ohngefähr 14 Thaler Kupfermünze.

Ein Mes **), auf Chinesisch Heen, hält 10 Kandarin.

Ein Kandarin oder Fann der Chineser hält 10 Kas.

Ein Kas oder Kasch ist die kleinste Münze, welche hier zu Lande überall gebräuchlich ist, und ohngefähr ⅓ der Silbermünze beträgt; wiewohl DU HALDE verschiedener kleineren gedenkt, welche vielleicht an gewissen andern Orten, oder bey gewissen Vorfällen, vorkommen mögen.

Die Chineser zählen so:

Jatt Tdaam, t. 13. f. a. ein Peckel.
Jatt Kan, t. 13. f. b. ein Kattje oder Catti ***).
Ngii Kan, 2 dito.
Samm Kan, f. c. 3 dito.

---

*) Die Engländer schreiben mehrentheils Talo, die Portugiesen Taël. Es enthält 100 französische Sous oder 2⅔ Loth 12 As schwedisches Victualiengewicht. S. die Abhandl. der Akad. der Wissensch. für das Jahr 1750. S. 110. der Schwed. Ausg

**) Die Engländer schreiben Mace; die Portugiesen Maz.

***) Jatt oder Jett, eins.

Tsó Kan f. d. oder Sakan, 4 dito *).
On Kan, f. e. 5 dito **).
Lock Kan, f. f. 6 dito.
Satt Kan, f. g. 7 dito.
Patt Kan, f h. 8 dito.
Kau Kan, f. i. 9 dito.
Siapp Kan, f. k. 10 dito.
Sjapp jett Kan, 11 dito.
Sjapp nji, 12.
Nji Sjapp, 20.
Nji Sjapp jett, 21.
Sam Sjapp, 30.
Tsi Sjapp, 40.
On Sjapp, 50.
Lack Sjapp, 60.
Tsatt Sjapp, 70.
Patt Sjapp, 80.
Kau Sjapp, 90.
Jett pa, Je pa oder Gi pao, 100.
Je pa jett, 101.
Je pa nji, 102.
Jatt tsin, 1000.
Sam tsin, 100000.
Sjapp pack tsin, 1000000.
Jatt Leo, f. l. ein Tel.
Jatt Seen oder Sien, f. m. ein Mes.
Jatt Fann, f. n. ein Kandarin.
Nji Fuen oder Fann, f. o. 2 Kandarin.
Jatt Lai, f. p. ein Kas.

Syan=

---

*) Tsin, Tsi, Tsó oder Tsei, viere.
**) Wird zwischen den Zähnen gelispelt, so daß man nicht recht unterscheiden kann, ob es un, n oder ön ist.

Syan-pánn, oder die chinesische Rechen-
tafel, ist länglich, in zween gleiche Theile getheilt,
und hat kleine Rollen, welche auf Nägeln vor- und
rückwärts geschoben werden; dieser Quernägel sind
bald mehr bald weniger, und bisweilen an die 25
auf jeder Seite. An der einen Seite bedeutet jede
Rolle eins, an der andern aber fünfe. Zählet man
1000, 100, oder 20 weise u. s. w. so gilt das erste
Fach zur Rechten eins, das andre 10, das dritte
100, und das vierte tausendweise. Verstünden
die Chineser mit Zahlen zu rechnen, so würde es
hieben sehr hurtig hergehen, weil ihre Maaß- Ge-
wicht- und Geldrechnungen decimalisch sind; z. B.
wenn ich 464 Kanderin habe, so sehe ich gleich daß diese
so viel als 4 Tel, 6 Mes und 4 Kanderin betragen.

Die Einwohner dieses Landes, die wir
Chineser oder Sinesen nennen, sind ganz weiß,
nur die ausgenommen, welche viel in der Sonne gehen und davon braun werden. Die meisten
sehen einander gleich; sie haben kurze Nasen, kleine
Augen, kurze und schwarze Augenbraunen, ein brei-
tes Angesicht, grosse Ohren und schwarze Haare,
welche die Mannspersonen beständig abbarbieren,
nur einen Zopf auf der Scheitel ausgenommen, der
so lang wächst als er kann, und in einen breiten steifen Zopf geflochten wird. Auf diese Weise haben
die Chineser ihre Haare getragen, seitdem sie unter
der tartarischen Regierung leben. Sonst liessen sie
dieselben auf dem ganzen Kopfe wachsen, welches
wir an denen, die in Batavia wohnen, sehen. Die
alten Männer, welche wenig Haare haben, machen
ihren Zopf mit Band ansehnlicher, damit sie nicht in
der Eile für Verbrecher angesehen werden mögen,
denen der Zopf abgeschnitten wird, wo anders ihre
eigenen Berichte Glauben verdienen. Die Männer
lassen

laſſen die Bärte wachſen, und theilen ſie in verſchiedene Locken. Dem Wuchs nach, ſind die Chineſer, wie wir, theils gröſſer, theils kleiner. Im Umgange ſind ſie freundlich, in ihrer Aufführung mäßig und reinlich, im geſellſchaftlichen Leben fleißig, zu Gewerben, beſonders zum Handel aufgelegt; ſie ſind aber auch Schwätzer, neugierig, eigennützig, nehmen gerne Geſchenke, ſind eigenſinnig, hochmüthig und argwöhniſch. In Ermangelung der Stühle ſetzen ſie ſich auf die Ferſen. Wenn ſie ſich einander begegnen, ſo heben ſie die Hände in die Höhe, berühren aber weder Hut noch Mütze, machen auch mit den Füſſen keine Bewegung, ſondern neigen ſich ein wenig und ſagen Hoa Hoa *), welches ein freundſchaftlicher Gruß iſt, mittelſt deſſen ſie einander alles Gutes wünſchen. Vor den gröſſern Herren fallen die geringeren auf die Knie, um beydes mit Worten und Geberden ihre Unterthänigkeit an den Tag zu legen.

Die Kleidung der Mannsperſonen beſteht mehrentheils in folgendem: Sie tragen zween weite Röcke von ſeidenem oder baumwollenem Zeuge, von welchen der untere weiß, der obere aber violet oder ſchwarz iſt; dieſelben gleichen unſern langen Schlafröcken, und ſind ohne Futter, Steifung, Knopflöcher, Falten und Aufſchläge; forne ſind ſie mit kleinen runden verguldeten Knöpfen zugeknöpft, welche weit von einander ſtehen und in kleine Schnüre greifen, die nach innen etwas weit hinein ſitzen, daher die Röcke vor der Bruſt doppelt ſind. Sie bedecken die Füſſe nicht vollkommen. Die Ermel ſind weit, und ſo lang, daß ſie die Hände bedecken können.

---

*) Gut, Gut. Sie machen ihren Superlativum eben wie die Hebräer durch Verdoppelung des Poſitivi.

nen. Die Hosen sind weit und weiß, und werden um den Leib und unter den Knien zugeschnüret. Die Strümpfe sind dick, ausgenähet und wie Stiefeln gemacht, von dunkeln Seidenzeuge; die Vornehmen lassen die Ränder und Zwickel mit Gold oder Silber brodiren. Bisweilen hängen sie mit den Schuhen zusammen, bisweilen nicht. Ihre Schuhe gleichen Pantoffeln ohne Absätze, aber mit Hinterquartieren und einer weissen fingerdicken Sohle; sie sind forne abgestutzt. Die Oberleder sind ausgenähet. Alles ist von Schweinleder und mit baumwollenem Garn genähet. Die Arbeitsleute, welche viel in der Sonne gehen, besonders Bauern und Fischer, bedecken sich mit niedergeschlagenen Bambuhüten, deren Krempen oft mehr als eine Farbe haben. Sonst sind Mützen gebräuchlich; 170. deren einige einem umgekehrten Trichter mit einem Knopfe in der Spitze gleichen; sie sind mit rother ungesponnener Seide überdeckt, die oben fest gemacht ist und bis auf den Rand frey hängt. Dieser Mützen bedienen sich die Vornehmeren. Andere haben schwarze seidene Mützen mit einem Gebräme von Sammet, oder die ganze Mütze ist auch von Sammet, mit oder ohne rothe Fadenseide, welche oben in der Spitze hängt, und in der Mitte einen Knopf von Golde, Edelgesteinen, Ambra, Glaßfluß oder nach Verschiedenheit des Standes oder Vermögens, von noch was geringern, hat. Keiner darf sich über seinen Stand kleiden. Einige vornehme Leute unterscheiden sich von den übrigen durch gewisse Ordenszeichen, die sie auf der Brust tragen; andere aber tragen hinten in der Mütze zween Eichhornschwänze, und noch andere bezeichnen sich durch die verschiedene Kostbarkeit des Knopfes auf der Mütze. Nie aber siehet man einen Chineser sich der Peruquen,

Halstü=

Halstücher, Hemdenknöpfe, Handschuh, Strumpfbänder, Schuh- oder Gurthschnallen, und nur selten eines Stockes bedienen; an statt dieser Sachen hängt die Tobakspfeife, der Tobaks- und Geldbeutel u. s. w. an langen Schnüren von der Seite bis auf die Beine. Des Winters ziehen sie öfters 13 bis 14 Röcke über einander an, oder lassen sie auch mit Pelz füttern. Statt des Muffs tragen sie eine lebendige Wachtel (*Tetrao Coturnix*) in den Händen. Die Armen begnügen sich mit einem kleinen Rocke von baumwollenen Zeuge, mit weiten Schifferhosen, und mit Regenkappen von Bambublättern; sie gehen barfus, und die mehresten bis auf den halben Leib nacket. Man siehet öfters kleine Kähne voller nackter Kinder und meist nackter Aeltern, welche keine andere Wohnung, als diese auf dem Wasser, haben, auf welchen sie sich zu Tausenden von Fischen und von Aufsuchung der ins Wasser geworfenen Flundern, todten Schweine und was sonst von den Schiffen über Bord geworfen wird, ernähren.

Die Arbeitsleute müssen sich die Nägel beschneiden, die Vornehmen aber lassen sie wachsen, so lang sie können, halten sie sehr rein und durchscheinend und verwahren sie des Nachts in Bambufutteralen.

171. Die Kleidung des Frauenzimmers ist mir nicht sehr bekannt geworden, da sich die Vornehmen beständig zu Hause halten. Ich sahe indessen bey dem Goldschmiede ein Kopfzeug, das von grobem Silberdrate geflochten, und beynahe wie ein kleiner Korb vertieft war; in demselben waren zur Erhöhung des Glanzes bey dem Tragen hie und da rothe Stück Zeug befestigt. Ihre runden seidenen Fechtel sind bekannt. Sie können wegen ihrer kleinen Füsse kaum gehen. Da dieses Unvermögen ein Zeichen

chen des Reichthums ist, so müssen die Vornehmern ihren Töchtern von ihrer Jugend an die Füsse in eisernen Schuhen zusammen pressen lassen. Man sagt zwar, daß dieser Gebrauch dem Frauenzimmer als eine Strafe auferlegt worden, weil es bey einem Einfalle der Portugiesen seine Männer hätte verrathen wollen, sie selbst aber halten diß für eine unerweisliche Beschuldigung. Die gemeineren Frauensleute siehet man täglich, besonders in den Booten; sie sind fast wie die Mannspersonen in Rock und Hosen gekleidet, scheren sich aber den Kopf nicht, sondern knüpfen ihre langen Haare zusammen in einen Knoten auf der Scheitel, und befestigen sie mit grossen, langen, silbernen Nadeln. Die Haare der Unverheyratheten sind an den Seiten verschnitten, und hängen einer Querhand lang rund um den Kopf. Das Schminken ist hier durchgängig Mode. Der Tobak wird bloß geraucht, dieser Gebrauch desselben aber ist auch bey beyden Geschlechtern desto allgemeiner; daher man die Weiber in den Booten nicht selten mit den Kindern auf dem Rücken und der Tobakspfeife im Munde, am Ruder stehen sieht. Die Mütter, welche ihre Kinder allemal selbst auferziehen, binden sie, um nicht in ihren Arbeiten gehindert zu werden, auf den Rücken; da nun das Kind mit der Nase sehr oft gegen den Rücken der Mutter stößt, so glaubt man, daß sich hiedurch die breiten Nasen bilden, die bey diesem Volke eine Art von Uniform ausmachen. Die Kinder sind mit silbernen Ringen um die Arme und Füsse, und ausserdem mit Medaillen, die auf der Brust hängen, ausgeschmückt. Die Aeltern binden ihnen eine Calabasse oder eine grosse Frucht, welche auf Chinesisch Poo heist (*Cucurbita* lagenaria) und die Form einer Bouteille hat, in der Absicht auf den Rücken, daß
das

das Kind nicht zu Grunde gehen möge, wenn es allenfalls in den Strom stürzen sollte. Die Geschäfte der Frauen sind insonderheit die Kinder, die Küche, den Weberstuhl und den Spinnrocken in Acht zu nehmen. Die älteren Kinder müssen ihre jüngeren Geschwister auf dem Rücken tragen helfen. Zum Waschen des Zeuges sind auch die Männer behülflich.

172.

Die Volkreichheit wird man an allen Orten und Enden gewahr, zu welcher, ausser andern Ursachen, auch die Liebe zu ihrem gesunden Vaterlande vieles beyträgt, in welchem sie lieber in Dürftigkeit leben, als an auswärtigen Orten einen reichlichern Unterhalt suchen. Ueberdies haben sie auch nur die Freyheit, mit ihren Schiffen die einländischen Plätze, und ausserdem Batavia und mehr Oerter des nächsten Landes in Asien zu besuchen. Ein Engländer, dem während seines Aufenthaltes in China die ganze Besatzung weggelaufen war, konnte kaum so viel chinesische Matrosen erhalten, als erforderlich waren, sein Schiff nach Indien zu führen, ohneracht et er ihnen die gewisse Versicherung gab, sie bey erster Gelegenheit zurück zu schaffen. Die Gassen sind hier so voller Menschen, als ob täglich Jahrmarkt wäre, wenigstens vom Julius an bis zum Februar, in welcher Zeit die Europäer sich hier aufhalten. In China sollen 58 Millionen Menschen seyn, welche alle zwischen 20 und 60 Jahren sind, und jährlich ihr Kopfgeld erlegen. Man sagte, daß in diesem Jahre, des Mißwachses wegen, viele Menschen theils Hungers gestorben, theils, um sich einen nothdürftigen Unterhalt zu erwerben, von fernen Gegenden hieher gekommen wären. Da hier ein so grosser Ueberfluß an Menschen ist, daß dieselben, ihres Fleisses ohneracht et, dennoch über

den

den Mangel des Auskommens öfters Klage führen müssen, so ist den Aeltern erlaubt, ihre kleinen Kinder weiblichen Geschlechtes, im Falle sie dieselben nicht unterhalten können, in den Strom zu werfen; sie binden indeß eine Calabasse an das Kind, damit dasselbe über Wasser bleiben möge, da sich denn zuweilen bemittelte und mitleidige Leute finden, die durch das klägliche Geschrey solcher Kinder bewogen werden, dieselben von einem unschuldigen Tode zu erretten. LE COMTE berichtet, daß bey der Einnahme von Nankin durch die Tartarn, die Weibsleute in Säcken verkauft worden wären, da denn derjenige, so etwan ein alt Weib an sich gebracht, Sack und Waare in den Strom geworfen hätte *). Die Knaben, welche die Aeltern nicht unterhalten können, werden auf allgemeine Unkosten erzogen.

Die Sprache des Landes hat mit andern Sprachen nichts gemein; sie hat kein Alphabet, sondern so viele Charactere und verschiedene Figuren, als Worte sind; welche denn eine andere Bedeutung erhalten, je nachdem sie anders ausgesprochen und mit Accenten belegt werden; so bedeutet z. B. Tchu einen Hausherrn, ein Schwein, eine Küche und einen Pfeiler. LE COMTE zeigt, daß aus 333 Worten bloß durch die Pronunciation 1665 ganz von einander verschiedene entstehen können. Derjenige unter ihnen, welcher die Hälfte aller Worte inne hat, wird für einen sehr gelehrten Kopf gehalten, denn sie haben 80000 Characteres **); dieserwegen halten es die

173.

---

*) LE COMTE p. 301.
**) Der Kaiser Hoamti soll die Characters vor 4300 Jahren eingeführet, und hernach selbst astronomische, arithmetische und medicinische Tractate geschrieben haben. LE COMTE p. 189.

P

die Europäer für unmöglich, die chinesische Sprache anders, als durch einen vieljährigen Aufenthalt, zu erlernen; sie halten auch die Kenntniß derselben für weniger nöthig, da sie sich mit dem Französischen, Portugiesischen oder Englischen helfen können, welches die chinesischen Handelsknechte erlernet haben, wiewohl sie einen eigenen Dialect annehmen, und der Meynung sind, daß der der Sprache nicht mächtig sey, welcher nicht ihr Englisch spricht, das mit dem Portugiesischen, Holländischen rc. vermengt und verstellt ist. Man findet hier unter den chinesischen Knechten einige, die das Schwedische gelernet haben; auch bemerkten wir einen Mann, der in Siam die katholische Religion angenommen, daselbst im Lateinischen unterwiesen worden, und es sehr fertig sprach. Dieser Mann nannte sich Thomas Tja, und erzählte, daß er in Mansiong, einem Orte, welcher 10 Tagereisen von Canton entlegen ist, gebohren sey. Die Erlernung der chinesischen Sprache hält für einen Ausländer desto schwerer, da hier ein Gemische vieler Nationen, die sich alle durch ihren Dialect unterscheiden, ausser den östlichen Tartarn, welche ihre eigene Mantjausprache reden, angetroffen wird. In Tongking, Cochin China und Japan bedienet man sich derselben Buchstaben, wie in China, dennoch versteht ein Chineser diese Sprachen nicht. Bisweilen kommen die Benennungen mit dem Laute der Thiere überein, denen sie beygelegt sind. Z. B. Miaa eine Katze u. s. w. Die

174. zusammengesetzten Worte sind ebenfalls nicht ohne Bemerkung z. B. Tsai, welches ein Unglück bedeutet, ist von Mien, Haus und Ho, Feuer, zusammengesetzet, massen sie kein grösseres Unglück kennen, als wenn ein Haus in die Asche gelegt wird. Einige Worte können wir ohnmöglich so gut wie die

Chineſer ausſprechen, weil ihre Zähne der obern Kinbacke etwas auswärts ſtehen, wie ich wenigſtens nicht anders ſehen konnte; hingegen aber ſind ſie auch nicht im Stande, alle ſchwediſche Buchſtaben auszuſprechen, ſondern pronunciiren b, d, r, x, z, wie p, t, l, ſ, ſ, ſie ſprechen ſehr ungleich, und ſingen einen groſſen Theil Worte. Wenn man ſie zuſammen ſprechen höret, ſo ſollte man öfters glauben, daß ſie uneins wären, beſonders wenn man ſie mit dem Kopfe ſchütteln ſiehet, und wenn ſie ſtark reden, wie es auf den Schiffen und in andern groſſen Geſellſchaften hergeht, da ſie einen Lerm machen, der den in unſern gemeinſten Krügen übertrift.

Papier macht man hier von der innern Rinde des Bambu (*Arundo* Bambos); es hat auſſer der Farbe mit unſerm Papier nichts ähnliches. Ihre Bogen haben die Gröſſe von 4 unſerer Bogen. Auf der einen Seite iſt es glatt, wie Glas, auf der andern aber nicht, daher ſie die Blätter allemal doppelt legen und nie auf mehr als einer Seite derſelben ſchreiben oder drucken, und zwar von der Rechten zur Linken, von oben nach unten. Das Druckpapier iſt ſo dünn wie eine Eyhaut, daher die Buchſtaben durchſchlagen. Das feine Papier, welches mit dem Thee nach Europa kömmt, iſt bekannt genug. Man hat hier auch eine Gattung Schreibpapier, welches ſtärker als das gewöhnliche iſt, und unter dem Namen von Macaopapier gekauft wird; auf dieſes kann man mit Tinte ſchreiben, und es iſt, meines Erachtens, beſſer, als irgend eine europäiſche Sorte, beſonders zum Trocknen der Kräuter. Die Chineſer, welche nie mit Feder und Tinte, ſondern mit Pinſeln, die in Tuſche getaucht werden, ſchreiben, können mit dünnerem Papiere zurechte kommen. An ſtatt des Tintenfaſſes gebrauchen ſie

eine

eine kleine weisse oder graue Marmortafel, mit erhöheten Rändern; diese hat die Grösse einer Hand, und dienet die Tusche mit Wasser anzumachen, welche sich in einem kleinen Loche an einem Ende des Steines sammlet.

175. Bücher findet man hier aus allerley Wissenschaften, in dünnes, weisses Papier geheftet; aber kein einziges in einer fremden Sprache. Das Format ihrer Bücher kömmt unserm Regaloctav am nächsten. Alle ihre Bücher sind, wie bey uns der Cattun, mit ausgeschnitzten Brettafeln gedruckt.

Ihre Beobachtungen an Himmel und Erde, und ihre Geschichte, sind ihres Alters wegen *); ihre Sittenlehre ist als ein Meisterstück; ihre Gesetze als eine vortrefliche Norm des Lebens; ihre Medicin wegen der Erfahrung; ihre Naturgeschichte wegen der Gründlichkeit **), und ihre Haushaltung wegen der Höhe zu der sie gebracht worden, berühmt. Aber der Mangel der rechten Erkänntniß des höchsten Wesens ist eine solche Unvollkommenheit, den ihr ganzer übriger Wohlstand nicht ersetzen kann.

Die Religion in China ist heydnisch, der Secten unter ihnen aber giebt es, nach ihren eigenen Berichten, beynahe so viele als Köpfe; denn sobald der Chineser den geringsten Vortheil davon erwartet,

---

*) Den Nachrichten zu Folge, von Noa her.
**) Diß bezeugen ihre Pentsao oder Kräuterbücher, welche nach und nach geschrieben sind. Der Kaiser Chinnongs machte hiemit den Anfang, und beschrieb in drey Theilen 360 Arzeneykräuter. Nachher kam verschiedenes in der Naturgeschichte heraus, welches endlich Li che tchin unter 16 Classen in Ordnung brachte, auch den medicinischen und übrigen Nutzen beyfügte. Man lese hievon des DV HALDE Geschichte von China nach.

tet, ist er, ohne alles Bedenken, heute dieser und morgen einer andern, oder auch allen Religionen zugethan. Indeß giebt es drey Hauptsecten, von welchen DU HALDE in seiner Beschreibung dieses Reiches Nachricht giebt.

Die erste dieser Hauptsecten heist Tao tse und ihr Stifter Daokiun. Die Anhänger derselben suchen sich von allem dem loß zu machen, was die Ruhe der Seelen störet, frey und ohne Sorge zu leben, das Vergangene zu vergessen, und sich um das Künftige nicht zu bekümmern. Sie erdichten sich Geister, welche dem höchsten Wesen nicht unterworfen sind; worunter sie auch ihre alten Könige zum Theil mit begreifen. Sie halten es für eine Thorheit, andern ein Glück auf Unkosten ihrer eigenen Ruhe zu erkaufen. Sie rühmen sich eines Mittels wider den Tod, damit nur dessen Andenken ihnen keine Unruhe erwecken möge. Sie glauben durch den Beystand des Satans die Erfüllung ihrer Wünsche zu erhalten. Der Kaiser Vouti trank von ihrem vermeynten Tranke der Unsterblichkeit verschiedenemal, fand aber am Ende, daß er eben so sterblich, als ein jeder anderer war, und bedauerte seine Leichtgläubigkeit. Die vornehmsten dieser Secte sind sehr geehrt, und wohnen in einer Stadt in einem prächtigen Hause. Es findet sich bey denselben aus den nächsten Provinzen eine Menge Menschen ein, welche von ihnen Arzeneyen für ihre Krankheiten holen, und sich auch beyläufig die Schicksale ihres bevorstehenden Lebens wahrsagen lassen, da ihnen denn der Oberherr einen Zettul voller besonderer Buchstaben ertheilt, welchen sie mit Dank bezahlen. Diese Secte hat, nachdem ihr die Regierung wohlgewollt hat, bald ab= bald zugenommen.

176.

Die andere und allgemeineste Secte sind die Fo oder Foe. Der Kaiser Ming führte dieselbe 65 Jahr nach Christi Geburt ein, nachdem ihm einsmals in der Nacht im Traum unter andern die von dem Confucius oft erwehnte Meynung, daß der Heiligste in den westlichen Landen gefunden werden sollte, vorgekommen war. Er ließ in Indien hiernach forschen, und da seine Abgesandten Verehrer des Götzen Fo oder Foe antrafen, so glaubten sie, daß sie den rechten Gottesdienst gefunden hätten, und brachten diesen Abgott, und mit ihm die Fabeln, welche die indianischen Bücher anfüllen, nach China. Diese Seuche nahm am Hofe ihren Anfang, wurzelte bald in den Provinzen ein, und verbreitete sich hernach durch das ganze Reich. Ihre Religion besteht darinn, daß sie keine lebendige Creatur tödten; denn sie glauben, daß die Seelen ihrer Vorfahren in unvernünftige Thiere, die ihnen entweder vorzüglich gefielen, oder womit sie in ihrer Lebensart die meiste Aehnlichkeit gehabt, gefahren wären, daher sie solche Thiere nie schlachten, sondern so lange sie leben, wohl unterhalten, und wenn sie sterben, ansehnlich begraben. LE COMTE erzählt folgende

177. Geschichte von sich selbst. „Ich ward eines Tages, „sagt er, gerufen, einen kranken Mann, der an „die 70 Jahr alt worden war und von einer kleinen „Pension, die ihm der Kaiser reichen ließ, lebte, zu „taufen. Als ich zu ihm kam, sagte er mir: ich „bin euch verbunden, denn ihr befreyet mich von „einer schweren Strafe. Das ist es noch nicht al„les, gab ich ihm zur Antwort, die Taufe befreyet „den Menschen nicht nur von der Hölle, sondern ver„hilft ihm auch zu einem glückseligen Leben. Ich „verstehe euch nicht, versetzte der Kranke, und es kann „seyn, daß ich mich nicht deutlich genug erkläret habe.

„habe. Ihr wisset, daß ich eine Zeitlang von der
„kaiserlichen Gnade gelebet habe, und unsere Bon-
„zes, welche von dem, was in der andern Welt
„vorgeht, gut unterrichtet sind, haben mich versi-
„chert, daß ich verpflichtet wäre, aus Dankbarkeit,
„dem Kaiser nach meinem Tode zu dienen, und daß
„meine Seele ohnfehlbar in ein Postpferd fahren, und
„die Posten aus den Provinzen nach Hofe bringen
„würde. Sie ermahnen mich deswegen, daß, wenn
„ich meine neue Gestalt angenommen hätte, ich mei-
„ner Pflicht gut nachkommen und mich hüten müsse,
„weder zu schnauben, noch zu schlagen, zu beissen
„oder sonst jemanden Schaden zuzufügen. Ueber-
„diß ermuntern sie mich, gut zu traben, wenig zu
„fressen, und geduldig zu seyn, um dadurch das
„Mitleid der Götter zu erwecken, welche öfters ein
„gutes Thier in einen Menschen verwandeln und
„daraus einen grossen Herrn machen. Ich ge-
„stehe, dieser Gedanke erweckt mir ein Schauern, und
„ich kann nicht ohne Zittern daran denken; ich träu-
„me jede Nacht davon, und bisweilen scheint es
„mir im Schlafe, als ob ich schon gesattelt und be-
„reit stünde, auf den ersten Schlag des Reuters fort
„zu laufen; hierüber erwache ich denn voller Angst-
„schweiß und Bekümmerniß, ungewiß, ob ich
„Mensch oder Pferd bin. Aber ach! was wird
„aus mir werden, wenn ich nun wirklich zu einem
„Pferde werden soll? Ich habe also diesen Entschluß
„gefaßt: Man sagt, daß eure Religionsverwand-
„ten diesem Unglücke nicht ausgesetzet wären, son-
„dern daß bey euch Menschen Menschen bleiben, und
„es auch in der künftigen Welt seyn werden. Ich
„bitte sehr, nehmt mich unter euch auf. Ich weiß,
„daß es schwer ist eurer Religion gemäs zu leben,
„aber wenn es auch noch schwerer wäre, so bin ich

P 4 „doch

„doch bereit, sie anzunehmen, und es koste was es
„wolle, lieber ein Christ, als eine unvernünftige Crea-
„tur zu werden ꝛc.„ Diese Secte verbietet insonderheit den Stolz, die Unreinigkeit, und das Weintrinken. Sie wissen, daß ein Gott im Himmel wohnt, der alles siehet, die Tugend belohnet und das Laster bestraft; weswegen sie auch, wenn man ihre Reden in Zweifel zog, mit grossem Eifer sagten, daß ich als ein Prediger, Joß *) im Himmel fragen möchte, ob es nicht wahr sey. Von dem höchsten Wesen aber hatten sie einen sehr dunkeln Begriff; denn wenn man sie fragte, wer Himmel, Erde und alles, was sie sähen, erschaffen hätte, so gaben sie zur Antwort, daß es ein grosser Herr sey. Fragte man weiter, ob er noch lebe? so war die Antwort nein, er starb für einigen Jahren. Dennoch aber neigten sich die Priester bey ihren Morgen- Abend- und andern Gebeten, auch wenn sie opferten, dreymal zur Erden, als ob ihnen die Dreyeinigkeit nicht unbekannt wäre. Sie haben für dem bösen Geiste eine grosse Furcht, und glauben, daß er ohne eine höhere Zulassung so viel Böses thun könne als er wolle, weswegen sie ihn auch um Verschonung bitten. Sie haben, um diesen Satz zu bestärken, eine Menge Berichte. Sie geben bisweilen vor, in gewissen Zimmern kleine Lichter zu sehen, welche in der Geschwindigkeit sehr groß werden sollen, welches sie nebst vielen andern Dingen für das Werk des Teufels ausgeben. Sie glauben, daß die Todten wiederkommen, und der Mann die Frau, die Frau aber den Mann nach ihren Ableben besuchen. Diß verursacht, daß sie bey

---

*) So haben sie Gott von den Europäern nennen gelernet, die Chineser aber nennen ihn Thien Himmel ꝛc.

bey dem geringsten nächtlichen Geräusche für Gespenstern bange sind; und ich habe öfters selbst gesehen, wie furchtsam sie sind. Sie glauben aber auch, daß ein jeder Mensch seinen Engel habe, der ihn bey und nach seinem Leben begleite. Die Sonne, der Mond und verstorbene grosse Männer, als Könige und dergleichen, sind bey ihnen unter der Zahl der Götter.

Die dritte Secte besteht aus Weltweisen, welche sich auf des Confucius und seines Lehrjüngers Memcius Schriften gründen. Confucius*) ist in der Landschaft Canton, in der Stadt Kiosian 551 Jahr vor Christi Geburt gebohren **). Seine Werke werden sehr hoch geschätzt und verdienen von denen, welche das Gute zu behalten und das Böse zu verwerfen wissen, seiner herrlichen Sittenlehre wegen gelesen zu werden. Sie sind in Canton, und ein Theil davon auch in Goa in Indien, auf Chinesisch und Lateinisch unter des Sicilianers Intorcetta Aufsicht, von 16 katholischen Vätern unterschrieben 1676. gedruckt. Kircher versprach diese Philosophie mit den Commentarien, welche er in Rom ins Lateinische übersetzt hatte, heraus zu geben, bald hernach aber kamen die Schriften dieser Weltweisen 1678. in Paris lateinisch heraus. Die Urheber dieser Ausgabe sind, ausser dem Intorcetta und Hertricus, Franciscus Rougemont und Couplet Diese Ausgabe geht indeß von der zu Goa herausgekommenen nur wenig ab. Ein grösseres Werk der Schriften des gedachten Weltweisen war das, welches Couplet mit sich hatte, das von den gelehrtesten Mitgliedern der Societät sowohl,

als

---

*) Von Cun Pfauvogel und Su die Sonne.
**) BOIES Journal S. 79.

als einigen Chinesern verbessert und vom Anson ans Licht gestellt worden ist. Franciscus Noel ließ 1711. die 6 Libri classici des chinesischen Reiches in Prag drucken *).   Die Weltweisen von der Secte des Confucius glauben die Leute überreden zu können, daß die Hervorbringung und Regierung der Welt durch materielle Ursachen geschehen sey, andere dergleichen unvernünftige Grundsätze zu geschweigen, womit sie ihren Urheber verunehren.

Die Römischkatholischen haben durch die ausgeschickten Jesuiten und andere gelehrte Männer, viele Chineser zu ihrem Glauben gebracht, sind aber endlich nach unzähligen Abwechselungen von Gnadenbezeugungen und schweren Todesstrafen, des Landes verwiesen worden, nur die ausgenommen, welche der Aufnahme der Mathematik wegen im Reiche, doch nicht am Hofe bleiben durften, deren Anzahl sich, wie man sagte, auf ohngefähr 20 erstrecken soll. Andere verbergen sich, in Erwartung einer wieder zu erhaltenden Freyheit ihre Lehre fortzupflanzen, in Wüsten und entlegenen Dörfern.

180. Die chinesischen Priester, welche in ihrer Sprache Woa-Sjäng heissen, verrichten des Morgens und Abends ihren Gottesdienst in den Götzenhäusern, welche wir Pagoden nennen. Sie sind täglich in graue bis auf die Füsse herunter reichende und mit sehr weiten Ermeln versehene Röcke gekleidet. Um den Hals tragen sie eine grosse Perlschnur. Der Kopf ist überall geschoren. In diesem Anzuge erscheinen sie an vorgedachten Stellen zu Hunderten, und gehen hinter einander paarweise einigemal um den Altar, wobey sie bisweilen stille stehen und mit leiser Stimme ihre Messe, welche sie Wäa-sjäng

*) BAIERI præf. Muſ.

làm=king nennen, einmüthig hersagen; dabey sie bisweilen die Hände zusammen legen und bisweilen dieselben gen Himmel heben. Hiemit halten sie eine gute Stunde an, ohne irgend einen Menschen anzusehen. Während der Messe wird zu gewissen Zeiten auf mancherley chinesischen Instrumenten gespielet. Bisweilen fallen sie dreymal auf ihre Angesichte, räuchern und bringen ihre Opfer dar. Sie gehen auch bisweilen in der Stadt herum und opfern in den Häusern, da sie denn etwas anders gekleidet sind. Sie heyrathen nicht und essen weder Fleisch noch Eyer. Derjenige, von ihnen so der vornehmste im ganzen Reiche ist, heißt Wâa=siàng Tao. Die übrigen Leute gehen nur an gewissen Festtagen, wenn sie ihre Opfer bringen, in die Kirche; wenn aber die Messe gehalten wird, so stehet das Volk vor den Thüren, und siehet durch die Gitter hinein. Nichts desto weniger betet ein jeder des Morgens und Abends sowohl in Häusern als auf den Booten auf den Knien zu seinem Gott; auf den letztern zünden sie bey dieser Gelegenheit einen von Gold= oder Silberpapier gebildeten Trog oder chinesisch Boot, das sie Linn=tkji nennen an und werfen es ins Wasser, weil es sich ihren Gedanken nach in Gold oder Silber verwandeln soll, wenn man es meist verbrannt, unter der Music auf einer Gungun, in See wirft.

Feste haben sie des Jahres viere; unter diesen ist das Laternenfest, welches weiterhin beschrieben werden wird.

Die Heyrathen besorgen die Aeltern des Sohnes, bisweilen in den Jahren der Kindheit, und wohl auch ehe die Kinder gebohren sind; da sich nehmlich zween Männer, deren Frauen schwanger sind, dahin vergleichen, daß wenn dem einen ein

Sohn

Sohn und dem andern eine Tochter zu Theile wird, beyde Kinder sich heyrathen sollen, sie mögen nun gleich gebrechlich gebohren oder es hernach werden, schön oder häßlich seyn. Oder wenn ein Mann einen kleinen Sohn hätte, den er verheyrathet wissen wollte, verfügt er sich zu dem Vater, dessen Tochter er seinem Sohne dienlich erachtet, schließt mit ihm wegen der Tochter den Handel und setzet die Zeit der Hochzeit fest. Bis an diesen Tag bekömmt der Bräutigam seine Braut nicht zu sehen, sondern muß mit der Wahl seines Vaters zufrieden seyn. Der Bräutigam empfängt seine Braut an seiner Hausthüre, und überliefert sie seiner Mutter oder andern Frauenzimmern im Hause, so lange er die Mannspersonen in einem andern Zimmer bewirthet. Gefällt ihm aber die Braut nicht, kann er sie wieder nach Hause schicken, da denn der Schwiegervater das für die Braut bezahlte Geld behält. Die Chineser lehren ihren Töchtern, ehe sie sie ausgeben, Hochachtung für ihre Schwiegerältern zu haben, mit ihren Schwägerinnen verträglich zu leben, ihre Männer zu ehren, ihre Kinder zu unterrichten, gegen ihre Bedienten mitleidig zu seyn, die Seidenarbeiten abzuwarten, sparsam, mäßig, fleißig und geduldig zu seyn, kein Gewäsche zu lieben, oder sich mit etwas, das nicht zu ihrer Haushaltung gehöret, abzugeben. Wird ihnen ein Sohn gebohren, so geben sie ihrer Art nach grosse Gastmahle, und bewirthen diejenigen von ihren Freunden, welche nebst eingereichten Geschenken Glück gewünschet haben. Den dritten Tag, wenn das Kind gewaschen werden soll, ist die Ceremonie noch grösser; sie speisen alsdenn unter andern bemahlte Eyer, welche die Großmütter schenken, Confect und andere Geschenke. Wenn der Mann 40 Jahre erreicht, aber keine Kinder

der hat, so darf er mehrere Weiber heyrathen, wenn er anders mehrere, als er bereits hat, zu unterhalten im Stande ist, damit nur die Erlöschung der Stammlinie verhütet werde. Er kann sie halten, wie es ihm beliebt, und erlegt keine Strafe, wenn er im Zorne seine eigene Frau erschlägt.

Es geschehen auch in den überdeckten Booten ebenfalls Hochzeiten, welche bey dieser Gelegenheit sowohl von aussen als innen auf alle erdenkliche Weise ausgeschmückt werden. Sie stecken auf die Decke des Bootes kleine Fahnen, und hängen Kronen, Blumen und Früchte von Papier, und des Nachts Laternen an dieselbe. Während dieses höret man verschiedene musikalische Instrumente, besonders aber die Gungung, welche ein allgemeiner Scherwenzel ist.

Läst sich eine Frauensperson beschlafen, so wird sie, so bald es ruchtbar wird, von ihren Obern auf den Markt geführet und an den Meistbiethenden verkauft. Man kauft dergleichen zu ewigen Mägden für 100 Platten, bald auch mehr, bald weniger.

Diebe und andere Verbrecher werden mit Bambu gestraft, welche Strafe mit unsern Spitzruthen in parallel steht. Man legt die Uebelthäter auf die Erde, und peitschet sie mit Geisseln, von gespaltenen Bambuholze; da nun die chinesischen Ellen von eben diesem Holze sind, so halten die Chineser einen Schlag mit der Elle für etwas sehr schimpfliches. Ich sahe auch hier noch eine andere Bestrafung eines Diebes: man hieng demselben eine Tafel um den Hals, und lies ihn beyde Hände durch 2 in derselben befindliche Löcher stecken, in welchen sie fest geschraubt wurden. Er ward 2 Monat lang in dieser Positur auf den Strassen herum geführet, und muste seine weitere Bestrafung abwarten.

ten. Hinter dem Diebe gieng einer, der vermuthlich der Büttel war, welcher in beyden Händen Geld in die Höhe hielt, ohne Zweifel dem Volke, das auf ihn von allen Strassen zu stürmte, sein Verbrechen anzuzeigen.

Calender oder Tångsiö der Chineser *) wurden hie und da auf den Strassen, wo man Früchte feil hatte, verkauft. Die Abstammung des Wortes scheint die Muthmassung zu bestätigen, daß sie ehedem ihre Zeitrechnung in Holz, so wie wir auf unsern Runstäben, geschnitten haben mögen; denn Holz heist auf Chinesisch Sjö oder Sjye. Für jede Provinz werden jährlich 3000 Calender gedruckt. Sie sind theils kleinere, theils grössere oder historische. Ich kaufte einen von der letzten Gattung für 8 Kandarin, welches ohngefähr 12 Stüber sind. Er war auf das Jahr 1752. oder auf das 17te Jahr, welches sie Daat sing kån long siapp sat miang oder des grossen Kaisers Kån langes siebzehntes Jahr, nannten und von dem Antritt der Regierung des jetzigen Kaisers an gezählet wird; denn die Chineser fangen so oft eine neue Zeitrechnung an, als ein neuer Kaiser den Thron besteigt. Dieses Jahr sollte bey ihnen auf den vierten Februar seinen Anfang nehmen. Die zwölf Monate sind zu oberst auf jeder Seite des Calenders mit grossen Buchstaben bemerkt; jeder Tag nimmt eine Zeile ein, und an dieser ist alles das verzeichnet, was an jedem Tage mit Vortheil unternommen werden kann, welche Tage die vorzüglichsten zum Bauen, Fischen, Reisen, Säen, Opfern, Tractiren, Heyrathen u. s. w. sind, wie in unserer Bauerpractica.

Der

---

*) BAYER de horis sinicis Petrop. 1735. 4to.

Der erste Monat hatte 30 Tage.
Der 2te ⸗ 29
Der 3te ⸗ 30
Der 4te ⸗ 29
Der 5te ⸗ 29
Der 6te ⸗ 29
Der 7te ⸗ 30
Der 8te ⸗ 29
Der 9te ⸗ 30
Der 10te ⸗ 30
Der 11te ⸗ 29
Der 12te ⸗ 30

Also das ganze Jahr 354 Tage.

Die fehlenden 11 Tage werden allemal um das dritte Jahr ersetzt, welches 13 Monate hat. Ein Beyspiel hievon ist das jetzt laufende 1751ste Jahr.

Die Chineser theilen ihren Tag in 12 gleiche Theile und zählen von Mitternacht an; es beträgt also eine ihrer Stunden zwo der unsern.

In jeder Stadt ist ein Thurm, und auf demselben ein Stundenglas mit Sand oder Wasser, wodurch die Stunden unterschieden werden.

Da hier Tage und Nächte das ganze Jahr hindurch gleich lang sind, so sehnten wir uns ofte nach einer Sache, welche wir zu Hause so wenig achten, nehmlich nach dem angenehmen Wechsel ungleicher Tage und Jahreszeiten.

Soldaten siehet man selten, ohnerachtet die Armee sehr zahlreich seyn soll. Die ich sahe, hatten nur allein Säbel, und waren in der Kleidung von den übrigen Chinesern in nichts weiter unterschieden, als an den Grenadiermützen.

184.

Gewehr⸗

Gewehre kauften die Chineser von den Europäern, besonders alte Musqueten und Büchsen, für billige Preise; hingegen hatten sie ihre meßingenen Windbüchsen zu verkaufen.

Mit Kanonen haben die Chineser, nach dem Bericht des DU HALDE, nicht eher umzugehen gewußt, bis sie 1621. von denen Portugiesen in Macao 3 Stück derselben erhielten. Als im Jahr 1636. eine schwere Verfolgung über die Catholicken ergieng, und die Tartarn im Lande herum streiften, ward der Regierung hinterbracht, daß die Jesuiten mit Kanonen schiessen könnten; man verlangte derowegen von dem Jesuiten Adam Schaal, ihnen Beystand zu leisten, welcher sich jedoch mit dem Mangel der Erfahrung in solchen Sachen entschuldigte. Ferdinand Verbiest, ein französischer Jesuit, und Präsident in dem mathematischen Tribunal aber, that mit besondern Glücke 130 Kanonschüsse; wofür der Kaiser die freye Religionsübung verstattete.

Die Haushaltung, besonders der Acker- und Gartenbau, sind hier in dem größten Flor. Da aber die Chineser solche Kräuter und Bäume säen und pflanzen, welche bey uns nur mit Mühe in den Orangerien erhalten werden, so würden die davon beyzubringenden Anmerkungen uns nicht so nutzbar seyn können, als wenn sie sich zum täglichen Unterhalt eben der Gewächse, wie wir bedienten. Ihre Kaiser haben zu allen Zeiten eine besondere Sorgfalt für den Ackerbau und die Plantagen bewiesen, ja sogar selbst dabey Hand angelegt. DU HALDE erzählet, daß einmals der Kaiser Jao, der nach den Berichten der Chineser, vor 4000 Jahren gelebet haben soll, seine Minister gefragt, welchen er zu seinem Nachfolger in der Regierung ernennen solle? worauf sie

ihm

ihm seinen ältesten Prinzen vorgeschlagen haben. Der Kaiser aber, welcher wuste, daß die Gemüthsbeschaffenheit desselben ihn hinderte ein guter Regent zu seyn, habe diese Ehre einem seiner treuesten Minister angetragen, dieser aber habe sie abgelehnet, und einen jungen Landmann, der, seinem Erachten nach, wegen seiner Treue und Klugheit dazu der geschickteste war, in Vorschlag gebracht; in der Meynung, daß, da derselbe bey einem bösen Vater, unartigen Mutter und zänkischen Bruder seine Leidenschaften so gut bändigen können, er auch im Stande seyn würde, das Ruder eines Reiches zu führen. Er sey auch wirklich zur Regierung gekommen, und habe sich, während derselben, die Verbesserung der Haushaltung sehr angelegen seyn lassen, zur Bequemlichkeit des Landes verschiedene Canäle gemacht, auch verschiedene Bücher von der Landwirthschaft geschrieben. Seine Nachfolger haben immer mehr und mehr zur Verbesserung des Landes beygetragen, besonders hat diß der Kaiser Venti gethan, welcher 179 Jahr vor Christi Geburt regieret hat. Dieser versammlete seine Räthe, und überlegte mit denselben, wie nach den schweren Kriegen seine Unterthanen wohl auf die kräftigste Weise zum Ackerbau zu ermuntern seyn möchten. Der Schluß war, daß er denselben in hoher Person selbst mit gutem Exempel vorgehen sollte. Er legte auch selbst Hand an den Pflug, und die Königinn pflanzte Maulbeerbäume. Man hält dieses für den Grund eines grossen Festes, das in China jährlich gefeyert wird. Der Kaiser begiebt sich des Frühlings auf das Feld, und pflügt, zur Ermunterung des Landmannes, selbst einige Aecker; die vornehmen Herren, die ihn begleiten, haben jeder sein Geschäfte; einer richtet das Opfer zu; ein anderer arbeitet die Rede aus, welche der

Q   Kaiser

Kaiser bey dem Pflügen zu halten hat; noch ein anderer schlägt das Zelt auf, in welchem der Kaiser speisen soll, und wieder ein anderer sucht 40 bis 50 alte ehrwürdige Bauern zusammen, welche dem Kaiser vorgestellet werden; die jüngeren steuren den Pflug, führen die Ochsen, und bringen das Korn Ordnung, welches gesäet werden soll. Die Sorgfalt des Kaisers und der größten Herren für den Anbau des Landes ist so groß, daß wenn gewisse Deputirte an die Gouverneurs gesandt werden, der Kaiser nie unterläßt, sich zu erkundigen, in welchem Zustande der Feldbau sey. Der Gouverneur von Peking besiehet die Aecker öfters, und freuet sich ungemein, wenn er alles in gutem Stande findet. Der Kaiser Kangti bewies sich den Landwirthen besonders gewogen; er befahl den Gouverneurs, jährlich das Merkwürdigste einzuberichten, weil er den Fleiß der Ackerleute mit besondern Ehren zu belohnen suchte, so daß dieselben eben solche Kleider, wie die königlichen Bedienten tragen, den Gouverneur der Stadt besuchen, sich in seiner Gegenwart setzen und mit ihm Thee trinken durften. Nach seinem Tode machte man ihm ein prächtiges Begräbniß, und beehrte ihn mit einem würdigen Ehrengedächtniß.

186.

Die Speisen werden bey diesem Volke auf die einfachste Weise zubereitet. Den Reis, dessen sie sich an statt des Brodtes bedienen, und der ihre vornehmste Nahrung ist, kochen sie in Wasser, welches sie nachher abseihen und die gequollene Grütze ganz warm essen. Die Leute in den Booten setzen sich um den Topf herum, jeder hat eine grosse Theetasse von grobem Porcellain, in welche sie mittelst einer Kelle die Grütze füllen. Sie führen die Theetasse mit der linken Hand zum Munde, und halten zwischen

schen den fördern Fingern der rechten Hand zween kleine beynahe einer halben Elle lange Stäbe, mit welchen sie sich eine Tasse nach der andern in den Mund scharren. Dazwischen essen sie einen Bissen Speck, Fisch, oder eine röthliche Frucht, welche Feigen ähnlich, aber länger und fast überall gleich dick ist und auf Chinesisch Aj=qwa oder Kea heißt; ausserdem bedienen sie sich einer Gattung Grünes, welches sie aus einer andern Theetasse und mit dem Reis zugleich essen. Die Arbeitsleute in den Factoreyen setzen sich, nachdem ein jeder seinen Napf aus einem daneben stehenden grossen Fasse mit frisch gekochtem Reis gefüllet hat, auf dem Hofe in einen Kreis, und verzehren auf vorbemeldete Weise einen Napf Reis nach dem andern, nebst den bereits angeführten übrigen Eßwaaren. Die etwas Vornehmern bedienen sich zwar wohl der Tische und Stühle, aber keiner Tischtücher, Messer, Gabeln oder Servietten, sondern Schnupftücher statt der letztern. Die Messer sind bey Tische unnöthig, weil sie niemals Brod essen. Fische, Speck, oder andere Gerichte werden vorher, und ehe sie aufgetragen werden, in kleine Bissen zerschnitten, und eben wie die Gartensachen in besondern Theeschalen oder Näpfen aufgesetzet, damit bey der Mahlzeit ein jeder nach Gefallen nehmen könne. Löffel kommen gar nicht vor, denn unter ihren Gerichten sind weder Suppen noch Saucen oder dergleichen. Zween kleine Stäbe für jede Person, und einige Theeschalen oder Näpfe, mit zerschnittenen Speisen, machen auf einem chinesischen Gastgebothe die ganze Anstalt aus. Sie trinken bey dem Essen entweder Thee ohne Zucker, oder einen elenden Fusel, der Samsu heißt. Damit tractiren sie einander so, daß keiner seine Tasse austrinkt, sondern der eine

187.

Q 2   den

dem andern seine Tasse zum Munde führt und ihn trinken läßt, welches dieser mit seiner Samsutasse erwiedert. Sie complimentiren weder vor noch nach dem Essen. Sie speisen geschwinde, und thun täglich 3 bis 4 mal ziemlich starke Mahlzeiten. Ihre Speisen sind nicht theuer; und man sagt, daß ein Arbeitsmann den Tag über für 2 Stüber (8 Pf.) leben könne; wenigstens wird einer, der vom Theepflücken lebt, täglich mehr zu verdienen kaum im Stande seyn.

Schweinefleisch und auch Fische essen die Chineser gewöhnlich zu ihrer Reißgrütze. Fleisch aber ist weniger gebräuchlich; am seltensten kömmt bey ihnen Rindfleisch, hiernächst Ziegen- und Schaffleisch, denn Kaninchenfleisch ꝛc. vor. Hasen und anderes Wildpret habe ich nie gesehen. Man sagt, die Chineser liessen sich auch Pferde- Hunde- und Ratzenfleisch wohl schmecken.

Frösche, welche die Chineser Käpp-na nennen, verkauft man hier auf allen Gassen. Sie binden sie mit einem Faden über den Rücken zusammen und tragen sie lebendig in Körben herum. Die Frösche sind Leckerbissen der Chineser, wiewohl sie nur wenig von unsern gemeinen Fröschen verschieden sind; wie aus folgender Beschreibung zu ersehen:

Rana (chinensis) -- palmis tetradactylis fissis, plantis hexadactylis, digito indice reliquis longiore. Die Tatzen haben vier getheilte Finger, welche beynahe gleichlang, doch der 1te und 4te etwas kürzer sind. An den Füssen stehen 6 verbundne Zehen, diese sind blättrig, der erste und dritte Zeh einander gleich, der 4te kürzer, der 5te noch kürzer, der 6te oder der innerste, der allerkürzeste, der zweyte aber der allerlängste. Der Leib oberhalb warzig, mit Strichen, schwarzbraun, unten weiß. Die Kehle weiß

weiß mit schwarzen Punkten. Der Bauch weiß, ohne Flecke, die Seiten ausgenommen Die Augen sind schwarz, der Augenzirkel goldgelb. Die Vorder- und Hinterfüsse an den äussern Seiten schwarzgelb mit weißlichen Flecken. Die Tatzen und Fußblätter sind fleischfarben, schwärzlich. Es fällt mir hieben ein, was ich in Turkish Spay, London 1748. 8vo Vol. 3. S. 167. gelesen, daß nehmlich die Franzosen 1646. aus Hunger Frösche und Schwämme zu essen angefangen haben.

Büffelochsen (*Bos* indicus) gebraucht man zum Ackerbau, und verkauft sie an die Fremden zum Schlachten. Diese Ochsen sind gemeiniglich wilder, als unsere; ich wagte mich aber dennoch mitten durch eine ganze Herde. Sie sind mehrentheils graulich; ihre Hörner sind beynahe gerade, etwas eckig. Ein Ochse kostete gegenwärtig 10 Tel, und ein Kalb 2 Tel, 5 Mes.

Die Ziegen sind von unsern gemeinen Ziegen, so viel ich in der Eil bemerken konnte, nicht verschieden.

Die hiesigen Schafe haben kleine Hörner und kurze Schwänze, welche bloß aus Fett bestehen, und der Gestalt nach länglichrund, wie ein Raspelbrod sind, auch unten rund zu laufen. Diese Schafe sind nicht grösser, als die schwedischen, werden aber auf den trocknen chinesischen Bergen dermassen fett, daß das Hammelfleisch hier wohlschmeckender als an irgend einem Orte in der Welt ist. Sie werden auch theurer als anderer Orten bezahlt. Ein Schaf kostet hier 15 Platen und oft drüber. Gegenwärtig ward das Stück für 4 Tel, 8 Mes verkauft, welches für wohlfeil gehalten ward. In einem so warmen Himmelsstriche, in welchem man der Wolle nicht bedarf,

darf, Baumwolle und Seide aber im Ueberflusse sind, sind sie auch weniger unentbehrlich.

Die chinesischen Schweine (Sus chinensis) sind bereits so gut beschrieben *) daß ich nichts hinzu thun kann. Ueberhaupt waren sie entweder weiß oder schwarz. Sie vermehren sich stärker, als unsere. Sie sind reinlich, wesfalls man sie wie die Hunde in den Häusern unterhält. Sie gehen auch bisweilen auf den Gassen, legen sich aber nie auf unreine Stellen; jedoch habe ich mir von einem unserer Hauswirthe sagen lassen, daß wenn sie nach Schweden kämen und sähen, wie unsauber sich ihre Geschlechtsverwandten betrügen, sie bisweilen eine ähnliche Lebensart anfiengen. Die chinesischen Schweinschinken werden von den Europäern hochgeschätzt. Die Kattje kostet gewöhnlich 1 Mes oder das Stück einen Piaster, welches 9 Thaler 24 Oere Kupfermünze ist. Sie sind aber sehr klein, und was dem Gewichte abgeht, ersetzet ein Stück Strick, so allemal an dem Schinken hängt. Die Güte der Schinken beruhet ausser Zweifel auf der Art und Weise des Einsalzens und Räucherns, aber auch eben so viel auf dem Mästen des Thieres, wovon sie einen besseren Geschmack bekommen und mehr fleischig werden. Es ist der Natur gemässer, dem Vieh währenden Mästen eine mäßige Bewegung zu verschaffen, damit das Fleisch zunimmt und der Speck derber wird, als es auf enge Koben einzusperren, auf welchen sie zwar mehr, aber nicht so wohlschmeckenden Speck setzen; und wer weiß, ob derselbe nicht eine ungesundere Nahrung ist?

Hüner

---

*) LINNAEI Westgothische Reise S. 62. und Schonische Reise S. 72.

Hüner wurden von verschiedener Art hier angetroffen, und in solchem Preise gehalten, daß ein Pfund ohngefähr auf 10 Stüber zu stehen kam. Man muß sich aber hiebey, so wie in allem chinesischen Handel, für Betrug hüten. Dieses kann unter andern einer unserer Landsleute bezeugen, welcher Purrhüner kaufte, deren Federn von Natur ganz krauß sind; nach einigen Tagen aber, da die Federn ganz gerade wurden, sehen muste, daß seine Hüner von der gemeinsten Art waren. Der Chineser hatte sie, kurz vor dem Verkauf, wie eine Peruque aufgekräuselt. Hier siehet man das Bild eines Chinesers, der weder Zeit noch Mühe sparet, wenn er nur Geld gewinnen kann, es sey mit Recht oder Unrecht.

Eyer kosteten das Stück 3 Stüber (2 Cas).

Die **chinesische Gans** ist uns nicht unbekannt; (*Anas* cygnoides β. orientalis) einige hatten gelbe Schnäbel, die sonst schwarz zu seyn pflegen. Man vergleiche hiemit Linnäi westgothische Reise. S. 145.

Der chinesischen **Wachteln** (*Tetrao* Coturnix) 190. ist bereits erwehnet und bemerkt worden, daß die Chineser sie im Winter an statt der Müffe in den Händen tragen. Wir kauften verschiedene Sien, um sie auf der Rückreise zu Pasteten zu gebrauchen. Das Stück kostete 3 Kanderin. Die Hähne sind grösser, theurer und seltener.

Cunnus (chinensis) striis transversis, retrorsum imbricatis, auf Chinesisch **Hä-ing**, ist eine Gattung meist runder Muscheln, deren Eingeweide heraus genommen, in Wasser gelegt, und so auf allen Gassen unter dem Namen **Hä-in-jä** verkauft wird.

Da die Chineser mehrentheils von **Wurzelwerk**, Früchten und Gartenkräutern leben, so ist das Land umher überall mit dergleichen angebauet. Ich habe hievon ausser dem Reis, dem Zuckerrohre und den chinesischen Potatos folgende Arten bemerkt:

Erbsen von verschiedener Art, bauet man hier, so wie auch zwo Gattungen Bohnen, welche bey uns noch nicht gebräuchlich sind, weil sie mehr Wärme, als unser Himmelsstrich ihnen ertheilen kann, erfordern. Ich habe sie indeß doch in Schweden, aber nur auf Mistbeeten zur Reife gebracht. Die eine Gattung nennen die Europäer

Kallwanser (*Dolichos* sinensis *). Man pflanzet sie auf trocknen Bergen, und tractiret sie wie die Kriechbohnen. Sie schiessen nicht hoch, und dürfen kaum gestängelt werden; dieses geschieht hier zu Lande an einigen, und zwar vornehmlich an solchen Orten, wo sie im offenen Felde stehen, und nicht umzäunet sind, welches auch nicht nöthig ist, weil das Vieh jederzeit durch Hirten, auf die Weide getrieben wird. Diese Bohnen gehören zu den kleinsten, und sind ganz weiß, den Keimpunkt ausgenommen, der schwarz, in der Mitte aber weiß ist. Die Europäer kaufen sie häufig und bedienen sich derselben auf der Rückreise von China statt der Erbsen. Sie haben dünne Schalen, und sind recht schmackhaft. Ein Kattie oder chinesisches Krämerpfund kostete 2 Kanderin, oder ohngefehr 3 Stüber (1 gl.)

Lack-

*) *Dolichos* (sinensis) caule erecto ramosissimo, pedunculis erectis, multifloris, leguminibus pendulis. Chinensibus Tao.

Lück-tao *) heißt auf Chinesisch eine andere Gattung Bohnen, oder eigentlicher Erbsen, welche viel kleiner sind, und unsern wildwachsenden Vogelwicken gleichen. Das Gewächse selbst stehet, wie das vorhergehende, aufrecht, und bedarf, wenn es nur nicht dem Winde allzusehr ausgesetzet ist, keine Unterstützung. Man bauet es, wie das vorhergehende. Mit diesen Erbsen füttert man die Papagoyen. Unter den vielen Saamen, die ich nach Schweden mitnahm, war eine Gattung kleiner grüner Erbsen, die bey meiner Zuhausekunft von den Würmern so reine ausgefressen worden, daß bloß die Schalen noch übrig waren, welche diesen kleinen Käfern zu Särgen, die sie meist ausfülleten, dienten. Sie waren sonder Zweifel in dem Papiere, in welchem ich die Erbsen eingepackt hatte, erstickt.

Tdau-fu oder Tau-fu, dessen S. 141. gedacht worden ist, ward an verschiedenen Orten Stückweise verkauft. Die Chineser zeigten mir eine Gattung kleiner Erbsen, welche sie U-ang-teo nennen, und von welchen dieser Käse bereitet werden soll, wiewohl der Name mehr Anlaß zu vermuthen giebt, daß er von Tao oder Kallwansen gemacht werde.

Ling-Ramm oder Leng-Ka, auf Chinesisch (*Trapa natans?* **) ist eine Frucht, welche zweyen zusammengesetzten Hörnern gleicht, und in der Mitte einen Kern hat. Sie war in den Buden der Höcker feil, und ward von armen Leuten gegessen. Ich sahe an einem Orte eine sehr kleine Theekanne, deren Handhabe von dieser Frucht war.

Ram-Katt nennet man hier eine Gattung kleiner Citronen, die nicht viel grösser als Kirschen sind.

*) *Phaseolus* Max. Lusitanis Mungos.
**) *Trapa* bicornis. vid. Plum. Icon. T. 67.

Ain=qwa S. S. 186.

Samin=nim nennet man hier zu Lande eine längliche, gelbe, weiche, säuerliche Frucht, mit fünf tiefen Furchen (*Averrhoa* Bilimbi), welche die Eigenschaften der Citronen hat, aber sehr leicht verdirbt. Die Chineser machen die Frucht ein, weil sie alsdenn noch besser schmeckt. Man hat mir gesagt, daß man sie sonst Kala=mang nenne.

Låm=tjes (*Citrus* Limonia). Man vergleiche S. 135.*). Ohnerachtet es den Chinesern verboten ist, an die Besatzungen auf den Schiffen Punsch, der mit Låmtjessaft bereitet ist, zu verkaufen; so practiciren sie doch eine Schale nach der andern durch die Canonenlucken; wovon die Verkäufer bisweilen den Verdruß haben, für ihre wider Verbot überlassene Waaren keine Bezahlung zu erhalten, die Käufer aber ziehen sich öfters Dysenterien oder andere schwere Krankheiten zu; denn der Saft, der hiezu unreif genommen wird, ist ungesund. Die Bäumchen, welche in Töpfen verkauft wurden, waren selten über eine Elle hoch, und sahen Citronbäumen ähnlich. Das Hundert von den Früchten kostete anderthalb Stüber (6 Pf.)

Von Apfelsinen (*Citrus* sinensis) werden hier zweyerley Arten angetroffen. Die eine derselben

---

*) Der Stamm ist rund, etwas uneben, aschfarben, mit blassen Streifen. Die Aeste beobachten in ihrer Stellung keine gewisse Ordnung, sind ausgebreitet, zurückgebogen, und selten mit Dornen versehen. Die Schößlinge haben gerade sehr scharfe Dornen, die entweder wechselweise oder in den Winkeln der Aeste stehen. Die Blätter sind abwechselnd länglich lanzettförmig, mit Stielen versehen, etwas gekerbt. Die Blattstiele sind gespitzt, gleichbreit.

ben ist die sogenannte Mandarin-Apfelsine, deren Schale ganz lose sitzet und die auf Chinesisch Kamm heißt. Diese ist die beste. An der andern Art sitzet die Schale fest; man nennt sie Tiang oder besser Kang, um sie von den Pomeranzen zu unterscheiden.

Von den **Pompelmosen** (*Citrus* grandis) S. S. 98.) die auf Chinesisch Jao heissen, giebt es eine runde Art, welche Lá-jao, und eine lange Gattung, die Han-jao genannt wird, und ein gewöhnliches Götzenopfer ist.

Renetten und andere Aepfel wurden hier consumiret, ich zweifele aber, daß sie um Canton gewachsen sind.

Låtjes oder auf Chinesisch Lå-tji, werden insonderheit beym Thee gegessen. Sie schmecken fast wie unsere Zwetschen, und sehen aus wie grosse Gallåpfel, oder kleine runde Zwetschen mit einer bräunlichen, dünnen und warzigen Schale bedeckt.

Lång-an ist kleiner als Lå-tji. Sie hat eine glatte Schale, und in derselben so wie die Lå-tji, süsses Fleisch *).

Pisang (*Musa* paradisiaca) S. S. 99. wird von den Chinesern Tseu genannt. Wenn die gelbe Haut abgezogen ist, welches mit den blossen Fingern, ohne Messer geschehen muß, damit das Eisen keinen Beygeschmack giebt, ist die Frucht selbst weich wie ein Teig und von einer angenehmen Süßigkeit. Man glaubt, daß Adam sich nach dem Falle mit den

*) An Cussambium? RVMPF. Libr. 1. p. 154. T. 57.

den grossen Blättern dieses Gewächses bedeckt habe *).

Ainango (*Mangifera* indica) nennen wir die Frucht, welche in China unter dem Namen Quaimao verkauft wird und auf Javanisch Po heißt.

Gujaves (*Psidium* Guajava) wird auch gegessen **).

Sinapis orientalis.

Pack-la, chinesische Oliven.

Tamarinden (*Tamarindus* indica) auf Javanisch Sunda Assa, Baum und Frucht aber heissen Tchampahu.

Pompen, Gurken und Wassermelonen, welche innwendig roth sind.

Lauch zwo Arten, nehmlich Tsong und Lopa. Das Kattie für 2 Kanderin.

Radis. Das Hundert ein Kanderin.

Lange Rüben das Hundert 1½ Stüber (6 Pf.)

194. **Möhren** von der weissen Art waren nicht sehr gut. Ein chinesisches Pfund kostete ohngefähr 4 Stüber.

Gnao oder **Leen-gao** (*Nymphæa* Nelumbo) ist eine Gattung weisser Wurzeln, von der Dicke wie Möhren, aber länger, gegliedert wie ein Bambustock und innwendig röhrig. Sie werden von armen Leuten roh gegessen, sind aber nicht sehr schmackhaft. Man bauet sie in feuchtem Leimacker.

Oo-tao

---

*) Die Paradiesfeige hat 1755. das erste mal in Schweden in dem Upsalischen Garten geblühet (S. die gelehrten Zeitungen) auch reife Früchte getragen.

**) Die Javaner nennen es Njamba cuneng. RVMPF. I. p. 141. T. 47.

Oo-tao nennen sie eine Art Wurzeln, welche roh nicht gegessen werden kann; weil sie gewiß nicht durch den Schlund zu bringen seyn würde. Sie sind dermassen herbe, daß sie keiner von uns kosten wollte.

Bambuwurzeln (*Arundo* Bambos) nennen wir sonst auch, wenn sie mit Salz, Eßig, Lauch und spanischen Pfeffer (Capsicum) eingemacht sind, **Asia.** Diß ist die einzige von vorhin angeführten Wurzeln, die bey uns gebräuchlich worden ist. Der Topf Asia kostet hier ohngefähr 11 Thaler Kupfermünze.

Eingemachter Ingber oder der Chineser Káong.

Trockner Ingber. Von demselben kostet das Pfund 6 Stüber (2 gl.)

Fann-siô oder **Faj-siô** *), die chinesischen Potatos, wachsen mit langen Ranken, welche sich auf der Erde wegstrecken. Man vermehret sie theils durch die abgeschnittenen und in die Erde gesetzten Ranken; theils auch durch das Zerschneiden der Wurzeln; wie solches bey uns geschicht. Diese Erdbirnen sind eine von unsern ganz verschiedene Gattung und scheinen aus einem wärmeren Himmelsstriche her zu stammen, denn sie blühen in China niemals. Solchergestalt werden sie sich schwerlich bey uns fortpflanzen lassen, wiewohl sie wohlschmeckender und vielleicht auch gesunder als unsere sind. Man bauet sie in dürren Sandfeldern, setzet sie etwas weit von einander, dünget sie mit einem Dünger,

---

*) Diese Pflanze ist, so viel ich weiß, *Convolvulus* Batatas oder Convolvulus radice tuberosa esculenta minore purpureâ. SLOAN. *Cat.* MILL. *Dict.* 2. cfr. **Kalms amerikanische Reise** 2 Th. S. 300.

195. ger, über den bey uns nur eine gewisse Gattung Menschen privilegiret ist, und hält sie von Unkraut rein, welches in allen Plantagen beobachtet wird. Das Hundert chinesische Potatos kostete ohngefähr 1½ Stüber.

Tdai=sjŏ *), s. t. 13. f. 12. welches die Engländer Yams nennen (*Dioscorea alata*), ist eine trockne Wurzel von verschiedener Gestalt und ohngefähr ein paar Fäuste groß, bald grösser bald auch kleiner. Man bedienet sich derselben in Indien an vielen Orten statt des Brodtes. Die Kattie kostete jetzo ein Kandarin und 2 Kas. Man pflanzt sie, wie die Potatos, auf hoch liegenden Orten, eine halbe Elle von einander und ¼ Elle tief. Sie wachsen 10 Monate, und wenn man sie aus der Erde nimmt, wiegt eine solche Wurzel einige Pfunde. Man bewahret sie des Winters im Sande. Ehe man sie pflanzet, schneidet man das angefaulte weg; bevor man sie isset, legt man sie in Wasser, damit die Bitterkeit einigermassen ausgezogen werden möge. Das unterste Glied des Stengels an der Wurzel ist fünfeckig, das andre sechseckig, das dritte siebeneckig, das vierte viereckig, welches ich an denen Wurzeln sahe, die ich in Töpfe gesetzet und mit mir nach Schweden genommen hatte und welche sehr gut fortwuchsen. Vertragen sie eine so grosse Abwechselung des Himmelsstriches, so möchten sie sich wohl auch und mit der Zeit, zu nicht geringem Vortheil der Haushaltung, an unsere Luft und kurze Sommer gewöhnen lassen.

Sinn,

---

*) Die Aeste sind nach der linken Hand gewunden, und entspringen zwischen Blatt und Stängel. Die Blätter sitzen gegen einander über, fallen aus dem herz=ins pfeilförmige, sind gespitzt und mit drey grossen Adern versehen.

Sinu, chinesische Trüffeln *) wurden auf den Gassen zum Verkauf herum getragen.

Der chinesische Kohl **) ist unserm weissen Kohle sehr ähnlich; unter allem Kohle aber, den wir für das Schiff kauften, sahe ich keinen einzigen Kopf, sondern er war durchgängig in der Blüte. Dieses bringt mich auf die Gedanken, ob nicht der weisse Kohl, der bey uns mehr als ein Jahr erfordert, ehe er zur Fructification gelangt, hier in der grossen Wärme gleich das erste Jahr, statt Köpfe zu bilden, in Blumen schiessen könne.

196.

Selleri und Spinat, welcher hier Bout-say genannt wird.

Convolvulus reptans, auf Chinesisch Orsaj, ward unserm Schiffe an statt Spinat verkauft, ist aber, was das Geschlecht betrift, so weit als Tag und Nacht von dem rechten Spinat verschieden. Diese kriechende Winde wächset hier überall in Graben und an niedrigen Orten wild; von dem wahren Spinat aber habe ich bloß den Saamen gesehen. Wir speiseten indessen diesen neumodischen Spinat täglich, ohne daß wir die geringste Ungemächlichkeit davon verspürten. Dieses kann uns Anleitung geben, in Ermangelung des Spinates uns unserer gemeinen Ackerwinde, welche mit dem chinesischen Spinate so nahe verwandt ist, zu bedienen.

Betelblatt (*Piper* Betle) wird um die Nüsse gewickelt, an welchen sie beständig kauen.

*) Confr. Sinoro. Tubera esculenta. KAEMPF. Amoen. S. 832.
**) *Brassica* chinensis, bey den Chinesern Kaj-lann. Die Blättchen des Kelchs sind wechselsweise schmäler. Man verkauft hieselbst auch noch eine andere Art mit einer knolligen Wurzel, welche die Chineser Pack-soa nennen.

Chinesische Schwämme *), von welchen ein chinesisches Pfund oder Kattje in Canton 2 Mes kostete, am Borde aber 4 Kanderin theurer war.

Wasser findet man hier nicht anders, als was aus dem Strome geschöpfet wird. Das Salzwasser läuft bey der Fluth 6 Stunden in denselben hinein, und zu der Zeit kann ohnmöglich daraus getrunken werden. Man schöpfet zwar das in der Haushaltung erforderliche Wasser in den 6 Ebbstunden, es ist aber dennoch mit einigem Salze und einem guten Theile Thon vermengt. Die Leute hier herum müssen also, in Ermangelung guten Wassers, das schlechte aufkochen, und es mit etwas Thee wohlschmeckender machen.

Thee trinken die Chineser allemal ohne Zucker und Milch. In der Stadt ist der frische Hänam- oder Cantonthee, der andern nicht sehr schmecken will, der gebräuchlichste. Sie gebrauchen keine Theekannen, sondern nur einen Theekessel, welchen sie, um ihn länger warm zu behalten, in ein hölzernes Fäßlein setzen; die Armen aber behalfen sich mit dergleichen hölzernen Fäßchen, ohne einen meßingenen oder kupfernen Theekessel darinn zu haben.

Chinesischer Brandwein (Skiet sa oa) den wir sonst Samsu nennen, wird nicht anders, als bey dem Essen und wie Theewasser getrunken. Es ist hier nicht nöthig, Tafeln auszuhängen, um die Brandweinhäuser zu bezeichnen, weil der unangenehme Fuselgeruch schon auf der Gasse merklich genug ist.

Der chinesische Wein, den unsere Ostindienfahrer Mandarinwein nennen, wird aus einer Frucht gepreßt, die man hier Pausio nennet, und mit unsern

---

*) *Agaricus* chinensis. cfr. Fungus. KAEMPF. 832.

sern Weinreben für einerley hält; welche zu sehen ich jedoch keine Gelegenheit hatte. Dieser Wein schmeckte uns so unangenehm, daß ihn keiner trinken wollte. Die ostindischen Schiffe nehmen allemal Wein mit nach China und setzen ihn daselbst oft mit ansehnlichen Gewinn ab. Für den Xerrewein, davon wir das Anker in Cadix mit 13 Piastern bezahlt hatten, erhielten wir hier 33 Piaster für jedes Anker. Man ist aber hiebey der Ungemächlichkeit ausgesetzet, daß die Gefässe auf der Reise der grossen Hitze wegen zerspringen können. Nach der Hand habe ich erfahren, daß der Weinpreiß in Canton dermassen gefallen, daß unsere Leute 1754. kaum ihr ausgelegtes Geld wieder bekommen können. Es werden auch von Spanien nach Manilla und Macao Weine geschiffet, woselbst die Chineser einen beträchtlichen Theil, besonders für den Hof in Peckin, abholen. Da der Xerrewein sehr stark ist, und durch die Hitze nicht verändert wird, so ist er hier angenehmer, als irgend eine andere Sorte. Die Chineser sind in Absicht des Weines überhaupt sehr mäßig, und viele getrauen sich kaum ein einzig Glas, wenigstens nicht auf einmal, auszutrinken. Indessen aber haben auch einige von den Fremden die Mäßigkeit überschreiten gelernet, wenn sie bey denselben trinken, ohne dafür bezahlen zu dürfen.

Bier- und Halbbier wird hier zu Lande nicht 198. gebrauet; sondern das starke Bier, welches man in Canton feil hat, kömmt von England in wohlverwahrten Gefässen.

Arrack oder Rack, ist, seit dem der Punsch bey uns eingeführet worden, durchgängig bekannt. Dieser Brandewein kömmt aus Goa und Batavia nach China, wird aber nicht, wie einige sich haben berichten lassen, in China von blossem Reis bereitet.

Es ist eher zu vermuthen, daß er von Areca gemacht werde, massen dieser Baum auf Portugiesisch Araquero heißt. Sollte der Arrack von Reis gebrannt werden können, so würde der Chineser, der mit Reis so reichlich versehen ist, diesen Gewinn ohnfehlbar andern entziehen und sich zuwenden. Es fehlet ja diesem Volke auch nicht an Fleiß. Aber zu dem Arrack sind ausser dem Reis und Zuckerrohre, auch Cocusnüsse erforderlich, wie mir jemand aus Batavia berichtet hat. So lange also hier die für den Cocusbaum nöthige Wärme fehlet, so lange sehen sie sich gezwungen, den Arrack von solchen Orten zu holen, die das Vaterland dieser Palmart sind, unter welchen Goa auf den indianischen Küsten, und Batavia auf der Insul Java, vorzüglich bekannt sind. Der Rack von Goa ist schwächer, weislich, seltener und gemeiniglich theurer, weil dieser Ort der entlegenste ist. Der Rack von Batavia gleicht dem Franzbrandewein, ist aber so verschieden, daß er bisweilen für einerley Preiß doppelt schwächer ist. Dieserwegen müssen sich die Käufer mit einem Instrumente versehen, das durch sein Steigen und Fallen die Grade der Stärke anzeigt. Unsere Ostindienfahrer kaufen den batavischen Arrack auf den holländischen Schiffen, den goaschen aber von den Engländern; in Suratt aber kann man ihn aus der ersten Hand haben. Von dem batavischen Arrack kostete ein Liggar gegenwärtig 44 bis 50 Piaster, und ward die Kanne von demselben für 12 Thaler Kupfermünze verkauft, an statt daß sie für 2 Jahren 6 Platen galt. Der Zoll beträgt für jede Kanne 3 Thaler Kupfermünze. Neuerlich hat die Compagnie angefangen, den Arrack für eigene

199. Rechnung nach Schweden zu bringen, welches vorher bloß durch Privatpersonen unter der Benennung

von

von Reiseprovision geschehen ist. Wie der Punsch bereitet wird, dürfte keinem unbekannt seyn; damit man aber künftig sehen könne, ob derselbe zu mehrerer oder geringerer Vollkommenheit gelanget, will ich das jetzo gebräuchliche Verhältniß seiner Bestandtheile anführen. Man nimmt zu einer Kanne kochendes Wassers, ohngefähr ½ Nösel Arrack, ½ Pfund Zucker und 5 bis 6 Citronen, oder an statt derselben so viel Tamarinden, als nöthig ist, ihm die beliebige Säure zu geben. Man reibet auch eine Muscatennuß hinein. Der Punsch, welcher auf dem Schiffe für die Besatzung in Zobern bereitet wurde, ward mit glühenden eisernen Kugeln, die man hinein warf, warm gemacht. Der Punsch ist für diejenigen, deren Umstände es verstatten, ein tägliches Nachmittagsgetränke. So lange wir in China waren, ward er auf dem Schiffe bey Tische, statt des Weins, den die Compagnie dem ersten Tische accordiret, getrunken.

Caffee trinken die Chineser nicht, als nur bey den Europäern, ohnerachtet man die Bohnen von Java erhalten könnte.

Türkischer Tabak (*Nicotiana* rustica) der die Farbe unseres getrockneten hat, wird in China durchgängig von Alten und Jungen geraucht. Ihre Pfeifenröhre sind lang und schwarz, die sehr kleinen Köpfe, welche in der Form mit den Kelchen der Eicheln überein kommen, sind von weissem Metall. Sie rauchen sehr oft und haben die Tobakspfeife an einem Bande an der Seite hängen.

Zu den hier vorkommenden Krankheiten gehöret unter andern die Blindheit. Die Schriftsteller melden, daß es unter den Chinesern viele Blinde gebe, welches ich aber nicht angemerkt habe. Es kann zwar seyn, daß sie in den Häusern bleiben;

auf denen Gassen aber habe ich unter so vielen tausend Menschen nicht mehr als 3 oder 4 alte blinde Bettelweiber, und ein oder anderes blindes Kind gesehen. Es war ein Glück, daß sie so sparsam angetroffen wurden, weil sonst ein Fremder nicht hätte durchkommen können. Ein solches altes Weib kömmt

200. mit einer hölzernen Schüssel in der Hand und ruft: Lau-täja Tslawas-lamma; wenn sie nun auf die Anzeige der andern Chineser einen Fremden erwischet, so fällt sie ihm mit allen Kräften um die Füsse oder den Leib, und ruft mit einer freundlichen Miene: Palata Senjor *) Geld mein Herr, da sie denn nicht loßläßet, bis sie ihres Wunsches gewähret worden. Einige sind der Meynung, daß die Blindheit von dem Essen des Reisses herkäme. Vielleicht haben die von dem heissen Reis aufsteigenden Dämpfe diese Würkung. Aber warum sollte dergleichen nicht an andern Orten Indiens geschehen, wo man sich eben dieser Speise bedienet? Es lassen sich noch viel mehrere Ursachen dieser Krankheit angeben. Die Ackerleute, welche sehr viel mit Menschenkoth umgehen, können hiedurch an ihren Augen leiden; den Lackirern, kann der starke Firniß, der mehr als Merrettig in den Augen beist, schaden; der starke Rauch, welcher alle Abend von ihren Räucherstäben aufsteigt, und dergleichen mehr, kann ebenfalls hiezu etwas beytragen. Ich fragte einen Chineser deswegen, und dieser gab das Waschen mit warmen Wasser, welches bey ihnen allemal des Morgens geschicht, als eine Ursache an. Keine von allen aber kann für allgemein angenommen werden, denn die mehresten Blinden sind, nach der eigenen Aussage

---

*) Von dem spanischen Worte Plata Señor.

Aussage der Chineser, blind gebohren. Solchemnach muß die Ursache bey den Müttern gesucht werden.

Fieber und mehrere bey uns gangbare Krankheiten gehören auch hier zu Hause. Diejenigen aber, welche Gelegenheit gehabt haben, hier in der Stadt mit den Kranken näher umzugehen, werden sie besser beschreiben können. Man sagt, daß man hier die Schwindsucht mit einem Leime von Eselshaut, den man Oki=ao nennt, heile. Dieser Leim schmeckt sehr übel, und man nimmt entweder ein Stück davon in den Mund, oder läst ihn auch in Thee zergehen.

Wunden und Geschwüre rechnet man hier unter die schlimmsten Krankheiten. Die armen Leute, welche damit beschweret sind, müssen nicht nur in der grossen Hitze und in Ermangelung guter Wundärzte, die unerträglichsten Schmerzen ausstehen, sondern auch ihre Schmach mit sich herum tragen; und wenn sie gezwungen sind auf den Gassen zu gehen, sich bloß mit Matten bedecken.

Holz wird hier selten oder niemals, sondern Kohlen gebraucht, die in den Küchen desto häufiger darauf gehen. In den Zimmern hat man kein Feuer nöthig, es wäre denn in der größten Kälte der Kranken wegen. In diesem Falle erwärmt man das Zimmer mittelst eines kleinen Feuerofens, den man mitten auf den Boden stellet. Diese kleinen Oefen sind ungemein bequem, und verdienen bey uns durchgängig bekannt zu werden. Für dißmal nahmen einige von uns dergleichen Oefen mit nach Gottenburg, die sie denen, welche näher unterrichtet zu seyn wünschen, allenfalls zeigen können.

201.

Für Raubthieren darf man in diesem Lande nicht bange seyn; es giebt aber desto mehr Menschen, die

die ihre Eigenschaften angenommen und die Fremden mit Schimpfworten und Steinen anfallen. Von Mordthaten höret man zwar nur selten; aber Leute bis auf das Hemde auszuplündern, kostet den Chinesern wenig Ueberwindung. Ich will hier eine Nachricht einschalten, welche zu Canton den 7 Novembr. 1747. datiret ist. „Nachdem der Capi„tain Congrel mit dem engländischen Schiffe Ono„lous in Canton glücklich angelanget war, gieng er „zum Vergnügen auf das Franzosenenland (eine In„sel neben dem Ankerplatze der Europäer) an Land, „woselbst er in der Geschwindigkeit von einigen Chi„nesern überfallen ward. Sie nahmen ihm ohne „vieles Federlesen, alles, was er an Gelde, Golde, „Silber und Schnallen bey sich hatte; sie schnitten „ihm die verguldeten Knöpfe vom Rocke, und er „hätte den Finger kaum behalten, wenn er nicht „den Ring mit Gewalt herunter gerissen und ihnen „gegeben hätte. Nachdem er rein ausgeplündert „war, kam er endlich zu seiner Schaluppe. Des „folgenden Tages aber, welcher ein Sonntag war, „bewafnete er seine Fahrzeuge, und landete mit 60 „Mann seiner Leute, die mit aufgesteckten Bajonet„ten und vier Pöllern versehen waren, auf vorer„wehnter Insul, ließ seine Leute vor Wampu, ei„ner Stadt auf dieser Insul, aufmarschiren, und „den Aufang mit Schiessen machen. Die Einwoh„ner geriethen hierüber in die größte Bestürzung, „und die vornehmsten Mandarins fanden sich unver„züglich bey ihm ein, um ihn zu ersuchen, mit dem „Schiessen einzuhalten, weil sie ihm, seinem Ver-

302. „langen gemäs, gerne Genugthuung geben wollten. „Der Capitain erzählte ihnen, daß er des Tages „vorher ausgeplündert, und nun gekommen wäre, „sich und andere von diesen Schelmen beleidigte „Natio-

„Nationen zu rächen; daß er nicht eher nachlassen
„würde, bis er durch Bestrafung dieser Bösewich-
„ter Satisfaction erhalten habe. Währender Zeit
„hatte man die Räuber in der Stadt aufgesucht,
„und 4 derselben erwischt, welche vor dem Ange-
„sichte des Capitains an Händen und Füssen gebun-
„den und nachher durch einige Mandarins zur wei-
„teren Bestrafung nach Canton geschickt werden
„musten *).„

Schauspiele konnte man auf den Gassen ganz
umsonst sehen. Es wird ein Gerüste quer über die
Gasse gebauet. Bald hie bald da, gewöhnlich aber
an denen Eckhäusern, von einer Ecke zur andern.
Das Gerüste ist etwan 6 Ellen über der Erde, so
daß ein jeder ganz bequem unten durch gehen konnte.
Es ist dichte mit Bretern belegt, und werden Stühle für die Musicanten und Acteurs darauf gesetzet.
Die Schauspieler waren in lange Röcke, und bisweilen auch wie Pickelheringe, gekleidet. Vermuthlich werden die Landeseinwohner mehr Vergnügen
an ihrem Singen, Schreyen und Gauckeleyen als
die Europäer finden, welche Schauspiele mit mehr
Geschicklichkeit aufführen zu sehen gewohnt sind.
Diese Schauspiele wurden zu Anfange des Herbstes,
sowohl an gedachten Orten als Freudenbezeugungen
über eine gute Erndte, über Glück in Handel oder in
einem Gewerbe, als auch in den Häusern, nach der
Tafel, um die Gäste zu vergnügen, angestellt. Die
Zuschauer sassen auf den Dächern oder an den Fenstern, diejenigen ungerechnet, welche im Vorbeygehen auf den Gassen stehen bleiben.

R 4   Karten

*) Ein ähnliches Beyspiel siehe in des Lord Anson
Reise um die Welt S. 360. u. f. „D. S.

Karten spielen die Chineser bisweilen; ihre Karten aber haben eine ganz andere Gestalt als die europäischen, und sind nur halb so breit. Es ist auch ein anderes Spiel im Gebrauch, das sehr langsam geht, viel Nachdenken erfordert, und mit zwey Steinen, die auf einer Tafel gezogen werden, gleich einem Schachspiele, geschicht.

Die Kinder ergötzten sich des Abends mit ihren Vögeln, Drachen und Schmetterlingen von Papier, die sie in die Luft steigen ließen.

Den 8 Septembr.

Heute, welches der 15te Sonntag nach Trinitatis war, predigte ich in der Verstadt von Canton in der Factorey, da denn auch einige Chineser meine Zuhörer waren. Des Nachmittags ließ ich mich mit einem chinesischen Boote nach der Stadt Hálam oder Hánam über den Strom setzen. Hieselbst war eine grosse Pagode oder chinesische Kirche (wo es nicht mehrere eine über der andern sind), welche mit Wohnungen für die Priester und ihre Haushalter umbauet waren. Zwischen dem Ufer und diesen Häusern ist ein breiter Weg oder grosser Platz, der mit grossen und hohen Bäumen umgeben ist, die Lian-sju genennet wurden. An dem Eingange stunden ein paar verguldete Bilder, die etwas grösser waren, als die Leute jetzo zu seyn pflegen. An den Seiten lagen ansehnliche Blöcke, welche für das kaiserliche Schloß in Pecking bestimmt waren.

Meine Gesellschaft setzte sich bey dem obersten Bethause, und speisete einige Wassermelonen, ich aber hatte zu den hier herum wachsenden Pflanzen eine grössere Neigung, weshalb ich mich von da nach der andern Seite des Hauses begab. Hier begegnete mir ein Chineser, der mir eine gestopfte Tabaksbakspfeife anbot; da ich mich aber wegerte sie anzunehmen, ergriff er mich beym Kleide und wollte sich meiner Knieschnallen mit Gewalt bemächtigen. Ich entriß mich endlich diesem Manne, der mir für eine so promte Belohnung eine Gefälligkeit erweisen wollte; es war aber gleich eine Anzahl Jungen bey der Hand, welche Sand und kleine Steine nach mir warfen. Ich muste also mein Vergnügen unterbrechen und meine Begleiter wieder aufsuchen. Inzwischen hatte ich folgende Pflanzen gefunden:

Mirabilis odorata, welche an solchen Orten wuchs, an welchen bey uns die Nesseln am besten fortkommen.

Convolvulus hederaceus.

Scirpus glomeratus.

Nymphaea Nelumbo wuchs in einem ausgetrockneten Teiche auf dem Hofe.

Nahe dabey war ein Garten, wir wurden aber weder für gute Worte noch für Geld hinein gelassen. Durch die Thüre sahen wir Pompelmoßbäume, und die vorhingedachte Nymphäa. Wir verfügten uns in das Haus, in welchem der Aufseher wohnte. Hier stund ein kleines verguldetes Menschenbild auf einem Altar, welches der Hausgötze dieses Mannes war. Wir wurden in seinem Zimmer wohl aufgenommen; und er befahl sogleich, uns eine Tasse Thee ohne Zucker, und eine Pfeife Tabak dazu zu reichen, nöthigte uns aber nicht nieder zu setzen. Nachher wurden wir mit zwoen Arten Früchten, die in ihrer Sprache Lá-tji und Láng-an *) heissen und deren

schon

*) Die Blätter dieses Baumes sind handförmig zertheilt (palmata) und haben 11 lanzettförmige, oben glatte und unten wollige Abschnitte. Die Blumen wachsen traubenförmig, und haben 5 Staubfäden.

schon vorhin gedacht, beschenket. Wir giengen weiter zur Rechten nach einem kleinen Walde, der größtentheils aus Bambubäumen besteht, von welchen unsere leichten Bambustöcke, die wir von China erhalten, genommen werden. Dieser Baum ist hohl, ausgenommen die Abtheilungen zwischen den Gliedern. Das Holz ist leicht und ungemein zähe, weswegen es mehr, als irgend ein anderes gebraucht wird. Mit demselben überdeckt der Chineser seine Boote, bauet die Vorrathshäuser oder die sogenannten Bangsalen bey Wampu für die europäischen Schiffe davon, und verfertigt zum Theil seine eigenen Häuser daraus. Er dient ihm zu Stangen darauf zu tragen, zu Stühlen, Betten, Tischen, Zaunpfählen, Segeln, Angelruthen, Hüten, Büchsenfutteralen, Fechteln, Weberkämmen, Pinseln, Käfigen, Rinnen und Trögen, das Vieh daraus zu füttern und zu tränken, zu welchem Ende man das Holz mitten von einander spaltet. Von diesen Rohrbäumen giebt es schmale und dicke, von der Stärke eines Federkiels an, bis zu dem Umfange einer Elle, wo nicht drüber, und vielen Ellen lang. Der Baum blühet, wie der Chineser sagt, alle 60 Jahre *). So wie es mir schien, waren hier 2 Arten dieses Baumes; die eine wuchs auf Bergen, ward nur ein paar Ellen hoch, und war sehr ästig und zackig **), die andere wuchs an niedern Orten, ward bis 3 Menschenlängen und drüber hoch, wuchs gerade, und war ohne Zacken ***). Wir giengen durch

---

*) Im Jahre 1754. erhielt ich Blumen aus China.
**) Arundo arbor spinosa RVMPF. 4. p. 14. T. 11.
***) Arundo arbor fera RVMPF. 4. p. 16. T. 3. Cfr. GRONOV. Flor. oriental. 22. 23. RAVWOLF. it. p. 97.

durch den kleinen Bambuwald über einen kleinen Bach, und gelangten an einen hohen ebenen Platz, auf welchem die Chineser ihre Todten begraben hatten.

Einige Särge stunden über der Erde, und waren wie Bienenstöcke an den Bäumen aufgeschichtet. Sie verursachten einen starken Gestank, der mich zurücke trieb. Die Chineser berichteten mir nachher, daß dieses fremde Leichen wären, welche, ohne begraben zu werden, auf öffentliche Kosten in Särge gelegt worden sind. So setzet man hier diejenigen bey, deren Verwandte niemand kennet, oder von welchen man nicht weiß woher sie sind.

Auf dem Begräbnißplatze fand ich

Euphorbia neriifolia, so zu Hecken gebraucht ward.

Solanum diphyllum.

Hibiscus ficulneus.

Frutex baccis albis, foliis obverse ovatis.

Nyctanthes hirsuta.

Die Blumendecke ist walzenförmig, sechstheilig, mit gleichbreiten Abschnitten. Die Krone hat 8 länglichrunde, zugespitzte Abschnitte, welche kürzer als die Röhre sind. Die Staubfäden sind kurz; die länglichrunden Staubbeutel sind länger, als die Staubfäden.

Die Blätter sind elliptisch-lanzettförmig, oft oval, wellenartig gebogen, gegen einander stehend. Die Blumenstiele stehen zwischen Blatt und Stengel.

Curcuma chinensis.

Gratiola Virginianoides.

Citrus Aurantium.

Clematis Chinensis. Sie hat mit der Clematis Vitalba viele Kennzeichen gemein, aber die Blätter sind

sind schmal lanzettförmig, und die Blumen kleiner.

Achyranthes Chinensis. Die Blumendecke ist doppelt, und länger, als die fünfblättrige Krone, welche sie einschließt; die äussere Blumendecke ist kleiner und zweytheilig, die innern fünftheilig. Die Blumen stehen zu oberst auf den Stielen in Form einer Traube. Die Blumenstiele entspringen aus den Blattwinkeln. Die Blätter sind lanzettförmig, gegen einander über stehend, adrig, glatt. Der Stengel ist roth.

206.

 Achyranthes lappacea fol. oppositis.
 Carpesium Abrotanoides.
 Sida spinosa.
 Polygonum chinense.
 Vitex Negundo.
 Poa chinensis.
 Poa tenella.

Im Schatten.

 Canna Indica.
 Cassia sophora.
 Hedysarum gangeticum.
 Apluda mutica.

Panicum arborescens, welches aus der Mauer wuchs, ist eine Grasart von einem ganz fremden Ansehen; denn es wuchs 2 Menschenlängen und war sehr ästig.

Die einbrechende Nacht erinnerte mich nach Canton zurück zu kehren, daher ich mein Vergnügen bis auf einen andern Tag aussetzen muste.

Zu den schönsten und größten Nachtzweyfaltern, welche an irgend einem Orte gefunden werden, gehö-

gehöret die *Phalæna* fenestrata *). Ich traf einige dieser Art in einem Kaufmannsladen an. Sie lebten alle, und sassen auf einem Zweige vom *Nerium Oleander* ganz stille, liessen sich auch auf demselben nach der Factorey tragen, woselbst ich sie auf Stecknadeln spießte; weil aber die folgende Nacht das Fenster offen stand, fand sich eine Fledermaus im Zimmer ein, welche sie bis auf die Flügel völlig verzehrte. Indeß bekam ich nachher einige derselben, in solchen Insectenkästlein, als die Chineser verkauften. Diese Kasten waren von Tja mock oder anderm schlechten Holze, ohne Deckel, und innwendig mit Papier ausgekleistert. Für ein solches Kästlein mit Tagzwenfaltern oder Papilionen, welche auf Nähnadeln gesteckt waren, verlangten sie einen halben Piaster. In dem Kästlein waren etwan 10 oder 12 Arten, von jeder Art aber viele Stücke. Andere Insecten, ausser der *Cicada Chinensis*, findet man in ihren Läden nicht, auch keine Käfer, ausgenommen den *Buprestis* maxima. Vielleicht glauben die Chineser, daß die übrigen nicht so, wie ihre prächtigen Zwenfalter, in die Augen fallen. Ich traf auf dem Felde selten andere Insecten, als Zwenfalter an; es ist aber wahrscheinlich, daß dergleichen im Frühlinge zu finden seyn werden, wenn man sie schon die übrigen Jahreszeiten hindurch nicht wahrnimmt. Die Zwenfalter, welche gegenwärtig in gedachten Kästlein feil geboten wurden, waren:

Papilio Helenes.
- - *Deiphobus.*
- - *dissimilis.*

207.

Papi-

---

*) Cfr. PETIVERII *Gazophil. nat. et artis decas. 1. t. 8. f. 7.* Papilio indicus maximus. VALENTINI. *Muf.* 2. *p. 168. T. 54.*

Papilio *similis*.
- - *Tryphe.*
- - *Agamemnon.*
- - *Caureum.*
- - *Orythia.*
- - *Pammon.*
- - *Aonis.*
- - *Leucothoë.*
- - *Demoleus.*
- - *Paris.*
- - *Midamus.*
- - *Mineus.*
- - *Erippe.*
- - *Demoleon.*
- - *Troilus.*
- - *Almana.*
- - *Plexippus.*
- - *Chrysippus.*
- - *Philautodes.*

Den 10 Septembr.

Die Witterung war schön und heiter, so wie sie es auch die vorhergehenden Tage gewesen war.

Die Frucht der *Avicennia* officinalis, welche unsere Apotheker *Anacardium* orientale nennen, war mit einem schwedischen Schiffe von Suratt anher gebracht. Diese Frucht gleicht, was ihre Grösse und Härte betrift, einer Nuß, ist aber schwärzlich und gleichsam zusammengedruckt, und enthält statt des Kernes einen dicken schwarzen Saft, mit welchem man auf baumwollene Zeuge und Schnupftücher eben wie mit Dinte die Namen schreibt, wiewohl er nicht so gut fliesset. Man bestreuet die noch nassen Buchstaben mit ungelöschten Kalke, da sie
sich

sich denn gar nicht auswaschen lassen, und auch dem Zeuge keinen Schaden zufügen.

Ich sehnte mich nunmehr das Land ausserhalb der Stadt zu sehen; und einige meiner Reisegefährten wollten mich hieben mit ihrer Gesellschaft beehren. Wir hatten aber kaum die Hauptgassen der Vorstadt zurück gelegt, da sich schon eine Menge Jungens um uns sammlete, welche uns für Abgesandte aus dem Monde oder andere sonderbare Thiere halten mochten, die sie durch ein allgemeines Geschrey aus der Stadt bringen müßten; der Haufe ward immer grösser, besonders nahm er in der Müllerstrasse, in welcher in allen Häusern zu beyden Seiten Reiß gestossen und gemahlen ward, sehr zu. Kleine Steine, Sand und andere Unreinlichkeiten, welche nach uns geworfen wurden, verursachten, daß wir nach allem Vermögen eilten, aus der Vorstadt zu kommen und unsere Begleiter loß zu werden.

Wir liessen die Stadt mit ihrer Mauer zur Rechten, und sahen zu beyden Seiten des Weges nur Aecker oder grosse schmale Leinfelder, welche mit Reis, *Nymphæa* Nelumbo und der *Sagittaria* bulbis oblongis *) bedeckt waren. Die letztgedachte Pflanze ist unserm schwedischen Pfeilkraute über der Erde völlig gleich, nur wird sie grösser, welches von der Cultur herrühren kann; die Wurzeln der chinesischen aber haben die Grösse geballter Fäuste, und sind läng-

---

*) Die Chineser nennen sie Succoji-fa. Sie ist grösser als die unsere. Der Schaft und die Blattstiele sind 6 eckig und ziemlich stark. Die Blätter haben 11 rothe Nerven, davon die mittelsten nach beyden Seiten ästig sind. Die Blätter unter den Blumen (Bracteæ) sind oval zugespitzt. Die Blumen sind wirbelförmig gestellt und gewöhnlich 33 an der Zahl.

länglichrund, da sie hingegen an den schwedischen rund und nicht viel grösser, als Erbsen sind.

Wir verändern die Beschaffenheit des Bodens durch Ablassung des Wassers und andere Künste, bis wir ihn dahin bringen, daß er sich für unsere wenigen Getreidearten schicket; der Chineser aber bedient sich zu seinem Unterhalte so mancherley Gewächse, daß er kaum einen Boden haben kann, der sich nicht für das eine oder das andere derselben passen sollte. Er richtet also nicht den Acker nach der Saat, sondern die Saat nach dem Acker ein. Der Reis *Oryza* sativa kann unter Wasser, *Nymphæa* und *Sagittaria* aber im Wasser stehen; Zuckerrohr (*Saccharum* officinale) und Potatos (*Convolvulus Batatos*) verlangen einen etwas weniger nassen Boden Yams (*Dioscorea* alata) verträgt ihn trockner; Indig (*Indigofera* tinctoria) und Baumwolle (*Gossypium* herbaceum) nehmen auf den höchsten Bergen vorlieb. Sollte ein Berg allzu trocken seyn, so wird er zu einem Begräbnißplatze angewandt; kein Erdreich aber ist so naß, daß es nicht der Chineser für irgend eine Pflanze, die den Menschen zur Nahrung dient, brauchbar finden sollte. Sollten wir ihm hierinn, was den Acker betrift, nicht nachahmen können; so könnten wir doch den Wiesenbau auf solche Art einrichten, besonders wenn wir nicht im Stande sind, das Wasser gehörig abzuzapfen, oder auch, der Belegenheit des Ortes wegen, dem Wasser den erforderlichen Ablauf zu verschaffen. Keine Wiese ist so naß, daß nicht das grosse Viehgras (*Poa* aquatica) darauf fortkommen könnte, welche wir von fremden Orten holeten, bis wir inne wurden, daß die vortrefliche Grasart in Westgothland, in Teichen, Strömen und ähnlichen Orten anzutreffen sey. Kein Berg ist so trocken, daß nicht der Schafschwingel (*Festuca* ovina) auf demselben gut gedeyen sollte. In Ermangelung des Geldes und der zum Teichen erforderlichen Arbeitsleute kann eine arme Haushaltung durch eine einfältige Nachahmung der Natur ansehnlich verbessert werden; wenn der Wirth nehmlich solche Pflanzen auf seine Wiesen bringt, die sich für einen jeden Boden am besten schickten; hierdurch würde das Fehlende ersetzet, und das, was man gerne wegschaffen will, vertrieben werden.

Doch ich muß dem Wege folgen, an welchem wir Hecken von *Euphorbia* neriifolia oder Fujong-fa sahen, welche hie und da mit *Ipomoea* Quamoclit, die mit ihren vortreflichen rothen Blumen ein Lusthaus ungemein zieren würde, durchflochten waren. Wir fanden hier auch unsern schwedischen Hopfen (*Humulus* Lupulus) der über die Hecken kletterte, desgleichen die *Periploca* græca, deren Blumen inwendig mit Sammet gekleidet zu seyn scheinen.

Endlich gelangten wir an einen Begräbnißplatz, woselbst die Gebeine mancher unserer Landsleute ruhen, wie ihre Grabsteine auszeigen. Dieser Berg liegt, wenn man von der Stadt kömmt, zur Rechten, nahe am Wege, ohne alle Einfassung und wie ein Hutfleck bey uns. Er soll, wie man sagte, eine halbe Meile von unserer Herberge entlegen seyn. Ich fand auf diesem Begräbnißplatze folgende seltene Pflanzen

Cassia procumbens.

Crotalaria juncea.

Celosia argentea.

Achyranthes aspera und eine

Cassida nigra, oblonga, fasciis duabus transversis testaceis, punctis 4. ad basin.

210

S   Auf

Auf dem Rückwege begegneten uns 3 Chineser, welche Geld verlangten, und da sie dieses nicht, so wie sie es wollten, erhielten, uns mit grossen Steinen begrüßten. Besonders war ich in Gefahr, weil ich hinter meinen Begleitern etwas zurücke geblieben war, denn ich fand:

Torenia glabra. Die Blumendecke ist fünfeckig, aufrecht; ihre 5 Abschnitte lanzettförmig, schmal und kürzer als die Blumenröhre. Die Krone ist rachenförmig: die obere Lippe beynahe ganz, und zurückgebogen; die untere Lippe, dreylappig, herab gebogen. Die vier Staubträger sind kürzer als die Krone, zween derselben haben noch nicht die Länge der Blumenröhre; sie hängen paarweise an der Unterlippe; die 2 obern haben an der Seite ein unfruchtbares Nebenästchen. Der Staubweg ist fadenähnlich; die Narbe schneckenförmig, zweytheilig. Die Saamenkapsel lang, und scheint einfächerig zu seyn. Die Saamen sind zahlreich. Die Blumen entspringen aus den Blattwinkeln. Die Blätter sind oval, gekerbt, sitzen gegen einander über und sind mit ganz kurzen Stielen versehen.

Sie wächst auch auf den Reisäckern auf der Däneninsul.

Diese Pflanze, ein Ehrendenkmal ihres Erfinders, giebt dessen Freunden die nöthige Erinnerung, daß der Mensch in seinem Leben wie Gras ist.

Wir trafen eine chinesische Leichenprocession an. Hier erhielten wir zuverläßigen Schutz.
211. Diese Leute hatten ihren hölzernen Götzen in ihrem Gefolge. Voraus gehen ein paar Chineser mit kleinen Fahnen; diesen folgen die Musikanten mit Pfeifen und andern Instrumenten, auf welchen sie

sich dann und wann hören lassen. Hinter den Musikanten wird der Abgott, so ein verguldetes Menschenbild ist, in einem Palankin getragen; auf welchen der Sarg, der auf einer Bambustangen getragen wird, folget. Die Leidtragenden hatten weisse Tücher um die Köpfe. Wenn sie die Leiche in das Grab gesenkt haben, so legen sie ein paar Steine auf dieselbe, und überdem zum Unterhalte des Todten, und zur Versöhnung des Götzens, Reis, Früchte, Thee, Geld u. d. g. Sie stellen auch auf den Booten mit allerley Instrumenten Musiken an, und rudern mit denselben des Abends den Strom auf und nieder.

Die Ehegatten betrauren sich 49 Tage oder 7 Wochen. Keinem Innländer, und noch weniger einem Fremden, wird verstattet, sich in der Stadt beerdigen zu lassen. Ich fragte einen Chineser, ob nicht wenigstens die Vornehmsten ihre Begräbnisse in der Stadt hätten? Ist diß bey euch gebräuchlich? fragte er höhnisch; und als ich mit ja antwortete, fuhr er fort zu fragen: was kann dieses den Verstorbenen für eine Ehre seyn? Wir begraben sie, fügte er hinzu, in den freyen beblümten Feldern, und errichten bey ihren Gräbern einen Stein, auf welchem ihre Handlungen verzeichnet sind, damit alle Leute ihre Schicksale lesen mögen. Sollten wir sie in den Häusern begraben, so würden sie ihren Kindern beschwerlich werden, und ihre Verdienste gleichsam mit ihnen begraben seyn.

Die chinesischen Gräber werden an den Seiten der Berge gemacht, und sehen aus wie Eiskeller. Sie sind an beyden Seiten mit Steinen erhöhet, und an statt der Thüre stehet ein aufgerichteter Stein, in welchen das Gedächtniß des Verstorbenen mit grossen chinesischen Buchstaben gehauen ist.

Den

212.

Den 11 Septembr.

Ich wünschte die mohrische Pagode (Delubrium mauritanum), welche noch eine gute Strecke weiter, als die europäischen Gräber liegt, näher zu sehen; weswegen ich mich heute in Gesellschaft unseres aufmerksamen Braads, und noch zweer Herren, durch den gestrigen Weg aus der Stadt begab. Auf dem Wege lief uns ein lumpiger Chineser nach und verlangte Käm-sea oder eine Gabe. Wir liessen uns nichts aufechten, sondern giengen so hurtig fort, als es uns in der Hitze nur möglich war; er kam uns aber immer näher, zupfte einen von unserer Gesellschaft an den Kleidern, und wollte ihn auch nicht eher loß lassen, bis er Geld erhalten hätte. Was sollten wir thun? Wir hätten ihn zwar freylich sehr kurz abfertigen können; dabey aber musten wir fürchten, daß er durch sein Geschrey die Chineser, welche überall im Felde arbeiteten, zu hunderten herbey bringen möchte, denen wir aber, da keiner von uns ihre Sprache verstund, unsere Unschuld nicht hätten darthun können. Eben da wir desfalls am meisten verlegen waren, kam ein anderer Chineser und hieb unsern Verfolger mit einer Karbatsche um die Beine, worüber er ein jämmerlich Geschrey erhub, und in die Reisäcker sprang, in welchen er bis an die Knie im Leime stand. Dieser Mann gab sich und seinen Cameraden für Kronbediente aus; er begleitete uns nachher nach der Pagode, welche auf einem sehr hohen Berge lag, und innwendig von den übrigen chinesischen Tempeln etwas verschieden war. Nachdem wir die hier herum gepflanzten Bäume einigermassen besehen hatten, eilten wir wieder zurück. Wir fanden in der Eil keine, als die bereits angezeigten Bäume, nur

die

die Pisang (*Musa* cliffortiana) ausgenommen, welche jetzo in der schönsten Blüte stand.

Bey dem Heruntergehen von dem Berge ward ich das Te-limm der Chineser oder die *Melastoma octandra* zu beyden Seiten des Weges gewahr. Diese kleine Pflanze zieret die dürresten Hügel, mit ihren rothen Blumen, die auch des Nachts, wenigstens noch lange nach Sonnen Untergang offen bleiben, da doch andere um nicht durch den Thau an ihren feinsten Theilen beschädiget zu werden, gegen die Nacht sich zusammen ziehen. Die Beschreibung derselben ist folgende:

Die Blumendecke ist krugförmig (urceolatum) oder cylindrisch-oval, mit steifen, kurzen Borsten besetzt, und schliest den Fruchtknoten ein; die Abschnitte derselben sind fünftheilig, gleichbreit, befiedert, ausgenommen die fünf kleinern an den Einschnitten. Die Krone ist fünfblättrig; die Blumenblätter umgekehrt oval, sitzen an dem innern Rande des Kelchs, und übertreffen die Abschnitte des Kelchs an Länge. Die acht Staubfäden sind pfriemförmig, niedergebogen, und an der Blumendecke befestigt. Von den Staubbeuteln sind viere gleichbreit, aufgerichtet; die vier übrigen aber sind unfruchtbar, mit zurückgebogener Spitze (hamosæ) und länger, als die Staubfäden; alle sind vor der Entwickelung herunter gebogen. Der Stempel ist länger, als die Staubfäden; der Fruchtknoten beynahe rund; der Staubweg zugespitzt, oben gebogen; die Narbe unzertheilt. Das Saamengehäuse ist eine fast runde oder krugförmige Beere, welche auswendig schwarz, inwendig aber roth ist, und die ein borstiger Blumenkelch umgiebt. Die zahlreichen sehr kleinen, fast ringförmigen Saamen liegen in der Beere zerstreuet.

Die Pflanze wächst strauchig. Die Wurzel ist ästig, kriechend; der Stengel rund, auf der Erde liegend. Die Blätter sind oval, wenig gekerbt, dreynervig, gegenüber stehend und mit Stielen versehen. Die Blumen sind auf der Spitze der Aeste befindlich.

Ich fand hier noch eine Pflanze, deren Blume, bey einem flüchtigen Blick, der Blume der vorhergehenden glich, wiewohl sie von allen andern Geschlechtern ganz verschieden ist. In der natürlichen Ordnung kommt sie nahe an die *Lyſimachia*, und wird von den Chinesern Kämm=Hoäng=loaa oder Goldrosenfeder genannt. Der Herr Archiater und Ritter von Linné hat, weil er glaubte, daß meine Bemühungen einige Erinnerung verdienten, diese Pflanze meinem Gedächtnisse zu widmen beliebt, und sie *Osbeckia chinenſis* genannt. (S. Tab. 2. f. 1. 2. 3.) Die ganze Pflanze ist in den chinesischen Apotheken feil; sie kochen dieselbe, mit alten Kuli=Thee vermischt, und trinken das Decoct bey Colickbeschwerden. Bey Verränkungen und

214. Geschwulsten, gebraucht man sie zu Bädern. Die Pflanze hat folgende Kennzeichen:

Die Wurzel ist holzig und bestehet bisweilen aus einem kleinen Knoten mit Aesten, bisweilen aber ist sie ohne Knoten; sie ist unvergänglich, und treibt bisweilen eine Menge von Stengeln. Der Stengel ist vierkantig, von der Dicke eines Bindfadens, selten über eine halbe Elle lang, mehrentheils mit verschiedenen Zweigen versehen, und bisweilen wie ein kleiner Busch. Die Aeste, welche vierkantig und etwas harigt sind, sitzen öfters gegen einander über, und sind einfach oder ungetheilt. Auf der Spitze stehen mehrentheils zwo Blumen, mit vier Blättern umgeben, deren zwey kürzer, aber

doch

doch länger als die Blumen sind. Die Blätter sitzen gegen einander über, jedes Paar ist von dem andern ohngefähr einen Zoll, oder drüber, und zwar je näher der Blume, je weiter entfernt. Sie sind bey jungen Pflanzen etwas stumpf und etwan 1 Zoll lang, bey ältern aber länger und scharf. Diejenigen, welche an dem Ursprunge der Aeste stehen, sind oft noch einmal so lang als die andern. Sie sind alle beynahe stiellos, lanzettförmig, öfters noch schmäler, fast überall gleichbreit, haben uneingeschnittene Ränder, sind an der Oberseite mit steifen niederliegenden Haaren bekleidet, und haben auf der unteren Seite nur am Rande, und auf den 3 Adern, welche das Blatt fast in gerader Linie der Länge nach durchlaufen, einige dünne Haare. Die Blumendecke ist einblättrig, glockenförmig, viertheilig, mit vier länglichen, scharfen Abschnitten, welche auswendig etwas harig sind; in jedem Einschnitte befindet sich ein Schüpchen mit Wimpern am Rande.

Die Krone besteht aus 4 aufgerichteten, ovalen, rothen Blumenblättern. Der Staubträger sind 8, schmal niedergebogen, und nebst den Blumenblättern am Kelch befestigt. Sie haben die Länge des Kelchs, und sind folglich kürzer, als die Blumblätter. Die Staubbeutel stehen aufgerichtet, sind länglichrund, und endigen sich in eine Spitze, welche wie der Hut (calyptra) eines Mooses aussiehet. Der Stempel hat einen eyförmigen Fruchtknoten, einen schmalen und gebogenen Staubweg und eine kurze, ungetheilte Narbe. Die Capsel siehet einem kleinen Topfe gleich, läuft am Boden schmäler zu, ist vierfächerig und von aussen mit der Röhre des Kelches bedeckt. Die Saamen sind 215. zahlreich, klein und sehen durch das Vergrösserungs-

glas

glas kleinen Würmchen, die sich in einen Zirkul geleget, ähnlich.

Als wir von dem Berge zwischen die Reisäcker kamen, sahen wir im Grunde, in welchem zum Theil Wasser stand, *Impatiens* chinensis, welche durch gute Wartung dahin zu bringen seyn würde, daß sie mit ihren schönen rothen Blumen unsere Fenster eben so, wie ihre Geschlechtsverwandte, die Balsamine, zieren würde.

Nach der Stadt zu wuchs eine Gattung kleiner Büsche (*Cryptanthus* chinensis *) die die Grösse der Stachelbeerbüsche und weisse, doppelte Blumen hatte. Die Blätter sind so groß wie die Stockrosenblätter, herzförmig, abgestumpft, haben einen ungleich gesägten Rand, sind oben etwas uneben, unten aber glatt, und haben wenigstens acht ziemlich grosse Adern. Die Blumen stehen Büschelweise an der Spitze der Aeste.

Unsere ungebetenen Begleiter, welche sich für chinesische Kronbediente ausgaben, und uns beständig an ihre Belohnung erinnert hatten, steckten nunmehro ihre Karbatschen in die Taschen. Wir ersuchten sie, uns nach der Factorey zu begleiten, woselbst wir uns erkenntlich erweisen würden, welches sie aber ablehnten und sich von uns begaben.

Den 12 Septembr.

Von denen seltenen Grasarten, welche eine Zierde der Kräuterbücher unserer Botanisten seyn würden, fand ich in dem Heu, welches unserer Kuh in der Factorey vorgeworfen ward, folgende:

Nardus

---
*) Mit gegenüberstehenden Blättern. Der Strauch hat viel Aehnlichkeit mit der Brombeere.

Nardus articulata.
Agrostis indica.
Panicum Crus galli.
- - dissectum.
- - patens.
- - brevifolium.
Andropagon schoenanthus.   216.
- - Ischæmum.
- - fasciculatum.

ingleichen *Hedysarum* lagopodioides.

Der Chineser hat nicht nöthig, für sein eigen Rindvieh Heu einzulegen, da es Jahr aus Jahr ein auf der Weide gehen kann. Er bedarf auch keiner Kühe zu Hause, weil er sich ohne Milch, Butter und Käse behilft. Die Pferde sind ihm im Stalle sehr entbehrlich, denn er geht entweder zu Fusse oder läßt sich in einer Portechaise tragen. Solchemnach kann der Chineser alle die Zeit, welche bey uns auf die Verbesserung des Wiesewachses und auf die Heuerndte gewendet werden muß, zu seinem Ackerbau gebrauchen. Er muß aber auch Jahr aus Jahr ein einen Hirten bey seinem Vieh halten, damit es die Plantagen nicht beschädigen möge, denn wenn sie schon verzäunt sind, so können doch dünne und niedrige lebendige Zäune oder Hecken die wilden Ochsen nicht abhalten. Andere Zäune sind bey ihnen ungewöhnlich, es möchte denn etwan ein kleiner Platz innerhalb der Hecke noch mit einer Mauer von Feldsteinen umzogen seyn.

Heute reiste ich wieder an Bord, um zu sehen, wie es mit den Kranken stünde.

Das Franz-Eyland nennen unsere Ostindienfahrer eine Insul, welche am Cantonischen Strome, und wie man dafür hält 2 schwedische Meilen von der Stadt Canton liegt. Man hat mir gesagt,

sagt, die Insul hieſſe auf Chineſiſch Som=ſa=ang. Der engländiſche Name derſelben iſt Franche Island, oder die Franzoſeninſul, weil die franzöſiſchen Schiffe auf derſelben ihren Bancaſal oder Niederlage haben. Bey derſelben iſt der Ankerplatz der europäiſchen Schiffe, und wenn die Leute von denſelben ſich an Feſttagen auf chineſiſchem Grunde und Boden vergnügen wollen, reiſen ſie hieher, weil man für den Ueberfällen der Chineſer hier einigermaſſen geſichert iſt. Das Vergnügen an Kräutern lockte mich ebenfalls hieher, als an einen Ort, an welchem es mir in einigen Tagen nicht an neuen Gegenſtänden fehlen konnte. Hier war nichts von dem anzutreffen, was unſern ſchwediſchen Boden zieret.

217. Bäume, Kräuter, Vögel, Inſecten, ja die Erde ſelbſt waren meinen Augen etwas fremdes. Auf dieſer Inſul (ich nenne ſie ſo, wiewohl ich nie ſo weit nach der andern Seite gekommen, daß ich zu urtheilen im Stande bin, ob ſie von dem feſten Lande getrennet iſt oder nicht) ſind nach dem Strome hinaus zwo jähe Höhen, welche an den Seiten horizontelle ſtufenförmige Abſätze oder Terraſſen haben, auf denen Indigo, Baumwolle und chineſiſche Potatos gepflanzet waren.

Auf den unterſten Abſätzen, nach der Seite des Bancaſals, ſind verſchiedene Grabmale unſerer Landsleute, der Dänen und Engländer, welche, wie die Schriften auf den Grabſteinen zeigen, hieſelbſt vor einigen Jahren beerdigt worden. Höher hinauf ſind franzöſiſche Gräber, welche ein hölzernes Kreutz bezeichnet. Für jede Leiche, die hier beerdigt wird, erlegt man den Chineſern 1 Tel, 4 Mes, 8 Kanderin. Noch höher ſind einige chineſiſche Gräber, und ganz zu oberſt wachſen Fruchtbäume als Langann ꝛc. und die chineſiſche Fichte (*Abies* chinenſis).

Das

Das Erdreich auf den Höhen ist eine röthliche Sanderde, welche sich durch die starke Hitze öfters zu einem mürben Sandsteine zusammensetzt, die Oberfläche ausgenommen, die durch Dünger- und Dammerde locker erhalten wird. In diesen Hügeln liegen kleinere und größere Quarzsteine, von welchen einige dem Cristalle ähnlich, aber trübe und wie schlechtes Schreibpappier aussehen. Die höchsten Hügel tragen wenig anders, als einige trockne Grasarten und, wie wohl sehr sparsam, Bäume. Man gebraucht sie derowegen zu Begräbnißplätzen und zu Hutungen; übrigens aber ist es etwas sehr seltenes, ein Stücke Land zu sehen, das nicht zu Gärten, Plantagen oder Acker angebauet seyn sollte. Man unterhält hier wenig Rindvieh; was aber hiedurch an Dünger abgeht, wird durch eine andere und bereits erwehnte Art desselben, und überdiß mit Knochen, Asche, Haaren, Bärten und mehr dergleichen, das bey uns auf keine Weise genutzet wird, ersetzet. Die Chineser unterlassen nicht, die Knochen sorgfältig zu sammlen, die sonst von den europäischen Schiffen in den Strom geworfen würden. Man hat mir gesagt, daß sie dieselben brennen, und eine Lauge aus dem Ueberbleibsel ziehen, mit welcher sie die baumwollenen Zeuge waschen, die in China allemal weisser, als bey uns werden; daher diese Sache zu versuchen stünde.

Die Baumwollpflanze, (*Gossypium* herbaceum,) stand jetzo in Blüthe und hatte auch Früchte. Man säet sie auf die hohen Aecker jährlich, und zwar gewöhnlich in Reihen, die eine halbe Elle von einander entfernet sind.

Das Indigogewächs (*Indigofera* tinctoria) auf Chinesisch Täng-ann oder Wa, wird jährlich auf

auf hohen Stellen gepflanzet und blühet beynahe mit der Baumwolle zugleich.

Amaranthus tristis, oder das In-sáj der Chineser wuchs hier auch. Man hat mir gesagt, daß die Blätter als Kohl gebraucht würden.

Solanum diphyllum gleichfals, aber ungemein sparsam.

Zuckerrohr (*Sacharum* officinarum) auf Chinesisch Ki-á war zwischen den Hügeln reihenweise gepflanzet. Die Stauden waren jetzo zusammen gebunden, damit sie sich nicht niederlegen sollten. Sie waren über einen Faden lang, ich konnte aber weder jetzo noch nachher, eine Blume entdecken. China ist also noch nicht sein rechtes Vaterland, sondern ein viel wärmerer Himmelsstrich.

Reis (*Oryza* Sativa) *) heißt auch Chinesisch Wáa, so lange er auf der Wurzel steht, und Wá-Káck wenn er ungemahlen ist. Die Reisgrütze heißt, ehe sie gekocht ist, Maj, und gekocht Fann. Man säet den Reis anfänglich im April auf hochliegenden Orten; wenn er aber ohngefehr eine halbe Elle hoch gewachsen ist, so wird er aufgegraben, und staudenweise in Reihen auf tiefen und so niedrigen Leimgrund verpflanzet, der durch die Fluth allemal 6 Stunden mit Salzwasser überschwemmt wird, welches die folgenden 6 Stunden zurücke tritt. Der Reis erfordert also natürlich Ebbe und Fluth und ein warmes Clima. Wäre diß nicht, so würde es sich die Mühe verloh-

---

*) Aus diesem Berichte kann man urtheilen, ob es möglich sey, bey uns in Teutschland Reis mit Vortheil zu bauen.

verlohnen, ihn bey uns am Strande zu pflanzen; der Boden, auf welchem er wächset, wird von den Ostindienfahrern Paddygrund genannt, und besteht größtentheils aus einem blauen Thon, der von Dünger und dergleichen obenauf braun aussiehet. Die Chineser bedienen sich sowohl auf den Reis- als andern Feldern der Art von Dünger, welche wir verwerfen, wiewohl nicht in Menge; dieser verursacht auf den Aeckern an trocknen Orten, wenn er nemlich darauf gebracht wird, einen entsetzlichen Gestank; hier aber wird er durch das Wasser so temperiret, oder auch weggespühlet, daß man ihn nicht sehr bemerkte. Man bringt den Dünger an die innersten Buchten des Wassers, damit wenn dasselbe landeinwärts ströhmet, der ganze Acker sein Theil bekommen möge. Wo das Wasser den Acker nicht überschwemmen kann, da hilft man dieser Ungemächlichkeit durch Wassermaschinen oder auch auf die kürzeste Weise dadurch ab, daß sich zween Chineser an das Wasser stellen, und den Acker mit Eimern begießen. Sie befestigen an jedem der beyden Ohren des Eimers einen Strick, stellen sich gegeneinander über, jeder drehet sein Stück Strick zusammen, sodann senken sie den Eimer ins Wasser, und wenn er voll ist, so zieht ein jeder an seinem Stricke, wodurch sowohl der Eimer aus dem Wasser gezogen, als auch durch den zusammengedreheten sich nun wieder entwickelnden Strick umgestürzt wird, daher das Wasser über die höhern unüberschwemmten Plätze laufen kann. Man bemerkt auf ihren Reisfeldern nicht eben sonderliche Gruben, sondern an einigen Orten kleine Canäle, damit sie in der Erndte mit ihren Booten dazwischen kommen und den gemäheten Reis in denselben weg und auf höhere Plätze zum Trocknen führen können, nachdem sie

vorher

vorher den Zehenden davon im Zolle abgeliefert haben. Diese Getreydeart schüttet überflüßig, kostet aber auch Mühe genug. Das Brod, welches hier für die Europäer gebacken wird, von welchem jetzo das Katje 4 Kanderin, 2 Kas kostete, ist nicht von Reis (denn das Reismehl gähret nicht,) sondern von Weitzen, welcher sowohl, als Rocken und Gerste, tiefer im Lande wachsen soll. Wenn die Chineser Reismehl darunter mengen, welches oft geschieht, wenn man nicht genau Achtung giebt, so wird das Brod schwerer und unschmackhafter.

Um die Höhen wurden verschiedene rare Pflanzen gefunden, unter diesen waren:

Polygonum barbatum auf Chinesisch Kajong-moa.

Polygonum orientale Chinesisch Jong-moa.

Rhamnus (lineata) inermis, floribus hermaphroditis, foliis ovatis integerrimis multinerviis. S. Tab. 7. Ein Strauch, der bis anher von den Pflanzenkennern übergangen worden ist. Er wird oft Manns hoch, und ist wegen seiner kleinen schönen Blätter merkwürdig, welche unten gelbgrün sind, und rothe Adern haben. Die Staubbeutel sind schwarz.

Valeriana chinensis.

Hedysarum triflorum.

Nardus ciliaris auf den Höhen.

Viscum baccis rubentibus KAEMPF. amoen. 785.

Convallaria chinensis foliis linearibus, corollis sexpartitis. Diese Mayenblume ist gleichsam das Mittel zwischen der Scilla und Convallaria; sie wächst unter und mit der *Canna* indica im Schatten.

Am Wege wuchs hier

Torenia asiatica und an mageren Orten:

Lawsonia inermis

Melastoma malabathrica mit schönen rothen Blumen.

Hedysarum hederocarpon

Urena lobata

Aira seminibus hirsutis, aristis terminalibus flore longioribus

Scirpus (chinensis) culmo triquetro subnudo, spicis ternis sessilibus terminalibus, involucro diphyllo reflexo; eine Grasart mit langen schmalen Blättern, deren eines, welches bey der Aehre sitzet, die übrigen an Länge weit übertrifft. In des van Reede Hort. Malab. Tom. 12 p. 71 t. 38 findet man unter dem Namen Motta pulla eine Abbildung desselben.

Ixora coccinea auf Chinesisch Känläng-fa oder Käyserblume, ein Strauch oder kleiner Baum, der hier überall auf den Höhen bis eine Elle hoch wächset, aber die schönsten hochrothen Blumen hat, welche wie ein Straus büschelweise an den Spitzen der Aeste sitzen. Ich machte bey derselben folgende Anmerkungen: Die Abschnitte der Blumendecke sind stumpf. Die Röhre der Krone ist sehr lang. Die Staubfäden sehr kurz an den Einschnitten des Randes eingelenkt. Die Staubbeutel länger, spitzig, herunter gebogen: Der Fruchtknoten sehr klein, und ein wenig kürzer, als der Kelch; Der Staubweg fadenähnlich, länger als die Blumenröhre. Die Narbe ziemlich dick. Die Blätter stehen gegeneinander über, sind oval, ohne Einschnitte fast stiellos und glatt. Dieser prächtigen Blumen wegen hat dis Bäumchen in den chinesischen Lustgärten Platz bekommen, in welchen es Mannshoch, wo nicht noch höher wächset. Es fällt mir hierbey ein, daß wir in Schweden so prächtige Blumen wild wachsend haben, die, wenn sie in Gärten verpflanzet würden,

besser

besser aussehen möchten, als viele derer, die wir zur Zierde von den entlegensten Orten holen.

Zwischen den Steinen auf den Hügeln wuchs:

Nauclea orientalis

Spermacoce verticillata die Staubbeutel sind länglichrund und stehen aufgerichtet. Der Stempel ist länger als die Krone; Der Fruchtknoten klein. Der Staubweg haarig. Die Krone ist abwärts zusammengerollt. Die Blätter lanzeförmig, entgegengesetzt, neunnervig, höckrig. Die Blumen wirbelförmig gestellt.

An den Reisäckern blühete:

Verbesina prostrata.

  - - calendulacea.

An den Anhöhen stand

Polygala ciliata.

Lycopodium varium

  - - nudum

  - - cernuum

Polypodium cristatum

  - - Barometz

Iungermannia chinensis DILL. *Musc.* b 4. f 4.

Lichen chinensis oder Lichenoides glaucum perlatum suptus nigrum et cirrhosum DILL. *Musc.* 147 *t.* 20. *f.* 39.

Agaricus (chinensis) stipite albo, spithameo, pileo lutescente.

222. *Blechnum* occidentale

Trichomanes chinensis. Tab. 6.

Cancer oryzae kleine rauche Krabben, krochen in den Reisfeldern herum.

Solanum indicum wuchs bey den Gräbern. Auf diesem stachlichten Gewächse fand ich eine Raupe, die ich in meiner Hütte bis zu ihrer dritten und letzten

ten Verwandlung in einem Zweyfalter aufbewahrete und pflegte. Die wunderbaren Schicksale dieser kleinen Geschöpfe können uns elende Menschen, die wir in dem göttlichen Worte billig mit den Würmern verglichen werden, zu den herrlichsten Gedanken Anlaß geben. Der Wurm hatte in seinem ersten Zustande seine Welt sehr mühsam durchkriechen müssen, so kriechen wir auch auf dieser Erde einher, und suchen unsern Unterhalt oft nicht ohne große Beschwerden: wie viele unnöthige Wege gehen wir nicht; wir sind unzählbaren Gefahren bloß gestellt: der eine Wurm schonet auf dem Wege des andern nicht. Und so wie der Wurm in der folgenden Verwandlung zur Puppe, sich in ein finsteres Gehäuse begiebt, in welchem er nach allem denkt, was ihn vorhin vergnügte, nichts fraget; so gehen auch wir in das düstere Grab, in welchem wir ruhen bis zum Ende der Tage. Wenn der Wurm aber seine bestimmte Zeit in seiner engen Wohnung ohne alle Nahrung zugebracht hat, so erscheinet er endlich in der dritten Verwandlung in seiner wahren Vollkommenheit und Pracht, nicht selten mit den lebhaftesten Farben gezieret. Eine herrliche Erinnerung, daß das Grab unsere Leiber ebenfalls nicht ewig behalten soll, sondern daß wir endlich bey der allgemeinen Auferstehung, am letzten der Tage, mit Herrlichkeit bekleidet hervor gehen werden.

Larva Solani indici. Sie ist glatt, mit dem Kopf- und Schwanzgliede spannenlang, und von der Dicke einer Adlerfeder. Das Kopfglied hat an den Seiten eine schwarze Linie. Das Maul ist groß. Die Fühlhörner sind unten am dicksten, weiß, mit schwarzbraunen Spitzen und 2 schwarzen Ringen. Die drey paar Forderfüße sind schwarz, mit Nägeln versehen, weiß punctirt und sitzen an dem 1ten,

2ten und 3ten Gliede vom Kopfe an gerechnet. Die 5 paar Hinterfüße sitzen am 7, 8, 9, 10ten und Schwanzgliede, sie sind kürzer, abgestumpft, grün, und an den Spitzen wie mit kurzen Borsten versehen; an dem 5ten, 6ten und 7ten Gliede sind keine Füße. Der Leib ist unten grün. An den Seiten sind 9 schwarze Flecke. Die gleichseitigen Dreyecke (von welchen das eine das andere umfaßt,) welche von dem 4ten Rückengliede an bis zum Schwanze an jedem Gliede stehen, sind grün, gelb und blau schattiret, (das unterste ist gelb) und an beyden Seiten schwarz punctiret. Der Schwanz ist hornförmig zugespitzt, und besteht aus vielen Gliedern.

Croton sebiferum ernährte eine andere Gattung Raupen, (*Larva* fenestrata?) die sich die folgende Nacht zu Puppen verwandelten. Die Raupen waren grün, mit vielen Reihen blauer Buckeln. Von ihrer Verwandlung in Nachtvögel wird unterm 3ten Februar künftigen Jahres Nachricht gegeben werden. Auf dem Wege ward außer der *Cassida* cinerea auch ein schwedisches Insect, *Coccinella* septem-punctata, gefunden, welches zufällig von Europa und gleichsam zur Auswechslung gegen die *Blatta* orientalis, hieher geführet zu seyn schien.

Den 14 Septembr.

Der Hoppo oder Oberzollinspector (s. vorher S. 140.) dessen Geschäffte unter andern ist, die ankommenden europäischen Schiffe zu messen, kam heute zu uns. Er schickte seine eigene mit rothem Tuch überkleidete Treppe, auf welcher er auf das Schiff steigen sollte, voraus, und kam nachher in einer großen roth angestrichenen Sampane, unter Begleitung einiger Musikanten, welche auf dem Wege zu seinem Vergnügen dienten. In seinem Gefolge

Gefolge waren außer seinen Bedienten, Büttel und Soldaten, welche alle ihre Abzeichen hatten, einige hatten Federn auf den Mützen, andere Säbel an den Seiten, einer hatte ein G henk auf der Achsel, und einer hielt das Parasol über ihm, als er auf das Schiff stieg. Nachdem er sich niedergelassen hatte, befahl er zweenen seines Gefolges, die Länge und Breite unseres Schiffes mit einem Stricke zu messen; eine Ausmessung, die sehr hoch zu stehen kam, denn nach seinem Ausspruche muste unser Schiff 600 Piasters oder gegen 6000 Thaler Kupfermünze an Zoll erlegen. Er schenkte dagegen auf das Schiff nach Gewohnheit 2 lebendige Ochsen, 8 Säcke Mehl, 8 Krüge chinesischen Wein u. s. w.

224.

Es geschahen sowohl bey seiner Ankunft, als auch, da er abgieng, 16 Ehrenschüsse.

Den 15 Septembr.

Ein chinesischer leuchtender Wurm saß an der Decke der großen Kajüte, und gab im Finstern einen ansehnlichen Schein von sich. Es ist:

Cantharis (chinensis) thorace et elytris testaceis apice nigris. Die Brust und die Flügeldecken haben erhobene Ränder. Der Schild ist schwarz. Die Flügel sind schwarz; die Füße schwärzlich. Der letzte Bauchring ist bräunlichgelb; der vorletzte aber unten weiß, und dieser ist es, der des Nachts wie Feuer leuchtet. Die beyden Ringe, welche diesem die nächsten sind, sind schwärzlich. Die Brust ist bräunlichgelb.

Den 17 Septembr.

Ich ließ mich bey dem Bengsal an Land setzen, bey welcher Gelegenheit ich den *Gobius* pectiniroſtris und niger, welche bereits vorhin S. 130. 131. beschrieben worden, abermals zu sehen bekam. Von Kräutern aber blühete nur:

Cyperus odoratus. Der Stengel desselben ist dreykantig, an der Wurzel aber rund, mit einem kurzen, ebenen, abgestumpften Blatte, welches unten den Stengel umgiebt.

Den 18 Septembr.

Heute kam das erste chinesische Boot, mit Porcellain in Kisten und Ballen für die Rechnung der Compagnie, und 10 chinesischen Jungens, welche Werk pflücken sollten an Bord.

Den 22 Septembr.

Nach gehaltener Predigt und Communion reitzte mich die angenehme Witterung, eine Reise vom Schiffe nach der Franzoseninsul vorzunehmen, woselbst ich folgende Kräuter blühend fand:

225. *Barleria* cristata (Tab. 8.) Chinesisch Abkeisa, ist ein Strauch, der über 3 Ellen hoch wird. Der Stamm ist so schwach, daß er nicht ohne Stütze aufrecht stehen kann. Die Blumen, welche blau sind, fallen leicht ab. Die Blumenröhre ist gebogen; an dem Untertheile derselben sind die Staubfäden fest, von welchen außer einem unfruchtbaren, zweene sehr kurz und zweene so lang als die Pistille sind. Die obere Lippe der Krone ist breit und oval, die untere ist viertheilig, mit langen scharfen Spitzen.

Chinesische Pompen (*Cucurbita* chinensis) standen hie und da wild, an andern Orten aber waren sie an den Häusern mit Stöcken oder Sträuchen unterstützet.

Con-

Convolvulus Pes caprae, eine Pflanze mit dicken Blättern, deren Stengel auf dem Strande liegt und denselben mit ihren rothen Blumen zieret.

Urena (chinensis) caule erecto, floribus majusculis, wuchs unten um die Berge herum.

Von einer Mauer nicht weit vom Strande hing die *Verbena* nodiflora mit ihrer Blume herab. Ich fand sie an keinem andern Orte. Sie gehöret zu denenjenigen Kräutern, welche ausweisen, wie sehr sich Asien und America gleichen. Man findet sie an beyden Orten.

Pakock-fa oder *Morinda* umbellata? wuchs nebst der *Periploca* graeca am Strande. Die Blumen der letzten sind wegen ihrer Sammetfarbe eine Zierde unserer Draugerien.

Mussænda frondosa ist ein Strauch, den die Chineser Kauli-mäng nennen. Er erreicht die Höhe einiger Ellen, und stützet sich, seines schwachen Stammes halber, gerne an andern Bäumen. Er breitet seine Zweige über die europäischen Gräber. Seine Gestalt ist folgende: Die Blumendecke ist einblättrig, sechstheilig, borstig; die Abschnitte lang, gleichbreit, lang zugespitzt. Der Schlund (faux) der Krone ist haarig, die Mündung (lin.bus) derselben ausgebreitet, horizontal, sechstheilig, mit zugespitzten Abschnitten. Der Staubfäden sind gewöhnlich 5, bisweilen 6 und auch wohl 7, alle sehr kurz, mitten in der Röhre befestigt. Die Staubbeutel sind aufgerichtet, gleichbreit, vielmal länger als die Fäden, und berühren an der Mündung einander. Der Fruchtknoten ist beynahe rund. Die 2 verwachsenen Staubwege sind fadenähnlich; die beyden Narben einfach. Der Stamm ist rund, haarig, bräunlich. Die Blätter stehen

226.

gegen-

gegeneinander über, sie sind lanzettförmig, gestielt, ungetheilt, zurückgebogen, fünfadrig und (besonders unten) wollig. Die Blumen sitzen an den Enden der Aeste nahe aneinander; sie sind gelb, und bisweilen mit ovalen weißen gestielten Deckblättern (bracteae) versehen. Das Saamengehäuse ist länglichrund, einfächerig. Die Saamen sind zahlreich, und sehr klein. Sein Standort ist nahe an dem Ufer zwischen dem *Zanthoxylum* trifoliatum und an mehrern Orten.

Den 23 Septembr.

Es kam das andere Boot mit Porcellain am Bord. Die Witterung war schön.

Kai=po=y (*Tetraodon* ocellatus) ist einer der schönsten Fische, die ich je gesehen habe, aber so giftig, daß ein Mensch, der davon isset, in 2 Stunden des Todes seyn kann. Der Chineser, der mir dieses sagte, und sahe, daß ich ihn in die Hände nahm, erinnerte mich ernstlich, mir unverzüglich die Hände zu waschen, und fügte hinzu, daß es sehr hart verboten sey, ihn unter andern Fischen zu verkaufen. Er ist dem *Tetraodon* lagocephalus sehr ähnlich und kann sich willkührlich aufblasen, da denn sein Vordertheil der Brust einer Kropftaube gleich siehet. Er ist aber doch in einigen Stücken von letztgedachtem Fische unterschieden, als in der Zahl der Rückenflosfederstralen, die in ein und derselben Art nicht leicht verändert angetroffen wird, welches sich bisweilen mit den übrigen Flosfedern ereignet; die Farbe und mehrere weniger beständige Kennzeichen zu geschweigen, die aber dennoch zusammengenommen, ihn von allen übrigen Fischen ziemlich gut unterscheiden.

Dieser

Dieser Fisch hat an jeder Seite eine Kieferöfnunz. Die Rückenflosfeder ist einzeln, der Afterfloßfeder gerade über, oval, und hat 15 Strahlen. Die Brustfloßfeder hat 18 getheilte Strahlen. Die Bauchfloßfedern fehlen. Die Afterfloßfeder ist oval und eilfstrahlig. Das Schwanzgefieder ist abgestumpft und hat 8 ästige Strahlen. Die beyden letztgedachten Floßfedern kann er willkührlich von einer Seite zur andern bewegen. Der Körper ist rundlichoval, mit einem Fell bekleidet und kaum eine Viertelelle lang. Der Rücken ist grün. Die Seitenlinie ist gebogen, die grüne Farbe des Rückens gehet etwas über dieselbe, weiter herunter aber ist er weiß. Die Brust und der Bauch sind gleichsam mit dicken Fäden oder weißen Röhren bedeckt, welche man am besten bemerkt, wenn man über den Fisch mit der Hand von dem Bauche nach dem Kopfe in die Höhe streicht. Hinter den Brustfloßfedern laufen 2 brandgelbe Flecke von dem Rücken, und ein Kreis von eben dieser Farbe umgiebt die Rückenfloßfeder. Der Fleck in dem Kreise ist schwarz. Der Kopf ist etwas platt, oval; Das Maul rund und klein. Die Kinbacken sind einander gleich und bestehen aus 2 Knochenscheiben. Mitten im Maule siehet man 2 Zähne, welche mit beweglichen Lippen bedeckt sind. Die Zunge ist einigermaßen rund. Die Augen sind klein, nackt und rund. Der Stern im Auge ist schwarz, die Augenzirkul gelb. Die Nasenlöcher sind klein, dichte an den Augen. Der Fisch war in dem cantonischen Strome gefangen, und wurde mir von einem bescheidenen Matrosen, der darzu kam, als ihn ein Chineser fing, gegeben.

227.

Den 25 Septembr.

Heiteres Wetter.

Ein kleiner Vogel, der sehr gut sang, wurde bey den Reisäckern, woselbst er von dem Reis seinen Unterhalt suchen wollte, geschossen. Es war:

Lanius Schach*). Er hatte folgende Bildung: Der Schnabel ist kurz und schmal, die obere Kinlade ist die längste, sie ist an der Spitze scharf und gebogen, am Kopfe hat sie 7 oder auch mehr Borsten; Die untere Kinbacke ist fleckig. Die Zunge vorne eingerissen. Er hat in jedem Flügel 16 Schwungfedern. Die Schwanzfedern sind lang, die beyden mittelsten aber doch länger, als die übrigen. Die Stirne und die Gegend um die Augen sind schwarz. Die Flügel sind oben schwarz, unten aber und zwar nach innen weißlich, nach außen aber ganz weiß. Der Kopf, der Hals und der Vordertheil des Rückens sind aschfarben. Der Hintertheil des Rückens und der Steis sind roth. Oben ist er röthlich mit weiß untermengt. Die Schenkel sind mit Dunen bekleidet. Die Beine und Füße nackt und schwärzlich. Er hat 3 Vorder- und einen Hinterzeh, welcher letztere so lang als der mittelste Vorderzeh ist.

Den 27 Septembr.

Mehrentheils heitere Witterung.

Ich ließ mich mit einem chinesischen Boote auf die dänische Insul, die auf Chinesisch Tsjangti-âo genannt wird, setzen. Diese ist ein Land ohne Waldung, welche von der Französeninsul nur durch einen

---

*) The crested red or russit Butcherbird. EDW. 54.

nen Strom abgesondert wird, in der Beschaffenheit des Bodens aber derselben völlig ähnlich ist, und wie jene, Hügel, angebaute Thäler, und auf den niedrigen Stellen an dem Strome Reisfelder hat. Oben auf den Bergen ist selten etwas gepflanzt, weil es die Sonne, doch nur verbrennen würde, und die Hirten trieben ihr Vieh darauf. An einem oder andern Orte waren chinesische Grabmähler, nach dem cantonischen Strome; hier aber sahe man europäische.

Ich traf hier folgende Naturalien an:

Coccinella 4 pustulata? Die fordern Flecke nahe am Kopfe sind rhomboidalisch, in die Quere gestellt; die hintern sind runde Punkte, an deren Seiten mit blossen Augen kaum sichtbare Tüpfelchen stehen.

Andrachne fruticosa. Die männliche Pflanze hat keinen Kelch. Die Krone ist Glockenförmig, zurückgerollt, sechstheilig, grün; ihre Abschnitte sind sehr kurz, und der Rand gleichsam gekerbt. Die weibliche Pflanze hat keinen Kelch; einen Fruchtstock; drey Staubwege und 6 Narben. Die Capsel ist beynahe rund, 6 fächerig, mit 6 Saamenkörnern. Die Blätter sind oval, oben glatt, unten wollig. Beyde wachsen strauchig.

Clerodendron fortunata (Tab. 11.) wächst bey den europäischen Gräbern; und ist bisher noch von keinem Kräuterkenner beschrieben worden. Die Pflanze riecht wie Biesam, wodurch sie sich von allen bey den Gräbern wachsenden Kräutern unterscheidet. Auf Chinesisch wird sie Katág=näng genannt. Die Blumendecke ist einblättrig, eckig, roth gefärbt, fünftheilig, und bleibt nach abgefallner Blume stehen; die Abschnitte derselben sind oval;

zugespitzt, so lang wie die Röhre der Blume, aber breiter als dieselbe. Die Krone ist einblättrig, fünftheilig; die obere Lippe dreytheilig, zurückgerollt; die untere zweytheilig, niedergebogen. Die Staubfäden sitzen am Schlunde, sind unten bärtig und länger als die Krone; zween derselben sind ein wenig kürzer, als die übrigen. Der Fruchtknoten ist eyförmig; der Staubweg fadenähnlich und kürzer als die Staubfäden; die Narbe spitzig, zweytheilig. Die Steinfrucht (drupa) steht paarweise beysammen, ist grün, und mit dem Kelche umgeben. Die Pflanze ist ästig, etwan einen Fuß hoch, und riecht wie Moschus. Die Blätter sind gestielt, gegenüber sitzend, mit ganzen Rändern, ziemlich glatt, adrig. Die Blumenstiele befinden sich innerhalb der Blattwinkel, und jeder trägt mehrere Blumen.

Gerardia glutinosa. Tab. 9.

Ruellia ringens wuchs im Wasser am Strande überall, und war eine halbe Elle und drüber hoch. Sie unterscheidet sich von der *Ruellia* antipoda, welche mehrentheils mit dieser untermengt wächset, in folgendem: Die Blumendecke ist einblättrig, cylindrisch; fünftheilig, mit schmalen lanzettförmigen Abschnitten. Die Krone einblättrig, rachenförmig (ringens); die Röhre cylindrisch; der Schlund (faux) aufgeblasen; die Mündung zweytheilig; die obere Lippe zweylappig, zurück gebogen, die untere niedergebogen, dreylappig, inwendig punktirt (der Krone der Scutellaria ähnlich). Die 4 Staubfäden, von welchen die beyden untersten die kürzesten sind, hängen an der Unterlippe. Die Staubbeutel sind pfeilförmig, aufgerichtet. Der Fruchtknoten ist länglichrund; der Staubweg fadenähnlich, länger als die Staubfäden, und an

der

der Spitze gekrümmt; die Narbe ungetheilt, spitzig. Die Capſel länglichrund, ſchmal, zweyfächerig; ſie enthält nur 8 platte Saamen. Die Wurzel iſt ſtammig, kriechend. Der Stengel rund, aufgerichtet, einfach. Die Blätter ſitzen gegen einander, ſind geſtielt, lanzettförmig, glatt, etwas fleiſchig.

Cyperus Iria?
Cyperus dichotomus?
Filix indica polypodii facie. MENZ. pug Tab. 10.

Pangè-Ka (*Columnea* chinenſis?) nennen die 230. Chineſer ein Kraut, das hier am Strome überall, mehrentheils mit den vorhingenannten untermengt im Waſſer angetroffen wird und einen angenehmen Geruch hat. Es wird ſich ſchwerlich unter eines der bisher bekannten Geſchlechter bringen laſſen, welches aus folgender Beſchreibung erhellet: Die Blumendecke iſt doppelt; die untere zweyblättrig, ſehr klein, mit zugeſpitzten Blättern, die obere fünftheilig mit ſchmalen lanzettförmigen Abſchnitten, welche kürzer als die Röhre der Krone ſind. Die Krone iſt einblättrig; die Röhre cylindriſch; der Schlund bärtig; die Mündung fünflappig, die Lappen ovalförmig. Der Einſchnitt zwiſchen zween Lappen an der einem Seite iſt flächer als die übrigen, an dieſer liegen die Piſtille und Staubträger und werden von dem Barte umgeben. Die 4 Staubfäden ſind fadenähnlich, zween davon kürzer; ſie hängen paarweiſe zuſammen. Die Staubbeutel ſitzen an den Seiten und ſind klein. Der Fruchtknoten iſt eyrund; der Staubweg fadenähnlich; die Narbe ſtellt einigermaſſen einen Hut vor (ſubcapitatum) und iſt niedergebogen. Die Capſel iſt oval und enthält viel Saamen. Das Kraut hat einen auf der Erde liegenden

rum

runden, dicken, fleischigen, haarigen Stengel. Die Blätter sind länglichrund, gesägt. Die Blumen stehen in den Blattwinkeln, auch an den Spitzen, von blauer Farbe; die Blumenstiele sind rauch. Der Standort ist das Flußufer.

Justicia purpurea zierete die europäischen Gräber. Diese Pflanze ist den Kräuterkennern bisher ebenfalls unbekannt gewesen. Sie heißt auf Chinesisch Happ=kei=li oder Happ=kei=sa. Die Blumendecke ist doppelt, (worinn sie von den übrigen Arten der Justicia abweicht) einblättrig, walzenförmig, die äussere endigt sich in vier Zähne, die innere in fünf Borsten, letztere ist kürzer, wird von der äussern bedeckt, und schließt den Fruchtknoten ein. Die Krone ist einblättrig; die Röhre derselben walzenähnlich; die Mündung rachenförmig; die obere Lippe länglichrund, an der Spitze breit, dreytheilig; die untere Lippe klein, gleichbreit, an der Spitze eingerollt. Die 2 Staubfäden sitzen an den Einschnitten der Krone, sie sind pfriemförmig, und nach innen bärtig; die Staubbeutel länglichrund und aufgerichtet. Die Pistille hat mit den Staubträgern gleiche Höhe; der Fruchtknoten ist eyförmig, klein; der Staubweg fadenähnlich; die Narbe ungetheilt. Der Stengel ist beynahe rund,

231. sehr ästig, ohngefähr einen Fuß lang. Die Zweige gehen wie Aerme aus den Blattwinkeln horizontal heraus, an der Einlenkung sind sie dicker, zweyspaltig (dichotomi). Die Blätter sind oval, gestielt, an beyden Enden zugespitzt, glatt und ohne Einschnitte. Die Blumen sind roth, und formiren oben und an den Seiten der Zweige weitläuftige Aehren. Die Deckblätter (bracteæ) sind lanzettförmig. Diese Pflanze, die das Ansehen der *Galeopsis* Tetrahit hat, ist ein Zierrath der europäi=

schen

schen Gräber, wie ich sie denn an keinem andern Orte angetroffen habe.

Barkea frutescens (Tab. 1.) ist ein kleiner Strauch, der ¼ Elle oder etwas drüber hoch wird, der Stabwurz ähnlich siehet, und einen angenehmen Geruch hat. Ich legte etwas davon auf der Rückreise in meinen Kasten, und bewahrete dadurch meine Kleider für den Motten. Sie heißt auf Chinesisch Tiong-ma. Diesesmal ward sie zuerst nach Europa geführet, und ist in LINNÆI *Species Plantarum* beschrieben. Ihre Blumen sind klein, weiß und haben mit dem Geruche der Schlüsselblumen etwas ähnliches.

An den Zäunen stand in Blüte:

Bryonia cordifolia.

Hedysarum pulchellum.

- - triquetrum. Kasäng-sö auf Chinesisch. Es wird Manns hoch und wächset sehr ästig.

Sigesbeckia orientalis, Chinesisch Chimag, erhielt seine Unterstützung von einem andern Strauche am Wasser, der Fo-kai genannt ward.

Volckameria inermis am Strande. Ich habe 5 Staubträger in den Blumen gezählt. Die Blumen waren weiß.

Katong-qua, ein Strauch. Die Krone ist viertheilig, hat 4 Staubfäden, und eine Pistille. Die Blätter sind herzförmig, dick. Er klettert an andern Gewächsen in die Höhe.

Conyza hirsuta, auf Chinesisch Kylat-soj.

Panicum glaucum.

Kaj-in, hat 4 Staubfäden. Die Pistille übertrift die Staubfäden an Länge. Die Blumen sind blau. Die Blätter lanzettförmig, auf der unteren Seite wollig.

Ophio-

232. *Ophioglossum* scandens, auf Chinesisch Ka,in, se flicht sich um andere Gewächse.

Rhus chinense, auf Chinesisch Monchi, blühete bey den Gräbern.

Rhus (javanicum) germine rubro. Chinesisch Taj=scha.

Pteris semipinnata, Chinesisch Ka=lao S. Tab. 3. fig. 1.

Waltheria indica. Ihre Blume ist gelb, die Blätter sind wollig und zurückgebogen.

Rhamnus Thea, oder Armen=thee, ist ein Strauch, welcher eine Klafter hoch wächset, und dessen Blätter unserem gemeinen Thee gleichen; die Blumen aber gehören in die erste Ordnung der fünften Classe des Linnäischen Pflanzensystems, sie sind sehr klein und stehen auf den Spitzen der Aeste, welche wiederum in kleinere Aestchen getheilt sind. Die Armen gebrauchen die Blätter als Thee; hier aber diente er zu einer Hecke. Auf Chinesisch ward er Tia genannt.

Min tao, *Dolichos* scandens floribus cæruleis magnis.

Panicum alopecuroideum.

An dem Ufer wuchs:

Alopecurus hordeiformis.

Cyperus haspan oder Cyperus litorum echinato capite. cfr. Ily Mullu. *Hort. Mal.* 12. Tab. 175. wuchs am Strome.

Auf den Bergen stand:

Ocimum gratissimum.

Bartramia indica. Chinesisch Hongfa=mo.

Der kriechende *Convolvulus* hirtus mit seinen gelben Blumen, auf Chinesisch Teeqwa.

Cynosurus ægyptius.

Ischæmum aristatum.

Helicteres angustifolia, auf Chinesisch Kaj-ma, welches bisher noch nie gefunden worden war.

Ausser den bereits angeführten eßbaren Wurzeln pflanzet man hieselbst noch eine Gattung, welche ganz weiß aussieht, von Größe eines Taubeneyes ist, und auf Chinesisch Fai-schin genannt wird. Die Pflanze ist *Arachis* hypogæa.

233.

Wir wurden auch dreyerley Vögel ansichtig, die wir an mehreren Orten dieser Gegend antrafen:

Len-kao, welche sich Schwarmweise zusammen hielten.

Chinesische schwarze Raben mit weissen Hälsen.

Datt-sau oder grau gesprenkelte chinesische Aelstern. Desgleichen:

Chinesische Heuschrecken (Whom-ma) oder *Gryllus* viridis, capite acuminato, obtuso, ense adscendente.

Den 3 Octobr.

Der kalte Nordwind fieng nun an die Mücken, die uns lange genug gequälet hatten, zu tödten.

Den 6 Octobr.

Schönes heiteres Wetter.

Nach der Predigt ruderte ich mit einem chinesischen Boote nach der Franzoseninsul, auf welcher ich ausser den bereits angeführten Gewächsen, längst dem Strome noch folgende fand:

Mimosa (chinensis) inermis, stipulis, foliolo longe majoribus, semicordatis. Die Blätter sind 7- oder 8-parig. Die Blättlein zahlreich, beynahe lanzettförmig, aber am

Grunde mehr abgestumpft. Sie unterscheidet sich von den übrigen Arten ihres Geschlechts besonders durch die grossen, halbherzförmigen Blattanhänge (stipulæ) welche am Stamme sitzen und denselben umgeben. Die Blumen habe ich nicht gesehen.

Lichen (Euphorbiæ) foliaceus pulverulentus.

Aralia chinensis, welches ein Bäumlein von ein paar Ellen Höhe ist, eine Krone formiret, und fast überall Dornen hat. Auch die Hauptribben der Blätter (rachis) sind dornig. Die Blätter sind mehrmal zusammengesetzt (decomposita).

Hedysarum biarticulatum.

Senecio divaricatus.

Cacalia incana.

Aster indicus.

Poa angustifolia auf hochliegenden Aeckern.

Convolvulus reptans oder wilder Spinat, auf niedrigen Stellen zwischen den Reisäckern am Wege, niemals aber in trocknen Boden.

Der Baum Long-ann, dessen Frucht die Chineser, wie vorhin erwehnet ist, bey dem Thee essen, wächset auf den höchsten Berggipfeln, zu der Grösse mittelmäßiger Pflaumbäume. Die Blätter desselben verzehrte eine Gattung Raupen, deren Bildung folgende war:

Die Raupe ist weiß, länglichrund, borstig, gepudert; sie hat ausser dem Schwanze 11 Glieder, deren jedes mit 6 Borsten versehen ist, das letzte Glied ist an beyden Seiten blau und länger als die 3 ersten; das 4te Glied hat mittelmäßige Borsten, und die 3 ersten sind die kürzesten. Sie hat 3 paar Forder- und 4 paar Hinterfüsse, welche letztere stärker und dreygliedrig sind. Der Schwanz hat 2 Spitzen, und seine Seiten sind mit einem rothen Ringe gezeich-

gezeichnet, oben aber ist er mit einem blauen Puder bestreut.

Den 8 Octobr.

Schönes Wetter; bisweilen Regen.

Die Raupe, welche ich den 13 Septembr. auf dem indianischen Nachtschatten fand, und einige Tage Puppe gewesen war, verwandelte sich in einen Nachtzwenfalter. Sie kam sehr ungestalt hervor, so viel ich aber sehen konnte, so war es *Sphinx* Atropos, welche wir vorhin einmal auf dem Schiffe fiengen, als wir bey Java vorbey segelten. Siehe S. 89.

Den 11 Octobr.

Der Capitain des Schiffes der gothische Löwe, Herr David Shiermann, ersuchte mich, mit ihm in seiner Schaluppe nach Canton zu reisen, welches ich mit Vergnügen annahm. Wir giengen die Zölle vorbey und zeigten nur die Flagge.

Taschenspieler fanden sich in der Factorey ein, und erboten sich uns durch ihre Geschwindigkeit die Augen zu verblenden. Sie brachten unvermuthet lebendige Schlangen hervor, machten kleine Landschildkröten lebendig u. s. w. Die ganze Kunst aber wohnte in einer alten zerlappten Decke, welche auf den Fußboden ausgebreitet ward.

Den 12 Octobr.

Ich reisete heute in einem Palan-kin *) (siehe S. 142.) für 2 Mes und 5 Kanderin ohngefähr eine halbe Meile auf das Land, um die Beerdigung des holländischen Supercargeurs Roberts, der den 2ten dieses Monats in seinem 54 Jahre verstarb, mit

---

*) Kiao. B A I. *Muſ. lib. 1. p.* 48.

mit anzusehen. Es waren alle Capitains und Supercargeurs gebeten, sich um 2 Uhr Nachmittags einzufinden, und der Leiche bis an die gedachte Begräbnißstelle zu folgen. Auf der Hinreise sahe ich einige Kräuter, welche die alten Mauern der Stadt bedeckten; nehmlich:

Pteris vittata Tab. 4.

Barleria cristata. Ihre blauen Blumen waren an verschiedenen Orten eine Zierde der Mauer.

Ficus indica mit runden Feigen.

Urtica nivea, welche ich nirgends anders, als nur auf den Mauern von Canton gesehen habe.

Convolvulus reptans bedeckte die Gräber, bey welchen sich die Jungens mit Angelruthen in den Händen versammlet hatten. Zum Köder gebrauchten sie eine Gattung grosser Schillebolde (*Libellula* chinensis). Ich hörte, daß sie Frösche angeln wollten; bis hieher aber war ihre Arbeit fruchtloß gewesen. Es ist ein Glück, daß bey uns die Fischerey nicht so hoch gestiegen ist, als die Jägerey; denn wenn dieses wäre, so würden die Fische in unsern Landseen eben so selten seyn, als jetzo die Rehe in unsern Wäldern sind.

Justicia procumbens stand am Wege.

Eine gute Strecke ausserhalb der Stadt, der Landstrasse zur Rechten, gelangte ich an den europäischen Begräbnißplatz, welcher auf einer Anhöhe ohne alle Einfassung oder andern Unterschied von den übrigen Hügeln befindlich war. Die Leichensteine sind des darauf liegenden Schuttes &c. wegen nicht alle leserlich, indeß konnte man doch auf denselben sehen, daß auch schwedische Capitains und Supercargeurs ihre Reisen hieselbst hatten beschliessen müssen. Die Leiche, welche jetzo zur Erde bestattet wurde, ward von holländischen Grenadiers getragen.

Die

Die Procession folgte in Palankinen ohne Ordnung. Die hiebey befindlichen chinesischen Kaufleute trauerten mit weissen, langen, baumwollenen Tüchern, die als Ritterbänder über die gewöhnlichen Kleider gebunden waren. Diese Trauerzeichen theilte die junge Wittwe des Verstorbenen auch an die übrigen des Gefolges aus. Sie war in Batavia gebohren, hatte ihren Mann hieher begleitet, hatte aber mit vieler Mühe in die Vorstadt von Canton gelangen können. Wunderliche Leute hier zu Lande, welche fremdes Frauenzimmer nicht viel besser als contreband betrachten.

Auf das Grab ward ein schwarzer Leichenstein gelegt, auf welchen das Andenken des Verstorbenen mit grossen weissen Buchstaben auf Holländisch, mit etwas untermengten Latein, gegraben war. Es versammleten sich bey dieser Gelegenheit Leute aus allerley Sprachen und Zungen.

Die Chineser hatten bey dem Grabe verschiedene Zelte aufgeschlagen, und liessen die vorhandene Trauerversammlung durch ihre Seiltänzer belustigen.

Den 13 Octobr.

Nachdem ich abermals in der Factorey gepredigt hatte, wollte der Rest des Tages keine Reise ausser der Stadt mehr verstatten; ich gieng derowegen nur in die nächsten Gassen, um zu sehen, was für Besonderheiten etwau in ihren Kaufläden zu finden seyn möchten; denn die Chineser rechnen den Sonntag den übrigen Tagen gleich. Ich traf eine Gattung Leinwand an, die etwas rauh anzufühlen war, und von welcher man sagte, daß sie, so wie ein anderes ebenfalls sehr gebräuchliches braunes Zeug, von einer Rinde bereitet würde. Diese Leinwand war sehr weiß, und so schmal, als die vorhin angeführte Cantonische Baumwoll-Leinwand; sie war aber weder Baumwolle noch Leinwand. Der Flachs ist in den orientalischen Ländern etwas so rares, daß die Vermuthung derer nicht unwahrscheinlich ist, welche dafür halten, daß die köstliche Leinwand des reichen Mannes unsere gemeine Leinwand gewesen sey.

237.

Glycine Abrus, eine Art kleiner rother Erbsen mit einem schwarzen Fleck, wurden in den Buden der Höcker verkauft. Ich kaufte einige Stücke für die allerkleinste Münze; einige Kinder aber, welche diß sahen, versammleten sich um mich herum, und verlangten, daß ich ihnen davon mittheilen sollte, welches ich auch that, und froh war, sie auf solche Weise wieder loß zu werden. Man sagte mir, daß sie sich dafür Früchte kaufen könnten, daß selbige so wie die kleinste Scheidemünze gelten, auch bey dem Goldwiegen gebraucht würden.

Eine Gattung Bisam oder Zibeth, welche auf Chinesisch Waa-namm genannt ward, wurde in grossen Blasen aufbewahret, und viel wohlfeiler als diese Waare bey uns verkauft.

Buprestis maxima. *Mus. Reg. Suec.* 82. ein schönes grünes Insect, welches die Chineser getrocknet und bleyerne Flügel daran gesetzt hatten, die so gemahlt waren, daß sie Schmetterlingen ähnlich sehen sollten, war in den Gewölbern nebst andern Kleinigkeiten ebenfalls feil.

Des folgenden Tages begab ich mich wiederum am Bord, der Schiffsprediger aber auf dem Gothischen Löwen, Toreen, gieng nach der Stadt. Wenn zwey Schiffe zugleich in Canton liegen, so verrichtet mehrentheils ein Prediger die Amtsgeschäfte auf beyden Schiffen, und der andere in der Stadt.

Den

Den 18 Octobr.

Pack-fan-ny nannten die Chineser einen langen durchsichtigen weissen Fisch, der hier im Strome gefangen wird, welchen man trocknet, kocht und isset. Es ist *Albula* chinensis, und hat folgende Kennzeichen: Die einzele Rückenfloßfeder steht gegen den After hin, ist niedrig, rechtwinklich, 12 strahlig. Die Brustfloßfedern (ein wenig unterhalb dem Kopfe) sind oval, 10 strahlig. Die Bauchfloßfedern sitzen in der Mitte der Länge des Fisches; sie sind keilförmig, 8 strahlig. Die Afterfloßfeder ist einigermassen gegliedert, sie hat 26 Strahlen. Der Schwanz ist gabelförmig. Der Leib hat die Länge einer Spanne. Der ganze Körper ist weiß, durchsichtig und ohne Schuppen. Der Kopf ist schmal, lanzettförmig. Die Kieferdecke hat 2 Blätter. Die Kinbacken sind beynahe gleichlang. Die Zähne sind scharf, in den Kinladen befestigt und zurückgebogen. Die Augen haben ihren Platz an den Seiten, und sind beynahe rund. Der Körper ist bis an die Bauchfloßfedern fast rund, im übrigen aber etwas breit.

Rhamnus Oenopolia, auf Chinesisch Kog-ne-imm. Auf den Blättern fand ich eine *Larva* hirsuta luteo coeruleo-fusco- et albo variegata. Die Antennen derselben sind lang wie Barthaare, schwarz, am Grunde blau. Der Kopf ist braungelb gegittert. Der gegliederte Rücken ist gelb und weiß punctirt. Zwischen der dritten und 4ten Reihe Puncte sind 2 weisse harige Zöpfe. Zwölf paar (blaue) Erhöhungen hatten an den Seiten schwarze Haare, einige (weisse) auf dem Schwanze ausgenommen. Die 3 paar Forderfüsse sind braun, die 4 paar Hinterfüsse ebenfalls, ausser diesen ist noch

noch unter dem Schwanze ein paar. Die Raupe ist einen Zoll lang und einen schwachen Gänsefederkiel dick.

Conyza chinensis wuchs zwischen den Steinen an hoch liegenden Stellen; desgleichen:

Eriocaulon sexangulare.
Oldenlandia umbellata.
Mollugo pentaphylla.
Ammannia baccifera.

Urena (procumbens) floribus minoribus, ein kleiner Baum mit einem sehr niedrigen Stamme, dessen Zweige rund um auf die Erde hiengen. Ich fand hier nur einen einzelnen dieser Art und zwar auf dem Gipfel eines Berges. Bey dem ersten Anblick sahe dessen Fructification aus wie die von unseren Odermennig (Agrimonia).

Eine Pflanze, die der Bromelia glich, stand am Wasser, ich konnte sie aber bey fehlender Fructification nicht bestimmen.

Von denen Kräutern, die gegen den Scorbut dienen, fand ich in China auch nicht ein einziges wildwachsend, auch sogar keine mit Kreutzblumen (Tetradynamistæ). Ich vernahm auch nicht, daß jemand hier zu lange vom Scorbut beschweret werde. In denen Ländern aber, wo diese Krankheit gemein ist, wachsen die antiscorbutischen Kräuter häufig, besonders an den Seeufern, damit die Seefahrer, welche von demselben am meisten angegriffen werden, so gleich, als sie den Fuß ans Land setzen, die nöthigen Heilmittel in den Händen haben mögen. So findet man überall die deutlichsten Spuren der weisen Einrichtungen des Schöpfers! Je mehr wir die Natur betrachten, je näher werden wir zur Kenntniß dessen geleitet, der Herr über Alles ist.

Die

Die Erndtezeit war nun eingetreten, wesfalls sich die Chineser in grosser Menge versammleten, um ihren Reis zu mähen, nach Hause zu führen, und an dienlichen Stellen zu trocknen.

Der Matrose, welcher vor einigen Tagen von unserem Schiffe in den Strom gefallen war, dessen schnelllaufendes Wasser ihn so fort in den Grund riß, ward nun auf dem Wasser schwimmend angetroffen, welches den dritten Tag gewöhnlich geschicht. Wir begruben ihn des Abends ganz spät auf der dänischen Insul.

Den 20 Octobr.

Heute ward die Jölle nach der dänischen Insul geschickt, um Wasser zu holen, wohin ich mit reisete. Wir liefen mit der Fluth in einen Canal zwischen den Reisäckern, näher an dem Auslaufe des Flusses, als an dem letztgedachten Begräbnißplatze. Das Wasser schöpften wir aus einem Loche unten am Berge; wir konnten aber an nichts, als an dem beständigen Zuflusse des Wassers merken, daß hier eine Quelle war, und dieser konnte auch von dem Zulaufe, den das Wasser von den Bergen erhalten mochte, kommen. Die Einwohner, welche hier bey ihren Plantagen waren, hatten das Wasser vorsetzlich trübe gemacht, damit wir nur nicht weiter gehen möchten; denn es pflegt ihnen durch leichtsinnige Leute bisweilen Schaden zugefügt zu werden, indem sie ihnen Potatos, Zuckerrohr u. d. g. ausziehen. Als ich derowegen etwas weiter zwischen ihren uneingeschlossenen Feldern gehen wollte, fragten sie mich, was ich für ein Landsmann wäre? und da ich zur Antwort gab: Wir sind alle Sänamän (so nennen sie die Schweden) so fand ich weiter keine Hinderniß, sondern der Chineser erzählte mir,

mir, daß die Engländer ihm des Tages vorher verschiedenes Wurzelwerk ausgerissen, begleitete mich sodenn und wollte mir einige Potatos schenken, ich war aber mehr durstig, als hungrig, und das Wasser war elend, ob es gleich klar geworden war. Wenn man dasselbe zum Theewasser nahm, so gab es blaue Flecke, wenn etwas davon auf baumwollene Leinewand sprützete. Wir schlossen hieraus, daß die Wasser mineralisch seyn müßte; es fehlete uns aber an dem, womit wir es hätten prüfen können. Mit Bleyzucker ward es milchigt.

Oxalis corniculata? auf chinesisch Syn=mi genannt, wuchs bey der Quelle, und an andern niedrigen und zugleich schattigen Orten. Die Krone ist noch einmal so lang, als der Kelch. Die Capsel ist fünfeckig, länglichrund mit einer Spitze, und wie die ganze Pflanze haarig.

Ruellia crispa wuchs unter einem Baume auf einem hohen Berge. Die Blumendecke ist doppelt, klebrig; die untere ist zweyblättrig, die Blättlein sind gleichbreit, am Rande gehärt; die obere ist fünftheilig; ihre Abschnitte sind wie bey dem inneren. Beyde fallen nicht ab, wie die Blume. Die Krone ist trichterförmig, unten cylindrisch, oben aufgeblasen; der Schlund bärtig; die Mündung fünftheilig; die Abschnitte derselben sind beynahe rund, einander gleich, gekerbt, ein wenig zurückgebogen. Die 4 Staubfäden sind zugespitzt und sitzen am Grunde des Bauchs in der Krone; die zween längern sind wollig und biegen sich nach den Einschnitten der Mündung. Die Staubbeutel sind länglichrund, dreyeckig, aufgerichtet. Die Pistille ist länger als die Staubfäden; der Fruchtknoten länglichrund; der Staubweg fadenähnlich, oben gezähnt; die Narbe lang, spitzig, öfters gekrümmt.

Das

Das Gewächs ist ein Halbstrauch, (suffrutex) und hat das äußere Ansehen unseres Hahnenkammes (*Rhinanthus* Crista galli) es ist rauh und liegt an der Erde. Die Wurzel ist ästig. Der Stamm ist beynahe rund, knotig, unten nacket, holzig, höckrig und ästig. Die Blätter sind abwechselnd, lanzettförmig, oval, gestielt, wellenartig gebogen, auf der oberen Seite grün und an der untern weißlich. Die Blumen stehen an der Spitze in kugelförmigen Haufen; und sind gelb. Die Deckblätter sind lanzettförmig. Ihr Standort sind unbeschattete Anhöhen. Der chinesische Name ist Patt-fa.

Monarda chinensis wuchs auf einem nackten Berge. Die Blumendecke ist doppelt; die obere ist fünfblättrig, mit gleichbreiten Blättlein; die untere zweyblättrig. Die Krone ist einblättrig; ihre Röhre walzenförmig und länger als der Kelch; die Oberlippe ungetheilt, klein, die untere aber dreylappig, niedergebogen und länger. Der Staubträger sind 2 und eine Pistille. Die gelben Blumen stehen in den Blattwinkeln, und sind sehr klein. Der Stengel ist faserig. Wächst auf dürren Stellen.

241.

Lobelia zeylanica blühete eben da, woselbst die vorhergehende stand. Die Blumendecke ist fünftheilig, ausgebreitet, unten haarig mit länglichrunden Laschen, welche die Länge der Krone haben. Die Krone ist einblättrig, am Kelch befestigt; ihre Röhre cylindrisch; die Mündung fünftheilig; die obere Lippe dreytheilig, mit ovalen, zugespitzten, zurückgebogenen Abschnitten; die untere Lippe zweytheilig, ihre Abschnitte wie in der oberen. Die fünf Staubfäden sind fadenförmig, breit, so lang als die Röhre, und entspringen aus dem

dem glockenförmigen Honigbehältnisse. Zween derselben sind unten haarig. Die Staubbeutel sind in einen länglichrunden Cylinder zusammen verwachsen. Die Pistille ist so lang als die Staubfäden; der Fruchtknoten ist beynahe eyförmig; der Staubweg fadenähnlich; die Narbe zweytheilig oder zweylippig. Die Capsel ist eyförmig. Die Saamen sind zahlreich, sehr klein. Die Pflanze hält sich an wäßrigen und schattigen Orten auf und kriecht. Der Stengel ist rund. Die Blätter sind abwechselnd, herzförmig, schwach gesägt, glatt, gestielt. Die Blumenstiele stehen in den Winkeln der Blätter, sind so lang als dieselben und jeder trägt nur eine Blume. Die Blumen sind blau.

Evolvulus alsinoides ist eine sehr kleine, aber schöne und seltene Pflanze, welche ebenfalls auf einem nackten Berge stand und vom weiten dem Flachse ähnlich sahe. Die Blumendecke ist fünftheilig, mit spitzigen Abschnitten, welche kürzer als die Krone sind. Die Krone ist einblättrig, aufgeblasen. Die fünf Staubfäden sind kürzer als die Krone; die Staubbeutel länglichrund. Der Fruchtknoten ist einzeln; der Staubweg viertheilig; die Narben sind ungetheilt. Die Pflanze ist spannenlang und hat die äußere Gestalt des gemeinen Flachses.

Hedysarum triflorum. Die Blume dieser Pflanze hat 8 Staubfäden, von welcher einer einzeln, die übrigen 7 aber zusammen verwachsen sind.

Polygonum chinense. Chinesisch Ka = jong= moá.

Solidago (chinensis) caule procumbente, ramis alternis, foliis radicalibus linearibus. Sie wird kaum einen Fuß hoch.

Poly-

Polygala ciliata.

Verbesina chinensis. Chinesisch Kaling=fa.

Clematis chinensis. Sie hat 3 bis 6 Pistillen, die Staubwege sind federig, (plumosi) zurückgebogen und in einen Kreis gestellet. Staubfäden habe ich nicht darinn beobachtet. Der Strauch ist kletternd (scandens) und sehr ästig.

Commelina communis.

Commelina chinensis auf Chinesisch Ka=tjäa. Die Kronblätter sind gleichförmig. Der Stamm ist knotig. Die Blätter sind schmal, lanzettförmig, rauch, stehen wechselweise, endigen sich in eine Scheide. Vielleicht ist sie mit der Commelina nudiflora einerley.

Artemisia vulgaris. Beyfuß, war die einzige schwedische Pflanze in diesem Lande, wiewohl sie etwas von der unsrigen abweicht. Die Chineser heilen Wunden damit, zu welchem Ende sie das Kraut frisch zerquetscht auflegen. Der chinesische Name ist Gnai.

Baccharis indica. Chinesisch Kate=gnai.

Buxoides aculeata, heißt auf Chinesisch Sau=pann=gipp, gleicht unserem Burbaum, ist aber dornig. Ihre Befruchtungstheile habe ich nicht gesehen.

Zanthoxylon trifoliatum. Ein Baum, den vorher keiner bemerkt hat. Auf Chinesisch heißt er Lack=fa.

Conyza hirsuta, Chinesisch Kang=gân=fa.

Katâ ist ein langes kletterndes Gewächs mit runden Blättern und rothen Beeren. Es war ohne Blumen.

Sjô=lâck=tao (*Dolichos* scandens maximus) hatte große schwarze Bohnen, von welchen man sagte,

sagte, daß sie giftig wären. Die Schoten werden, wenn die Frucht reif ist, ebenfalls schwarz.

Nauclea orientalis wuchs auf einer Anhöhe, und stand jetzo in Flor. Ich merkte bey demselben folgendes an: Die besondern Blumendecken sind einblättrig, viertheilig, am Rande gehärt. Die Krone ist trichterförmig; ihre Röhre beynahe cylindrisch; der Schlund aufgeblasen, wolligt; die Mündung viertheilig, zurückgebogen. Die 4 Staubfäden sind kurz, im Schlund befestigt; die Staubbeutel sind klein, jedoch länger als die Staubfäden, gleichbreit, aufgerichtet. Die Narbe ist schmal, zweytheilig. Die Pflanze wächset strauchig und ist spannenlang. Die Wurzel kriecht und treibt viele Aeste. Der Stamm ist viereckig. Die Blumen formiren einen Kopf (capitulum). Die Blätter sind oval, lanzettförmig, ohne Einschnitte, stiellos, gegeneinander über sitzend. Ihr chinesischer Name ist Moi-fa.

Cassytha filiformis. Die Beschreibung des Geschlechts findet man in LINNAEI *Gen. Plantarum*. Die Pflanze ist kletternd, fadenähnlich, rauch, und hängt sich gemeiniglich an die Euphorbia. Die kleinen Zweige beobachten keine gewisse Ordnung. Die Blumen wachsen in Trauben. Die Schuppen an den Zweigen sind oval und klein.

In Ostindien werden die Boote und Fahrzeuge weder getheeret, noch die Fugen mit Werg ausgefüllet; sondern man macht sie mit einer Art von Kitt vollkommen wasserdicht, dieser aber wird auf folgende Weise bereitet: Man nimmt das vorhin angeführte Kraut, stößet es zu einem Brey und knetet so viel gesiebtes Kalkmehl darunter bis es zähe und fest wird. Mit diesem Kitte werden ihre Boote länger für dem Leck verwahret, als durch das

Theeren, und man hat noch den Vortheil, daß derselbe nicht, wie der Theer, in diesen heißen Ländern abläuft. Wenn man den Kopf mit dem Schleime schmieret, der sich aus der *Cassytha* pressen läßt, so wachsen die Haare stärker. Legt man die gequetschten Stengel in die Milch, so gerinnet sie davon, und die Waddicke ist in hitzigen Fiebern nützlich. S. Rumphs *Herbarium Amboinense.*

Den 24 Octobr.

Heute hatte ich abermalen Gelegenheit, die Kräuter aufzusuchen, welche bey dem Wasserplatze rückständig waren:

Utricularia bifida (Tab. 3. fig. 2. a. b.) ist eine kleine Pflanze, die unserer schwedischen *Utricularia* vulgaris sehr ähnlich siehet, aber noch kleiner ist. Sie stand in einem Thal in flachem schwammigen Grunde, der jedoch nicht unter Wasser war. Da diese Pflanze noch nie gefunden worden, so entwarf ich sofort folgende botanische Beschreibung derselben: Die Blumendecke ist zweyblättrig; die Blättlein oval, ausgehöhlt, dauernd. Die Krone ist rachenförmig (ringens); die obere Lippe ohne Einschnitte, oval, mit zurückgebogenen Seiten; die untere zweytheilig, mit niedergebogenen Seiten; der Schlund erhoben; der Honighalter kegelförmig. Die Capsel ist eyförmig und springt an den Seiten auf. Die Saamen sind zahlreich. Die Pflanze ist einer Handbreit lang. Die Wurzel zaserig, ästig. Die Deckblätter sind sehr klein, oval, abwechselnd. Die Blumenstiele stehen wechselsweise und sind zusammengedrückt. Die Blumen klein und gelb. Wächset an feuchten Stellen.

Phyllanthus Niruri. Die Krone ist einblättrig, sechszähnig, weiß. Das Behältniß 6fächerig.

rig. Die Wurzel zaserig. Der Stamm aufgerichtet, ungetheilt.

Hypericum chinense weicht von dem *Hypericum quadrangulum* in folgendem ab: *Hypericum chinense* ist viel kleiner, und liegt auf der Erde. Die Abschnitte der Blumendecke haben fünf Adern, und sind ein wenig länger als die Blumen. Die Kronblätter sind schmal, lanzettförmig, ausgehöhlt, stehen aufgerichtet und haben die Länge des Kelchs. Die 13 Staubfäden sind fadenförmig; die Staubbeutel kugelrund, sehr klein. Der Fruchtknoten ist eyförmig und mit 3 fadenähnlichen Staubwegen; die Narbe ist abgestumpft, die Capsel eyrund. Die Saamen sind zahlreich, länglichrund und klein. Die Blätter sind oval, nach den Ecken an dem Stengel eingelenkt. Die Blumenstiele sind einblumig, und stehen an der Spitze des Stengels. Wächset an jähen Anhöhen.

Scutellaria indica wuchs im Schatten an einem Erdwalle als eine große Seltenheit; ich habe sie an andern Orten niemals gefunden. Wenn man sie obenhin ansiehet, so zeigt sie mit der *Glec͞oma* hederacea, die in unsern Apotheken Hedera terrestris genannt wird, viele Aehnlichkeit. Da diese Pflanze noch von keinem Kräuterkenner beobachtet worden ist, so habe ich eine genaue Beschreibung derselben entworfen. Hier ist sie:

Die Blumendecke ist in zween gleiche Abschnitte getheilt, sehr kurz, hinten mit einer erhobenen, löffelförmigen, spitzigen Schuppe, welche niedergebogene Ränder hat, und schließet sich nach vergangener Blüte. Die Krone ist rachenförmig; ihre Röhre cylindrisch oder beynahe viereckig; die Oberlippe dreytheilig, der mittelste Abschnitt gekerbt, aufgeblasen;

blasen; die Seitenabschnitte neigen sich gegeneinander und bedecken mit ihren einwärtsgebogenen Seiten die Staubträger; die Unterlippe ist in vier Lappen zertheilt, ausgebreitet, ausgehölt, die Seitenlappen punctirt. Die vier Staubträger sind unter der Oberlippe verdeckt; zween derselben sind kürzer und haben die Länge des Staubwegs; die Staubbeutel sind rund und kurz. Der Fruchtknoten ist vierfach getheilt; der Staubweg fadenähnlich; die Narbe ungetheilt. Die 4 Saamen sind unbedeckt, klein und rund. Die Pflanze liegt auf der Erde, und hat die Größe und das äussere Ansehen der Gundelrebe (*Glecoma* hederacea). Die Wurzel ist zaserig. Der Stengel ist viereckig, etwas rauch, ärmig; die Zweige sind zusammengesetzt, stehen oben gegen die Spitze zu. Die Blumen stehen auf kurzen Stielen, gemeiniglich paarweise. Die Deckblätter (Bracteæ) sind klein, lanzettförmig, oval; die Blätter stehen einander entgegen, sind herzförmig, oval, zart gesägt, gestielt, haarig, die kleinen Blätter ausgenommen, welche aus den Winkeln der größern ausschlagen und nierenförmig sind. Ich fand an schattigen Orten nicht mehr, als 2 einzelne Pflanzen dieser Art. Sie heißt auf Chinesisch Tinigam=sa.

Hedyotis herbacea? Die Blumendecke ist viertheilig, kurz; mit zugespitzten, zurückgebogenen Blättlein. Die Krone ist einblättrig; die Röhre derselben cylindrisch, sehr kurz; die Mündung fünftheilig, unten cylindrisch, inwendig bärtig, mit gleichbreiten zurückgebogenen Lappen. Die vier Staubfäden sind kürzer, als die Krone, bärtig, und sitzen an den Einschnitten der Lappen; die Staubbeutel gleichbreit, von Länge der Staubfäden, aufgerichtet, einfach. Der Fruchtknoten ist beynahe rund,

rund, und unter der Krone; der Staubweg fadenähnlich, bärtig, länger als die Krone; die Narbe
doppelt, keulenförmig, dreykantig. Wächst auf trocknen Stellen.

Croton sebiferum. Ein kleiner Baum, welcher auf Chinesisch O ‒ Ka ‒ o heißt und bey einem
flüchtigen Anblick unserer gemeinen Espe (Populus
tremula) ähnlich siehet. Die männliche Blume:
die Blumendecke ist sehr klein, zweyzähnig. Die
Krone fehlet. Die Staubfäden sind zahlreich,
sehr kurz; die Staubbeutel doppelt, beynahe rund,
aufgerichtet. Die weiblichen Blumen sitzen unter den männlichen, 6, 7 oder mehr beysammen auf
gemeinschaftlichen Blumenstielen. Die Blumendecke ist dreytheilig, mit spitzigen, aufgerichteten
Abschnitten. Der Fruchtknoten ist oval; die
drey Staubwege sind etwas zurückgebogen. Der
Baum ist überaus ästig und von Manneshöhe.
246. Die Aeste sind rund, glatt, mit Blattaugen. Die
Blätter stehen wechselsweise, sind glatt, und gleichen den Blättern der schwarzen Pappel; (*Populus* nigra) an der Unterseite sind sie etwas wollig,
und haben lange, fadenähnliche, flachgefurchte Blattstiele. Die Blätter haben ohngefehr 12 Adern,
welche auf der unteren Seite reichlich sind. Die
Blumen sind gelb, stehen an der Spitze, die männlichen und weiblichen in einer Traube. Dieser
Baum wird wiewohl selten an Gräben und Ufern
angetroffen.

Du HALDE sagt, die Frucht des Talgbaums
wäre mit einer harten, holzigen, glatten, dreyseiti-
gen Schaale bedeckt; diese Schaalen enthielten drey
kleine Saamen von Größe der Erbsen, deren jede
mit einer dünnen, weißen Talghaut umgeben sey.
Wenn die Frucht zur Reife gelanget, so öffnet sich
die

die Schaale in 3 Theile. Ich meines Theils habe die Frucht, welche der Croton herfür bringt, nie gesehen, und kann also nicht Bürgschaft leisten, ob diß eben der Baum ist, von welchem die Lapptjäckslichter gemacht werden sollen, wie mir berichtet worden ist.

Chrysanthemum indicum, wuchs hie und da sowohl auf den Bergen, als auch auf den Mauern von Canton, desgleichen fand man es vor den Zimmern der Chineser in Blumentöpfen. Außerdem, daß die Blumen zur Zierde dienen, werden sie auch als Thee gebraucht. Die Chineser nennen es Kock-fa.

Latt-sâ nannten die Chineser einen kleinen Baum, welcher hier an einem hohen Acker stand, und dem Tarbauine glich; die Blätter aber waren auf der Unterseite mit weißen der Länge nach laufenden Streifen, wie Pinus balsamea, oder wie das bey uns bekannte sogenannte spanische Gras gezieret. Er schien *Taxus* nucifera Fi, vulgo Kaja; KAEMPF. amoen. 814. zu seyn.

Briza (elegans) spicis oblongis, valvulis carinatis. Eine ausnehmende schöne Grasart, welche an den höchsten Plantagen stand.

Daphne indica. Der Kelch fehlt. Die Krone ist viertheilig; die Abschnitte sind gleichbreit. Die 8 fadenähnliche Staubträger haben die Länge der Krone, oder der Pistille. Die Staubbeutel sind klein, beynahe rund und stehen an den Seiten. Der Fruchtknoten ist oval, rauch; der Staubweg zugespitzt; die Narbe ungetheilt. Die Zweige sind rund, und entspringen aus den Blattwinkeln. Die Blätter sind entgegen gesetzt, gestielt, länglich-oval, glatt, ohne Einschnitte. Das

247.

X Bäum-

Bäumlein ist spannenlang. Wächst an erhabnen Stellen.

Den 25 Octobr.

Ich reisete nach der Predigt nach dem Wasserplatze, und gieng von demselben nach den europäischen Gräbern, auf der dänischen Insul. Ich merkte folgendes an:

Celosia argentea wuchs als ein Unkraut auf den Potatosäckern.

Ranken lagen hier an niedern Orten überall an der Erde und sahen der *Hydrocotyle* asiatica ähnlich, waren aber alle ohne Befruchtungstheile.

Adiantum flabellulatum. Der Stengel (stipes) ist dreykantig, an einer Seite gefurcht. Die Zweige stehen wechselsweise. Die Blätter sind ungleich, und bilden halbe, viertheil oder achtel Zirkel. Auf Chinesisch heißt es Siagmaoguang.

Sambucus nigra sahe einem Strauche ähnlich, und war mit der Cassytha umflochten.

Eine Mosart die unserem Wandmosse (*Lichen* parietinus) ähnlich war, lag auf den Hügeln bey den Plantagen getrocknet, aber ohne alle Befruchtungstheile.

Eine kletternde Pflanze mit weißen Beeren fand sich an den chinesischen Fichten und Steinen.

Hedysarum maculatum auf den Bergen.

Hedysarum (styracifolium) foliis simplicibus cordato-orbiculatis, retusis, supra glabris.

Holcus (latifolius) glumis trifloris, flosculo primo inermi, duabus margine aculeatis foliis subovatis. Der Helm ist glatt und kaum einen Fuß hoch. Die Blätter sind sehr breit und beynahe oval, mit breiten,

ten streifigen Scheiden. Der Strauß (panicula) besteht aus einfachen ruthenähnlichen Aesten. Die Blumen stehen wechselsweise, einzeln, auf haarähnlichen Stielchen. Jede Blume ist länglichoval. Der Kelch ist kürzer als die Blume, besteht aus 2 Bälglein, und hält 3 Blütchen in sich: von diesen ist das erste glatt, das zweyte und dritte aber an dem oberen Rande mit gekrümmten Stacheln bewaffnet.

Ko = su oder Jamko = sua war die Benennung, welche die Chineser den großen Bäumen beylegten, die an den Plantagen standen.

Palamm nannten sie die Blätter, mit welchen ihre Fruchtkörbe bedeckt wurden.

Paulinia asiatica war um die Mauer eines kleinen Platzes gepflanzet. Sollte dieser Strauch bey uns fortkommen, so würde er zu den besten Heckenbüschen um unsere Gärten und dergleichen, dienen; denn wenn ja jemand durchbrechen wollte, so würde es schwerlich ohne Merkmale an den Händen und Kleidern abgehen, welche durch die ungemein spitzigen, hakenförmigen Dornen dieses Gewächses verursacht werden würden.

Olam = sjö ward ein gewisser großer Baum genannt. Die Blätter desselben waren gefiedert, (pinnata) glatt, mit gegen über sitzenden Blättlein. Aus dem Baume rann ein Harz, das dem arabischen Gummi ungemein ähnlich war.

Polypodium varium.

Trichomanes chinense.

Smilax China. Dieser kleine Busch wuchs auf dieser Insul nur sehr sparsam. Die Wurzel desselben ist bey uns unter dem Namen Radix Chinæ allgemein bekannt, und wird jährlich in großer Menge von hier nach Schweden gebracht.

Smilax sassaparilla.

Saccharum chinense wächst im Strome als Rohr. Die Chineser nennen es Mao.

Den 29 Octobr.

Quong=fong oder chinesische Wespen, beunruhigten uns öfters in großer Anzahl auf dem Schiffe und in der Stadt. Es ist *Apis* lævis flavo fulvoque varia, abdomine lineis transversis undatis nigris.

Ich reisete heute abermals nach Canton. Bey dem ersten Zollhause stand *Hibiscus* mutabilis, der mit dem Anfange dieses Monats zu blühen anfieng, und noch blühete. Als ich nach dem Namen dieses Baumes fragte, erhielt ich zur Antwort, daß er Ja hieße, welches mir ein viel zu allgemeiner Name zu seyn schien, denn Ja heißt überhaupt eine Blume. Es ist möglich, daß mich die Chineser jetzo und auch sonst schon betrogen haben; es kann uns aber wegen der chinesischen Kräuternamen gleichviel gelten, da wir uns mit den Lateinischen besser helfen können. Der Blumenkelch sieht einem niedergedrückten Hutkopfe ähnlich. An dem Aufgange nach dem Hause stand auch ein Granatbaum mit seinen schönen Aepfeln. Dieser sowohl, als auch *Rosa* indica und *Rubus* parvifolius sind ein Beweiß des Geschmackes dieser Nation an allerley Gewächsen zur Zierde um ihre Wohnungen. Kaum wird man eine Familie in der Stadt oder auf den Booten antreffen, welche nicht einige Kräuter oder Bäume, wo nicht zum Nutzen, doch zum Vergnügen, in Töpfen gepflanzet haben sollte.

Kau=fänn nannten die Chineser eine Gattung weißer länglicher Wurzeln, die so dick wie Palsternacken waren, von denen man das äußerste abgeschnitten

schnitten hatte, und von welchen eine vorbeygehende Sampane einen großen Haufen enthielt. Sie waren mit ihren säbelförmigen Blättern in Bunde gebunden, und wurden zum Verkauf ausgeboten.

Das Laternenfest nahm heute Abend seinen Anfang, und sollte drey auf einander folgende Nächte zu Ehren des Feuergottes Fa-käng gefeyert werden, welches folgendermaßen geschahe: Man hieng viele hundert Laternen von Häuten dergestallt auf, daß sie zusammen eine Art eines Gewölbes über die Straße ausmachten; außerdem waren viele Kronleuchter in Gestalt der Bäume angebracht. Außen vor den Häusern hatten sie große pappierne Menschen und Pferde gestellt, gemeiniglich alle Zimmer in ganzem Hause geöffnet, und dasselbe durch und durch erleuchtet. Die Musikanten befanden sich in dem Zimmer, welches zunächst an der Straße war, und spielten auf Instrumenten, die ich vorher nie gehöret hatte. Es begegneten mir drey Opferpriester, welche in dem Hause mit Räuchwerk und Opfern herum giengen. Sie waren in lange, weite, rothe Röcke gekleidet und trugen hohe Mützen. Die Chineser sagten, daß sie auf diese Weise jährlich um Abwendung der Feuersbrünste bäten.

Den 30 Octobr.

Basella rubra, welche hier Tang-säi genennet wird, kletterte in der Factorey des Kaufmann Säjonquas an der Mauer in die Höhe. Sie hatte jetzo Blumen und Früchte. Die Flecke, welche die Beeren in die weiße Wäsche machen, sind sehr schwer heraus zu bringen.

Den 2 Novembr.

Sitta (chinensis) palpebra inferiore purpurea. (Diss. Chin Lagerstr. 6.) Chinesisch Käu-kai-konn. Dieser Vogel war etwas größer als ein Stieglitz, sang bisweilen ein wenig, und war gut gezeichnet. Man verkaufte hier das Paar für einen halben Piaster. Seine Beschreibung ist folgende: Der Rücken ist vom Kopfe bis zum Schwanze dunkel, eisenrostfarben, mit bläulichen Dunen. Brust und Bauch sind weiß; an der Kehle aber ist er schwarz. Der Schnabel und Kopf sind schwarz. Der Zopf (crista) besteht aus schwarzen Federn, und ist länger, als der Schnabel. Nahe an den Augen ist ein länglichrunder, kleiner, scharlachrother Fleck, und neben diesem ein größerer, schneeweißer; von den Schläfen nach der Kehle läuft eine schwarze Linie. Das Kinn (mentum) und die Kehle sind weiß, dieses weiße aber ist mit schwarz eingefasset, eine weiße Linie in der Mitte der Brust ausgenommen, die das Weiße der Kehle mit der weißen Brust zusammen hängt. Der Steis (uropygium) ist oberhalb gelb. Die 19 Schwungfedern haben eisenrostfarbne dunkele Deckfedern. Die 12 schwärzlichen Schwanzfedern haben weiße Spitzen. Die Füße sind vierzehig. Der einzele Hinterzeh hat die Länge der Seitenzehe. Von den Forderzehen ist der mittelste der längste.

Man unterhält diesen Vogel in China mehr wegen seiner Schönheit, als des Gesanges wegen, und füttert ihn mit gekochtem Reiße.

Den 3 Novembr.

Wir speiseten zu Mittage bey dem Kaufmann Tantinqua, bey welchem jetzo der Thee gepackt ward.

Man bemerkte hier abermal, was für einen hohen Werth die Chineser auf die Auszierungen mit Blumen setzen. Vor dem Speisesaale war ein kleiner, mit Steinen ausgelegter Lustgarten, und in demselben:

Quaj=fa ein Baum ohngefehr 6 Ellen hoch, mit kleinen weißen, wohlriechenden Blumen, deren 3 oder 4 in einer vierblättrigen Hülle (involucrum) waren. Der Baum gehöret in die Klasse der Tetrandria.

Leenfä ein Baum mit gelben Traubenblumen und gefiederten Blättern. 251.

Der Eisenbaum, welcher auf Chinesisch Tätsiö genannt wird, war höher, als der vorhergehende, daher ich seine Blumen, die in dem Gipfel in einem aufgerichteten Strauße sitzen, nicht erreichen konnte. Die Aeste waren mit Bambustangen unterstützet. Seine Beschreibung ist folgende: Die Blumendecke ist einblättrig, zweyzähnig. Die Krone ist einblättrig; ihre Röhre fadenähnlich, kürzer als die Mündung; die Mündung sechstheilig mit länglichrunden Abschnitten, von welchen die äußeren ein wenig größer sind, und die drey inneren die Staubfäden einwickeln. Die sechs Staubfäden sind kürzer als die Krone; sie sind am Grunde der Mündung eingelenkt; die Staubbeutel sind länglichrund, schmal, aufgerichtet. Der Stempel ist länger als die Staubfäden; der Fruchtknoten eyförmig, und sitzt auf der Röhre der Krone; der Staubweg zugespitzt; die Narbe ungetheilt, gekrümmt. Der Baum ist mehr, als 2 Mann lang. Der Stamm ist sehr ästig, unbedeckt, schroff; die Aeste sind gebogen, unbedeckt, und haben an den Enden Blätterbüschel. Die Blätter sind lanzett=schwerdförmig, nur an der Spitze

Spitze befindlich, zahlreich, röthlich, mit gefurchten Stielen oder mit zurückgerollten Rändern. Die Blumen sitzen an der Spitze in Form eines Büschels (corymbus) jede derselben ist klein und roth *).

Epidendron ensifolium war in Blumentöpfen gepflanzet. Die Blumen desselben rochen, besonders nach Sonnen-Untergang, über alle massen wohl.

Chrysanthemum indicum. Von demselben waren gegen 30 Stöcke in jeden Blumentopf gesetzet. Sie stunden in ordentlichen Zirkuln, einer um den andern, und waren durchgehends mit kleinen Bambusstöckern gestängelt. Die Blume war so groß wie ein Flos africanus, weiß, gefüllt, und glich so wohl jede an und vor sich, als auch alle zusammengenommen, einer runden Bürste.

In einer Ecke des Lustgartens war etwas, das einigermassen einem kleinen Altar glich, von Feldsteinen zusammengesetzet; auf demselben stand ein kleines Gefäß, in welchem kleine Steine und einige Stücke Grus lagen, die alle so naß waren, als ob beständig Wasser darüber liefe. Ich erfuhr nicht, zu welchem Ende diese Anstalt gemacht war; vielleicht diente sie, dem Bambubaume, welcher zwischen den Steinen und der Mauer stand, die nöthige Nässe zu verschaffen.

Den

---

*) Der Baum von welchem hier die Rede ist, heißt *Asparagus* terminalis LINN. *spec. pl.* p. 450. n. 13. Terminalis alba RVMPH. *amb.* t. 4. p. 79. t. 34. D. S.

Den 7 Novembr.

Ich reisete zu Waſſer nach Ho-nanim; muſte aber durchaus den Dollmetſcher oder Comprador mit nehmen, welcher mein Vergnügen ſehr einſchränkte, und mit der Rückreiſe eilte. Ich fand nicht mehr neues, als nur

Nyctanthes hirſuta.
Lycium barbarum ein Strauch am Wege.
Juſſiæa repens in einem Graben mit einer Lemna.
Carpeſium abrotanoides im Schatten.

Den 9 Novembr.

Camellia japonica, ein Baum, der herum getragen und auf den Straſſen verkauft ward. Der chineſiſche Name deſſelben iſt So-kai. Ich kaufte einem blinden Manne auf der Straſſe einen ab, welcher ſchöne, doppelte, weiße und rothe Blumen hatte. Als ich ihn aber in meinem Zimmer näher betrachtete, ſo fand ich, daß die Blumen von einem andern Baume genommen, und der eine Kelch mit Bambunägeln ſo nett in dem andern befeſtigt war, daß ich es kaum bemerkt haben würde, wenn die Blumen nicht zu verwelken angefangen hätten. Der Baum ſelbſt hatte bloß Blumenknospen, aber keine aufgebrochenen Blumen. Ich lernte hieben, daß, wer mit denen Chineſern handeln will, alle mögliche Aufmerkſamkeit gebrauchen müſſe, und dem ohnerachtet Gefahr laufe betrogen zu werden.

Ich hatte Luſt, die Beſchaffenheit der Gegend auſſerhalb der Vorſtadt an der Seite zu ſehen, an welcher ich noch nicht geweſen war, muſte aber in Ermangelung einer Geſellſchaft ganz alleine gehen. So bald ich bey den gewöhnlichen Handelsſtraſſen vorbey war, ſammleten ſich die Jungens zu tauſenden um mich, und riefen einhellig: afia, aqueja, quailo, warfen kleine Steine, Sand und Unrath nach mir, und begleiteten mich mit einer solchen Musik die ganze Stadt hindurch. Ausser der Vorstadt

253. nahm dichte an den Häusern eine Plantage mit *Sagittaria bulbis oblongis* ihren Anfang. Es war hier ein ganz grosses niedriges leimiges Feld zu dem Bau dieser Pflanze angewendet. Als ich hieben stehen blieb, und nur eine oder die andere Staude auszog, ward meine unangenehme Gesellschaft stille, besonders wenn ich mich umsahe. Es war hier kein Weg, der gerade auf das Land hinaus führte, ich wagte mich auch nicht weiter; sondern gieng zurück, wo ich hergekommen war. Des Nachmittags aber begab ich mich in einem Palankin aus der Stadt, um dadurch meinem vormittägigen verdrießlichen Gefolge auszuweichen. Auf dem Rückwege gieng ich zu Fusse um die Mauer von Canton an der Landseite, und fand daselbst *Chrysanthemum* indicum, *Urtica* nivea, kleine Büsche Farn- und andere Kräuter zwischen denen Steinen, sie wuchsen aber höher, als daß ich sie mit denen Händen hätte erreichen können.

Als wir an das erste Stadtthor nach der Seite des europäischen Begräbnißplatzes gelangten, kam ein Mandarinbedienter mit einer Karbatsche in der Hand zu uns, um uns um die Stadt zu begleiten. An diesem Thore war ein chinesisches Wirthshaus, in welchem Brandwein und Thee verkauft wurde. Die Leute stunden bey dem Wachhause auf der Mauer und gafften uns an, wir kamen aber doch ohne Schaden, obwohl nicht ohne Furcht durch, weil wir uns desjenigen erinnerten, der ehedem von diesem Orte mit Steinen begrüsset wurde. Als wir der Vorstadt näher kamen, trafen wir überall und bis nahe an die

Mauer,

Mauer, Häuser an; sie waren alle voller Menschen; besonders fehlete es nicht an Kindern und Jünglingen, welche ihre alten Lieder sungen, und hieran von den Alten erinnert wurden, wenn wir ihnen nicht gleich in die Augen kamen. Wir trafen doch auch einen alten ehrwürdigen Greiß an, der mehr Verstand als die übrigen besaß, und seine Kinder oder Kindeskinder anhielt, uns höflich zu grüssen. Die vornehmeren Landeseinwohner prägen ihren Kindern von der frühesten Jugend Tugend und Ehrbarkeit ein, und schonen keine Kosten einer ordentlichen Erziehung; die geringsten Leute aber geben ihren Kindern und Hunden einerley Erziehung; daher keines von beyden Fremde leiden kann. Wir giengen nachher verschiedene Stadtthore vorbey, und kamen über einen Canal in eine kleine Nebenstrasse an der Mauer, in welcher Apfelsinen, Pisang, chinesische Oliven oder Packla, und mehrere andere Früchte verkauft wurden. Ein unerträglicher Gestank, und das Geschrey des Pöbels, hiessen uns nach der schwedischen Factorey eilen.

254.

Den 17 Novembr.

Ich begab mich heute nach dem Schiffe, und nachher nach der dänischen Insul, an welcher chinesische Austerschalen aufgeworfen waren. Ich habe von diesen Schalen jenseit des Stromes bey Canton eine ganze Gartenmauer erbauet gesehen. Die Schalen waren der Substanz nach unsern gleich; aber grösser, länger und an dem einen Ende schmäler. Sie wurden auf Chinesisch O=a oder O=ha genannt.

Den 21 Novembr.

Trübes Wetter, feiner Regen.

Der

Der Sandbänke wegen, die in dem Strome angetroffen werden, müssen die europäischen Schiffe, ehe sie die völlige Ladung einnehmen, etwas weiter nach dem Ausfluß hinunter legen; welches von uns heute geschahe, nachdem wir vorher einen Piloten an Bord genommen. Wir ankerten nun bey Sud Sude Hafen.

Den 22 Novembr.

Wir giengen des Vormittags weiter gegen den Strom bis zur ersten Bank oder Baren, wie unsere Seeleute den Sandgrund nennen.

Nachmittags hatten wir zur Linken eine angenehme Gegend mit Dörfern und Wäldern; längst dem Strome aber ein schmales Reisfeld, und in dem Strome zwo kleine Inseln; an der äussersten liefen wir ganz nahe und längst derselben mit Beyhülfe der Sampanen in einer immer gleichweiten Entfernung hin; nachher steureten wir davon ab, gleich als ob wir quer über nach einem zur Rechten liegenden, kleinen, mit Bäumen umgebenen Hause hätten laufen wollen; aber ehe wir noch völlig die Mitte erreicht, giengen wir wieder gerade aus, da es denn hieß, daß wir die erste Sandbank paßirt wären. Etwas besser nach dem Löwenthurme, den wir zur Rechten sahen, giengen wir in Erwartung der andern Bank etwas näher nach dem Ufer zur Linken. Die Nacht hindurch lagen wir vor Anker.

Den 23 Novembr.

Des Morgens liefen wir den Löwenthurm vorbey. Wir hielten uns an dem Lande zur Linken, um dem dritten Baren auszuweichen, welcher 1500 Faden im Umfange haben soll. Als wir mit Hülfe von 16 Sampanen den Strom vorbey waren, der nach

Klein-

Kleincanton geht, von da das zur Rückreise erforderliche Wasser mit mehr Bequemlichkeit, als von Boca Tiger, wo man die Wasserfässer eine ziemliche Strecke in dem tiefen Leime fortwälzen muß, geholet wird; so ankerten wir nicht weit von dem zur linken belegenen grossen Reisfelde, woselbst bereits 2 französische, ein dänisches, 2 holländische und 2 englische Schiffe lagen.

Die Leute brachten von dem Wasserplatze eine uneßbare Frucht mit, welche beynahe rund, grösser als ein Apfel, und aus grossen trockenen, länglich vierkantigen Saamen, die am Grunde schmaler zu liefen, zusammengesetzt war.

Den 24 Novembr.

Wir lagen hier an einem nicht sehr angenehmen Orte, und waren den Stürmen und der kalten Seeluft ausgesetzet. Hier lernten wir, daß obgleich der chinesische Winter nicht strenger ist, als daß das Eis, welches des Nachts entsteht, des Tages wieder schmelzet, und der Schnee etwas ungewöhnliches zu seyn pflegt; die Kälte dennoch um diese Jahreszeit auf dem Wasser sehr durchdringend sey. Wir waren nunmehro beynahe doppelt so weit von Canton entfernt, wenigstens kostete die Reise hinauf doppelt so viel, als vorhin. Man konnte hier, wegen der an beyden Seiten befindlichen grossen Reisfelder, nicht an das Land kommen. Wir sahen auf den Reisfeldern täglich Enten und grosse langbeinige weiße Vögel; sie waren aber zu weit von uns, als daß man ihr Geschlecht hätte unterscheiden können. Ich besahe das dänische Schiff, das mit voller Ladung lag, und weit stärker, als das unsere bemannet war. Die Hütte des Schiffpredigers Lorenz Hercks war eine der schönsten und grössesten auf

256. auf dem Schiffe. Dieſer Mann erzählte mir, daß die däniſchen Schiffsprediger, auſſer ihrer Beſoldung, einen anſehnlichen Opfertag auf dem Schiffe hätten, und ihr Gehalt dreymal ſo hoch, als der ſchwediſchen Prediger gerechnet werden könnte. Bey uns iſt derjenige hinreichend beſoldet, der ſich der Liebe ſeiner Zuhörer zu erfreuen hat.

Chineſiſche Turteltauben kauften wir zur Rückreiſe, und unterhielten ſie auf dem Schiffe eine lange Zeit lebendig. Ihre Geſtalt war folgende: Der Schnabel roth. Die Oberkinbacke iſt die längſte und mit einem nagelförmigen Anſatze verſehen. Die Zunge iſt dreyeckig. Der Leib und die Flügel unten, ſind eiſenroſtfarben. Der Kopf und Hals ſind oben dunkler. Der Rücken iſt an den Flügeln mit gelbröthlichen Flecken gezeichnet, mehr nach hinten iſt er röthlich auf ſchwarzſtoſſend, woſelbſt auch 2 ſchwarze Binden laufen, welche die Spitzen der Federn ausmachen. Sie haben 22 Schwungfedern, deren Deckfedern von grün auf Gold ſpielen. Im Schwanze haben ſie 11 Federn.

Den 27 Novembr.

Das däniſche Schiff ſegelte heute von hier ab nach Europa. Die Dänen eilen die Reiſe anzutreten, nehmen ſich aber zu den Erfriſchungen unterweges deſto mehrere Zeit. Auf der Herreiſe erwählen ſie einen angenehmen Hafen, bey welchem unſere Schiffe vorbey gehen; ſie laufen nehmlich an dem Vorgebürge der guten Hofnung ein, woſelbſt ſie die treflichſten Weine für geringe Preiſe erhalten können, und auſſerdem Gelegenheit haben, ein Volk zu ſehen, das ſo etwas zu ſeinem Schmuck erwählet, deſſen Beſchreibung uns ſchon Ekel zuwege

wege bringt, ich meyne die hottentottischen Jungfern, welche sich rohe Gedärme um die Füsse winden, zum Beweise, daß sie doch Schönheiten sind, und mehr besonderes, davon die Reisenden zu erzählen wissen.

In Ermangelung anderer Ergötzlichkeiten beschrieb ich folgende Fische, welche hier gefangen wurden.

Clupea Mystus. Die **Kieferdecke** ist 10 strahlig. Die **Rückenfloßfeder** ist länglich-oval, den Bauchfloßfedern gerade über sitzend und hat 13 Strahlen, von welchen der erste der kürzeste ist. Die **Brustfloßfedern** haben 17 Strahlen, davon die 7 obersten getheilt und so lang sind, daß sie über den After wegreichen. Die **Bauchfloßfedern** sind 7 strahlig, oval. Die **Afterfloßfeder** hat 86 linienartige Strahlen, und reicht von mehr als der Hülfte des Fisches bis zum Schwanze. Der **Schwanz** ist gespitzt und sein Gefieder 13 bis 20 strahlig. An dem Bauche befinden sich 43 kleine **Zähne** (denticuli). Der **Körper** ist schmal, zusammengedrückt; der Hintertheil nimmt sehr ab. Die obere **Kinbacke** ist die längste, und endigt sich mit einem hervorstehenden, gesägten, degenförmigen Schnabel. Das **Maul** hat die Gestalt eines verschobenen Vierecks und ist groß. Der **Fisch** ist spannenlang. Von **Farbe** ist er weiß.

Perca chinensis. Die **Rückenfloßfeder** reicht vom Kopfe beynahe bis an den Schwanz, ist in der Mitte niedriger, und hat 36 Strahlen, von welchen die 10 ersten stechend sind; der 9te ist der kürzeste und unbewafnet. Die **Brustfloßfedern** sind 18 strahlig. Die **Bauchfloßfedern** haben 6 unbewafnete Strahlen. Die **Afterfloßfeder** hat 10 Strahlen, von welchen die beyden ersten stechend sind.

sind. Das Schwanzgefieder ist oval, 17 strahlig. Das Maul ist länglichrund. Die Zähne sitzen in den Kiefern. Der Fisch hat das äussere Ansehen des Stockbarsches (*Perca fluviatilis*) ist aber kleiner. Die Seitenlinie ist gekrümmt. Von Farbe ist er blaßgelb. Die Floßfedern, die Zunge und der Gaumen sind gelblich. Die untere Kinbacke ist kürzer als die obere.

Clupea Thrilla. Die Kieferhaut ist 7 strahlig. Die einzige Rückenfloßfeder nimmt die Mitte ein und hat 16 Strahlen, von welchen die letzte doppelt so lang, als die übrigen ist. Die Brustfloßfedern haben 14 Strahlen. Die Bauchfloßfedern sind 7 strahlig und sehr klein. Die Afterfloßfeder ist 24 strahlig; sie nimmt nicht völlig in der Mitte ihren Anfang, und erstreckt sich bis an den Schwanz. Der Schwanz ist gabelförmig; das Gefieder 24 strahlig. Der Schlund ist groß, länglichrund. Der Unterkinbacken ist der längste und nach oben schwarz punctirt. Der Leib ist schmal, weiß. Die Anzahl der Bauchzähnchen beläuft sich auf 30.

Der Mandarinfisch, *Sparus* nobilis. Die Kieferhaut ist dreystrahlig. Die erste Rückenfloßfeder hat 4 und die andere 9 Strahlen. Die Brustfloßfedern sind 16 strahlig. Die Bauchfloßfedern haben 6 Strahlen. Die Afterfloßfeder hat 12, und das Schwanzgefieder 24 Strahlen. Die Länge des Fisches beträgt kaum einen Fuß. Der Körper ist schmal. Die Schuppen weiß. Der Kopf eyförmig, rund; das Maul klein, kugelförmig. Die Oberkinbacke ist die längste. Die Augen klein, und nahe am obern Rande des Maules. Die Kieferdecken bestehen aus drey Knochen.

Schneeweiſſe Tummler (*Delphinus* chinensis) 258. hüpften um das Schiff, von weiten aber konnte man ſie von der gemeinen Art an nichts, als der weiſſen Farbe unterſcheiden.

Des folgenden Tages reiſete ich abermals nach Canton.

Den 11 Decembr.

Dieſer Tag, der der 6te in dem chineſiſchen Schiengiö oder eilften Monate iſt, iſt ihnen ſehr anmerklich; iſt derſelbe heiter, ſo verkündigt er ein gutes darauf folgendes Jahr; fängt er ſich aber mit Regen an, ſo befürchten ſie Mißwachs. Sie bringen ihren Abgöttern Opfer, in der Hoffnung, daß dieſelben ſie mit Theuerung verſchonen werden. Es war den ganzen Tag ſchön Wetter; woraus ſie ein fruchtbares Jahr prophezeyeten.

Den 17 Decembr.

Vormittage begrub ich den Hofmeiſter Hubin, der geſtern in der Factorey an der rothen Ruhr geſtorben war. Er war in Frankreich gebohren und in der daſelbſt eingeführten Religion erzogen; in Gothenburg nahm er nachher die lutheriſche Lehre an, und beſaß in beyden Religionen eine ſchöne Erkänntniß. Sein munteres Weſen begleitete ihn durch ſein Alter, und verlohr ſich nicht ſo lange er lebte. Ich reichte ihm Nachmittage das Abendmahl, und gleich darauf verlöſchte er, wie ein ausgebranntes Licht. Da wir ihn nun begraben wollten, fuhren wir über den Strom nach einer Halbinſel, und nachher durch einen groſſen Canal, über welchen viele Brücken geſchlagen waren, bis wir endlich an die für ihm bedungene Grabſtelle auf einem eingeſchloſſenen zur linken Hand belegenen Platze ankamen. Die Chineser nahmen für das Grab 6 Tel. Bey dem Begräbnißplatze stand eine Anzahl Särge über der Erde, wie ich auch bereits an einem andern Orte angemerkt habe.

Der Pöbel war um uns her sehr unruhig, und das Begräbniß geschahe auf das allerkürzeste. Nachher giengen wir zu der vorhin gedachten Pagode, welche an der andern Seite des Canals in Hánamm liegt. Die Aecker hier umher waren mit Stroh bedeckt, damit die Saat von der Kälte keinen Schaden leiden möchte. Auf andern Aeckern waren hin und wieder kleine Löcher, in welche die Saamen gesteckt und mit Asche bedeckt waren. Ein Revier, worauf, nach dem Berichte der Chineser, ein Medicinalgewächs gepflanzet war, war mit Matten bedeckt, welche eine Elle hoch über der Erde ausgespannt waren. Diß Gewächs war noch so klein, daß ich nicht gewiß sagen kann, ob es *Amaranthus tristis* war.

Man zeigte mir, aber nur vom weiten, bey Boca Tiger, wie die hochliegenden Aecker von einem Gewächse grün waren, aus dessen Saamen die Chineser ihr Oel schlagen, und welches sie Laamm nennen. Man sagte, daß sie den Gebrauch haben, den Saamen vor dem Verkauf zu kochen. Es wird vermuthlich *Sesamum* seyn.

Wir besahen ihre Seegelmacherey von Bambuschienen, auf welche Bambublätter gelegt werden. Ihr Name ist Tiock-ji. Die Seile machten sie ebenfalls von den Bambufäden. Es war hier auch ein Platz, auf welchem grössere und kleinere Fahrzeuge gebauet, Ruder und verschiedene Mühlen und Stampen zum Reismahlen u. d. g. gemacht wurden. An den Aeckern stand *Poa* malabarica, und an den Zäunen

Zäunen eine Rohrart, die auf Chinesisch Lutá genannt wird, und wie *Arundo* Donáx aussahe.

Fünf und zwanzig Arten Gartensaamen erhielt ich endlich nach vielem Handeln für einen Piaster.

Den 21 Decembr.

Ich verfügte mich abermals nach dem Schiffe, und traf den Schiffsprediger Toreen unterwegens im Bángsale an, der einen Matrosen, welcher auf unserem Schiffe am Seitenstechen gestorben war, auf der Franzoseninsul begraben hatte.

Scolopendra pedibus utrinque XX. ward hier bey dem Bengsale gefunden.

Die Schiffe schickten sich zur Rückreise an, das holländische Commandeurschiff ausgenommen, welches hier bis zum Märzmonate verbleiben, und die Schiffsrechnungen in Richtigkeit bringen sollte.

Den 25 Decembr.

Klares, stilles Wetter.

Austern, welche die Chineser Hao nannten, kauften wir nun ganz frisch. Es war nicht die Gattung, deren Schalen vorhin gedacht worden; sie waren mehr rund, 5 bis 6, und auch wohl mehrere zusammen gewachsen, und ungemein schwer aufzumachen, wozu die Chineser ein eigenes Eisen gebrauchen, das sie immer bey sich führen, wenn sie Austern verkaufen. Einige waren an grossen Steinen befestigt, und auf denselben wuchs *Sertularia* confervæformis. Man sahe deutlich, daß sie aus einem leimigen Boden gezogen waren. Sie gleichen unsern Austern sehr, sind aber grösser, besonders das Eingeweide davon, welches die Chineser heraus nehmen, ins Wasser legen, und auf diese Weise die Austern an ihre Landsleute ohne Schale verkaufen.

Y 2 *Sparus*

Sparus chinensis oder der kleine Mandarinfisch, welcher dem Rothauge gleicht, ward hier herum in Menge gefangen und auf Chinesisch Kjájö genannt. Seine Beschreibung ist folgende: Die Kieferhaut hat 5 Strahlen. Die erste Rückenfloßfeder hat 4 einfache Strahlen, von welchen die hinterste ganz weich ist. Diese Floßfeder hat an jeder Seiten ein lanzettförmiges Blättchen. Die zwote Rückenfloßfeder ist unbewafnet, 9 strahlig, die Strahlen sind zertheilt, sie ist so lang als die erstere. Die Brustfloßfedern sind 14 strahlig; die Bauchfloßfedern 6 strahlig, sie haben zu beyden Seiten und in der Mitte ein weiches Blättchen. Die Afterfloßfeder ist 12 strahlig. Der Schwanz ist gabelförmig, und hat 16 und mehr Strahlen. Der Kopf ist schmal, platt; das Maul klein; die Zähne fehlen. Die Augen sind nahe an dem Maule. Der Augenzirkul ist weiß. Der Leib ist schmal, lanzettförmig; die Seitenlinie nicht merklich; der Rücken blau, das übrige weiß. Die Kieferdecken bestehen aus zwey ganzen Blättchen. Die Länge des Fisches beträgt kaum eine Spanne. Die Schuppen sind verschobene weisse Vierecke.

261. *Gobius* Eleotris, Chinesisch Sinn=hao, ist ein grünlicher, meist runder Fisch, der etwas kleiner, als der vorhergehende ist. Die Kieferhaut ist 5 strahlig. Die Rückenfloßfedern haben 6 bis 11 Strahlen. Die Brustfloßfedern sind 18 strahlig. Die Bauchfloßfedern sind 8 strahlig, und in eine einzige Trichterförmige verbunden. Die Afterfloßfeder ist 8 strahlig. Der unzertheilte Schwanz hat 12 Strahlen. Der Leib ist beynahe rund, mit kleinen rhomboidalischen, grünen Schuppen bedeckt. Die Unterkinbacke ist die längste. Die Zähne sitzen

sitzen in vielen Reihen im Schlunde, sie sind klein und sehr scharf. Die Augen befinden sich in dem Obertheile des Kopfes.

Den 27 Decembr.

Nachmittage fuhr ich in der Schaluppe längst dem Lande bey dem Löwenthurme hin. Hier war nahe am Ufer ein grosser Berg, woselbst der röthliche Sandstein gebrochen, gehauen und eingeschiffet wird, den man in Canton und an andern Orten dieser Gegend zu Särgen, Fliesen, Steindämmen, Mauern ꝛc. gebraucht. Die Arbeiter hatten in dem Steinbruche eine Menge kleine Häuser gebauet, welche dem Berge an der Seeseite, an welcher gebrochen ward, das Ansehen einer kleinen Stadt gaben. Die Chineser wimmelten wie die Ameisen von dem Fusse des Berges bis an seinen Gipfel überall durch einander. Auf der Höhe war eine kleine Schanze, und nach dem Strande giengen gepflasterte Wege. Auf den abgeerndteten Reisfeldern waren flache Furchen gezogen, um in denselben bey dem Ablaufe des Wassers die Fische zurück zu halten. Ich wollte die Schaluppe an Land legen lassen, es aber stand nicht bey mir. Es hätte sich hier eine recht artige Steinsammlung machen lassen. Wir wunderten uns, daß die Chineser, die ihre Netze in der Tiefe ausgestellet hatten, einen Schuß nach dem andern thaten, ohne irgend wornach zu zielen. Bey der Nachfrage ward uns berichtet, daß sie bey ihren Fischereyen beständig Wache halten und mit Schreckschüssen die Enten wegscheuchen müsten, die sonst die Netze geschwinder als die Menschen ausleereten. Nie habe ich so dreiste und so zahlreiche Haufen Enten, als hier gesehen; es kam ein Trupp nach dem andern, und versuchten, des Geräusches, das

überall

überall war, ohnerachtet, zu Tausenden bey den Netzen nieder zu fallen, wurden aber allemal auf vorgedachte Weise gehindert. Diese wilden Enten waren nicht in allen Stücken unsern wilden Enten ähnlich, wie folgende Beschreibung ergiebet:

Anas (chinensis) *regione oculorum maris viridi.* Das Männchen: die Flügel enthalten ohngefähr 28 Schwungfedern, von welchen die 10 ersten die längsten und aschgrau sind; der obere Rand derselben ist schwarz und der Grund grau; die 4 oder 5 nächststehenden sind aschgrau mit grünen Oberrändern und weiß gerandeten Spitzen; die 4 hintersten sind länger als die mittelsten, und aschgrau. Die grösseren Deckfedern sind auf der Oberseite an den Spitzen weiß, die übrigen aschgrau. Die 11 Schwanzfedern sind gespitzt, haben weisse Ränder, und sind am Grunde grau. Der Schnabel ist schwarzgrau, weich. Der Oberschnabel bedeckt den unteren. Die Zähne in dem Rande des Unterschnabels sind blättrig. Der Kopf oben ist (wie das Kinn) braun. Unter den Augen läuft eine weisse Linie. Die Gegend um die Augen ist grün. Der Hals oben und der Fordertheil des Rückens sind mit weissen schwarzsprenklichten Federn bedeckt. Der hintere Theil des Rückens und der Steis sind aschgrau. Die Federn, welche den Hals oberwärts bedecken, sind weiß mit schwarzen Punkten. Brust und Bauch sind weiß, nach hinten zu schwarz gesprenkelt. Die schwarzen Federn, welche den Steis bedecken, haben weisse Ränder. Die Füsse und Beine sind aschgrau. Die drey Vorderzehen sind verbunden, der Hinterzeh ist frey. Die Fußblätter haben gekerbte Ränder. Das Weibchen ist oben mit schwarzen, die Extremitäten aber mit röthlichweissen Federn bedeckt;

bedeckt; unten ist es weiß mit schwarzen Flecken. Das Kinn ist weiß. Der Kopf und die Gegend um die Augen sind weißgrau. Die Schwung- und Schwanzfedern sind beynahe wie bey dem Männchen. Die Chineser nennen diese Entenart Hina-a. Es wird noch eine andere Gattung von Enten bey Canton angetroffen, welche Kǎng-ao heißt, die ich aber nicht gesehen habe.

Der Fischvogel, dessen sich die Chineser zum Fischen bedienen, ist in verschiedenen Reisebeschreibungen abgezeichnet und wird hier Lau-fu *) genannt; in keinem Schriftsteller aber ist er vollkommen beschrieben. Ich erbot mich zu einer billigen Belohnung für den, der mir einen solchen Vogel auf eine kurze Zeit verschaffen könnte, aber vergeblich, wiewohl diese Art zu Fischen bey Macao im Gebrauch seyn soll. Der Abbildung in den Reisebeschreibungen nach muß er der Fregatte oder dem *Man of war* ähnlich seyn. Den Fischfang beschreiben sie folgendermassen: Der Fischer läßt dem Vogel einen eisernen Ring um den Hals legen, damit er keine Fische verschlingen könne. An dem Ringe ist eine Schnur, mittelst deren man den Vogel fest hält. Bemerkt man nun in der Nähe des Bootes einen Fisch, so wirft man den Vogel in das Wasser, der seiner Schuldigkeit unverzüglich Gnüge leistet; worauf man ihn mit dem Fische im Schnabel in die Höhe zieht. Diß ist eine Angel, die ihren bestimmten Preiß hat, und wie man sagt, viel Geld, ja oft bis 50 Tel kostet. Ausserdem muß der Fischer noch etwas gewisses als eine jährliche Contribution erlegen.

*) In der *Ambassade de la C. O. des Provinces un.* p. 172. t. 173. wird er Louva genannt.

1752.

Den 1 Januar.

Nachdem wir unsere Ladung an Porcellain, Thee, Seide ꝛc. besage folgender Charga, eingenommen, und uns mit Wasser zur Rückreise bis Java versehen hatten, erhielten wir heute verschiedenes Wurzelwerk, als chinesische Potatos, Rüben, Yams, Möhren, Lauch, Kohl und andere Eßwaaren an Bord.

Charga der Ladung.

Thee.

1030642 Pfund Bohe=Thee in 2885 Kisten.
96589 Pfund Congo=Thee in 1071 größeren und 288 kleineren Kisten.
67388 Pfund Soatchoun=Thee in 573 größren und 1367 kleineren Kisten.
17205 Pfund Peckoe=Thee in 323 Kisten.
6670 Pfund Bing=Thee in 119 Kisten.
7930 Pfund Heysan-Skin Thee in 104 Kisten.
2206 Pfund Heysan=Thee in 31 Tubben oder Fässern.
3557 Pfund verschiedene Sorten Thee in 1720 Dosen.

Seidene Zeuge:

961 Stück Poisies Damast.
67 Stück dito mit 2 Farben.
143 Stück Meuble Damast.
673 Stück Sattine.
15 Stück

15 Stück Sattine mit 2 Farben.
16 Stück dito mit couleurten Bouquetten.
681 Stück Padesoyen.
192 Stück Gorgorons.
1291 Stück Tafte.
16 Stück Lampas.
5319 Stück gelbe baumwollne Nankinen.
5047 Pfund rohe Seide in 33 Kisten.

Verschiedene Waaren:

35314 Pfund Galgantwurzeln.
6359 Pfund Chinawurzeln.
2165 Pfund Perlenmutter.
6325 Pfund Schnurrottingen oder dünne Röhre (zu steifen Röcken.)
10709 Pfund Sago.
4171 Pfund Rhabarbar in 24 Kisten.
9314 Stück bemahltes Pappier.
1250 Stück Bouquette, Blumen ꝛc.
3400 runde Perlenmutter-Jettonen, 140 in jedem Satze.
62 dito, 10 in jedem Satze.
108 laquirte Spielkästlein mit Perlenmut-Jettonen.
18 laquirte Tabletten- oder Nachttischdosen.
10 laquirte Tabletten.
6 Fässer Arrack.

Porcellaine:

In 222 Kisten, 70 Tubben, 52 kleineren Kisten und 919 Packen.

Das Schiff lag nun hinten 21 Fuß 10 Zoll und vorne 20 Fuß 5 Zoll tief.

Den 4 Januar.

Nach einem Aufenthalt von 4 Monat und 10 Tagen in China, lichtete endlich unser Schiff sowohl,

wohl, als das andere schwedische Schiff, die Anker, um die Rückreise anzutreten. Alles hüpfte für Freuden, auch mein Theestrauch, der in einem Topfe stand; er fiel währendem Lösen der Canonen auf das Verdeck herunter, und ward, nachdem ich ihn eine lange Zeit auf dem Schiffe gewartet hatte, mir unwissend über Bord geworfen. Solchergestalt sahe ich meinen Wunsch, meinen Landsleuten einen wachsenden Theebaum mit zu bringen, vereitelt. Eine Freude, deren bisher noch keiner in Europa, aller Sorgfalt und Unkosten ohnerachtet, hat theilhaft werden können. Einige haben zwar Theenüsse, so wie sie selbige von den Chinesern erhalten können, mitgebracht; gesetzt aber, sie wären frisch zu erhalten, (woran ich sehr zweifele) so verderben sie doch auf der Reise. Andre haben Theesträuche in Töpfen gekauft, die sie mehrentheils kurz vor der Abreise von China blühend erhielten; sie sind ihnen aber bey dem Vorgebürge der guten Hoffnung oder auch etwas weiterhin verwelket. Wenn die Europäer selber in die chinesischen Theewälder gehen, und daselbst Früchte sammlen dürften, die nicht zu sehr ausgetrocknet, oder unreif, oder auch gekocht wären, so ließen sie sich vielleicht irgend worinn aufbewahren; so aber erhält man in den Factoreyen nur Büsche in kleinen Kräutertöpfen, mit allzuweniger und vielleicht ihren zarten Wurzeln undienlicher Erde. Der Theestrauch würde sich außer Zweifel an unser Clima gewohnen lassen; wenn wir aber davon Nutzen ziehen sollten, so müßten wir die Zubereitung des Thees gut erlernen, welches schwerer seyn möchte, als wir bisher geglaubet haben, denn selbst in China bereiten einige den Thee so schlecht, daß er noch nicht so gut, als einer unserer schwedischen Thee schmecket. Gesetzt aber wir verstünden ihn auf die beste Art zu trocknen;

so

so würden wir doch niemals ein Pfund hier zu Lande gewachsenen Thee so wohlfeil verkaufen können, als den chinesischen, so lange Schweden nicht in Proportion eben so viele und so fleißige Einwohner hat, als China.

Nachdem wir eine Strecke fortgesegelt waren, sahen wir zur Rechten einen großen Ausfluß nach der See; wir giengen aber nach Boca Tiger, dessen Castele auf 2 Insuln, und auf diesen auf nackten Bergen, um welche blos einige Bäume stehen, angelegt waren. Sie lagen einander gerade gegen über. Dasjenige, welches dem festen Lande am nächsten liegt, war das höchste.

Des Abends ankerten wir in Gesellschaft eines französischen Schiffes, das nach Macao bestimmt war.

Den 5 Januar.

Des Morgens lichteten wir die Anker, und bald nachher gingen wir mit hohem Wasser über die Sandbank bey Bocca Tiger, wo wir auf 4 Faden Grund hatten.

Den 6 Januar.

Trübes Wetter. Frischer Wind.

Der Loots verließ uns. Wir richteteten den Cours von der großen Ladroninsul nach der sogenannten englischen Bank, und nachher nach dem Eylande Zapatha, welches von den Portugiesen, seiner Gestalt wegen, der Leisten genannt wird.

Mußon oder der beständige Wind, welcher in dem ostindischen Meere ein halbes Jahr anhält, war jetzo N. O. und wich bisweilen einen Strich nach beyden

beyden Seiten ab. Er wehet den November, December, Januar, Februar und März hindurch mit trocknen Wetter aus N. O. Im April und September geht er um, da denn gräuliche Stürme aus allen Gegenden blasen. Der fürchterlichste Sturm unter allen, ist der, welcher auf Chinesisch Tafun genannt wird; denn, wie mir ein schwedischer Ostindienfahrer erzählt hat, hält er oft 24 Stunden mit solcher Heftigkeit an, daß keiner auf und nieder gehen kan, sondern ein jeder an seiner Stelle gleichsam als angebunden stehen bleiben muß. Wenigstens wird derselbe für den schwersten Orcan gehalten, der sich auf einer Reise nach Ostindien ereignen kann. Im May, Junius, Julius und August ist der Wind hier allemal südlich, und mehrentheils mit Regen begleitet.

267.   Den 8 Jan. 15 Grad 45 Min. N. B.

Die englische Bank hatte auf 36 Faden Grund. Der Grund bestand aus rothen Sande mit Corallen.

Den 10 Jan. 10 Grad 38 Min. N. B.

Veränderlich bald klar, bald trübes Wetter. Der Wind wehete stark und die Wellen waren ungestüm. Um 4 Uhr Nachmittags lag uns die Insul Zapatha in Westen.

Sterna nigra, fronte albicante, cauda cuneiformi (Chin. Lagerstr. 9.) ward hier gefangen. Sie hatte 27 Schwung- und 11 Schwanzfedern. Ihre Größe glich einer Dohle.

Den

Den 11 Jan. 8 Grad 11 Min. N. B.

Mehrentheils klares Wetter. Frischer Wind.

Polo Condor glaubten wir in der Morgendämmerung vorbey gesegelt zu seyn, sie kam uns wenigstens dißmal nicht zu Gesichte. (Polo heißt auf Indianisch eine Insul.)

Den 15 Januar.

Trübes unbeständiges, regnigtes Wetter. Man hielt eine solche Witterung auf dieser Höhe für etwas ungewöhnliches.

Die Insul Lingen, welche mitten unter der Aequinoctiallinie liegt, war die vorige Nacht paßirt worden. Es fehlt hier zwar nicht an Wärme, sie kann aber doch keine Menschen ohne Vater und Mutter erzeugen, wie dieses ein heydnischer Schriftsteller von der Insul Wack-wack erzehlet. S. BAJ. Comment. de Orig. Sin. 278.

Polo-Taja war uns Vormittage zur Rechten. Des Mittages hatten wir die 7 Insuln, von welchen 2 höher als die übrigen sind, zur Linken. Bey der ersten hohen Insul lag ein kleines Eiland, welches vielleicht nicht von der Insul getrennet ist.

Den 16 Januar.

Mehrentheils regnicht und unbeständig Wetter. In der verwichenen Nacht gingen wir in der Straße Banka, nahe unter dem Lande von Sumatra, woselbst der Palimbankasfluß seinen Ausfluß hat, vor Anker, nachdem wir schon vorher in der Nacht bey Monopin, oder dem äußersten hohen Berge auf der Insul Banka, Sumatra gerade gegen über, vorbey gesegelt waren.

Fried=

Friedrich Heinrich, eine unter dem Wasser liegende Klippe, die vordem vielen Schiffen zum Unglück gereicht hat, waren wir glücklich vorbey gegangen:

Des Mittags sahen wir das dritte (oder von Canton gerechnet, das erste) Vorgebürge auf Sumatra, welches mit den schönsten und rarcsten Laubbäumen so bedeckt war, daß es das Ansehen hatte, als ob das ganze Land aus beschnittenen Gartenhecken bestände. Vermuthlich waren die äussersten, spanische Röhre, und die übrigen, andere Arten von Palmbäumen. Vom weiten sahe das Land prächtiger aus, als ich es zu beschreiben im Stande bin. Man beschrieb die Leute als die ärgsten Blutigel, und glaubte, daß in allen Gebüschen Crocodille und andere gefährliche Thiere wohnten; wenn ich aber auch Tigern und Löwen hätte begegnen sollen, so hätte ich mir dennoch gewünschet, an Land kommen zu können, wenn es auch nur auf eine Stunde gewesen wäre. Wir steureten aber nach Lasari, einem Berge auf Banka. Nachdem wir auch die andere Erdzunge vorbey paßiret, ließen wir endlich des Abends die Anker fallen.

Den 17 Januar.

Wir hatten heute, den Morgen ausgenommen, schönes und heiteres Wetter, aber wenig Wind. Wir gingen so wie die übrigen Schiffe, die wir in China verließen, hier aber wieder antrafen, sehr früh unter Seegel. Des Mittags paßirten wir die Insul Luciparra. Die Durchfarth zwischen dieser Insul und Sumatra ist für große Schiffe beschwerlich, weil man auf der Bank nur $3\frac{1}{2}$ Faden Tiefe hat. Ist man aber hinüber, und hat auf der Rückreise Luciparra in N.O. so sind die Gefahren überstanden.

Den 18 Januar.

Nach 8 Uhr des Morgens hatten wir die zween Brüder zur Linken, ganz nahe. Diß ist die Benennung zwoer mit Bäumen bewachsener Inseln, zwischen welchen das Wasser eine solche Untiefe haben soll, daß auch nicht einmal ein kleines Boot hindurch kann.

Wir bemerkten hier ansehnliche Brandungen.

Nachmittage um 4 Uhr hatten wir Täppers Hut und das hohe waldige Land von Bankam zur Linken; etwas weiter hin um halb 6 Uhr den so genannten brabandschen Hut, eine kleine waldige Klippe, und gerade gegen derselben über zur rechten eine lange, schmale Insul, die den Namen Quer im Wege führet.

Den 19 Januar.

Regnigt Wetter.

Nach einer 14 tägigen Reise von Ladrones ankerten wir um Mittagszeit in der Neuen Bay, dem gewöhnlichen Ankerplatze; und es ward von Java für die ganze Rückreise Wasser eingenommen. Nachmittage gieng ich mit einem Schiffsboote bey dem Wasserplatze an Land. Es hält schwer das Ufer zu erreichen, weil der Grund desselben mit Corallen (Millepora javanensis) so gespickt ist, daß das Boot weit zurücke bleiben, die Leute aber aussteigen, und bis an die Brust im Wasser waten müssen; sie trugen mich also nicht ohne Mühe auf ihren Achseln an das Ufer. Das Land ist hier ziemlich hoch, und das Wasser, welches aus den Sümpfen im Walde hieher geleitet wird, läuft mit einem Geräusche in das Meer. Die Matrosen legen eine Schlange an, die bis in das Boot reicht und füllen auf diese Weise ihre Fässer.

Das

Das Wasser selbst war ziemlich gut, und meiner Meinung nach, das beste von allen, welches wir auf der Reise getrunken haben. Das Erdreich am Strande besteht aus einem feinen weißgrauen Sande, in welchem Corallen, als Orgelsteine (Madrepora organum) und Sternsteine (Millepora) desgleichen allerley Cypräen und andere Schnecken angetroffen werden. Ich ließ aber dieses alles liegen, und begab mich, nebst einem Zimmermanne, der sich Holz zu Werkzeuge suchte, nach dem Walde. Wir hielten uns nahe an einander, weil wir, wenn wir uns entfernet hätten, in Gefahr gewesen seyn würden, uns nicht wieder anzutreffen. Der Wald war so dichte, daß wir uns nicht ohne Mühe hindurch drängen konnten, und das Geschrey der Vögel, Eideren und anderes Geräusch ließ nicht zu, sich durch Rufen aufzusuchen. An einigen Orten war es so naß, daß ich meinem Begleiter nicht ohne Mißvergnügen folgte, denn es reguete um diese Zeit alle Vormittage und Nächte, und bisweilen den ganzen Tag. Die ungemein hohen, wiewohl nur schwachstämmigen Laubbäume, machten den Wald dunkel, und eine Menge 6 Ellen lange Palmbäume, deren Blätter Stacheln hatten, ließen uns nicht eher los bis wir die Kleider, ja die Haut auf den Händen und dem Gesichte zerrissen hatten. Dieser kleine Palmbaum ist:

270.

Caryota (javanica) *frondibus bipinnatis aculeatis, foliolis cuneiformibus rotundato-praemorsis.* Die Befruchtungstheile habe ich nicht gesehen, daher mir das Geschlecht ungewiß blieb. Die Zweige (frondes) sind, wie an der Caryota, doppelt geflügelt, unten weißlich; die Blättchen stehen wechselsweise, sind meist oval, gefaltet, der obere Rand ungleich abgerundet. Die

Blät-

Blattstiele sind eben mit vielen entgegen gesetzten, hakenförmigen Stacheln, nicht nur bis an den Ursprung des Gefieders, sondern öfters auch bis ans zweyte oder dritte Paar der Blättchen besetzet.

Eine andere Art kleiner Palmen (*Palma Baculus*) stand uns ebenfalls im Wege. Der Stamm derselben war ohne Aeste, oben mit einer Krone, und überall mit geraden Stacheln besetzt. Diß ist das ächte spanische Rohr, welches man ihm von außen eben nicht ansehen konnte; wenn man aber die Rinde abzog, so erschien der glatte mit einem Rücken versehene Stock, der keine Spuren an der Rinde befindlicher Stacheln hat, und denen, welche wir durch die Holländer erhalten, vollkommen ähnlich ist, welches dieselben geheim halten, damit sich die Vorbeyreisenden nicht selber so viele Röhre, als sie brauchen, aus diesen Wäldern holen mögen. Auf Sumatra sollen sonst die meisten Röhre wachsen. Ich nahm zur Probe ein paar Stöcke, sie kamen mir aber unterweges weg. Man muß solche Bäume aufsuchen, deren Schößlinge zwischen zweyen Gliedern so lang sind, als die Stöcke nach der Mode seyn müssen; solche aber sind nur sparsam zu finden. Ich weiß nicht, daß uns jemand von der Gestalt der spanischen Röhre, wenn sie noch auf der Wurzel stehen, Nachricht gegeben haben sollte.

Nachdem wir endlich ziemlich weit in diesen, wegen der Tiger und anderer Raubthiere gefährlichen Wald gekommen, und mein guter Zimmermann verschiedene Holzarten versucht hatte; ward endlich einer mit einem langen nackten Stamme angetroffen, den er fällete. Das Holz des Baumes hatte, wenigstens so lange als es grün war, eine schöne gelbe Farbe. Ich suchte an dem niedergehauenen Baume nach den Befruchtungstheilen; da diese aber

274.

nicht

nicht mehr vorhanden waren, so konnte ich ihn nicht kennen. Auf der Rinde desselben wuchs:

Hypnum javanense.

Lichen pulverulentus viridis et albus, und

Asplenium Nidus, dieses bildete in den Astwinkeln eine Art eines Bechers, in welchem die Vögel genistet hatten.

Calamus Rotang ist ein kleiner, schmaler Baum ohne Aeste und Zweige, der sich um die umher stehenden hohen Bäume bis in ihre Gipfel flicht und dieselben gleichsam untereinander zusammen bindet. Ich ward auch einen Baum gewahr, dessen acht Fingerdicke Aeste nicht durch Kunst, sondern aus eigenem natürlichen Triebe Wurzeln geschlagen hatten; die drey übrigen aufgerichteten Aeste waren voller schwerdförmigen Blätter. Ich traf aber weder Blume noch Frucht darauf an.

Das Siö-lück-tao der Chineser flochte sich um die Bäume. Auf einem unbekannten Baume, der gegenwärtig ohne Blumen war, fand sich eine den Hagebutten von Farbe und Bildung etwas ähnliche Frucht.

Kleine Palmbäume, deren Früchte großen Krähenaugen mit grünen oder braunen Schaalen ähnlich waren, standen nicht weit vom Strande. Eben daselbst fand sich auch eine der *Alpinia* racemosa ähnliche Pflanze, nebst verschiedenen ungewöhnlichen Bäumen und Kräutern, die ich bey Ermangelung der Befruchtungstheile zu bestimmen nicht im Stande war.

Epidendrum amabile wuchs auf den Aesten der Bäume am Strande. Diese Pflanze hat große, weiße, wohlriechende Blumen, dergleichen ich nie gesehen habe. Ich hatte dis Gewächs einige Tage in meiner Hütte liegen, die Blumen aber verwelkten

ten nicht, sondern erfüllten mein Zimmer mit dem angenehmsten Geruch. Auf der Insul Ternate ist nur den Prinzeßinnen erlaubt, diese kostbare und mehr als seltene Blume zu tragen *). Die Gestalt dieser prächtigen Pflanze ist folgende:

Die Krone ist fünfblättrig; die drey äußersten Blumenblätter sind länglich, die beyden innern rundlich-oval, ausgebreitet; die obere Lippe des Honiggefäßes ist kürzer und eingebogen; die untere federförmig zertheilt, (pinnatifidum) eingebogen; sie hat 4 Abschnitte, von welchen die zween größern am Grunde abgestumpft, die zween andern aber sehr klein und spitzig sind. Die Drüse am Grunde des Honiggefäßes ist zweytheilig, gelb mit kleinen rothen Punkten. Die Spitze der Unterlippe hat 2 fadenähnliche Fortsätze. Die Wurzeln sind zahlreich, weich, platt, und kleben sich an die Baumrinden. Die 3 Blätter stehen an der Wurzel, sind unzertheilt und ohne Nerven, beynahe sichelförmig. Der Stengel ist ungetheilt. Die Blumen stehen wechselsweise an der Spitze.

Pavetta indica, ein kleiner Baum, der nicht weit vom Wasserplatze stand,

Jasminum azoreum wuchs unter den hohen Bäumen.

Hibiscus populneus, ein Baum mit großen schönen Blumen, stand unter den vorhin gedachten. Die Blätter desselben waren unten etwas weich und hatten zurückgebogene Stiele. Die Deckblätter (bracteae) sind rund. Der äußere Kelch ist kurz, eilftheilig, der innere ist fünftheilig, sechsmal länger, die Blättlein desselben sind lanzettförmig.

---

*) RVMPF. *Herb. Amb.* Angræcum alb. majus.

Der Strand war fast überall mit Corallen, besonders mit Madreporen und Corallen-Orgelwerken bedeckt; außerdem waren versteinerte Schwämme (ohne Stiele) und Schnecken hieselbst anzutreffen. Wir konnten aber der Bäume wegen, die an den meisten Orten über das Wasser hingen, nicht gut fortkommen.

Der Schneckendieb oder *Eremita javanica* ward in einer Schneckenschaale angetroffen; die linke Klaue desselben war größer, es ist aber doch eine andere Gattung, als unser gemeiner *Cancer* bernhardus.

Lichen marinus CLVS. *Hist.* p. CCL. war an dem Strande häufig.

Die Nacht zwang mich eine angenehme Arbeit zu beschließen, ehe ich es wünschete; nachdem ich also bey dem Wasserplatze die vielästigen Bäume, von deren Aesten eine Menge Wurzeln gerade herunter hangen, besehen hatte, muste ich mich mit dem Boote wieder an Bord verfügen. Hier fand ich zweene seltene Fische, die mir ein guter Freund in der Absicht verschafft hatte, um sie in Weingeist auf zu bewahren. Es waren:

Chaetodon saxatilis? ein gelblichter, einer Flunder ähnlicher Fisch, mit breiten schwarzen Querbinden. Die einzele Rückenfloßfeder ist niedrig und reicht bis an den Schwanz; die 13 förderste Stralen sind stachlicht, die übrigen 26 sind länger, haben unten einen schwarzen Streifen und sind auch mit schwarzen Spitzen versehen. Die Brustfloßfedern sind 16 strahlig; die Bauchfloßfedern 6 strahlig. Von den Strahlen der Afterfloßfeder haben die drey ersten Stacheln, die übrigen 20 aber schwarze Spitzen, die zusammen genommen einen schmalen Streifen ausmachen. Das Schwanz-
gefie-

gefieder ist ganz, 20strahlig. Der Leib ist schmal, breit, mit viereckigen Schuppen. Die untere Kinbacke ist die längste. Die Kieferdecken sind schuppig.

Sparus Spinus glich einem getrockneten Fische, den wir in Canton zur Rückreise einkauften. Die Rückenfloßfeder reicht vom Kopfe zum Schwanze und hat 24 Strahlen, von welchen die 13 fördersten stachlicht und die kürzesten sind. Die Brustfloßfedern sind 15strahlig; die Bauchfloßfedern 5strahlig, von welchen die beyden äußersten stechen. Die Afterfloßfeder geht von der Mitte des Fisches bis zum Schwanze und hat 15 Strahlen, davon die 7 erstern stechen. Das Schwanzgefieder ist zweytheilig, 18strahlig. Die Seiten sind, den Bauch ausgenommen, grau, und haben gekrümmte Linien. Der Bauch ist weiß. Die Lefzen sind weich. Die Länge des Körpers beträgt eine Spanne.

Die Javaner boten auf dem Schiffe feil: Affen, Schnecken, türkischen Weitzen und

Javanische Rehe (*Cervus* javanicus). Die oberen Schneidezähne fehlen, von den untern 8 ist der Rand der beyden mittlern dreymal breiter als die übrigen; die 3 Seiten-Schneidezähne sind gespitzt. Die obere Kinlade hat an jeder Seite einen spitzigen Augenzahn, welcher so lang als die Schneidezähne ist. Dieses Thier ist also nicht *Capra perpusilla Muf. Reg. Suec.* p. 12. Ich habe den Bock und das Thier, aber beyde ohne Gehörne gesehen, womit sie jedoch, nach dem Berichte unserer Schiffsleute, versehen seyn sollen. Von den neun Backenzähnen sind die sechs inneren doppelt, und die drey äußeren lappig. An Größe gleicht diese Hirschart einem neugebohrnen Lamme. Die Farbe ist braunröthlich. Der Bock, dessen Kopf ich jetzo beschrie-

beschrieben habe, ist größer als das Thier, und hat weiße Seitenstreifen, die der Länge nach laufen. Sie lebten von frischen Reisblättern, den wir zu dem Ende in Töpfe säeten.

Von Papagoifischen ward zwar gesagt, daß man sie hier fände, ich war aber nicht so glücklich, einen einzigen zu erhalten.

Den 20 Januar.

Ein starker Regen hinderte mich, des Vormittags an Land zu gehen, Nachmittage aber fuhr ich an die kleine, unbewohnte, waldige Insul Nieu Eyland (S. vorher S. 88.), welche eine Strecke von unserem Schiffe und nahe an Java lag. Wir stiegen an einem kleinen Bache an Land, in welchem unsere Leute ihr leinen Zeug wuschen. Als ehedem das Schiff Ritterhaus auf seiner Reise nach China zu spät nach Java kam, maßen der halbjährige beständige Gegenwind auf der ostindischen See bereits zu wehen angefangen hatte, muste es hier so lange liegen, bis der Wind wieder umgieng. Während der Zeit hatte sich das Schiffsvolk auf dieser Insul Hütten erbauet, und in verschiedene Bäume, zum Andenken die Namen, nebst der Jahrzahl 1743 geschnitten, welches wir an verschiedenen Orten bemerkten. Der Seegrund, der zween Faden, mehr oder weniger, tief war, war voller scharfen ästigen Corallen. An dem Strande fand man Corallsteine, Corallorgelwerke, *Hippuris saxea* und verschiedene Schnecken, oft aber waren sie durch das Wasser abgeschliffen und verdorben. Unter den Schnecken waren fürnehmlich Cypräen, *Harpago 5 cornibus* und mehrere.

Ich begab mich etwas weiter auf die Insul, und sahe hier die Pisang (*Musa paradisiaca*) wild wachsen,

sen, und die Meerkatzen auf den Bäumen, wie bey uns die Eichhörner, herum hüpfen. Das beständige Knarren, welches ich hörte, machte nach dem Bericht der Leute eine Art Eidexen, davon ich jedoch keine erhalten konnte.

275.

Zweyfalter flogen hier verschiedene; meine Augen aber waren auf die Flora geheftet. Ich gieng längst dem Strande, weil mir der Wald zu dicht war, und bemerkte folgende seltene Bäume:

Sophora alopecuroides. Ein kleiner Baum mit weichen Stamme.

Morinda citrifolia.

Guettarda speciosa, ein astreicher Baum mit wohlriechenden Blumen. Die Blumendecke ist cylindrisch, mit einem fast uneingeschnittenen Rande. Die Krone ist einblättrig; die Röhre cylindrisch, länger als der Kelch; die Mündung siebentheilig mit länglichrunden Abschnitten. Sieben kurze Staubfäden; die Staubbeutel länger als die Fäden und gleichbreit. Der Fruchtknoten ist beynahe rund; der Staubweg fadenähnlich, länger als die Staubträger; die Narbe beynahe eyförmig. Die Frucht ist fast rund und enthält eine trockene Nuß. Die Aeste des Baums sind viereckig, mit hufeisenförmigen Flecken und Punkten.

Lobelia Plumierii ist ein kleiner Baum, der am Strande stand, und folgende Kennzeichen hatte: Die Blumendecke ist sehr kurz, fünftheilig: Die Abschnitte gleichbreit, von einander abstehend. Die Krone ist einblättrig, an der einen Seite bis auf den Grund gespalten, viermal länger, als der Kelch; die Röhre ist cylindrisch, inwendig haarig, länger als die Mündung, an der einem Seite von einander stehend; (hians); die Mündung fünftheilig, gehört, mit lanzettförmigen an dem Rande gekräu-

gekräuselten Abschnitten: der mittelste ist der dickste. Die 5 Staubfäden sind fadenähnlich, im Blumengrunde (receptaculum) eingelenkt, und haben die Länge des Stempels; die Staubbeutel sind länglichrund, schmal und umschließen die Narbe. Der Fruchtknoten ist eyförmig, fünfeckig, zusammengedrückt, unter der Blume befindlich; der Staubweg walzenförmig, so lang als die Staubfäden, gebogen, so, daß er sich durch die Einschnitte der Krone neigt. Die Narbe ist becherförmig und gehärt. Die Nuß ist meist rund und von Größe einer Erbse. Der Baum hat runzliche und hängende Aeste und wächst an Seeufer. Die Blätter sind umgekehrt-oval, mit einer Spitze, glatt, ohne Einschnitte, fast ohne Nerven, gestielt; die Blattstielchen gleichbreit. Die Blumen sind weiß, stehen in den Winkeln der Blätter.

276.

Crinum asiaticum wuchs mit seinen prächtigen weißen Blumen am Strande im Sande. Ich brachte die Pflanze selbst in einem Blumentopfe, und auch die Zwiebeln in Sand aufbewahret, mit nach Schweden.

Corypha umbraculifera war hier ebenfalls. Hievon werden die großen runden Sonnenfecher gemacht, mit welchen man in China die Muskiten oder Mücken austreibt.

Cordia Myxa blühete am Strande. Die Blätter sind oval, gestielt, ohne Einschnitte, wechselsweise gestellt. Der Baum ist sehr ästig; die Aeste runzlich, rund. Die Blumen sind gelb, und stehen in Trauben an den Spitzen.

Phytolacca? javanica. Ein großer Baum, der am Strande stand, dessen Blätter glatt, die Zweige aber wollig sind. Die Blumendecke fehlt. Die Krone ist einblättrig, fünftheilig; die Abschnitte oval,

oval, sehr klein. Die 10 Staubfäden sind oben gekrümmt, am Blumengrunde befestigt, und länger, als die Krone; die Staubbeutel beynahe rund. Der Baum ist sehr ästig. Die Aeste und Blattstiele sind wollig; die Blätter sind breit, lanzettförmig, gestielt, ohne Einschnitte, glatt, mit sieben Adern versehen. Die Blumen sind traubenförmig, klein.

Flagellaria indica. Die Blätter derselben winden sich um andere Bäume, maßen der Stamm nicht dicker, als ein Tobakspfeifenstiel, aber öfters einige Faden lang ist. Die Blumendecke ist einblättrig, zweyzähnig, sehr kurz, an der äußeren Seite der Blume. Die Krone ist einblättrig, oval, kugelförmig, zugeschlossen. Die Staubfäden sind kurz, fadenähnlich, am receptaculo befestigt, die Staubbeutel länglichrund, aufgerichtet, länger als die Staubfäden $= = =$; der Staubweg ist einfach; die Narbe abgestumpft. Die Blumen stehen an den Extremitäten in Trauben. Der Stengel ist rund, zweigig. Die Blätter sind wechselnd, rohrförmig, kaum merklich gestielt, und enden sich in Gabeln (cirri).

Convolvulus Pes Capræ stand am Wasser im 277. Sande.

Chiton marginibus dorsi spinosis hatte ein Matrose in der See gefunden.

Wir lichteten die Anker, widrigen Windes wegen aber musten wir sie wiederum nicht weit von hier fallen lassen und zwar bey

Prinzeyland (S. vorher S. 88.) welches größer als neu Eyland ist. Man erzehlte, daß ein kleiner Prinz, dem die Insul gehöre, auf derselben wohne, und daß er ehedem die Schiffe besucht und mit sehr geringen Geschenken vorlieb genommen habe.

Des Nachmittags giengen wir bey einem kleinen Strome, wo man Waſſer einnehmen kann, welches aber nicht ſo gut iſt, als das auf Java, an Land. Ich ſahe weder hier noch auf neu Eyland Berge. An dem Strome ſtand eine kleine Hütte, von welcher unſere Leute glaubten, daß ſie die Engländer aufgerichtet hätten. Wir drangen uns in den Wald, muſten aber nach dem Strande wieder zurück kehren, woſelbſt ich, der groſſen Bäume wegen, die ſich über das Waſſer neigten, ebenfalls nicht ohne Mühe fortkam. Auf ſolchen Bäumen wuchſen zwo Arten Farnkraut, von welchen das eine *Polypodium* paraſiticum war. Beyde aber giengen verlohren, indem ich mich zurück über den Strom tragen ließ. Auf den Bäumen wuchs

Lichen pulverulentus viridis et albus, und unter denſelben

Boletus cauleſcens, coriaceus, pileo cinèreo et rubro.

Calla javanica foliis lanceolatis und

Amomum zerumbet oder wilder Ingber, von dieſem entwarf ich folgende Beſchreibung: Der Kelch fehlt, ſtatt deſſen ſind eyförmige Deckblätter. Die Krone iſt zweyblättrig. Die 2 Staubfäden ſind kurz, fadenähnlich; die Staubbeutel lang, gleichbreit und an der Seite der Krone angewachſen. Der Fruchtknoten iſt walzenförmig, kurz; der Staubweg fadenähnlich, länger als die Staubträger; die Narbe länglichrund. Die Capſel iſt eyförmig, länglich, an der innern Seite platt, an der äuſſern ſtumpf, dreykantig, vielfächerig, ſaftreich, weiß. Die Saamen ſind eyförmig, ſchmal, roth, verdeckt und der Anzahl nach bis ſechſe. Das Kraut wächſet an ſchattigen Ufern. Die Wurzel ſieht aus wie der Ingber, und hat

lange

lange Fasern. Der Schaft ist rund mit abgestumpften, dicht anschliessenden Deckblättern. Blume und Frucht machen ein ovales, weiches, rothes Gehenk (amentum) aus. Das Wurzelblatt ist gefiedert, mit lanzettförmigen, ganzen Blättlein. Der Standort der Pflanze ist das schattige Ufer.

Mammea, asiatica. Ein grosser Baum der mehrentheils an den Ufern über das Wasser heraus hieng. Fast auf allen Bäumen, besonders auf diesem, hielten sich grosse schwarze Ameisen auf; daher ich nicht ohne Mühe nach den Aesten in die Höhe steigen konnte, welches gleichwohl geschehen muste, ehe folgende Beschreibung entworfen werden konnte:

Die Blumendecke ist zweyblättrig, mit grossen ovalen ausgehölten beständigen Blättchen, welche die Krone einschliessen. Die Krone besteht aus vier ovalen, geschlossenen Blumblättern, welche mit den Staubfäden zugleich vergehen, (decidua) und so wie diese länger, sind als der Kelch. Die Staubfäden sind in grosser Menge, fadenförmig, gebogen, kürzer als der Staubweg, länger aber als die Krone und der Kelch, und am Grunde mit den Kronblättern zusammenhängend. Die Staubbeutel sind beynahe rund, klein; der Fruchtknoten steht unter der Krone, ist umgekehrt eyförmig; der Staubweg sehr lang; die Narbe spitzig. Der Baum ist sehr ästig und neigt sich mit der Spitze herunter. Die Aestchen sind rund. Die Blätter stehen Büschelweise, am äussersten der kleinen Aeste, sind ganz, stiellos, glatt, fleischig, an den Spitzen ein wenig gekerbt, mit wechselnden Quernerven.

Hernandia sonora. Ein grosser merkwürdiger Baum, von welchem nur 2 hier am Strande standen. Man erhält von demselben ein sicheres Mittel wider den Gift, wenn man seine kleinen Wurzeln

zeln theils auf die Wunden legt, theils isset, welches 1667. in dem Kriege zwischen den Macassaren und Holländern eine gefangene Weibsperson dem Rumpf entdeckte. Die Soldaten der erstern führen derowegen diese Wurzel als ein Heilmittel wider Verwundungen mit giftigen Pfeilen allemal bey sich. Die Blätter dieses Baumes sind dick und glatt. Ein anderer, diesem ähnlicher Baum, der ebenfalls hieselbst wuchs, hatte nicht so dicke und glatte Blätter.

Melia parasitica. Eine kleine, kaum eines Fingers lange Pflanze, wuchs auf den Stämmen der Bäume. Sie ist so selten, daß sie, so viel man weiß, bisher von gar niemand gesehen worden. Der Kelch ist einblättrig, dreyzähnig, cylindrisch, und halb so lang als die Krone. Die Krone ist einblättrig, cylindrisch, fünftheilig mit länglichen Abschnitten. Das Honiggefäß ist glockenförmig, am Rande abgestumpft. An der innern Seite des Randes sitzen 10 kaum sichtliche Staubfäden; die Staubbeutel sind beynahe viereckig. Der Fruchtknoten ist cylindrisch, fünfeckig; der Staubweg zugespitzt, unten wollig; die Narbe keulenförmig. Die Blumen bilden Trauben. Die Pflanze hatte kleine Blätter.

Nach einem so kurzen Besuch dieser vortreflichen Insul muste ich wieder an Bord, um auf guten Wind zur weiteren Reise zu warten.

Den 22 Januar. 8 Grad 34 Min. S.B.

Regenwetter.
Früh Morgens giengen wir von der Prinzeninsel unter Seegel, und verlohren Nachmittage Java aus dem Gesichte.

Den 26 Januar.

Sehr regnigt Wetter. Meist stille.

Wir fischten 2 Boniten (*Scomber* Pelamis) Die beyden Brustfloßfedern desselben wurden auf eine Angel gesteckt, um dadurch eine Aehnlichkeit eines fliegenden Fisches vorzustellen, nach welchen der Bonit aus allen Kräften jaget, und öfters hoch über die Wasserfläche springt.

Den 27 Januar. 10 Gr. 38 Min. S. Br.

Trübes und regnigtes Wetter.

Camellia, welche ich in einem Blumentopfe hatte, fieng an ihre Blumenknöpfe zu öfnen.   Obs. *Gemmæ* axillares conico imbricatæ, *foliola* gemmæ ovata, obtusa, alterna, imbricata.   *Foliatio* equitans.

Den 28 Januar. 12 Gr. 35 Min. S. Br.

Am Tage war meist klares Wetter und Gegenwind.

Vier Delphine (*Coryphaena* Hippurus) liessen sich nahe am Schiffe sehen.   Dieser Fisch gleicht dem Lachse, spielt aber im Wasser mit einer blauen und grünen Farbe.   Er ward für den besten Fisch unter allen, welche auf der ganzen Reise gefangen worden, gehalten.

280.

Den 29 Januar. 13 Gr. Süd. Br.

Klar Wetter.   Der Passatwind hatte nun, wiewohl kaum, seinen Anfang genommen.

Ein Wallfisch entdeckte sich uns in der Nähe durch sein Wassersprudeln.

Den 3 Februar. 15 Gr. 44 Min. S. Br.

Larva feneſtrata, welche ich den 13 Septembr. vorigen Jahres auf dem *Croton* sebiferum gefunden und ſich die erſte folgende Nacht zum andern male verwandelt hatte, kroch nun aus ihrer Ruheſtelle, in welcher ſie gegen 5 Monate zugebracht, hervor, und war, wie ich nicht anders ſehen konnte, *Phalæna* feneſtrata, wiewohl ſie ſehr ungeſtalt erſchien.

Dermeſtes ſubrotunda atra war beſchäftigt den Leontſai-ſamen, welchen ich in China gekauft hatte, aufzufreſſen. Wenn der Kern ausgefreſſen, ſo war die leere Hülſe eine abgepaßte Wohnung für dieſen Schleicher, wie ich denn eine Zeit nachher einen jeden derſelben in ſeiner Hülſe tod fand.

Den 6 Febr. 18 Gr. 50 Min. S. Br.

Klares Wetter. Friſcher Wind.

Ich hatte kein Wetterglas; die Blätter der Camellia aber und der Batatas zeigten, daß es hier kälter, als in China war. Die Berichte der Seefahrer von einer gröſſeren Kälte um den Südpol ſind wahrſcheinlich genug.

Den 8 Februar. 20 Gr. 47 Min. S. Br.

Wir ſahen nun wiederum dann und wann einen fliegenden Fiſch.

Den 11 Febr. 22 Gr. 54 Min. S. Br.

Heiteres Wetter. Mäßiger Wind.

Eine Eidexe hatte uns von Canton aus begleitet und ward jetzo in einer Hütte gefunden. Es war *Lacerta* (chinenſis) cinerea, cauda ancipiti, corpore paulo longiore, pedibus pentadactylis omnibus unguiculatis. Der Kopf iſt platt, flach, länglich,

lich, eben, die Augen bedeckt eine Haut, welche an der Queröfnung in der Mitte 3 gegenüber stehende goldgelbe Punkte hat. Die Nasenlöcher sind rund; von den beyden größten ist an jeder Seite eins nahe am Schnabel; höher hinauf sind an jeder Seite 3 kleinere, und auſſer diesen an den Augen viele noch kleinere Löcher. Die Zähne sind zahlreich, klein. Die Zunge ist flach, abgestumpft, in der Mitte gekerbt. Der Leib ist breit, platt mit zusammengedrückten Seiten. Der Rücken ist mit schwärzlichen und weißlichen Erhöhungen bedeckt. Der After gehet in die Quere. Der Schwanz ist ein wenig länger als der Leib, zweyseitig, plattgedrückt, und hat an den Seiten sparsam sitzende gelbliche Schuppen. Die Vorder- und Hinterfüſſe sind fünfzehig, getheilt, alle Zehen haben hakenförmige Nägel; der fünfte Zeh ist der kürzeste; alle Zehe sind unten blättrig, die Blättchen sitzen in der Quere. Die Farbe des Körpers ist oberhalb aschgrau; der Schwanz hat 11 schwarze Wölkchen. Der Bauch ist weiß.

Den 13 Febr. 24 Gr. 7 Min. S. Br.

Trüber Himmel, regnigtes und unbeständiges Wetter, nachher gleichförmiger Wind.

Das Waſſer welches wir von Java mitnahmen, war nunmehro voller Aſſeln (*Oniscus*), die darinn als junge Frösche herum schwärmten.

Die Blumenzwiebeln vom *Crinum asiaticum*, welche ich auf Java in einen Blumentopf gesetzet hatte, fiengen nun an Blätter zu treiben.

Den 17 Febr. 27 Gr. 20 Min. S. Br.

Der Paſſatwind hatte heute sein Ende.

Den

Den 19 Febr. 27 Gr. 59 Min. S. Br.

Klares, stilles, schwüles Wetter.

Wir sahen einen Wallfisch und einen grossen Hay mit 4 Lootsen, welche neben dem Schiffe auf und nieder giengen. Wir setzten, um den Hay zu fangen, ein halbes Huhn auf den Angel, er war aber dißmal nicht hungrig. In der Dämmerung erschienen Tummler.

Den 20 Febr. 28 Gr. 32 Min. S. Br.

482.

Regen, nachher aber klares Wetter. Frischer Wind.

Des Morgens seegelten wir das holländische Schiff Harlem vorbey.

Den 22 Febr. 29 Gr. 49 Min. S. Br.

Heiteres Wetter, stilles Wasser, mäßiger Wind. Wir waren nun beynahe gerade gegen Madagascar.

Den 23 Febr. 30 Gr. 2 Min. S. Br.

Hell und stille; gegen Abend guter mittelmäßiger Wind.

Einen Delphin sahen wir bey dem Schiffe. Das Wasser blühete, wie man zu reden pflegt.

Den 26 Febr. 29 Gr. 52 Min. S. Br.

Heiteres Wetter. Gegenwind. Des Morgens war es kalt.

Es kam ein Stück Holz mit etwas Seegras angeschwommen.

Delphine und Tummler versammleten sich bey dem Schiffe.

Den

Bey Madagascar 1752.

Den 5 März 34 Gr. 23 Min. S. Br.

Gegen den Abend hatten wir Blitz, Donner und viel Regen.

Die Flammen, deren vorhin S. 110. gedacht worden ist, zeigten sich jetzo, und zwar um 7 Uhr des Abends, da es nach dem überstandenen Sturme stockfinster war, auf allen 3 Toppen, wie grosse Sterne.

Den 7 März 35 Gr. 41 Min. S. Br.

Gut Wetter und Wind, Nachmittage beynahe stille.

Jan-von Gent, *Pelecanus* Bassanus LINN. eine Gattung grosser, weisser Vögel, mit langen Hälsen und schwarzen Flügelspitzen, flogen hier hoch in der Luft herum. Sie sollten ein sicherer Beweis der Capbank seyn. Wir warfen derowegen des Mittags den Bleywurf, erreichten aber keinen Grund. Einige meynten, daß wir einen halben Grad mehr südlich wären, als es die Berechnung auswiese.

Die folgende Nacht um 12 Uhr vermisseten wir bey Aufrufung der Wache einen Lehrsteuermann, den wir niemals wieder sahen. Man hielt dafür, daß er im Schlafe durch eine Kanonenlucke gefallen sey.

283.

Den 8 März, 35 Gr. 36 Min. S. Br.

Heiteres, beynahe stilles Wetter; gegen Abend Wind.

Die Tummler sprangen hier in Menge.

Das Schiffsvolk berichtete mir, daß das Wasser blühete; es sahe, wenn man es aufzog, wie rother Fischrogen aus. Ich stellte etwas von diesem Wasser

Waſſer in einem Glaſe hin, welches des Abends einen lichtblauen Schein gab, gleichſam als ob Millionen kleine Perlen bey einander lägen, den Tag darauf aber hatte es allen ſeinen Schein verlohren. Dieſe Materie ſchwamm überall auf dem Salzwaſſer, mit welchem ſie ſich gemiſcht hatte. Bey Tage oder bey Licht glich ſie einer rothbraunen dicken Sago-Suppe, und wenn man ſie auf Papier that, ſahe ſie kleinen waſſerfarbnen Sagokörnern oder Fiſchrogen ähnlich, ich bemerkte aber keine Bewegung. Des Morgens darauf hatte ſich alles zu Boden geſetzt, und war in dem Glaſe alles zuſammen gegangen; das darüber ſtehende war ganz dünn, aber doch röthlich. Ich that abermals davon auf Papier etwas, und befand die Körnlein waſſerfarben, das Papier aber erhielt von dem Waſſer kleine rothe Flecke.

Die folgende Nacht fanden wir mit dem Bleywurf 90 Faden Tiefe. Wir hatten nunmehro auf der Reiſe von China 63 Tage zugebracht.

Den 10 März, 33 Gr. 13 Min. S.Br.

Heiteres Wetter und guter Wind; nachher ſtille.

Trompetenkraut nannten unſere Seefahrer eine Gattung Tang, welche heute Vormittage verſchiedene mal vorbey ſchwamm *). Es war anderthalb Ellen und drüber lang, hatte die Dicke eines

ſpani-

---

*) *Fucus* (maximus) caule tereti fiſtuloſo ſimplici, flabello quaſi terminato. An Fucus pavonius? cfr. Trombas G. M. A. V. V. L. Deſcriptio itin. navalis in ind. p. 51. fig. mala. Die Blätter ſtehen Büſchelweiſe an der Spitze in 2 Reihen, (diſticha) und werden nach unten allmählig kleiner. Der Stengel war entblättert.

spanischen Rohres, und gemeiniglich waren mehrere Stengel an einander; an den Enden bildete es gleichsam Fliegenklappen. Meine Reisegesellschaft hielt dafür, daß es von den Inseln, die dem Vorgebürge der guten Hoffnung westlich liegen, herkäme. Wenn die Schiffe auf ihrer Reise das Trompetenkraut ansichtig werden, so nehmen sie es als ein gutes Zeichen an, daß das Vorgebürge nicht über 10 schwedische Meilen entfernt ist.

Den 17 März, 28 Gr. 34 Min. S.Br.

Helles und stilles Wetter.

Besantjes (siehe vorher S. 65. und Tab. 12. Fig. 1.) schwammen wie Maneten auf dem Wasser, und schienen ein kleines bogenförmig ausgespanntes Seegel auf dem Rücken zu haben. Diese Thierchen wechseln die Farben beynahe wie die Regenbogen. Einige nennen sie Widewindsegler, wiewohl dieser Name auch von etwas anders gebraucht wird, das an denen Seiten des Schiffes zu schwimmen pflegt, und dessen rechten Namen anzuzeigen wir uns entblöden. Es ward ein Besantje aufgefischt, es war aber klein und den Luftblasen der Fische ähnlich. Ich hatte es kaum einen Tag im Seewasser, da es starb, welches man an nichts anders merken konnte, als daß die Fühlarme sich in einen Schleim auflöseten, und eben so verunstaltet wurden, als die zu seyn pflegen, welche man bisweilen in spanischen Brandweine nach Hause bringet. Die Beschreibung ward, so bald das Thier aus dem Wasser kam, entworfen, und ist folgende:

Holothuria Physalis. Besanties Rumpfs Amboinische Raritätenkammer S. 49. Der Leib ist eyförmig, aufgeblasen, durchsichtig, mit einem gelbgrünen Schwanze. Der Rücken dunkelgrün, scharf; aus demselben entspringen 7 oder mehr Adern, welche nach forne gelbroth sind. Der Schnabel ist gewunden, gelbroth. Die Fühlarme sind in grosser Anzahl, die kürzesten derselben rund, die mittlern die zartesten, durchsichtig, an den Spitzen kugelförmig; die übrigen zahlreichen Fühlarme haben Stiele, und sind länger, der eine mittlere ist dicker, und viel länger als die übrigen, auch dunkelblau. Diesen gegenüber ist auf der andern Seite eine blaue zusammengesetzte Erhebung, welche vielleicht das Seegel ist, welches das Thier im Meer ausbreitet.

285. Den 25 März, 12 Gr. 10 Min. S. Br.

Trübes und nachher helles Wetter.

Boniten (*Scomber* Pelamis) sowohl als Albekoren (*Scomber* Thynnus) wurden nun wiederum gefangen. Zum Köder wurden auch Seekatzen (*Sepia* Loligo) gebraucht, wenn wir derselben habhaft werden konnten.

Die *Camellia*, welche ich von China mitgebracht hatte, fieng nun an zu verdorren. Der Theebaum, Vögel und was man sonst von China mitnimmt, pflegt gemeiniglich auf der Höhe des Vorgebürgs der guten Hofnung zu sterben, ohnerachtet man hier eben die Höhe, wie Spanien, hat, oder wohl gar der Linie noch näher ist. Ich erinnere mich nicht, an der Südseite der Linie jemals einen völlig klaren Horizont gesehen zu haben.

Den 30 März, 15 Gr. 53 Min. S. Br.

Meistens klar; nachher trübe. Guten Wind. Ein Tropickvogel (*Phaëthon* æthereus) flog hier seiner Gewohnheit nach, sehr hoch.

Fliegende Fische und Boniten hielten sich hier in Menge auf.

St. Helena, eine den Engländern zugehörige Insul, kam uns ins Gesicht. Diese Insul soll, den Berichten zu Folge, beynahe 3 schwedische Meilen im Umfange haben und 2 Meilen breit seyn. Sie liegt unter 15 Grad 56 Minuten südlicher Höhe in dem freyen Meere, näher an Africa, als America, ungefähr 200 schwedische Meilen vom nächsten Lande und 600 Leags vom Vorgebürge der guten Hofnung. Diese Insul, welche sehr angenehm seyn und verschiedene indianische Früchte herfür bringen soll, ist ziemlich hoch und an der Seekante bergig, daher man sie auf 20 Leags weit sehen kann. Sie hat ihren Namen von den Portugiesen bekommen, welche sie 1501. am St. Helenentage zuerst entdeckten. Im Jahre 1600. ward sie von der englischen ostindischen Compagnie erobert; 1672. nahmen sie die Holländer weg, und nun ist sie seit 1673. von den Engländern befestigt und bewohnt; 1701. wohneten 200 Familien, meistens Engländer, auf derselben.

Yams (*Dioscorea* alata S. 195.) wird hier, wie man sagt, gepflanzet und von den Armen statt des Brodtes gegessen. 286.

Die Seefahrer, welche auf St. Helena landen wollen, haben sich wohl für zu sehen, daß sie den Cours nicht zu hoch nehmen und nachher das Land nicht erreichen können. Die schwedischen Schiffe lagen hier um Erfrischungen einzunehmen, gewöhnlich an, wir aber steuerten gerade auf die Insul Ascension.

Den 3 April, 8 Gr. 50 Min. S. Br.
Helles Wetter; mäßiger Wind.

Fliegende Fische wurden so heute als gestern in grosser Menge gesehen.

Den 4 April.

Meistens klares Wetter; mittelmäßiger Wind. Wir steuerten von W. gen N. um die Länge der Ascensionsinsul zu erlangen, der wir auch Vormittage sehr nahe seegelten und endlich in der Kreutzbay an gedachter Insul, auf 24 Klafter Grund, die Anker fallen liessen.

Den 5 April.

In der verwichenen Nacht wurden 31 Schildkröten gefangen.

Des Morgens giengen wir an der rechten Seite der Kreutzbay an Land.

Ascension ist eine Insul, welche unter dem 8 Grade Breite südlich von der Linie, und 8 Grad 24 Min. von St. Helena in dem grossen äthiopischen Meere, in einer weiten Entfernung vom festen Lande, liegt. Man schätzet ihre Länge über eine ganze, und die Breite auf eine halbe schwedische Meile. Sie hat ihren Namen von den Portugiesen erhalten, welche sie am Himmelfarthstage entdeckten. Sie ist gänzlich unbewohnt und ohne Waldung. Die größten Schildkröten haben auf derselben ihren Hauptsitz errichtet, so daß man sie bisweilen zu Hunderten in einer Nacht fangen kann. Die europäischen Schiffe seegeln diese Insul bey ihrer Rückkehr von Ostindien selten vorbey, ohne an Land zu gehen, und so viele Schildkröten zu fangen, als sie benöthigt sind; auf der Hinreise aber bekommen sie dieselbe nicht zu sehen.

Die Brandungen am Strande sind sehr heftig, und können diejenigen, welche dergleichen vorher nicht

nicht gesehen, in grosses Erstaunen setzen. Es kann dadurch ein Boot weit auf das Land geworfen werden, welches das schwedische ostindische Compagnieschiff, der **gothische Löwe**, 1749. erfuhr, dessen Schaluppe mit einiger Mannschaft dabey verlohren gieng. Die beste Zeit hier an Land zu gehen, sollen die frühesten Morgenstunden in den ersten Monaten des Jahres seyn.

Die Strandufer sind größtentheils mit einer Art Sandes bedeckt, die fast aus nichts anders, als aus zermalmeten Schneckenschaalen, welche abgerundete grössere oder kleinere, sehr weisse, wie Perlen scheinende Körner bilden, besteht; die einzelnen Körner aber sind nicht vollkommen rund, und dem größten Theile nach nicht sehr klein. Dieser Sand verdient den Namen des **Schneckensandes**.

Des Nachts kriechen die Schildkröten aus dem Wasser auf den Schneckensand, der sehr locker ist, einige Klaftern Breite am Strande einnimmt, und öfters so hoch liegt, daß man sich verwundern muß, wie sie darauf an Land kommen können, da es den Menschen sehr sauer wird hinüber zu steigen, weil der Sand unter den Füssen ausweicht, gleichsam als wenn man auf Erbsen gienge. Wenn die Schildkröte eine kleine Strecke vom Wasser hinweg gewandert ist, so macht sie in den Sand ein rundes Loch, in welches sie ihre Eyer legt, und sie so nett mit Sande überdeckt, daß keiner merken kann, wo sie gewesen. Nachher begiebt sie sich wiederum in das Meer, und ist wegen ihrer Jungen völlig unbekümmert, welche die Sonne ausbrütet, worauf sie, so bald sie da sind, den Weg nach dem Meere eben so, wie ihre Mutter zu nehmen wissen.

Die Matrosen lauren des Nachts am Strande, und so bald eine Schildkröte den Sand hinauf gekrochen,

krochen, kantern sie dieselbe (wie sie sich ausdrücken) oder werfen sie mit Haken, (oder auch, wenn sie im Stande sind, mit blossen Händen) auf den Rücken; in dem letztern Falle haben sie sich für den Maule des Thieres in acht zu nehmen, mit welchem es ohne Mühe einen Finger abkneipt, welches diesesmal einer unserer Leute zu seinem Schaden erfuhr.

§. 288. Die Schildkröten (*Testudo* Mydas) werden fürnehmlich in zwoen berühmten Bayen oder Wieken gefangen; der englischen nehmlich, wo es mit mehr Beschwerden verknüpft seyn soll, und der Kreutzbay, welcher zur Rechten unser Schiff an einem Berge nahe am Strande sein Zelt aufgeschlagen hatte. In diesem Berge waren zwo Grotten oder von der Natur gemachte grosse Höhlen, nicht weit von einander. In der einen, welche dem Strande am nächsten ist, lagen verschiedene französische und englische Briefe, vom vorigen Jahre, zum Unterricht der Nachkommenden. In der obern soll ein englischer Supercargeur seine Wohnung gehabt haben, der vor einigen Jahren, wegen begangener Sodomiterey, hieselbst mit einigen Lebensmitteln und einer Axt, um Schildkröten zu erlegen, die er vermuthlich in der Sonnenhitze auf den Bergen braten müssen, gelassen worden. Man sagt, daß ihm nachher eine andere Nation von diesem Orte geholfen habe.

Nie habe ich in der Welt einen unangenehmeren Ort gesehen, als diese Insul. Das Clima ist, weil sie der Linie nahe liegt, an sich selbst heiß, es würde aber doch erträglich seyn, wenn nur einige Bäume angetroffen würden, unter deren Schatten man Schutz fände. Sie ist ehedem nicht ohne Waldung gewesen, welches verschiedene deutliche Versteinerungen von Baumästen, und Holz, besonders aber eine ansehnliche Wurzel unläugbar darthun. Die Insul

Insul ist überall mit Steinen gleichsam bestreuet; dis sind aber keine Feldsteine, sondern eckige, mehr oder weniger eisenschüßige Bimssteine. Wo man eine Ebene antrifft, ist dieselbe zwischen den Steinen mit einer groben, dem Ruße aus den Schornsteinen ähnlichen Erde bedeckt, unter welcher ein röthlicher feiner Sand angetroffen wird. Hie und da, besonders am Strande, sind einige Steinklippen. An den niedrigen Orten, woselbst das Wasser während Regenzeit stehen bleibt, war die Erde mit einer braunen Rinde bedeckt, die sich wie Biegeis unter den Füßen nieder treten ließ. Man fand auch Stückchen Katzensilber oder weißen Glimmer. Ein Mineraloge würde hier manche Steinart, die man anderer Orten nicht antrifft, sammlen können. Die Hitze aber ist unerträglich, und setzet einen ausser Stand etwas zu tragen, da man kaum die Kleider fortbringen kann, besonders weil es sich so beschwerlich auf derselben gehet. Wer hier gehen will, muß Schuh mit dicken Sohlen tragen, und dennoch nimmt er des Abends schmerzende Füße auf sein Lager. Ist das steinige Arabien so beschaffen, so bedaure ich diejenigen, welche es durchwandern müssen.

Es giebt hier verschiedene große Hügel, welche aus vorgedachter Erde und groben, schwarzbraunen Sande bestehen; in dem letztern liegen größere oder kleinere Bimssteine *), welche jeden, der hier geht, durch ihr Herunterrollen in Gefahr setzen, Arme und Beine zu verlieren.

Sobald wir ans Land kamen, nahm ich den Weg nach einem kegelförmigen Berge, eine ziemli-

---

*) *Pumex* cupri. *Mus. Tess.* 79. 2.

che Strecke von unsern Landungsplatze. Der Berg war jähe, und schwer zu besteigen, weil mit jedem Schritte Sand und Steine herunterrolleten; die Hitze nahm zu, und ich muste verschiedene mal ruhen. Meinem Ermessen nach, gab dieser Berg unserm Kinnekulle nichts nach. Weder an den Seiten, noch oben, ward eine einzige Pflanze angetroffen; auf dem Gipfel desselben, auf welchem die Luft recht kühle war, stand eine drey Klafter lange Stange, die zur Aufhissung einer Flagge mit Tau- und Strickwerke versehen war. An der Stange hingen zwey Kreutze, von welchen das unterste von Holz war, in welchem die Buchstaben I. N. R. I. eingeschnitten standen. Kaum einen Faden über dem hölzernen Kreutze, war ein anderes von Meßing befestigt, an dessen Fuß man die Jahrzahl 1748 den 15 Novembr. und höher eine französische Inscription sahe, die aber, weil es zu hoch war, nicht gelesen werden konnte. In der Stange und dem hölzernen Kreutze standen verschiedene eingeschnittene Namen und Jahrzahlen.

Das Land umher glich den Steinhalden bey unseren Bergwerken. Hie und da saßen darinn Vögel in ungestörter Ruhe, nachdem sie sich vorher von den Fischen im Meere gesättiget hatten. An einigen Orten hatten sie diese Steinhaufen ganz weiß bemahlet, welche sodenn das Ansehen zerstörter Städte, in denen einige weiß getünchte Schorsteine und Camine, außerdem aber nichts stehen geblieben, hatten.

Der Aßistente Thollander, ein Freund und Beförderer der Wißenschaften, trennete sich auf eine kurze Zeit von mir, und fand unterdessen die rare *Aristida* adscensionis. Auf eben dem Berge sollte eine Quelle, oder eigentlicher eine Höhle, in welcher

welcher sich das Regenwasser sammlet, anzutreffen 29.
seyn, die aber jetzo ausgetrocknet war.

Die Ziegen, welche die Franzosen auf die Insul
gebracht, musten solchergestalt ohne Wasser leben,
denn außer dem Seewasser wird hier keines angetrof;
fen. Sie fressen aber den saftreichen, wilden Portu;
lak (*Portulaca* oleracea), welcher hie und da zwi;
schen den Steinen wuchs, gegenwärtig sehr jung
war, und nur zwey bis drey Blätter hatte.

Die Franzosen hatten dis Jahr an einem Orte
einige ihrer Leichen begraben, und zur Erinnerung auf
die Gräber Kreuße und weiße Fahnen gesetzet.

Die Naturalien, welche auf der Insul, außer
den vorhin angezeigten Steinarten, angetroffen wur;
den, waren folgende:

Ratzen, welche mit Dampiers Schiff, das,
weil es leck geworden war, an die Insul legen und
daselbst so lange zubringen muste, bis ein anderes
Schiff die Leute mit nahm, hieher gekommen, sind
in Menge vorhanden. Die Seefahrer, welche vor;
hin hieselbst gewesen, berichteten, daß ohnerachtet sie
ihre Speisebeutel an aufgerichteten Stangen aufge;
hangen, dieselben dennoch von diesem Ungeziefer aus;
geleeret worden, ja daß sie, wenn die Leute gegessen
hätten, hervor gekommen und mit ihnen theilen
wollen.

Die Ziegen haben sich ziemlich vermehrt. Ich
sahe ein paar Haufen, die sehr leutescheu waren,
doch aber nicht geschwinder liefen, als daß sie zu
Fuße eingeholet werden konnten. Eine derselben
ward ergriffen, und auf unser Schiff gebracht. Sie
war von der kleinsten Art und sehr mager. Wir
konnten merken, daß sie nicht an das Wasser gewohnt
war, denn sie trank zwar ein wenig, es paßirte aber
so geschwinde zur Hinterthüre hinaus, als wenn man

Wasser

Wasser in eine abschüßige Rinne gegossen hätte. Sie ward geschlachtet, ihr Fleisch aber fand wenig Liebhaber.

Seevögel sind hier in Menge, und, welches besonders ist, so dreist, daß man dichte bey ihnen vorbey gehen, und sie mit bloßen Händen greifen kann.

291. Die Vögel, welche sich diesesmal zeigten waren: **Tropickvögel**, (*Phaëthon æthereus*) S. S. 84. Tropik-bird. GREW. Muſ. S. 74. Avis Tropicorum. WILLVGBY. Dieser Vogel ist von der Größe einer Ente. Die Farbe unter dem Halse, der Brust, des Bauches und unter dem Schwanze, nebst einigen der äußern Flügeldeckfedern, ist ganz weiß; die Federn, welche den Kopf, den Hals oben, die Flügel und den ganzen Rücken bedecken, sind alle mit schwarzen Querstriefen, so breit, als ein Bindfaden, gezeichnet; die Seitenfedern aber, welche über die Lenden hangen, sind etwas mehr schwarz. Die Schwungfedern, deren 7 sind, haben zu äußerst schwarze Ränder, und sind nach innen weiß; die kurzen Flügelfedern aber, so diesen zunächst sitzen, sind in der Mitte schwarz mit weißen Spitzen. Die Deckfedern unter den Flügeln sind ganz weiß. Die Flügel sind kurz. Der Schnabel ist über zween Zoll lang, scharf, sehr schmal, an den Seiten etwas eingebogen, überall roth. Die Kinbacken sind beynahe gleich lang, doch scheint die obere etwas kürzer, die Ränder sind nach innen gesägt, zur Zermalmung ihrer Nahrung. Die Nasenlöcher, welche beynahe zwischen der Spitze des Schnabels und den Augen in der Mitte stehen, sind schmal und endigen sich nach der Spitze des Schnabels zu, in eine kleine Furche. Die Federn hängen um die Augen herunter. Von den Augen

Augen läuft nach dem Kopfe ein schwarzer Streif. Die Füße sind halb nackt und rußig; der Hinterzeh ist sehr klein. Von den Schwanzfedern sind zwo länger, als der ganze Vogel, und wie die übrigen Schwanzfedern weiß mit schwarzen Stielen.

Wir sahen diese Vögel an verschiedenen Orten innerhalb der Sonnenwendezirkel in einer ungemeinen Höhe, oft weit vom Lande, und zwar mehrentheils auf einer Stelle schweben; woraus einige Seefahrer den Schluß machten, daß sie sich beständig in der Luft in einer solchen Höhe hielten.

Der Pelekan mit dem rothen Beutel unter dem Halse (*Pelecanus* Onocrotalus) flog hier ab und zu, wollte sich aber nicht zur Ruhe begeben. Es ist eben derselbe, welcher in hieroglyphischen Beschreibungen als ein Beyspiel großer Zärtlichkeit für seine Jungen angeführet zu werden pflegt. Er wohnet mehrentheils in den großen africanischen Sandwüsten, in welchen kein Wasser angetroffen wird, welches er aber auf viele Meilen weit in seinem unter der Kehle befindlichen Beutel herbey holet, und mit demselben das Nest seiner Jungen anfüllt, bey welchem sich auch Kameele und andere Thiere einfinden, und ihren Durst löschen. Leute, welche ihm seinen rothen Wasserbeutel haben ausleeren sehen, sind in der Meinung gewesen, daß er seine Brust aufrisse, und die Jungen, in Ermangelung des Wassers, mit seinem Blute tränkte, sie haben sich aber geirret.

Pelecanus Aquilus: Sein Schnabel ist über eine Querhand lang, schmal; die obere Kinlade etwas länger, mit einer hakenförmigen Spitze. Die Schnabelhaut, welche blau ist, bedeckt den Schnabel von den Augen an bis zur hakenförmigen Spitze.

Spitze. Die Kinnbacken sind nicht mit solchen Schuppen oder Einschnitten versehen, dergleichen bey den Seevögeln statt der Zähne angetroffen zu werden pflegen. Der Kopf ist bis an die ziemlich großen Augen mit kurzen Federn bedeckt. Die Zunge ist kurz, fast dreyspitzig; der Winkel an ihrem Grunde ist gespalten. Die Schläfen sind nackt. Die Flügel bestehen aus drey Theilen, und sind sehr lang. Von den 22 Schwungfedern des ersten Gliedes sind die 10 äußersten ansehnlich lang; die beyden innern Glieder enthalten, die Deckfedern ausgenommen, 22 kürzere Federn. Von den 12 Schwanzfedern sind die äußeren viel länger, als die mittlern, daher der Schwanz eine Scheerenform erhält. Der Vogel hat ohngefehr die Größe einer Gans, und die Länge einer Elle. Die Farbe des ganzen Körpers, und auch der Zähen, ist schwarz; Kopf, Brust, Bauch und der Vordertheil des Halses aber schneeweiß. Die kurzen Deckfedern, die Rücken- und Schwanzfedern haben hellbraune Spitzen. Seine Nahrung sind Fische, die er andern abjagt, weil es ihm zu beschwerlich fällt, sie selbst zu fangen. Die Engländer nennen ihn derowegen Man of war, oder Orlogsvogel (an Fregatta BAKER.) Als wir nach der Ascensionsinsul kamen, begegneten uns diese Vögel und hielten sich mehrentheils über den Wimpeln, als ob sie sich darüber verwunderten. Sie fliegen langsam wie die Weihen (*Falco* Milvus.)

Diomedea Adscensionis fieng ich. Er war ganz weiß, auch die 13 Schwanzfedern nicht ausgenommen, hatte rothe Schwimmfüße, und war blos auf den Flügelspitzen schwarz. Im übrigen ist er der *Diomedea* piscatoria ähnlich, die hier ebenfalls angetroffen ward. Wir sahen auch eine Gattung

tung schwarzer kleiner Seevögel, aber nur in der Luft.

Schildkröten (*Testudo* Mydas) *). Sie sind oben aschfarben und unten weißgelb. Die Vorderfüße sind länger, als die Hinterfüße; die ersteren eine Elle, die letzteren sechs Zoll lang. Der Hals hat eine Elle im Umfange. Mitten auf dem Rücken, der Länge nach, sind fünf Schuppen, und diesen zunächst an jeder Seite 4 paar Schuppen, von welchen die beyden nächsten länglich und sehr groß, die andern beyden Paar aber ungleich sind. An den Seiten rundherum sind 25 Schuppen. Die Brust ist der Länge nach in der Mitte mit 13 Schuppen bekleidet, welche an jeder Seite 4 paar größere haben; außerdem sind noch 7 oder mehr paar kleinere um die Kinbacken, eine an dem Schwanze, und auch Seitenschuppen. Die Augen sind groß; an der einen Seite derselben zeigte sich das rothe Fleisch. Die Augenhaut ist mit verschiedenen rothen Punkten oder Schuppen gleichsam bestreuet. An den Forderfüßen ist recht an der Tatze eine runde Schuppe, welche einer Münze gleicht. Das Rückenschild ist oval, oft über zwey Ellen lang, und Verhältnißmäßig breit. Diese Schildkröten wiegen von 500 bis 700 Pfund schwedischen Kramergewichts; bey dem Kochen quillet ihr Fleisch ungemein, daher man eine Ascensionsschildkröte so schwer als einen Ochsen rechnet, und eine Besatzung von 130 Mann damit speisen kann. Der Schildkrötenfang ist also für die Compagnie keine kleine Ersparung, um so viel mehr, da man sie ohne Futter

---

*) Testudo atra *Mus. Regis.* p. 50. *Amoen. Acad.* I. p. 84.

ter 5 bis 6 Wochen lebendig erhalten kann *), wenn man sie nur täglich 4 bis 5 mal mit Seewasser begießt, sie bald auf den Rücken, bald auf den Bauch legt, (in welcher letzten Stellung ihr etwas unter den Hals geleget wird) und sie so viel möglich für Hitze und Regen bewahret. Wenn man sie schlachtet, so hauet man ihr zuförderst den Kopf weg, und schneidet nachher die Schale herunter. Das Fleisch ist grau, und desto fetter, je mehr es ins schwärzliche fällt. Wenn das Fett gekocht ist, wird es grün, und schmeckt wie Mark; das übrige Fleisch ist theils weiß, theils von einer andern Farbe, und schmeckt beynahe wie Rindfleisch. Das Fleisch wird in einer mit Schildkröteyern zubereiteten Brühe gekocht, und mit Eßig gegessen. Es ist ein vortrefliches Heilmittel wider den Scorbut, Verstopfung und andere Krankheiten. Die Brust wird mit Schale und Fleisch unter dem Namen Callopée gebraten, und ist von vortreflichem Geschmacke, besonders wenn das Thier noch fett ist; wenn es aber einige Wochen gehungert hat, so ist es nicht zu verwundern, daß das Fleisch magerer und unschmackhafter wird. Die Gedärme und die Leber dienen ebenfalls zur Speise. Eine Schildkröte hatte öfters 500 bis 600, und wie man mir berichtet hat bisweilen bis 1500 Eyer. Diese sind ganz rund, haben kein Weisses und sind mit einer weichen Schale umgeben. Sie werden nie für sich allein, sondern entweder in Suppen oder in Pfannkuchen gegessen, ihr traniger Geschmack aber schmeckt doch überall vor.

Squa-

---

*) 1755. ward eine grosse lebendige Schildkröte von hier mit nach Gothenburg gebracht, daselbst aber bald nach der Zuhausekunft geschlachtet.

Squalus adscensionis. Der Leib ist oben bläulich, unten weiß; der Kopf einigermaſſen platt; die Augen stehen am Rande und nicht oben. Die Afterfloßfeder ist nahe am Schwanze. Seine Länge beträgt etwas über eine Elle. Die Kieferhäute ſitzen unter den Luftöfnungen, und haben 6 Strahlen.

Balistes Vetula, welchen die Seeleute das alte Weib nennen. Die erste Rückenfloßfeder hat 3, die andere 30, die Brustfloßfeder 14, die Bauchfloßfeder 12, die Afterfloßfeder 28 und das Schwanzgefieder 12 Strahlen. Der Größe und Gestalt nach kommt er mit dem *Cyprinus* Ballerus überein. Die Farbe ist aſchgrau auf gelb stoſſend. Die Haut ist ſcharf, dick, mit verſchobenen Vierecken. Wenn der Fiſch gefangen wird, grunzet er, daher man ihm den Namen eines alten Weibes beygelegt hat. Die erste Rückenfloßfeder iſt dreyeckig, mit ausgeſchnittenen Halbzirkuln, ſie hat 3 Strahlen, von welchen der erste der stärkste und an der Forderſeite von vielen ſehr kurzen Zähnchen ſcharf iſt. Dieſe Floßfeder kann der Fiſch in die Rückenfurche ſo einſchlieſſen, daß man ſie kaum bemerkt. Die zweyte Rückenfloßfeder ist unbewafnet, an dem oberen Rande gekerbt, von Geſtalt eines Paralelogramms, ſteht dem After gegenüber, und hat 30 Strahlen, welche die zweyte vorzüglich, lange ausgenommen, von einer gleichen Länge ſind. Die Brust- oder Seitenfloßfedern ſind oval, ſtehen der ersten Rückenfloßfeder gegenüber und haben 14 Strahlen. Die Bauchfloßfeder ist einzeln, mitten am Bauche befindlich und reicht bis zum After; der erste Strahl derſelben ist stark, an der Forderſeite ſcharf, die 12 niedrigern Strahlen haben am Grunde 12 Zähnchen in 3 Reihen, die alſo

295.

36 ausmachen. Die Afterfloßfeder reicht vom After fast bis an das Schwanzgefieder, gleicht der zweyten Rückenfloßfeder, und hat 28 Strahlen. Das Schwanzgefieder ist sichelförmig und 12 strahlig, wovon die äussersten die längsten sind. Die Länge des ganzen Fisches beträgt kaum einen Fuß. Die Zähne sind breit, und in jeder Kinnlade 8; die Lippen dick, beweglich und innwendig mit einer blauen Linie bezeichnet. An jeder Seite laufen 2 blaue, und über diesen eine grüne Linie von dem Maule nach beyden Brustfloßfedern. Von jedem Auge entstehen an jeder Seite 9 krumme grüne Strahlen. Die Augen sind in dem Obertheile des Kopfes, nahe an der ersten Rückenfloßfeder, gegen die Bauchfloßfedern zu, befindlich, sie sind groß, haben einen grünen Zirkul, und sind oben mit 6 blauen länglichrunden Punkten gezeichnet. Die After- und hintern Rückenfloßfedern sind blau; diese Farbe hat auch das Schwanzgefieder am Grunde und Rande. Die Seiten unterhalb der hinteren Rückenfloßfeder sind grün schattiret. Der Magen ist weiß, länglichrund, dick, schwach. Der Fisch frißt Austern und Schnecken. Man fängt ihn mehrentheils im Grunde des Meeres.

Balistes ringens. Diesen Fisch kann man öfters mit blossen Händen greifen, wenn nehmlich das Wasser seine Wellen weit auf das Land schlägt und man dem Fische etwas Brod hinwirft. Es sind hier also beydes Fische und Vögel gleichsam zahm. Die erste Rückenfloßfeder hat 2, die andern 34 Strahlen; die Brustfloßfedern sind 16-strahlig. Statt der Bauchfloßfedern ist nur ein einzelner Strahl vorhanden. Die Afterfloßfeder ist 31 strahlig; der Schwanz sichelförmig, das Gefieder desselben 13 strahlig. Gegen den Schwanz hin

hin laufen 8 Linien. Die Schuppen sind rauhe verschobene Vierecke. Die Zähne sind wie Menschenzähne, doppelt. Die After- und hintere Rückenfloßfeder haben am Grunde einen blauen Streifen. Das übrige des Körpers ist ganz schwarz. Der Fisch ist vom Ansehen dem vorhergehenden (*Balistes* Vetula) ähnlich, gemeiniglich aber etwas grösser.

Bergdorsch, *Scomber* (glaucus) eminentiis lateralibus caudæ aculeatis. Die erste Rückenfloßfeder hat 7, die andere 25, die Brustfloßfedern 20, die Bauchfloßfedern 5 und die am After 25 Strahlen. Die erste Rückenfloßfeder hat 7 etwas stechende Strahlen. Die 7 ersten Strahlen der zwoten Rückenfloßfeder sind die längsten, und nehmen vor dem After ihren Anfang; alle übrige folgende Strahlen sind kürzer, gerundet und nicht stechend; der Zwischenraum zwischen beyden ist sehr klein. Die Brustfloßfedern sind gebogen, und haben 20 Strahlen, von welchen die äussersten bis 4 Zoll lang sind. Die Bauchfloßfedern haben nur die halbe Länge der Brustfloßfedern und sind 5 strahlig. Der Schwanz ist gabelförmig; sein Gefieder hat 20 Strahlen, ausser 2 kurzen Stacheln an den Seiten. Die Afterfloßfeder ist nach forne höher. Der Leib ist schmal, oben grau, unten weiß, einen Fuß und drüber lang und mit einer Haut bedeckt. Die Seitenerhebungen am Schwanze bestehen aus vielen (27. 49.) dicht anliegenden Stacheln, die den geraden Hintertheil der Seitenlinie ausmachen; der Fordertheil derselben ist gebogen und unbewafnet. Der Kopf ist abgestumpft; das Maul länglichrund; die Zähne sind klein; die untere Kinnbacke ist die längste. Die Rieferdecken sind ohne Einschnitte.

296.

Perca Adscensionis. **Steinbarsch.** Die Kieferhaut hat 8, die Rückenfloßfeder 27, die Brustfloßfeder 16, die Bauchfloßfeder 8, die Afterfloßfeder 14, und das gabelförmige Schwanzgefieder 26 Strahlen.

Die Rückenfloßfeder ist in der Mitte niedriger, ihre 11 fördersten Strahlen sind stechend, die 16 folgenden, von welchen die beyden ersten höher sind, unbewafnet. Die Kieferdecken bestehen aus 2 Scheiben, welche gezähnt sind; zween dieser Zähne sind groß, die übrigen klein und zahlreich. Die Kinnladen sind über den Nasenlöchern gezähnt. Das erste Beinlein der Rückenfloßfeder ist das kürzeste; das 2te ist das stärkste, spitz, nach hinten ausgekehlt; das dritte ist etwas kürzer und dünner; die übrigen sind unbewafnet. Der Leib ist schmal, oben röthlich, unten weißlich. Die Schuppen liegen in die Quere, sind länglichrund und forne gezähnt.

Trachinus Adscensionis. Dieser Fisch schmeckt über die maßen wohl, und wird von andern durch folgende Kennzeichen unterschieden. Die Rückenfloßfedern hat 28, die Brustfloßfedern 18, die Bauchfloßfedern 5, die Afterfloßfeder 11, das Schwanzgefieder 16 und die Kieferhaut 6 Strahlen; letztere ist weiß mit braunen Flecken. Die einzige Rückenfloßfeder ist gleichbreit, und läuft vom Kopfe bis an den Schwanz; ihre 11 ersten Strahlen sind stachlich. Die Brustfloßfedern sind umgekehrt oval; die Bauchfloßfedern ebenfalls, der erste Strahl derselben ist stechend. Die 3 ersten Strahlen der gleichfalls umgekehrt ovalen Afterfloßfeder stechen. Der Schwanz ist keilförmig, mit kurzen Strahlen. Der Leib ist etwas zusammengedrückt, und nicht völlig rund, mit

mit einer weissen Haut bedeckt, deren braune Flecken fast in einander laufen. Der Kopf ist etwas zusammengedrückt. Die Kieferdecken bestehen aus 3 Scheiben, von denen die mittlere sich mit 2 Zähnen endigt; eine derselben ist lang, zugespitzt. Die Augen stehen einander in dem obern Theile des Kopfes nahe und sind groß. Die Nasenlöcher sind rund; ausser denselben befinden sich 2 noch grössere Oefnungen im Vorkopfe. Die Zähne sitzen im Gaumen und Schlunde in verschiedenen Reihen, sie sind zahlreich, lang, und sehr spitzig; 5 derselben sind grösser, nehmlich 3 im oberen und 2 im unteren Kinnbacken. Die Kinnbacken sind gleich lang.

Von Insekten fand ich:
Dermestes elytris hirsutis cinereis im Sande.
Hippobosca nigra auf dem *Pelecano* Aquilo.
Musca vulgatissima.
Musca nivea.

Cancer Adscensionis. (S. LINN. *Diss. Chin. Lagerst.*) Eine Krabbenart mit weissen Punkten auf den Füssen. Sie laufen hier an dem Seeufer zwischen den Steinen herum, und sind schwerlich zu haschen; denn so bald man sie verfolgt, springen sie mit der größten Behendigkeit unter die Steine.

Asterias. Hiervon sagte der Schiffsprediger Toreen, daß er am Strande einen versteinert gefunden habe. Es lagen auch mancherley Schnecken am Wasser, die aber mehrentheils durch die Wellen beschädigt waren.

Sehr kleine Austern (*Ostrea* adscensionis) sassen an den Klippen am Strande.

Von Kräutern fand ich nicht mehr als folgende: 298.

Aristi-

Aristida adscensionis auf einem Berge.

Sherardia fruticosa, eine einzige Pflanze auf einer Ebene.

Convolvulus Pes capræ am Strande.

Euphorbia origanoides. Zwischen den Steinen, von den Ziegen abgefressen.

Portulaca oleracea. Zwischen den Steinen, aber noch sehr zart. Diese Pflanze war am allgemeinsten. Eine ärmere Flora auf einer so grossen Insul wird man nicht leicht sehen. Wo die Steine das Erdreich nicht bedeckten, sahe es einer abgebrannten Waldung (Swedjeland) ähnlich, und von den vorhin angezeigten Kräutern standen hie und da einige einzeln. Auf den Steinen fand man zwar

Lichen foliaceus a'bus und farinaceus, und zwar weiß, grün und gelb; ich konnte aber in einer so ungemeinen Hitze keine Steine tragen; ein paar recht deutlich versteinerte Stücken Holz aber nahm ich dennoch mit. Eine dieser Versteinerungen war ein halber Baumast, an welchem Rinde, Holz und Kern sehr deutlich zu erkennen; das andere war ein Zweig, der so kenntlich war, daß man ein Messer nöthig hatte, um auszumachen, ob es Holz oder Stein sey.

Nachdem wir von der unbeschreiblichen Hitze, dergleichen ich nie erfahren habe, ganz abgemattet worden, erreichten wir den Ort nicht ohne Mühe, an welchem wir an das Land gestiegen waren, woselbst wir unsere ausgedürreten Körper mit Speise und Trank labten. Nachher fand ich noch auf den Bergen am Strande, die das Wasser bisweilen bespühlet:

Fucus lendigerus.
Fucus muscoides.
Ulva Lactuca.

Wir giengen endlich um die Kreutzbay herum über verschiedene Berge nach einer kleinen Seebucht, in welcher die Schaluppe unserer erwartete. Als ich auf diesem halsbrechenden Wege über einen Haufen Steinstücke, die nach und nach von dem Berge gerollet waren, gehen wollte, wälzte sich ein grosser Stein herunter, der um ein Haar meinem Wege ein Ende gemachet hätte; ich rettete mich aber in der größten Bestürzung glücklich. In dieser Bay können die Boote sehr sicher landen und stille liegen, denn sie ist zu beyden Seiten durch Felsen eingeschlossen, welche verhindern, daß das Wasser nicht mit so grosser Heftigkeit an die Ufer schlagen kann. Ohnerachtet hieselbst wenig Sand ist, soll dennoch ein Schiff hier in einer Nacht 18 Schildkröten gefangen haben. Wir fiengen die meisten in der Kreutzbay, weil sie dem Schiffe näher, als die englische Bay war, ohnerachtet sich in der letzten die mehresten Schildkröten ans Land begeben; wenn man sie aber von der einem Bay nach der andern zu Lande bringen wollte, so würde es höchst beschwerlich, wo nicht ohnmöglich seyn; daher müssen die Boote eben da an Land legen, wo die Schildkröten gefangen werden sollen.

Den 8 April.

Helles Wetter. Wenig Wind.

Nachdem wir alle Mannschaft wiederum am Bord hatten und 41 Schildkröten auf dem Verdeck zappelten; lichteten wir die Anker. Mit dem Ankertau ward ein Corallenstück aufgezogen, auf welchem eine rothe Schnecke (*Pecten* adscensionis) angewachsen war, die auf den Schalen sehr viele Aeste zeigte. Wir nahmen sie mit uns, und gegenwärtig wird sie in einer der größten Naturaliensammlungen in Schweden aufbewahret. Des Vormittags giengen wir in Gesellschaft mit dem gothischen Löwen nach Fayal unter Seegel.

Den 15 April, 1 Gr. 34 Min. S. Br.

Nachdem wir 3 Tage eine Windstille gehabt, bekamen wir ein wenig Wind. Wir trafen ein holländisches Schiff an, das vor zween Monaten von Capon, einer recht unter der Linie belegenen africanischen Provinz, abgegangen war. Die Ladung desselben bestand in Goldsande und Elfenbein von den guineischen Küsten; es litte aber an Lebensmitteln Mangel. Der Capitain und der größte Theil der Besatzung waren krank, mithin befand sich dieses Schiff, seiner Schätze ohneachtet, in elenden Umständen. Wir theilten ihm mancherley Victualien von unserm Schiffe umsonst mit.

Zween Boniten wurden gefangen.

Den 16 April, 15 Min. Süd. Br.

Helles Wetter. Wenig Wind; aber grosse Hitze.

300. In den heute gefangenen Boniten fanden sich schleimige durchsichtige runde mit Runzeln oder Zirkuln umgebene Würmer, welche an der Seite der Oefnung am Kopfe einen Rüssel und einen kugelförmigen Schwanz hatten.

Wir erhielten auch eine Gattung kleiner Fische, die an Grösse den Sticherlingen glichen. Es war:

Gobius Tropicus. Die Kieferhaut hat 3 auch 4 Strahlen; die Rückenflossfeder vom Kopfe bis beynahe an den Schwanz hat 12 auch mehr Strahlen; die Brustflossfedern haben 15, die Bauchflossfedern 8, die Afterflossfeder 12 Strahlen; der Schwanz ist abgerundet. Der Leib

Leib rund, nach dem Schwanze zu dünn. Die Schuppen sind scharf: Der Kopf ist groß, runzlich. Die Kieferdecken bestehen aus 2 langen, linienartigen, gezähnten Scheiben. Das Maul ist groß, fast rund, und mit der Rinde des Kopfes bedeckt. Die Augen sind groß, und stehen an der Seite.

Wir sahen abermal einen Nordkaper, der mit grosser Gewalt Wasser sprühete.

Den 20 April, 3 Gr. 4 Min. N. Br.

Das Meer war völlig stille, und einige von dem gothischen Löwen nahmen heute das Mittagsmahl bey uns ein. Albecoren und Boneten wurden heute sowohl, als gestern und vorgestern gefangen.

Den 22 April, 3 Gr. 23 Min. N. Br.

Wenig Wind. Dicke Luft.

In den Albecoren (*Scomber* Thynnus) wurden ausser den Seekatzen (*Sepia* Loligo) zweyerley Fische angetroffen. Der eine sahe einer kleinen Karausche ähnlich. Es war

Clupea Tropica. Die Kieferhaut hat 7 Strahlen. Die einzige Rückenfloßfeder läuft von der Mitte des Rückens bis zum Schwanze, und hat 26 Strahlen. Die Brustfloßfedern haben 17, die Bauchfloßfedern 6, und die Afterfloßfeder, welche die Länge der Rückenfloßfeder hat, 26 Strahlen. Der Leib ist schmal, breit, mit weissen Schuppen. Die Seitenlinie ist gerade, und läuft dem Rücken sehr nahe. Der Bauch ist gesägt; der Kopf abgestumpft; die untere Kinnbacke länger als die obere; der Rachen länglichrund, groß, die Zähne stehen in einer Reihe in den Kinnbacken, sie sind zahlreich, klein und spitz. Die

Augen stehen nahe am Rachen. Die Kieferecken bestehen aus 2 Scheiben, welche beyde mit Schuppen bedeckt sind. Das Schwanzgefieder bildet einen Keil, und hat ohngefehr 20 Strahlen. Es ist dieses eine neue Gattung.

Die andere Fischart ward für den fliegenden Fisch gehalten, die Brustfloßfedern desselben aber waren sehr kurz.

301.   Den 23 April 3 Gr. 25 Min. N. Br.

Vormittags starker Regen.

Den 24 April 3 Gr. 36 Min. N. Br.

Regenwetter und guter Wind.
Es wurden Albekoren gefangen.

Den 25 April 5 Gr. N. Br.

Trüber Himmel. Gegen Mittag starker Regen.

Ein Hay ward mit einer Angel, wie gewöhnlich, gefangen, auf dieselbe aber war *Balistes Vetula* statt des Köders gestochen.

Die beyden folgenden Tage hatten wir stilles Wetter, da denn ebenfalls Haye gefangen wurden.

Den 28 April 6 Gr. 2 Min. N. Br.

Es fieng nunmehro der Nordostwind zu wehen an, der uns in den folgenden 14 Tagen bey dem Tropico Cancri vorbey half.

Dieser Wind ist hier von Jahr zu Jahre beständig, wiewohl er bald nach der einen bald nach der andern Seite einige Striche abzuweichen pflegt.

Die Schiffe müssen sich auf der Hin= und Rück=reise mit ein und demselben Paßatwinde forthel=fen.

fen. Sie müssen sich also hier gegen den Wind anzudringen suchen, und in einem ansehnlichen Bogen segeln, bis sie nachher durch westliche Winde wieder den rechten Cours gewinnen, und aus dem stillen Meere kommen können.

Bonete und Albekoren wurden gefischt und in denselben Seekatzen und kleine Krabben angetroffen.

Wir sahen auf der Leewardseite ein Schiff, von dem wir glaubten, daß es ein auf der Hinreise begriffener Ostindienfahrer sey.

In den folgenden 24 Stunden wurden 68 Albekoren und Boniten gefangen.

Den 1 May. 8 Gr. 57 Min. N. Br.

Helles Wetter, frischer Passatwind.

Fliegende Fische (*Exocœtus* volitans), die drey bis 4 Zoll lang und von dem *Exocœto* des Artedi etwas verschieden waren, wurden hier gefangen. Die Kieferhaut hat 8, die Rückenfloßfedern 14, die Brustfloßfedern 12, oder 15, die Bauchfloßfedern, die ohngefehr mitten zwischen den Brust- und Afterfloßfedern sitzen 6, die Afterfloßfedern 9, und das Schwanzgefieder mit den kleinen 19 Strahlen.

Einige Albekoren wurden gefangen, deren Mägen völlig leer waren.

Den 2 May. 10 Gr. 6 Min. N. Br.

Helles Wetter; frischer Passatwind.

Boniten, Albekoren und fliegende Fische wurden in Menge gesehen. In dem einen Albekor ward ein schmaler, weißer, 7½ Zoll langer Fisch gefunden, den die Seefahrer das chinesische Strumpfband nennen. Es ist:

Sygna-

Sygnathus argenteus. Die Kieferhaut hat einen Strahl. Die Rückenfloßfeder, welche vom Kopfe bis zum Schwanze läuft, ist 46strahlig. Die Brustfloßfedern stehen nahe am Kopfe, und haben 14 Strahlen. Die Bauchfloßfeder besteht aus einem sehr kleinen Beinlein, welches unter dem Bauche nahe an der Brust steht. Die Afterfloßfeder ist $1\frac{1}{2}$ Zoll von der Endung des Schwanzes befindlich und 12strahlig. Das Schwanzgefieder ist ganz und 24strahlig. Der Kopf ist scharf zugespitzt, und etwas über einen Zoll lang. Die untere Kinbacke ist die längste. Die Zähne sind spitzig, stehen in einer Reihe; 3 der größten stehen forne in der oberen Kinbacke. Die Augen sind groß. Der Leib ist schmal, von Fingersdicke. Die Schuppen sind klein.

Einige unserer Leute erzehlten, daß als sie mit dem Schiffe, die Königinn, in Ainam gewesen, sie eine Gattung getrockneter Fische, die dieser sehr ähnlich, gegessen; daß man sie frisch ohne Schaden essen könne, daß sie aber getrocknet weniger gesund wären.

Eine Sonnenfinsterniß, die in unserm Vaterlande nicht bemerkt werden konnte, war hier sehr ansehnlich. Die Wolken entzogen uns die Sonne noch vor dem Anfange der Verfinsterung, daher wir sie nicht eher recht, als nur um $\frac{3}{4}$ auf 6 Uhr sahen, da sie der Mond auf $\frac{3}{7}$ bedeckte, worauf bald darnach wiederum ein wölkiger Himmel entstand.

Den 9 May. 19 Gr. 20 Min. N. Br.

In der abgewichenen Nacht waren wir die Sonne paßiret *), daher heute, ohnerachtet es helles Wetter war, keine Beobachtung gemacht werden konnte. Nachmittage ward der Wind veränderlich

*) So drücken sich die Seeleute aus, wenn die Sonne durch das Zenith geht.

derlich und stille. Albekoren, Boniten und fliegende Fische wurden jetzo, so wie die ganze vorhergehende Woche, gefangen. Das Seegras, welches bey uns vorbey schwamm und bereits vorgestern gesehen worden, war ein Vorbote der so lange gewünschten Grassee.

Einige unserer Leute hatten an Kopfschmerzen viel auszustehen. Einige hielten dafür, daß sie von den geräucherten Albekoren und Boniten kämen, und erinnerten sich, daß es auf dem Schiffe die Königinn, wo sie dergleichen gegessen, fast auf eben dieser Höhe, eben so ergangen sey.

Wir sahen nun wieder einen Tropikvogel.

Den 10 May 22 Gr. N. Br.

Klares Wetter; schwacher Passatwind.

Grassee (oder Krä = see, vermuthlich von dem englischen Worte *croiser* Pilgrimme) wird der Theil des Oceans genannt, in welchem die Ostindienfahrer ihr Seegras (*Fucus* natans) in größerer oder geringerer Menge schwimmend antreffen; wiewohl alle Arten des Fucus Seegras genannt werden. Das Grasmeer oder diese Grassee kam uns solchergestalt auf unserer Rückreise zuerst den 7 May unterm 17½ Grad nordlicher Höhe und 22½ Gr. Länge westlich von der Ascensionsinsul oder von London westlich 37 Gr. 21 Min. zu Gesichte. Das Gras erschien die ersteren Tage in kleinen einzelnen Stauden sehr sparsam, weiter hin aber unter 26 Gr. Breite in großen, öfters einige Klaftern langen Haufen, in welche es sich zusammen gesammlet hatte, welches bis zum 25ten dieses Monats dauerte, da uns ein frischer südwestlicher Wind unter kaum 24¼ Gr. Breite, 24½ Gr. Länge von Ascension westlich und 39 Gr. 9 Min. von London westlich aus der Grassee brachte, welche wir

bey

bey stillem und sehr schwachem Winde genau genug besehen hatten.

Es scheinet zwar anfänglich, als ob dieses wandernde Seegewächs (*Fucus* natans), welches uns mit nordlichen Winde begegnete, von der afrikanischen Seite oder den dahin belegenen Inseln gekommen seyn müsse. Wenn aber dieses so wäre, so hätten wir es wahrscheinlich auf der Hinreise viel eher antreffen müssen, weil wir auf eben dieser Höhe dem benannten Lande viel näher segelten; gleichwohl aber hat keiner jemals daselbst dergleichen Seegras gesehen. Der nordliche Passatwind, der uns von 6 Gr. Breite, disseits der Aequinoctiallinie fort half, veranlasset die ostindischen Schiffe, auf der Rückreise den Cours mehr nach Westen zu nehmen, als sonst nöthig wäre; da man denn gedachtes Seegewächs häufiger oder sparsamer antrifft, je nachdem man Westindien näher segelt oder weiter davon bleibt. Hieraus nun läßt sich schließen, daß dis Gewächs von Amerika kommen müsse, wie es denn auch, den Berichten zufolge, in dem Meerbusen von Florida in großer Menge angetroffen wird, aus welchem es ein sehr heftiger Strom in das offene Meer bringt, da es denn die Westwinde so weit wegführen, daß auch die, welche von Ostindien kommen, die Producte Westindiens zu sehen bekommen; andere Winde aber verhindern, daß es nicht ganz nach Afrika herrüber getrieben wird, sondern auf dem Ocean hin und her schwimmt. Hiervon erhalten die Bonete, Albekoren und andere Fische ihren Unterhalt, welche dieses Gras wohl durchsuchen, und was ihnen anstehet, davon nehmen; zu geschweigen, daß die eine kleine Fisch- oder Insektart, welche in dem Seegrase ihre Wohnungen hat, immer wieder andern zum Unterhalte dienet.

Der Stengel dieser sehr ästigen Pflanze, der jedoch an der Dicke kaum von den Aesten unterschieden ist, war selten über eine halbe Elle lang, und ohne alle Zeichen einer Wurzel; dennoch war er im Stande neue Blätter zur weiteren Vermehrung zu treiben. Die kugelrunden Befruchtungstheile waren, so wie einige Blätter, Stiele und Aeste, härter als gewöhnlich; welches von dem Schleime herzukommen scheint, welcher sich bisweilen um die Blätter, Aeste oder andere Theile ansetzt, in welchem sehr kleine schwärzliche Körner oder eigentlich Krabben und andere Insekteneyer eingeschlossen sind, die, wenn sie in der Folge ihre Wohnung verlassen, dergleichen Spuren in dem hartgewordenen Schleime zurücke lassen. Bisweilen klebt auch ein dem Eyweiß überaus ähnlicher Schleim an den Blättern, in welchem unzählbare zusammenhängende Schneckeneyer, eine einem Bandwurm gleiche, weiße oder gelbe Kette, ausmachen, die so hin und wieder geschlungen ist, daß man weder Anfang noch Ende daran antreffen kann. Ich habe weder an diesen, noch den vorhergehenden, durch das Vergrößerungsglas eine gewisse Bildung oder Leben bemerken können. Wenn sie einige Stunden im Wasser gestanden, kam alles in Unordnung, und zerfiel zum Theil. Wenn diese und die vorhergehenden nicht des Dampiers Fischrogen sind, welcher in dem Sargazo schwimmen soll, so habe ich wenigstens ihn nicht angetroffen. Bey Sturmwetter sinkt der Sargazo nicht, sondern hält sich der Wasserfläche gleich, ausgenommen, wenn ihn die Macht der Wellen, oder der Lauf des Wassers (wenn er an das Schiff kömmt) etwas unterdrückt, wobey er im letzten Falle tiefer sinkt und einen grünen Schein giebt, wiewohl er von gelblicher Farbe ist. Wirft man ihn in das Wasser zurück,

zurück, so schäumt das letztere heftig. In feuchten Wetter schlägt daran, ohnerachtet er vorher getrocknet ist, eine Salzigkeit häufig aus. Mit Eßig eingemacht, soll er so gut als das Crithmum seyn, welches in Spanien und Engelland zu den Braten mit so grossem Appetit gegessen wird. Sollten nicht einige von unsern Seegrasarten von gleichem Nutzen seyn? Wäre dieses, so hätten wir für uns und die Ausländer eine hinlängliche Menge. In diesem wandernden Seegewächse hielten sich folgende Geschöpfe auf:

Die Floßquabbe, *Lophius* Histrio L. S. N. Lophius tumidus *Muf. Reg p.* 56. und Linn. Westgoth. Reise Tab. 3. Fig. 3. aber der Faden und die erste Rückenfloßfeder sind an den Spitzen borstig, die Borsten weich. Der ganze Körper ist mit einer schleimigen Haut, und kleinen blättrigen Stützen (*fulcris*) bedeckt, die man außer dem Wasser kaum bemerkt, weil sie fest anschliessen. Der Rachen und Bauch sind groß, damit sie viele Krebsarten oder junge Krebse verschlingen können. Vielleicht hat die Vorsicht diesen Fisch deswegen so blättrig gekleidet, damit ihn die Raubfische mit dem Seegraße verwechseln und nicht gar ausrotten möchten.

Cyprinus pelagicus. Die Rückenfloßfeder reicht vom Kopfe bis an den Schwanz, ist in der Mitte am niedrigsten und hat 36 Strahlen. Die Brustfloßfedern haben 15, die Bauchfloßfedern 0, die Afterfloßfeder 28, und das gabelförmige Schwanzgefieder 22 Strahlen. Der Augenzirkul ist goldgelb. Der Rachen ist länglichrund. Der Leib ist sehr schmal, weißlich und mit ganz kleinen Schuppen bedeckt.

Syngna-

Sygnathus (pelagicus) corpore medio heptagono, pinna dorsi anum versus. Die Rückenfloßfeder hat 31, die Brustfloßfedern 14 Strahlen. Bauch= und Afterfloßfedern fehlen. Das wedelförmige Schwanzgefieder ist 10strahlig. Die Länge des Fisches beträgt eine Spanne. Er ist so dick wie ein Gänsefederkiel. Vom Kopfe bis an den After, oder bis beynahe an die Mitte, ist er siebeneckig, mit 18 Ringen; besser herunter aber bis auf den Schwanz viereckig mit 32 Ringen. Die Weibchen haben den Eyerstock nahe am After, wie *Artedi Syn.* 3. S. 3. beobachtet hat, woselbst er auch sagt, daß der Leib vieleckig und unten breiter sey. Der Schnabel ist lang, walzenförmig, schmal.

306.

Scyllæa pelagica, oder der Seehase. Seba hielt sie für Junge des *Lophius* tumidus *Musf. Reg.*; es ist aber schwer sich hievon zu überzeugen, ehe und bevor sie jemand aufzieht, und ihre Verwandlung beobachtet. Ihre Bildung ist übrigens folgende: Der Leib ist gallertartig, länglichrund, schmal, gelbgrau, und hat unten der Länge nach eine Spalte, mittelst welcher sie das Seegras (Fucus) nach der Länge oder Queere, mit dem Forder= oder Hintertheile umfassen kann. Ihre Länge beträgt 2 Zoll, die Breite kaum einen Zoll. Die Seiten sind platt, mit kleinen fleischigen, kegelförmigen, gemeiniglich weißlichen Erhebungen. Der Rücken (welchen einige mit Unrecht für den Untertheil gehalten haben,) ist fast platt, mit sehr kurzen, dunkeln Borsten und spitzigen Rändern, an welchen Anhänge (fulcra), oder Antennen und Floßfedern sitzen. Der Kopf ist zusammengedrückt, etwas gespitzt und nach dem Tode schwer zu erkennen. Die Antennen sind kürzer als der Kopf. Das Maul ist ohne Zähne, und unter dem Schnabel mit einem gehärten Rande. Der Rachen ist klein, beynahe rund. Die Antennen sitzen oberhalb nicht weit von der Schnabelspitze; sie sind länglichrund, blättrig, kürzer als die Floßfedern, forne etwas breiter, mit niedergebogenem gehärten Rande, in der Mitte mit einem fleischigten Kegelchen; sie dienen ebenfalls das Seegras damit zu umfassen. An jeder Seite hat der Wurm in einer gleichen Entfernung von einander 2 Floßfedern; diese sind blättrig, länglichrund, forne etwas breiter, gekräuselt, mit borstigen oder eingerissenen Rändern, und sitzen an dem rauchen Rande des Rückens. Der Bauch ist in der Mitte des Leibes, schmal, länglichrund. In demselben konnte man die Befruchtungstheile des Seegrases, die ihr zur Nahrung dienen, sehen. Der Schwanz sitzet perpendiculair; ist blättrig, beynahe rund, breiter, aber kürzer als die Anhänge und gefiedert. Das Thier bewegt seine Gliedmaßen im Wasser sehr langsam *).

307.

Cancer (pelagicus) brachyurus, manuum articulis omnibus dentatis, extimo heptagono. Die Finger an den Scheeren sind nur wenig bauchig, gestreift, gezähnt, von gleicher Länge. Die übrigen Füße sind einzähnig. Die Seiten der Brust sind gesägt; der Hintertheil ist lang, stark, scharf zugespitzt. Die Farbe ist gelbbräunlich, mit weißen, ungleichen Flecken. Der Schwanz des Weibchens ist viel breiter, abgerundet (mit einer kurzen Spitze) und besteht aus 7 Gliedern. Der Schwanz des Männchens ist beynahe dreyeckig und hat 4 Glieder. An jeder Seite des Schwanzes befindet sich eine

---

*) Ich hätte vielleicht statt der Antennen, Hände und statt der Floßfedern, 4 Füsse setzen sollen.

Die Graßsee 1752.

eine einzele lange, gekrümmte Borste, welche unten dicker ist und mit den Seitenstrahlen der Fischfloßfedern viele Aehnlichkeit hat.

Cancer minutus ist hier das häufigste Insekt, welches sich von der *Sepia* und kleinen Krabben ernähret. Er sprang auf dem Wasser mit ungemeiner Behendigkeit von einem Seegrashaufen auf den andern, oft einige Faden weit, und wenn er ein Gewürm erwischte, zerriß er es mit seinen Scheeren und stopfte einen Bissen nach dem andern ins Maul.

Den 12 May. 24 Grad 15 Min. N. B.

Heiteres und so wie gestern beynahe stilles Wetter.

Der Delphin oder *Coryphaena* Hippurus hatte folgende Kennzeichen: Die Kieferhaut hat 7 Strahlen. Der Leib ist grünlich, blau punktirt, 2 Fuß lang, schmal, zugespitzt. Der Kopf ist abgestumpft, kurz; die untere Kinlade ist die längste. Die Augen sind kugelrund; die Augenzirkul goldfarben. Die kurzen zahlreichen Zähne sitzen in den Kinladen und dem Gaumen. Rücken und Bauch sind scharf. Der Schwanz ist gabelförmig. Die einzige Rückenfloßfeder nimmt auf der Mitte des Kopfes ihren Anfang, und läuft bis zum Schwanze; nach dem Kopfe zu ist sie am breitesten; sie hat 60 Strahlen. Die Brustfloßfedern haben 19, die Bauchfloßfedern 6, und die Afterfloßfeder, welche vom After oder der Mitte des Fisches bis zum Schwanze läuft, 27 Strahlen. Das Schwanzgefieder ist zweytheilig und jedes 20strahlig. Der Fisch ist ungemein hurtig, und scheint im Wasser grün und schwarz schattirt. Der Eyerstock ist länglichrund, doppelt, groß. Die Seitenlinie ist gebo-

gebogen, läuft nahe am Rücken hin und ist zwischen dem After und Kopfe kaum zu erkennen. Er läßt sich nie (wenigstens sehr selten) anderswo, als nur wo die Winde veränderlich, das ist um die Aequinoctiallinie, und außer den Passatwinden antreffen.

Bonete und Albekoren waren nun seltener, erschienen aber des folgenden Tages gegen Abend in großer Menge. Jetzo sowohl als die folgenden Tage wurden die vorhingenannten Naturalien in der Grassee gefangen, und in Weingeist gelegt, um sie mit nach Hause zu nehmen.

Den 20 May 28 Gr. 34 Min. N. Br.

Unter andern trafen wir auch den Dorado, oder auf holländisch Draador, an, der eine Elle lang und dem Delphin sehr ähnlich ist, weswegen ihn auch Artedi zu eben derselben Art Coryphaena macht. Derjenige aber, der diesesmal gefangen wurde, war in folgendem verschieden:

Coryphaena Equisetis. Die Rückenfloßfeder, welche von der Mitte des Kopfes bis zum Schwanze läuft, hat 53, die Brustfloßfedern 19, die Bauchfloßfedern 6, die Afterfloßfedern 23, die Kieferhaut 6 und das Schwanzgefieder 19 Strahlen. Dieser Dorado ist übrigens viel seltener, als der andere, so, daß ihn viele Leute, die oft nach Ostindien gewesen, niemals gesehen haben.

Den 22 May 30 Grad 45 Min. N. B.

Ein Fahrzeug, das wir seit einigen Tagen gesehen hatten, kam uns nunmehr nahe. Der Name des Schiffes war Duc de Parme; es ward von Capitain Chévalier d' Arquis geführet, kam von Bengala, und war nach dem Hafen Orient in Frankreich bestimmt. Ein heiteres Wetter und gelinder Wind veran-

veranlassete gegenseitige Besuche mitten auf dem Meere. Unser erster Supercargo nahm das Mittagmahl auf vorgedachtem Schiffe ein, bey uns aber speiseten zween Herren von dem uns begleitenden schwedischen Schiffe.

Die folgenden Tage war es größtentheils stille, da denn die Schiffe ebenfalls Gelegenheit hatten, einander Gesellschaft zu leisten.

Den 26 May 35 Grad 24 Min. N. B.

Regen und bisweilen Sonnenschein.

Bonete und Albekoren fischten wir nun zum letztenmale, wiewohl wir die ersten auch noch die folgenden Tage sahen. Wir hatten nun das Grasmeer glücklich durchsegelt.

Den 28 May 38 Gr. 28 Min. N. B.

Sturm. Vormittage trübe, nachher meistens klares Wetter.

Nachmittage hatten wir die Höhe von Fayal, welche so wie die übrigen azorischen Inseln den Portugiesen gehöret. Wir segelten hierauf nach der Länge, bis wir den 30 May um 4 Uhr Nachmittags den Fayalspick erblickten; den 31. aber gingen wir Pico Fayal und St. George, welche in der Breite von 38 Gr. 38 Min. liegen, vorbey. Die Schiffe hatten Befehl bey Fayal anzulegen, und sich nach dem Zustande in Europa zu erkundigen; des starken Windes wegen aber ward beschlossen, vorbey zu segeln. Ich verlohr also eine Menge unbekannter Gewächse, welche außer Zweifel auf diesen Inseln, die beynahe zwischen Europa, America und Africa recht in der Mitte liegen, anzutreffen seyn werden.

Den 1 Jun. 41 Gr. 1 Min. N. Br.

Helles Wetter und auch wolkig. Frischer Gegenwind.

Turdus chinensis LINN. *Diff Chin. Lagerstr.* II. heißt auf Chinesisch Whâm=maj, und könnte wegen seiner starken Stimme der Schreystaar genannt werden. Er ward in Canton für einen Piaster gekauft, starb aber hier und ward mit folgender Gedächtnißschrift beehret: Der Schnabel ist eckigkegelförmig, der Rücken etwas kantig; die Zunge ist gleichsam eingerissen, vorn ausgerändert. Des Weibchens ganzer Körper ist eisenrostfarben, 3 Schwung= und 3 Schwanzfedern ausgenommen, welche dem größten Theile nach weiß sind, (welches bey einer andern Gattung dieses Geschlechts nicht so angetroffen wird). Um und an den Augen ist eine kurze weiße Linie. Der Bauch ist bläulich. Hinter den Nasenlöchern sind einige Vorsten. Der Schnabel, die Beine und Füße sind weißlich. Er hat 12 Schwungfedern und 12 Schwanzfedern, welche letztere die Länge des Körpers haben. An Größe gleicht er unserem Staare. Er frißt Reis, Schaben, Fliegen und Fleisch.

Wir begegneten heute einem englischen Schiffe, welches vor 16 Tagen von London abgegangen, und mit seinen Sklaven (an Männern und Weibern) nach Amerika bestimmt war.

Den 13 Jun. 49 Gr. 16 Min. N. B.

Mit dem Bleywurf hatten wir in der abgewichenen Nacht auf 90 Klafter Grund, der aus feinem bräunlichen Sande bestand.

In dem Brodte wuchsen Würmer; wir waren also eines bessern bedürftig, und verlangten nach Lande.

Den 14 Junius.

Helles Wetter. Mittelmäßiger Wind.

Die Sorlesinſuln erblickten wir endlich Vormittags. Dieſe Inſuln und Klippen ſind ſehr niedrig, daher man ſie nicht eher gewahr wird, bis man ihnen ganz nahe iſt; wodurch hier bey dem Eingange in den Kanal unzählige Schiffe verunglückt ſind, ohnerachtet hier zum Unterricht der Seefahrer des Nachts 2 Feuerthürme leuchten. Die Klippen zeigten ſich uns durch die ſtarken Brandungen am beſten.

Fucus divaricatus, veſiculoſus und *Zoſtera* kamen von den Ufern geſchwommen. Von den Sorlesinſuln kamen engliſche Boote zu uns mit Butter, magern Schafen, Gänſen, Enten, Hünern, Eyern, dem Fiſche Plaiſe *), Rockfiſh **), Potatos in Körben, Rüben mit ihrem Kohl, langen und dunkelrothen Beten, Sallat und Crithmum maritimum, welches, nachdem es von ſeinen Wurzeln, groben Stengeln, Nardus ſtricta, Statice Armeria, Arenaria rubra und Lichenes ſcyphiferi gereinigt, 12 Stunden in Salzwaſſer geleget, und nachher mit Eßig, Allaun, Nelken und Ingber gekocht wird, wiewohl auch die Nelken und der Ingber wegbleiben können.

Nachmittage paßirten wir Landsend, die erſte Spitze von England im Canal, woſelbſt Ebbe und Fluth erſetzen, was am Winde abgeht. Die Fluth traf uns des Abends bey Lizard, einer Erdzunge, von welcher die Engländer die Länge der Oerter mehren-

---

*) *Pleuronectes* Plateſſa LINN. It. Weſtrog. p. 179. Die Rückenfloßfeder aber hat 74 Strahlen.

**) *Labrus* ſuillus LINN. It. Weſtrg. p. 179.

theils zu rechnen anfangen, welches auch unsere schwedischen Seefahrer thun, die sich meistens englischer Bücher bedienen.

Den 15 Junius.

Helles Wetter, wenig Wind.

Wir segelten bey Gostard in Plymouth vorbey. Die vortreflichen Aecker, welche mit lebendigen Hecken umgeben waren, gaben eine schöne Aussicht. Die Kreideberge am Ufer machten, daß das Land sich weiß und hoch zeigte.

Den 16 Junius.

Den ganzen Tag starker Regen und Gegenwind.

Wir paßirten Devensher, Signilssher und kamen Nachmittage endlich nach Dower, der bekannten englischen Stadt und Festung, welche Calais in Frankreich gerade gegen über, und nicht weiter davon liegt, als daß beyde Reiche zugleich gesehen werden können, wenn man durch den Canal segelt. In Dower, woselbst wir uns an Land begaben, lasen wir die englischen Zeitungen. Wir kauften hier Ochsen- und Schaffleisch, weißen und Blumenkohl, Gurken, Möhren, Sallat, Petersilie, Salwey, Lauch, Artischocken, Bohnen, Bier, Brodt u. s. w.

Die Engländer kamen an Bord zu uns und boten uns Mannskleider, Schuh, Peruquen, Hüte, Strümpfe, Uhren und dergleichen für Geld oder ostindische Waaren an, unter welchen sie am liebsten grünen Thee nehmen; der braune aber ist bey ihnen in weniger Achtung. Nachdem wir das zur Erfrischung benöthigte erhalten hatten, richteten wir unsern Lauf nach Gothenburg. Auf dieser Reise trafen

trafen wir unter andern Schiffen auch ein englisches an, das nach Petersburg bestimmt war.

Den 25 Junius.

Nach einer Reise von 8 Tagen, von England aus, bekamen wir Jütland glücklich zu sehen.

Den 26 Junius

sahen wir Marstrand und die gothenburgischen Scheeren; noch Vormittage ankerten wir innerhalb des Schlosses Elfsborg. Nachdem die Zollbedienten unsere Hütten versiegelt hatten, so stieg ich Nachmittage, Gottlob! so gesund als froh ans Land.

Wir hatten auf der Reise 8 Mann verlohren, von diesen starb einer an der rothen Ruhr, einer am Seitenstechen, 3 am hitzigen Fieber, und 3 verlohren ihr Leben durch Unglücksfälle. Dem Höchsten aber sey Dank, der 124 Mann nach unserem schwedischen Vaterlande glücklich zurücke geführet hat.

Mein Herr!

Ich habe Ihr vortrefliches Werk mit Vergnügen und Verwunderung gelesen. Es ist unwidersprechlich, daß die meisten Bücher dem gemeinen Wesen weit weniger angenehm sind, als Reisebeschreibungen, in welchen ein jeder in einer fremden Welt etwas nützliches und ihm vorher unbekanntes antrift; die mehresten Reisebeschreibungen aber haben uns durch die barbarischen Namen, mit welchen sie die Geschöpfe benennen, in einer völligen Unwissenheit derselben gelassen, und folglich nichts mehr auszurichten vermocht, als unsere Wißbegierde noch mehr zu reizen. Sie, mein Herr, sind überall mit dem Lichte der Wissenschaften gereiset, Sie haben alle Dinge mit ihren rechten, und der klugen Welt faßlichen Namen, belegt, auch Arten und Gattungen erforschet und bestimmt. Derowegen scheinet es mir, als ob ich Sie auf der Reise allenthalben begleitet und mit Ihnen alles, was vorgekommen ist, gesehen hätte. Wenn Reisebeschreibungen so abgefaßt sind, so können die Wissenschaften aus denselben reife Früchte einsammlen. Ich wünsche Ihnen Glück, mein Herr, daß Sie den vernünftigen Weg zu erst gefunden, den die Nachwelt gehen; und auf welchem sie sich dessen, der ihn zu erst gebahnet, allemal erinnern wird.

Carl Linnäus.

Anleitungen

zu einer nützlichen Aufmerksamkeit

bey

chinesischen Reisen

in einer Rede bey der Aufnahme in die Königl.
Schwed. Akademie der Wissenschaften
zu Stockholm

den 25 Hornung 1758. ertheilet

von

Peter Osbeck.

Meine Herren!

Aus kleinen Quellen entspringen oft die größten Ströme, und aus kleinen Ursachen können die wichtigsten Dinge entstehen. Die gründlichsten Liebhaber der Wissenschaften nehmen daher auch kleine Anweisungen, die seichtere Köpfe verachten, sorgfältig in Acht. Sie erwarten keine Frucht ohne vorhergegangene Blume, keine Wissenschaft ohne kleine Grundwahrheiten, keine Erfahrungen ohne kleine Anleitungen.

Es bedarf hier um desto weniger todter Beweise, da man sie bey Ihnen, meine Herren, recht lebendig antrift. Sie schützen ja eine wohlgemeynte Angabe mit gesammter Macht. Sie arbeiten ja beständig für die Nachkommen.

Die Ehre, in Ihrer gelehrten Gesellschaft einen Platz erhalten zu haben, vermehret meine ausnehmende Hochachtung für Ihre Gesinnungen, und gereicht mir zu einer täglichen Ermunterung, Ihren Fußtapfen zu folgen.

Erlauben Sie mir nun, meine Herren, zum Anfange von einigen Anleitungen zu einer nützlichen Aufmerksamkeit auf chinesischen Reisen von Schweden aus, kürzlich zu reden.

Die Aufmerksamkeit hat allemal ihren Nutzen, der sich zum Theil so fort zeigt, zum Theil aber in künftigen Zeiten eingeerndtet wird. Was zur Füllung des Magens oder zur Wiederherstellung der Gesundheit dient, fällt gemeiniglich am ersten in die Augen, und wird durchgängig, auch von den Einfältigsten, für nützlich gehalten; zween aller Aufmerksamkeit würdige Vortheile; denn der Magen borget nicht, und Krankheit ist der erste Schritt zum

zum Tode. Aber wer ist wohl, der nicht nach mehreren fragen sollte?

Die Mittel, welche hierzu dienen, werden für eben so unumgänglich nöthig gehalten. Ein jeder unserer Sinnen erwartet sein besonderes Vergnügen, und dieses oft von den entlegensten Orten der Welt. Um nicht andere durch Verschaffung der Waaren zu bereichern, sehen wir uns gedrungen, sie selbst auf langen Wegen herbey zu holen. Die Ersparung der Zeit, und eine freye Bahn, machen den Handel vortheilhafter, daher wir den Seeweg erwählen müssen. Hiebey nun ist der Compaß nicht bloß nützlich, sondern höchst nöthig; und dennoch dürften wohl anfänglich die Eigenschaften des Magneten nur für ein Kinderspiel gehalten worden seyn, und es ist billig zu zweifeln, daß der Erfinder dafür eine würdige Belohnung erhalten habe. Die Zeit aber hat uns gezeigt, daß die erste Aufmerksamkeit hierauf ihren grossen und fast unschätzbaren Nutzen gehabt habe. Unsere Aufmerksamkeit muß sich also nicht bloß auf dasjenige erstrecken, wovon wir den Nutzen schon gegenwärtig sehen, sondern auch auf das, wo wir ihn noch erwarten.

Folgen Sie mir also, meine Herren, über eine schäumende See nach den spanischen Gestaden, und über ein brausendes Meer nach den Herrlichkeiten Indiens; wir wollen von dem, was unserer löblichen Neugierde unterwegs aufstossen wird, nur einen kleinen Theil von Entdeckungen, besonders aus der Oeconomie und Naturkunde, sammlen; ohnerachtet ein jeder überflüßige Gelegenheit hat, Beobachtungen von der Art anzustellen, wozu ihn seine vernünftige Neigung treibt.

Eine solche Reise nimmt in der kältesten Jahreszeit, im stürmischen November, dunkeln December oder
den

den nächst folgenden Monaten ihren Anfang. Die Abholung des Geldes aus Spanien erfordert eine solche Einrichtung, wenn nicht der halbjährige Passatwind im chinesischen Meere verlohren gehen soll. Ich rede nicht von denen Reisen, welche zuförderst nach Suratte und von da nach China geschehen; diese werden in dem angenehmen Frühlinge angefangen, und haben bloß die Rückreise mit den ersten gemein.

Die Vertauschung einer warmen Stube mit einer kalten Schiffshütte (denn auf dem Schiffe giebt es keine andere Feuerwärme, als bey der die Speisen gekocht werden) gehöret, wenn der Körper nicht sehr wohl verwahrt ist, zu den empfindlichsten Abwechselungen, besonders bey denen, die nicht in beständiger Bewegung seyn können. Die durchdringende Seekälte läßt sich schwerlich durch etwas anders, als Pelzwerk, abhalten. Die allgemeinste Kleidung unseres Seevolkes besteht um diese Zeit in Schaafpelzen, die im Sunde von den Dänen gekauft werden, und so gut bereitet seyn sollen, daß sie ihre Weiche nicht verlieren, wenn man sie auch in den stärksten Regen und Schneewetter trägt. Ich sollte meynen, daß man dergleichen auch in Schweden bereiten könnte. An Fellen muß es ja wohl in einem Lande nicht fehlen, das die so unentbehrliche Schaafzucht treiben kann und muß.

Aus Furcht den rechten Eingang in den Canal zu verfehlen, seegeln die Schiffe lieber nordlich um Irrland herum. Ein sicherer Umweg ist allemal besser, als ein gefährlicher Richtweg.

Unsere ostindischen Schiffe möchten sich wohl die Inseln Färö nicht anders zu sehen wünschen, als nur um ihren neblichten Klippen glücklich auszuweichen zu können. Doch giebt es kein Land, das nicht

seine

seine eigenen Vorzüge besitzen sollte. Ist es hier kalt; so fehlet es nicht an Häuten zu Kleidern. Die Schaafe, welche die Anhöhen und trocknes Gras lieben, haben hier ihre elysäischen Felder, und werden sehr fett. Den Mangel des Brodtes ersetzet man hier durch getrocknete Fische; eine Nahrung, die unter andern in diesen theuren Zeiten, an solchen Orten unseres Reichs, wo man die Fischerey mit Vortheil treibt, nützlich angewendet werden könnte. Die weisen Einrichtungen des Schöpfers sind auch darinn herrlich, daß die Natur mit dem einen ersetzet, was sie an dem andern fehlen läßt. Haben einige Orte viel nackende Berge und trockne Hügel, so werden sie mehrentheils durch schöne Ströme oder fischreiche Seen schadlos gehalten. Wir entfernen uns aber zu weit von unserer Reise; ein so angenehmer Gegenstand, wie die Vorsehung des Höchsten, und die Strahlen, welche wir davon bemerken, sind, kann nicht anders als den menschlichen Verstand ganz einnehmen.

Wir blieben bey den 17 Färöinsuln stehen, eilen aber bey denselben vorbey nach der spanischen See und ihren hohen Wellen. Auf dem Wege treffen wir eine Gattung grosser Wallfische an, die man Nordkaper nennt, die wir aber der näheren Betrachtung anderer überlassen müssen, welche künftig bessere Gelegenheit erhalten, die Wissenschaft mit einer vollkommnen Geschichte der Wallfische zu bereichern. Der gothenburgische Kaufmann, Herr Peter Bagge, der durch diese Königl. Akademie einem Naturgeschichtskundigen eine freye Reise mit den schwedischen Wallfischfängern angeboten hat, verdient dafür Ehre und Dank.

Auf der Reise ist Spanien das erste Land, auf welchem wir ruhen; hier ist die Wärme schon im Januar

Januar beträchtlich. Man pflückt alsdenn von Bäumen, die wir in Gewächshäusern bewahren, in den Gärten das frischeste Obst, und die Felder sind mit den schönsten Blumen geschmückt. Wir treffen hier in den am Meer belegenen Städten, unter denen uns Cadix und Port Marie zuerst vorkommen, Leute von mancherley Sprachen an.

Cadix, diese zu Zeiten der Phönicier und Römer, und vor ihrer Zerstörung durch die Mohren so glänzende Stadt, kann einem Liebhaber der Alterthümer zu mancherley Fragen Anleitung geben. Der Bischoff hieselbst dürfte im Stande seyn, manches Merkwürdige aus seiner eigenen Bibliothek, und vielleicht darunter auch einige Ueberbleibsel unserer alten Gothen in Spanien vorzeigen zu können. Eine Sache, die ich dem Nachforschen anderer überlassen müssen. Das Fleischessen in der Fastenzeit wird hier nur solchen Kranken, die ausdrückliche Erlaubniß dazu haben, verstattet. Ich konnte bey meinem Aufenthalte nicht merken, worinn der Nutzen des Fastens in Absicht auf die Religion bestehe: in der Diät und Wirthschaft aber möchte es wohl ein beträchtlicher Umstand seyn. Das spanische Fleisch ist, wenigstens um diese Zeit, ungemein schlecht. Hiedurch sehen sie sich gezwungen desto mehr Fische anzuschaffen, wozu sie Gelegenheit genug haben, besonders aber Früchte zu bauen, die hier in Menge verkauft werden. Wer weiß, ob nicht ein solches Fasten unseren Gärten aufhelfen, und ob es nicht mancher Krankheit vorbeugen würde, welche von dem überflüßigen Fleischessen, wo nicht herkömmt, doch unterhalten und vermehrt wird?

Die Naturaliensammlungen lassen sich in Cadix eben nicht sehr bereichern, wenn man die Fische ausnimmt, deren genaue Untersuchung eine Geduld von mehrern Tagen erfordert. Legt man sie in solchen spanischen Brandwein, der hiezu stark genug ist, so kostete es zu viel, wenn man jede Art in einer eigenen Flasche haben wollte, und würde auch zu viel Raum wegnehmen: wenn man aber einen Faden an dem Fische befestigt, und an denselben ein Stück Bley oder etwas anders mit Löchern oder Nummern hängt; so kann man viele in ein Gefäß bringen, und die spanischen Namen nach den angehängten Zeichen verzeichnen. Vierfüßige Thiere, Vögel, Amphibien und Insekten, sind hier seltener, wo man nicht künftig einmal irgendwo in Cadix eine Naturaliensammlung ausfindig machen kann. Die zur Materia Medica gehörigen Gewächse kann man hier auf den Apotheken untersuchen. Daß unser gemeiner Erdrauch, welcher auf unsern ostindischen Schiffen gegen den Scorbut gebraucht wird, hier seines gleichen finde *), können die bezeugen, die ihn hier gekauft, und vermuthlich eben so gut genutzet haben; daß derselbe aber um Port Marie an den Zäunen wächset, will ich auf den Fall hinzu setzen, wenn er in den Apotheken fehlen sollte. Eine gleiche Bewandniß hat es mit mehrern von unsern gemeinen Heilmitteln. Minsi, die theureste unter den Wurzeln, wird aus den westindischen Pflanzstädten anher gebracht. Eine dergleichen frische Wurzel, wenn man sie antreffen und nach Schweden bringen könnte, würde in unsern Orangerien ein seltener Gast seyn. Von Steinen findet man bey der grossen Kirche, an der schon so lange gebauet worden ist, eine grosse Menge von Marmorarten. Die spanischen Bausteine, welche von Schnecken zusammengesetzt sind, trift man hier überall

*) *Fumaria* spicata.

überall an. Gehen wir vor die Stadt, so ist der Flugsand das häufigste, was wir antreffen, der oft die schönsten Gegenden verderbt, und meistens nicht vielmehr, als das *Spartium* monospermum, welches ihm tapfern Widerstand leistet, nachgelassen hat. Die Saamen dieses Gewächses liegen oft häufig auf dem Sande, und können einige Zeit lang aufbehalten werden. Noch ist es bey uns fremd, und könnte zum wenigsten gebraucht werden, die Betten weichlicher Gewächse damit einzufassen.

Wenn man von hier auf der Landstraße nach den Städten Chiclana, Isla, Port Real, Xerez und Port Marie nachgehet, welches von einem aufmerksamen Naturkenner zu Fusse geschehen muß; so geräth man in Verlegenheit, worauf man die Augen zuerst heften soll. Eine gute Gesellschaft und spanische Kleidung (ich meyne eine weisse Mütze, niedergekrempten Huth und eine dünne braune Kappe über die Unterkleider) erleichtern die Beschwerlichkeiten der Reise. Ein eingebundener Foliant mit Schreibpapier, zum Kräutereinlegen, ein oder andere Schachtel mit Stecknadeln zum Insektsammlen, nebst einer Schere und Schreibetafel, läßt sich unter der Kappe verbergen. Die Schere muß die Stelle des Messers vertreten, denn diß ist zu tragen verboten. Auf einer solchen Reise würden zur Naturgeschichte gehörige Bücher sehr nützlich seyn, um aber dem Argwohn, daß sie etwas wider die Religion des Landes enthalten können, auszuweichen, muß man sie auf dem Schiffe lassen.

Nachdem wir auf einen beträchtlichen Umwege die Städte, fürnehmlich aber was ausser denselben anzutreffen ist, besehen haben, bleiben wir endlich in Port Marie, wo mehr Gelegenheit, als in Cadix, ist, auf den nächsten Gärten, Wiesen und Feldern Sammlungen zu machen.

Die Kräuter, welche in dieser Jahreszeit um die Stadt anzutreffen sind, habe ich zwar in meiner Reisebeschreibung verzeichnet; zu einer andern Zeit aber lassen sich mehrere hinzu fügen. Ein jedes erfordert eine besondere Aufmerksamkeit; ich will aber bloß eines und das andere anzeigen. Es wäre zu untersuchen, ob nicht *Coccus* Cacti, das Insekt, welches uns die Coccionélfarbe giebt, auch auf dem *Cactus* Opuntia, der hier in den lebendigen Hecken wächset, anzutreffen sey. Unser Lein, der hier wild wächset, sucht unter kleinem Gesträuch (unter dem Palmito) Schutz; sollten wir nicht der Natur folgen, und den Flachs, wie die Erbsen, besonders im freyen Felde, unterstützen, wo er vom Winde beschweret, durch den Regen niedergedruckt wird und öfters auf der Wurzel faulet? Ich habe in Wingåker Sträucher unter den Lein setzen sehen, und auch sagen hören, daß solches ebenfalls bey Wadstena von den daselbst wohnenden Fremdlingen, welche an der Kammertuchmanufactur arbeiten, geschehe.

Die Liebhaber der Insektensammlungen finden im spanischen Flugsande und daherum verschiedene sehr seltne Käferarten; hier sind *Scarabæus* Typhæus, *Tenebrio* muricatus, *Meloe* majalis, und prächtige Papilionen: als *Papilio* Rumina und mehrere anzutreffen.

Das zu der ganzen Reise nach China erforderliche Wasser, holen unsere Schiffe mehrentheils aus dieser Stadt, und es ist auch wirklich eins der klärsten; dennoch aber wird es mit der Zeit so voller Würmer, daß sie darinn, wie die Maden im Käse, durch einander kriechen; nach dem Aufkochen wird es bräunlich von Farbe, und behält beständig einen unangenehmen Geschmack. In einem Lande, wo die Citronen so wenig gelten, ist zu versuchen, ob nicht dem Anwachs der Würmer dadurch vorzubeugen wäre, daß man jedes neu gefüllte Faß Wasser mit etwas frischen Citronensaft vermischte; wer weiß, ob nicht die kleinen Eyer der Gewürme, welche ausser Zweifel schon vorher im Wasser vorhanden sind, dadurch gleich Anfangs getödtet, und solchergestalt gehindert würden, in Wasseresel (*Oniscus aquaticus*) und andere Insekten, die das Wasser ekelhaft und ungesund machen, auszuwachsen? Diese Versuche müßten unter den Augen zuverläßiger Leute angestellt, und ehe man sie für bewährt erklärt, oft wiederholet werden. Glückt es, so entgehen wir einem grossen Ungemach, schlägt es aber fehl, so schadet es dem Wasser nicht, sondern dasselbe wird dadurch vielmehr durstlöschender. Wir halten ja den Citronensaft zum innerlichen Gebrauch für so gesund, wiewohl er, nach dem Berichte unseres spanischen Reisegefährten, Reissen in den Händen verursachen soll, wenn man sie oft damit wäscht.

Aber wir halten uns zu lange mit Spanien auf; wir müssen auf dem weiten Meer bey den Canarieninsuln und dem Vorgebürge der guten Hofnung vorbey, zwischen Java und Sumatra durch, nach Canton in China, um daselbst unsere Aufmerksamkeit zu unterhalten.

Von allen Fischen und Vögeln, die wir auf der Reise antreffen, wollen wir einige aufbewahren, die erstern in spanischen Brandwein, die letzteren aber mit Werg ausgestopfet, wiewohl deren völlige Austrocknung eine lange Zeit und öfteres Nachsehen erfordert. Es muß auch, so viel immer möglich, ihre Lebensart aufgezeichnet werden.

Die

Die kleinsten Thierchen sind ebenfalls nicht zu vergessen. Wir finden öfters welche, die im Wasser leuchten. Die Känntniß dieser Thiere und ihres Aufenthaltes, kann uns vielleicht künftig zu eben so zuverläßigen Kennzeichen gewisser Gegenden des Meeres gereichen, als jetzo das Trompetengras (*Fucus* maximus) bey dem Cap, nebst den sogenannten Captauben.

Wenn es die Umstände verstatten, auf der Hinreise auf Java an Land zu steigen, ist es vortheilhafter, als auf der Rückreise, da uns der Regen so viele Hindernisse zu verursachen pflegt. Hier trift man eine Sammlung der prächtigsten Ausgeburten der Natur an, die merkwürdigsten Thiere, die schönsten Insekten, die artigsten Schnecken, die wunderbarsten Korallen, die seltensten Gewächse, besonders viele Arten Palmen, welche einen Liebhaber der Natur viele Jahre lang beschäftigen können. Die Höflichkeit der Landeseinwohner gereicht uns zur Ermunterung, und den Grimm reissender Thiere vergessen wir unter der Betrachtung der Herrlichkeiten dieser Insul. Wir bewundern und erstaunen.

Der anmerkliche Passatwind, welcher auf dem chinesischen Meere ein halb Jahr aus Südwest und das andre halbe Jahr, (die Umwechselungszeit mit gerechnet) aus Nordost wehet, hat einige schwedische Schiffe, welche ankamen, wenn der Gegenwind bereits angefangen, gezwungen, bey Java oder einer andern Insul das ganze halbe Jahr durch stille zu liegen. Fände sich unter so vielen Leuten ein Aufmerksamer, so könnte der Nachtheil der Compagnie die Naturgeschichte und andere Wissenschaften bereichern. Die indianischen Medicinalien und andere Sachen, mit welchen uns die Holländer von Ostindien aus fast ersticken, und von welchen wir

nicht

nicht immer wissen, wo sie gesammlet worden sind, würden dadurch, wenigstens einem Theil nach, bekannter werden; nur müste der Reisende vorher mit unsern Apotheken und den Schriftstellern von indianischen Naturalien bekannt seyn. Sollte es wahr seyn, daß die Holländer den natürlichen Salpeter auf Java als Ballast einnehmen, ihn läutern und nachher an uns und andere mit grossem Gewinn absetzen?

Die Reise bey Sumatra vorbey, erinnert uns bloß der Goldgruben dieses Landes; dieselben aber zu sehen, möchte wohl ein lerer Wunsch bleiben. Die Unbeständigkeit des Windes, das Fallen des Wassers und ein gefährliches Fahrwasser zwischen den nahe liegenden Inseln, nöthigen uns, die Anker öfters fallen zu lassen. Bey Lichtung derselben aber kömmt öfters solches Seegewürme mit in die Höhe, das man sonst nicht leicht erhalten wird. Das chinesische Fahrwasser ist von den schönsten und wunderbarsten Fischen voll, welche sich bisweilen währendem Passatwinde bemerken lassen.

Bey dem Eingange nach China erinnere ich mich des Berichtes eines schwedischen Ostindienfahrers, von seiner Landreise von Bocca Tiger nach Canton: eine Reise, die aller Mühe und Kosten werth wäre, wenn uns die Chineser nicht die Augen zubänden, oder dieselben auch schon vorher verschlossen wären. Denn nicht leicht wird an irgend einem Orte eine sorgfältigere Haushaltung mit der Erde, als in China angetroffen werden. Das Sammlen der Knochen, Haare und dergleichen, welche wir wegwerfen, und ihre ungemeine, aber sehr belohnte Mühe mit dem Verpflanzen, sind offenbare Beweise des Fleisses der Chineser und ihrer rühmlichen Neigung, ihr Land zu bauen. Ich würde den Reisenden, wenn sie es mir erlaubten, den Rath ertheilen: vergesset, wenn ihr wollt, eure Ausgaben, vergeßt aber nicht das geringste von der Haushaltung des Chinesers; denn er richtet seine Kunst nach der Natur ein, und ändert sie nach der Beschaffenheit des Ortes.

Wegen des Argwohns der Chineser ist Vorsichtigkeit nöthig, und auch die kleinste Gelegenheit muß nicht verabsäumet werden. Hier ist eine stille Gesellschaft nöthig. Es würde auch ein alter Dollmetscher sehr brauchbar seyn, wenn der Beutel verstattet, dergleichen zu halten. Aber bey einem Volke, das in einem solchen Grade von der Eigenliebe regieret wird, bringt man die Wahrheit nur selten durch Fragen ohne Umschweife heraus.

Wir bringen zwar Porcellainthon nach Schweden; sind wir aber sicher, daß uns die Chineser von einer so wichtigen Waare eine aufrichtige Probe, so wie wir sie verlangen, geben? Entweder ich kenne bis jetzo dieses Volk nicht recht, oder ich habe Ursache zu zweifeln.

Wer die Macht hat, sie bey dem Ausbiethen ihrer Waaren zu zwingen, kann am besten bey Betreibung des Handels die Wahrheit unvermerkt heraus bringen. Ein solcher Kaufmann könnte, wenn er in dem Naturreiche kein Fremdling wäre, dem Vaterlande doppelt nützlich werden.

Vielleicht wird das Porcellain nicht so weit von Canton bereitet, als man vorgiebt. Das alte Porcellain, Steinporcellain und das jetzt gangbare, scheint von verschiedenen Orten und verschiedenen Materien zu seyn.

Wissen wir, wovon die braunen sogenannten Siegelerden kannen gemacht werden? Sollte nicht jemand durch Geld ein Stück in das Land hinein bringen und solche Einrichtungen besehen können? Sollte nicht das baumwollne Garn, das die Armenianer hier so häufig kaufen, nachher durch die Türken nach Schweden kommen? Aber wir müssen uns nicht länger bey Vermuthungen aufhalten.

Man kann hier in allen Naturreichen etwas sammlen. Vögel, Fische, Schnecken und Insekten verkauft man hier. Dieses geschicht auch mit Bäumen, unter welchen nebst vielen andern, der Bambubaum und die Chinawurzel würdig wären nach Hause gebracht zu werden. Das Land prangt überall mit den schönsten Bäumen und Kräutern, und fast alle sind von den schwedischen sehr verschieden. Zu ihrer genaueren Betrachtung aber gehöret Dreistigkeit, und eine sorgfältige Prüfung aller Berichte.

Der Steinbruch beym Löwenthurme ist seiner Tagereise werth, ohnerachtet die daselbst brechenden Steine in den Steinhauerläden zu Canton bearbeitet werden. Man wird vielleicht hier in, über oder unter dem Sandsteine ein oder andere besondere Bergart antreffen. Auch die, welche nicht an das Steinsammlen gewöhnet sind, könnten von hieraus unsere schwedischen Naturalienkammern bereichern; ein Stück Stein von Grösse einer Tafel Choccolade läßt sich in einem Papier mit Vemerkung des Ortes, wo es gefunden worden, bequem verbergen. Die Erd= Sand= und Thonarten so entlegener Oerter, verdienen in unsern Sammlungen ebenfalls ihre Plätze. Man kann sich auch um Erze: Golderz von Sumatra, Kupfererz von

Japan, Porcellainerde eben daher, Tutanego, chinesisches Golderz, u. s. w. in Canton Mühe geben.

Es erfordern noch viel mehrere Dinge unsere Aufmerksamkeit, aber, meine Herren, ich darf Ihre Gedult nicht weiter prüfen, und das Nachdenken des Reisenden mag ersetzen, was hier fehlet.

Ich muß Java und dessen Nachbarschaft, das wir auf der Rückreise wieder sehen, vorbey gehn. Sanct Helena, eine englische Insul, ist uns vor dem auch ein bequemer Ruheort gewesen; auch Ascension, wo man die Vögel und Fische so leicht fangen kann: die erstern auf den Steinhaufen und die letztern, wenn sie das Wasser auf das Ufer wirft. Steine, Erdarten, Sand, mit einem Worte, das mehreste von dem, das man hier findet, ist an andern Orten unbekannt. Ich übergehe auch Fayal mit den übrigen azorischen Insuln, von deren Naturalien, so viel mir bekannt ist, noch keiner eine gewünschte Nachricht ertheilet hat. Ob man daselbst von einem andern Kraute, als dem Anil in Indien, eine Art Indig mache, verdient untersucht zu werden. Ich habe diese Inseln zwar gesehen, aber ohne Hofnung an Land zu kommen. Es ist kein Wunder, daß mir dieses nahe gegangen ist. Das Leben in allen Wissenschaften ist ein beständiges Verlangen mehr zu wissen.

Antwort,

im Namen der Königl. Akad. der Wissenschaften
ertheilet

von ihrem Präsidenten

Herrn Johann Friedrich Krüger.

Mein Herr!

Daß der Nutzen oder Schaden der Reisen ausser Landes vornehmlich auf den Neigungen und Eigenschaften der Reisenden beruhe; gehört wohl zu den ausgemachten Wahrheiten. Zu reisen, um in fremden Ländern Verstand zu kaufen, ist die betrüglichste unter allen Arten des Handels, wenn es an einem ordentlich denkenden Kopfe, und einem mit der reinsten Liebe des Vaterlandes angefüllten Herzen fehlet. Wenn das Gehirn eines solchen Reisenden nur so leer zurück kömmt, als es bey der Abreise gewesen ist, so wäre der Verlust nur einfach, und schränkte sich auf den Verlust, den das Reich an seinem allgemeinen Capitale erleidet, ein. Wenn es aber mit ausländischen Thorheiten angefüllt ist, so ist der Schade doppelt: Denn das Geld ist verlohren, und die einheimischen Tugenden werden durch fremde Laster verderbt. Hieraus entsteht eine Krankheit, welche mit der Zeit desto unheilbarer wird, da sie die wenigsten kennen, sondern eher für einen Beweis einer guten Gesundheit ansehen.

Ein Volk, welches Wissenschaften, Künste und Professionen nicht ehret, kann von seinen Reisenden nichts anders erwarten: Denn wie können diese sich in fremden Ländern um das bekümmern, welches man in ihrer Heimath verachtet; oder sich mit Mühe solche Kenntnisse erwerben, die sie nach ihrer Rückkehr nicht gebrauchen können? Hierinn liegt die Hauptursache des geringen Nutzens, welchen Schweden in den vorigen Zeiten von seinen Reisenden gehabt hat. Seitdem aber die Wissenschaften hier bey hohen und niedrigen in gehöriger Achtung stehen; haben wir uns solcher Reisenden zu rühmen, deren Absicht gewesen ist, zur Ehre und Nutzen des Reichs ihre bereits erworbenen Kenntnisse mit neuen Erfahrungen und nützlichen Einsichten zu bereichern. Je mehr ihnen die Ausländer gewisse Einrichtungen verheelen wollten, desto mehr ward dadurch ihre rühmliche Wißbegierde angeflammt. Und so wie es schwer ist, einem scharfsichtigen und klugen Auge etwas zu verbergen; so hat es sich bisher auch nur selten ereignet, daß Kenner der Wissenschaften, deren Verbesserung das Ziel ihrer Reisen gewesen, ohne den Endzweck erreicht zu haben, zurück gekommen sind. Ja ich wage es zu behaupten, daß so viel ehedem die vergeblichen Reisen unserer flüchtigen Jünglinge zu unserm beklagenswürdigen Untergewicht im Handel, in Ansehung des Geldverkehrs mit fremden Reichen beygetragen; so ein groß Uebergewicht haben einige Wissenschaften bey uns, in Vergleichung mit andern klugen Völkern, durch die Aufmerksamkeit einiger reisenden Schweden in den entferntesten Ländern, erhalten. Die Entdeckungen in der Naturgeschichte, und die raren Sammlungen fremder Gewächse und thierischer Körper, welche ein Kalm im nordlichen America; ein Hasselqvist in Palästina und Aegypten, und ein Löfling in Spanien und den dieser Krone zugehörigen Ländern in Westindien gemacht haben; sind von der Beschaffenheit,

daß

daß man sie in ausländischen Reisebeschreibungen vergeblich sucht. Es ist derowegen nicht genug zu bedauern, daß die beyden letztgenannten Männer ihre Wallfahrt in der Welt eben auf den zum Dienste der Wissenschaften angestellten Wallfahrten so unvermuthet haben beschliessen müssen: ein Unglück, dessen man sich nicht ohne Schmerz erinnern kann, weil dasselbe einen fast unersetzlichen Verlust, nicht nur für Schweden, sondern für die ganze gelehrte Welt zuwege gebracht hat.

Mein Herr! Wenn die Königl. Akademie nicht lieber das Lob ihrer Freunde auf eine Gelegenheit zu versparen gewohnt wäre, von welcher sie allemal wünscht, daß sie so weit als möglich hinaus gesetzet bleiben möge; so hätte ich hier Anlaß genug, meine Rede auf Ihre durch Reisen ausser Landes erworbenen Verdienste zu lenken: aber Ihre eignen Schriften erklären meine Gedanken hinlänglich. Erlauben Sie mir indeß zu sagen, daß unser Publicum Ihre zur Erweiterung der Wissenschaften, unter so vielen Beschwerden, gethanen muntern Schritte, mit Dank erkennet, und Sie unter die kleine Zahl der Reisenden rechnet, welche der Nachwelt in einem Lande, dessen natürliche Geschichte bisher dem größten Theile nach unbekannt gewesen ist, einen vorher unbetretenen Weg gebahnet haben. Daß ich meine Rede mit keiner Schmeicheley ziere, können Ihr vortrefliches Tagebuch, Ihre seltenen Abhandlungen, mit welchen Sie mehrmalen die Schriften der Königl. Akademie bereichert, und Ihre jetzo gehaltene Rede unverwerflich bezeugen. Sie, mein Herr, haben sich also schon lange die Freundschaft der Akademie erworben: Da sie aber
wün-

wünschet Ihr Vertrauen noch näher zu erhalten, und Ihre reifen Einsichten, mit welchen Sie ansehnlich bereichert zu unsern Gestaden zurück gekommen sind, zu nutzen; so hat sie hiezu kein besseres Mittel finden können, als Ihnen einen Platz unter ihren Mitgliedern einzuräumen, unter welchen ich Sie willkommen heisse.

Eine
Ostindische Reise
nach
Suratte, China ꝛc.
von 1750. den 1 April bis 1752. den 26 Jun.

verrichtet von

Olof Toreen
Schiffsprediger der ostindischen Compagnie.

In Briefen
an
den Herrn Archiater von Linné.

Der Verfasser, welchen die Natur mit einem muntern Verstande begabet hatte, fassete den Entschluß, als Schiffsprediger von Gothenburg aus eine fremde Welt zu besehen; und damit er mit offnen Augen möchte bemerken können, was in so entlegenen Gegenden vorkommen kann, reisete er, um sich in der Naturkunde, zu welcher ihn eine besondere Neigung trieb, einige Erkenntniß zu verschaffen, nach Upsala. Hierauf ward er von der ostindischen Compagnie in Gothenburg zum Schiffsprediger angenommen, ging zu Schiffe nach Ostindien, und kam auch, wiewohl mit einer etwas beschädigten Gesundheit, wieder zurücke. Er sammlete auf seiner Reise eine Menge seltener Pflanzen, mit welchen er seinem ehemaligen Wegweiser in der Naturkunde ein Geschenk machte, der auch die bekannte Pflanze *Torenia* nach ihrem Erfinder genannt hat. Nach seiner Zurückkunft übersandte er in Briefen vom 20 Novembr. 1752 bis zum 3 May 1753 diese kurze aber artige Nachricht von seiner Reise; nicht lange hernach aber, nemlich den 17 August 1753, beschloß er bey Näsinge sein mühseliges Leben durch einen seligen Tod.

Ee   Erster

Erster Brief.

**Hochwohlgebohrner Herr Archiater,
Sehr fürnehmer Gönner.**

Ew. Hochwohlgebohrnen belieben gütigst zu entschuldigen, daß mir Deroselben Befehl, von meiner ostindischen Reise etwas zu berichten, beynahe gar aus dem Gedächtnisse gekommen wäre. Meine und der Meinigen Angelegenheiten und meine schlechte Gesundheit sind die Ursachen hievon. Könnte das, was ich mich in der Eile erinnern kann, dazu dienen, Ihnen, nach vieler Arbeit, einige einsame Stunden angenehmer zu machen, so würde ich mehr als überflüßige Ursache haben, mich ungemein zu erfreuen.

Den 1 April 1750 gingen wir mit dem Schiffe, der Gothische Löwe, zur See, nachdem der Westwind bey Gothenburg fünf Monate angehalten, und uns bald glaubend gemacht hätte, daß man in dem Kattegat einen Paſſatwind habe. Der Wind ließ uns April laufen, denn außen vor Skagen mußten wir umkehren und wiederum bey Riswestol ankern. Den 8 April hatten wir besser Glück. Ein besserer Wind als der vorige, half uns aus diesem Winkel, und wir setzten unsre Reise in Gesellschaft mehrerer Schiffe fort. Wir trafen nichts ungewöhnliches an, als ein dänisches Schif, der Kronprinz genannt. Er war nach China bestimmt, und bereits 1749 den 4 December von Coppenhagen unter Segel gegangen, hatte also auf einer kurzen Reise eine lange Zeit zugebracht.

Die hohen Wellen der Nordsee und die flämischen Küsten hinderten uns, vor dem 19 April nach Dynkirchen

Kirchen zu gelangen. Ich kam nicht mit ans Land, denn es waren wenige, welche Freyheit dazu hatten. Die Lage des Ortes aber gab mir Gelegenheit nachzudenken, aus was für Ursachen sich England der Befestigung Dynkerkens so sehr widersetzet. Die Stadt liegt an einer offenen Rhede; der Einlauf ist beschwerlich, und der Loots verlangte für seine Bemühung 600 franz. livres. Aber außerdem, daß in Kriegeszeiten die Armateurs von hieraus vielen Schaden thun können, so liegt er den englischen Schleichhändlern sehr bequem, welche die französischen Liqueurs und Nippen nach England, woselbst eine sehr hohe Taxe darauf steht, hinüber schaffen. Zu geschweige, daß die österreichischen Niederlande von diesem Orte als einem Freyhafen, mit Nothdurft und Ueberfluß, zum geringen Vortheil gewisser Nachbaren, versehen werden können.

Von hier segelten wir den 22 April mit so gutem Winde, daß wir den 4 May an der Südseite von Madera bey Funchal vor Anker gehen konnten. Das Schiff kam so zu liegen, daß das Land die schönste Aussicht gab, die ich je gesehen habe. Es erhebt sich in einem ziemlich großen Bogen, wie eine Schaubühne; unten ist es mit Aeckern, Baum- und Weingärten gezieret, denen die Natur sowohl gegen die auf- als untergehende Sonne eine sehr vortheilhafte Lage verschafft hat. Oben sind jähe, mit Laubbäumen bekleidete Hügel. Hier und da liegen Landgüther, welche die Aussicht noch prächtiger machen, unten aber, als in dem Mittelpunkt, befindet sich die Stadt Funchal.

Wenn man ans Land fähret, so hat man zur Rechten eine Wasserbatterie, und zur Linken ein Castell. Wer hier anlandet, muß sich eben sowohl, wie in Portugall, für dem Tobakshandel hüten; eine

eine einzige Rolle Tobak kann beydes Schiff und Leute in Gefahr bringen. Das beste ist, daß die Zollbedienten doch noch Gründe annehmen, wenn sie wichtig sind.

Die Stadt hat eine Mauer, innerhalb derselben ein Castel, und außer diesen ein commandirendes auf einer Höhe; alle aber sind ohne Wallgang, blos mit einem hohen Bankette und sehr kurzen Flanken, welches mehrentheils geschicht, wenn sie senkrecht auf der Courtine stehen sollen. Die Häuser sind ziemlich gut, und zwar drey Stockwerk hoch gebauet, das unterste aber nur selten bewohnt. In Privathäusern sahe ich keine Glasfenster, sondern statt derselben eiserne Gitter.

Die vielen Processionen hinderten mich, mich so viel umzusehen, als ich es wünschte. Einmal besahe ich das Franciscanerkloster. Es ist nicht sehr symmetrisch gebauet, aber bequem eingerichtet, schön, angenehm, und zeigt daß es gute Einkünfte hat. Die guten Väter hatten sich der Welt entzogen, wie die Maus im Käse, sie mußten aber ihre guten Tage theuer bezahlen, denn ich sahe keinen, der auch nur das geringste zu thun hatte. Daß in einem so guten Lande, unter portugiesischer Herrschaft, auch Nonnenklöster und Jesuitercollegia seyn müssen, ist leicht zu erachten.

Mein Wirth, Herr Timothy Dowling, versicherte, daß er der schwedischen Akademie der Wissenschaften mit dem, was man von Madera oder Brasilien erhalten könnte, gerne dienen würde, und da er selbst curiös war, so möchte es der Mühe werth seyn, ihn an sein Versprechen zu erinnern. Er hatte einige Versteinerungen gefunden, und ein Gewächs, von welchem er behauptete, daß es der Laurus sey, welcher die alten Römer krönte. Die besondern

Pflan-

Pflanzen, welche ich auf einem kurzen Spatziergange sahe, waren: ein *Cactus* auf einer jähen Anhöhe; wenn dieser zu reifen anfängt, so ist es wohl am dienlichsten, mit einem guten Vergrößerungsglase an demselben zu beobachten, ob der Fruchtstaub den ganzen Staubweg herunter geht oder nicht.

Musa paradisiaca, welche unsere schwedischen Seefahrer nebst den Malayern und Holländern Pisang, die Engländer Plantains, und die Portugiesen Bananas nennen, trug hier größere Früchte, als ich anderwärts gesehen habe. Wer aber in der Pisangfrucht ein Crucifix sehen kann, muß eine lebhafte Einbildungskraft haben.

Passiflora stand außer den Zäunen.

Castanienbäume waren wegen ihres hohen Alters und starken Laubes erhalten.

Die Weinreben gaben auf der Insul, die doch nicht über 10 schwedische Meilen im Umfange hat, wie man sagte, zwischen 30 und 50000 Pipen Wein.

Es wäre zu kühn, von zwoen Städten auf zwey Völker zu schließen; seitdem ich aber in Cadiz und Funchal gewesen, schien mir der Unterschied größer, als ihn die Religion, der Himmelsstrich, die Nachbarschaft und Sprache herfür bringen können. Ein Sennor in Cadiz ist braun gebrannt, wenn er in keinem Kloster inmatriculiret ist, trägt eine bis auf die Füße hängende Kappe, eine Mütze von Leinewand, und einen Hut darüber, alles ist gravitätisch. In Funchal hingegen hatten sie eine gute Haut, völlige Gesichter und waren im Umgange ziemlich ungezwungen. Ihr Anzug war französisch, ausgenommen die unzählbaren langen schwarzen Kappen und Ueberröcke, welche über ein Viertheil dessen, was man sehen kann, ausmachen.

Das portugiesische Frauenzimmer ist war auf den Gassen eine Seltenheit. So viel man sie aber beschauen konnte, wenn sie um zu sehen und gesehen zu werden, ihre Gitter aufhoben, so schienen sie eine feine, blonde Haut und muntre Augen zu haben. Ich zweifle, daß ich in Cadiz fünfe gesehen habe; diese waren schmal und brunett. Ich bemerkte, daß die Jungfrau Maria auf ihren Abbildungen eben dergleichen Minen, Haut und Bildung hatte, und urtheilte daraus, daß dieses der Geschmack der Nation in der Schönheit sey.

Nachdem wir uns mit nassen und trocknen Lebensmitteln versehen hatten, giengen wir den 11 May in See und nutzten das gute, gleichförmige Wetter und Wind zwischen Afrika und Amerika, welches die Farth nach Ostindien ungemein und vorzüglich für den Reisen nach Hudsonsbay und Nordkap befördert, weil der Wind auf denselben unbeständig und das Fahrwasser unbekannt ist.

Unter Brasilien mußten wir uns nach Osten wenden. Wir hatten hier einige Tage eine See, die einen ungewohnten erschreckt haben würde. Wenn ich sagte, daß wir in dem einen Augenblick die magellanischen Wolken mit unserem Topsegel vom Himmel zu reißen, und im andern mit dem Schiefskiel die Neptune, Tritonen rc. zu erdrücken fürchteten, so schweifte ich nicht mehr aus, als viele Dichter. Wer zur See gefahren ist, oder weiß, wie die Schiffer den Wind zu messen pflegen, wird bald begreifen wie er gewehet haben müsse, wenn ich sage, daß wir 8 Knoten mit dem Fock= und eingereften Marssegel liefen, ohnerachtet das Schiff volle Ladung hatte, und nicht am geschwindesten segelte.

Captauben nennet man eine Gattung Seevögel, die man auf dieser Höhe in Menge sieht. Vermuthlich

lich haben sie ihren Namen von ihrem Zirkulfluge und der ohngefehren Aehnlichkeit mit Tauben, in Absicht der Größe und der Flügel. Ich konnte sie nicht genauer untersuchen, als daß ich sie für *Procellaria capensis* hielt. Von Farbe aber sind sie wie ein Damast, schwarz und weiß bunt, weswegen sie einige Engländer aus dem spanischen Pintado Birds nennen. Wenn der Wind stark wehete, sahe man auch den kleineren dunkelbraunen Sturmwettervogel, der auf Portugiesisch Malefit und auf Englisch Petrel oder Fowl-weathers-Bird heißt, er schien mir aber größer zu seyn, als der, den ich 1748 in der Nordsee sahe (*Procellaria aequinoctialis*).

Unter dem Vorgebürge der guten Hofnung spülten die Wellen ungemein sehr über das Schiff, welches hier nichts ungewöhnliches ist. Einmal warfen sie etwas im finstern leuchtendes auf das Verdeck. Ich sprang zu, und erwischte dieses kleine Wunderzeichen, als ich es aber beym Lichte besahe, war es blos eine kleine Krabbe.

Zweeter Brief.

Zwischen Afrika und Madagaskar fanden wir unter andern im Wasser ein Thierchen, welches in seinem Elemente, so lange es lebte, einem Wurme glich, wenn man es aber heraus nahm und auf einen Teller mit Wasser legte, giengen alle Glieder aus einander, und jedes bewegte sich vor sich selbst. Es ward auch ein kleiner Byde-wind Segler (*Holothuria velificans*) gefunden. Ueberdis erhielten wir ein ungewöhnliches Seethier, von schleimiger Substanz, das schwer zu beschreiben ist, von welchem aber Herr Braad bereits eine Abzeichnung eingesandt haben wird.

Wir hatten mit Sehnsucht an Land zu kommen bereits Madagaskar, Massotta, Mobilla und das hohe Comaro gesehen, als wir den 16 August die nordliche Bay von Johanna erreichten.

Dieses Land scheint eins der angenehmsten auf dem Erdboden zu seyn, und dieser Meinung bin nicht blos ich, sondern es behaupten sie andere weit bereistere Männer. Die Insul ist zwar uneben und bergig, aber dis vermehret nur ihre Schönheit, massen beydes Hügel und jähe Berge grün bekleidet sind. Cocos, Musa, Ananas, Granatäpfel, Papayen und andere Früchte sind hier im Ueberflusse. Die Ochsen mit Buckeln auf dem Vordertheile des Rückens, Ziegen mit hangenden Ohren, gemeine und guineische Hüner, sind hier für ziemlich billige Preise zu erhalten. Die Einwohner sind Mahometaner und stammen von den Arabern aus Afrika, aber sie sind sehr höflich, und mehr als man glauben sollte, aufrichtig. Da manche von unsern Leuten Englisch sprachen, empfiengen sie uns mit ihren gewöhnlichen Compliment: Englishman come, alla one brother come. Von Farbe sind sie sehr verschieden. Der Scheriff in dem Flecken, bey welchem wir angeleget hatten, war beynahe ganz schwarz, sein Brudersohn aber nur als ob er blos von der Sonne verbrannt sey, und eben eine solche Verschiedenheit findet man bey den übrigen. Ihre Haare krümmen sich, wie bey den Negern, wie Wolle, und wollen durch Abschneiden kaum gerade werden. Mit der Kleidung war es schlecht bestellt; selten sahe man einen Turban, und viele vermochten kaum das zu bedecken, was bedeckt werden sollte.

Es ward hieselbst ein Thier (*Lemur* Catta) angetroffen, dessen Farbe röthlich, der Rücken aber grau=

graubraun war, um die Ohren sahe es einem Fuchse ähnlich; der Schwanz war grau und schwarz geringelt, die Schnautze spitz, und der Schwanz um ein drittel länger als der Leib, den es sträubend in die Luft erhebt, wie ein Eichhorn, der aber nicht so langhaarig ist. Daß ich dieses Thier so unvollkommen beschreibe, geschieht darum, weil ich fürchte, es möchte jemand dasselbe aus Irrthum für eine Affenart halten, wozu einen die Füße verführen könnten, denn es hat fünf platte, abgerundete Nägel, der Daumen an den Hinterfüßen aber ist sehr groß, und der Zeigefinger hat einen zugespitzten Nagel *). So viel ich sahe, waren die Zähne nicht wie bey dem Affen, denn ich bemerkte keine Augenzähne, und wenn in der oberen Kinbacke mehr als ein gesägter Vorderzahn war, so waren es wenigstens 5 kleine. So weit kam ich mit Betrachtung desselben, bis es mich biß, und als es todt über Bord geworfen ward, war ich nicht zugegen. Es glich den Affen in der Neugierde und Emsigkeit, es war aber mehr scheu, nicht so gelehrig und nicht so unzeitig dienstfertig. Man findet es auf Madagaskar und Mauritius; ich hätte auf dieser Reise Gelegenheit gehabt, mehrere genauer zu untersuchen, man erhält sie aber nicht umsonst.

Die scheußlichsten und beschwerlichsten Thiere sind die Eidexen, welche man hier, welches ich ohne Uebertreibung versichern kann, unzählig und mehr als auf Madera antrift. Auf einem Cocosbaum von zwanzig

---

*) Daß der zweyte Zeh des Hinterfußes eine Vogelklaue haben soll, hat man wohl nicht an dem Lemur Catta bemerkt. Vielleicht ist dieses eine besondere Gattung? v. L.

20 Ellen hoch, kann man ganz sicher 60 Eidexen rechnen. An manchen Orten kann man keinen Schritt gehen, ohne ganze Haufen derselben aufzujagen, die sich unter dem abgefallenen Laube aufhalten.

Die Boote sind hier mehrentheils aus einem Stamme ausgehöhlt, und am Boden rund, damit sie aber nicht umschlagen, so sind an jeder Seite zween Ausleger, welche mittelst eines daran befestigten und an den Enden spitzigen Bretes das Umfallen hindern. Sie werden nicht gerudert, sondern man bringet sie mit denen Schiffern zu reden, durch Wackeln fort. Währender Arbeit steht der Rieme (Pagaye, Paddle,) gerade herunter.

Den 20 August waren wir mit dem erforderlichen Wasser und nöthigen Fleische versehen, daher wir von hier abgingen und unsere Reise ohne Hinderniß fortsetzten, außer, daß uns einige portugiesische Fahrzeuge ins Gewehr brachten.

Den 16 Septembr. warfen wir auf der Reede von Suratte Anker, ohngefehr eine schwedische Meile vom Lande, weil uns die Sandbänke nicht näher kommen ließen.

An diesen Orten einen neuen Zweig der Handlung zu pfropfen, erfordert Zeit und Vorsichtigkeit; daher es ziemlich lange währete, ehe alles zur Richtigkeit kommen konnte. Hieran waren doch die Mahometaner weniger als die Christen schuld. Vielleicht konnte das schwedische Eisen, welches bereits auf des Nachbars Hofe lag, das neuangekommene nicht leiden, weil es auf schwedischem Kiele geführt ward. Die alte Beschuldigung, daß wir Seeräuber wären, konnte bey dem Nabab keinen Eindruck machen, denn sie war schon zu abgedroschen. Die Araber hatten sich derselben gegen die Portugiesen,

sen, diese gegen die Holländer, und die Holländer, wie man sagte, gegen die Engländer bedient. Nach manchen unnöthigen Bemühungen respectirten endlich Gentlemen und Myne Heeren Sr. Majestät Paß, wenigstens ließen sie uns öffentlich zufrieden.

Die See wirft hier bey der Ebbe und Fluth starke Wellen, und ist voller Seewürmer, welche sich nicht nur über Wasser halten, sondern auch das Holz am Anker in der Tiefe auffressen; wenn also ihr Bohrer nicht zu schwach wäre, durch das Pappier, Pech und Haar zu dringen, welches zwischen der Bekleidung befindlich ist, so würden die Schiffe bald untergehen müssen.

Das nächste Land ist überall sehr niedrig und besteht aus abwechselnden Flächen und Laubwäldern. Auf den Aeckern war um diese Zeit meistens Hirse gesäet. Die Cocusbäume sind hier beynahe heilig; man zapft ihnen den Saft ab, daher sie keine Nüsse bekommen.

Benjanbaum wird der sonderbare *Ficus* indica genannt, welcher von seinen Aesten neue Wurzeln nach der Erde treibt. Er scheint diesen Namen erhalten zu haben, weil ihn die Heiden für heilig halten. Vielleicht würde dieser Baum ohne diese Vorsorge gar ausgerottet. Ich betrachtete ihn ziemlich genau, fand aber nicht die geringsten Ueberbleibsel weder von Frucht, noch Blume oder Wurzelsprossen. Er scheint nur langsam zu wachsen; der hohe, breite Baum, welcher zu einer Kennung auf der Reede dient, muß sehr alt seyn. Wie wir hier waren, war es sehr abentheuerlich, botanische Spaziergänge zu unternehmen, denn man hatte vor den Thoren von Suratte von den Maratten und andern Völkern Feindseligkeiten zu befahren. Das, was ich

ich daselbst und an andern Orten sammlen konnte, wie der Hund aus dem Nil, wird zweifelsohne bereits in des Herrn Archiaters Händen seyn.

Die prächtigen en Dome (welche Bauart die Mahometaner lieben) auf dem Lande gebaueten Grabmäler schienen uns nicht so bewundernswürdig, wenn wir bedachten, daß der Stolz über das Leben hinaus reicht. Einige überaus tiefe Brunnen, welche mit ganz ungemeinen Kosten und vieler Arbeit gegraben und gut ausgemauert waren, verdienten eher den Namen von denen zu führen, die sie an einem trocknen und von Wasser entblößten Orte angelegt hatten. Das Wasser ward aus demselben mit Seil und Rad durch ein paar Ochsen gezogen, in lederne Schläuche gefüllt, auf Büffelochsen zur Stadt gebracht, und daselbst verkauft.

Der Boden ist ziemlich mager. Die Dammerde macht eine sehr flache Schicht aus, unter derselben liegt ein guter Töpferthon, welcher den Einwohner gut zustatten kömmt, weil sie, wie die übrigen asiatischen Völker, sich mehrentheils irdener Gefäße bedienen.

Wenn man von dem Ankerplatze ohngefehr 3 schwedische Meilen segelt oder rudert, kömmt man auf dem Flusse Tapti oder Tapta an die Stadt Suratte. Das, was von derselben zuerst in die Augen fällt, ist ein ansehnlicher Bau, der das Castel heißt. Es hat ehedem 4 Rundeele gehabt, wovon aber eines eingestürzet ist, und die schlechte Mauer, welche an desselben Stelle aufgeführet worden, scheinet ihm bald nachfolgen zu wollen. Es hat in verschiedenen Absätzen Kanonen genug, sie sind aber ausgeschossen, und so schlecht rangiret, daß

daß oft eine 18 pfündige und eine 6 pfündige neben einander stehen.

Dis Castel ist der Mittelpunkt einer niedrigen, beynahe einen halben Zirkul ausmachenden Mauer, mit eckigen Rundeelen und einem trocknen Graben, welche die Stadt einschließen und wiederum von den Vorstädten umgeben werden, die eben dergleichen Befestigung haben, und worinn über hundert tausend Menschen anzutreffen seyn sollen.

Die Visitation am Thore schien uns das erstemal etwas strenge zu seyn, weil der Thorschreiber auch wissen wollte, wie viel Geld man in der Hosentasche habe; dem Bericht nach werden gewisse Procente für den Import derselben genommen. Unseres Theils entgiengen wir dieser Abgabe, indessen konnte ich mich über eine so verkehrte Politik nicht genug verwundern, bis ich mich besann, daß die Gouvernementer der Plätze auf gewisse Zeit vergeben werden. Nachher vernahm ich, daß der Nabab oder der Gouverneur nicht recht fest im Sattel säße. Es ist auch nicht ungewöhnlich, einen gegenwärtigen Vortheil einem künftigen, ob gleich größeren und sicherern, vorzuziehen.

Dritter Brief.

Die Gassen in Suratte sind irregulär, und viele schöne Gebäude durch das Feuer verwüstet, welchem zu widerstehen nach der Lehre der Muhammedaner vergeblich ist, wenn das Schicksal den Untergang des Hauses haben will. Das Pflastern der Straßen ist hier ebenfalls nicht gebräuchlich, und ohnerachtet die Hausbesitzer und Miethsleute täglich

täglich für ihren Thüren sprengen, so ist doch der Staub oft beschwerlich. Wenn man auch die Gassen pflastern wollte, würde dis doch eine vergebliche Arbeit seyn, da der Regen, der oft ein halbes Jahr anhält, alles losreißen und die ganze Arbeit wegspühlen würde.

Die Häuser sind von Ziegeln und Fachwerk ziemlich gut gebauet, aber ohne Diagonalband; innwendig sind sie mit einem weißen feinen Cäment überstrichen, wovon die Wände so glatt sind, als ob sie mit Bimsstein abgerieben wären. Man sagte, daß der Cäment aus zerstoßenen Eyerschalen und Zuckerhefen gemacht werde. Der Herr Capitain Schiermann erzehlte, daß er und die übrigen Gefangenen bey dem Seeräuber Angria Kalk mit Zuckerhefen hätten stoßen müssen, welches vermuthlich zu diesem Gebrauch geschehen ist. In den untersten Stockwerken haben sie keine Fenster, und in den oberen sehr wenige. Meines Erachtens kömmt dieses mehr aus Argwohn, als aus gegründeter Furcht für Dieben, denn wenn einer fünf Bouteillen Rosenwasser stiehlt, so wird er mit Abhauung beyder Hände gnädig bestraft; wodurch einem allem Ansehen nach die Lust zu diesem Laster verekelt werden dürfte.

Ich hatte wenig Gelegenheit die Einrichtung ihrer Häuser weiter als in dem schwedischen Quartiere zu sehen. Dieses Haus war völlig viereckig gebauet, und hatte anstatt des Hofraums einen Blumenplatz, auf welchem unter andern eine prächtige Malve (*Hibiscus surattensis*) jetzo zu Ende des Januars prangete. Rundherum waren steinerne Gänge von zwo Stuffen hoch, und an den vier Seiten eben so viele Säle, nach dem Hofe zu offen, mit Nischen

Nischen an den drey Wänden vom Dache an bis auf drey Fuß vom Boden. In den Ecken sind Schlafkammern oder die Küche. Diejenigen, welche im untersten Stockwerke wohnen, haben zu ihrer Erquickung bey der Hitze in den Wänden Zuglöcher, welche von außen über der Erde hinein gehen, und an den Fußböden der Zimmer den Ausgang haben. Obenauf ist eine mit Steinen eben belegte Terrasse, von welcher man eine gute Aussicht haben, auch, wenn man will, noch höher darauf bauen kann. Cisternen, und wenn es thunlich ist, Wasserkünste, sind das Vergnügen des Volkes, theils wegen der Pracht, theils wegen der Nothwendigkeit zu ihren Abwaschungen. Die Treppen sind schmal, und die Stuffen hoch; übrigens ist das Fundament unglaublich kostbar. Wir hatten in dem Quartiere zween 12 Ellen tiefe Brunnen, welche aber beynahe unbrauchbares Wasser hatten. In dem schwedischen Latti oder Magazine war unter dem Hause ein überwölbter Teich.

Ihre Baukunst ist zwar weder von den Griechen, noch Italiänern entlehnet, gleichwohl ist in ihren Säulen ein Geschmack und eine nicht unangenehme Proportion. Einige Verzierungen des Capitals und Säulenstuhls scheinen zwar nicht gehörig angebracht, doch sind sie nicht ungereimter, als wenn man den Leuten einbilden will, daß ein ganzes Gebäude von Blättern oder Federn getragen werde. An dem Grabmale des Freyherrn Rheede von Drakenstein *), hatten die indianischen Baumeister gezeigt, daß man einem Gebäude eine gewisse Majestät er-
theis

---

*) Dieser ist der Verfasser des berühmten Werkes: *Hortus Malabaricus* in Fol. 12 Theile.

theilen könne, ohne sich weder an die toscanische noch corinthische Ordnung zu binden. Die hier gestorbenen Engländer haben Begräbnisse, deren sich kein Fürst schämen dürfte.

Die Einwohner machen drey Hauptarten aus, von welchem die malabarischen Heiden, welche von den Reisenden Gentiven, Gentuen oder Gentils genannt werden, die ersten sind. Diese sind die ältesten Landeseinwohner, und theilen sich bekanntermaßen in gewisse Hauptgeschlechte, von welchen ein jedes sein gewißes Gewerbe hat. Die Braminen und Benjanen beobachten heilig das Gesetz, nichts zu tödten, was Leben und Empfindung hat. Ich habe sie für das unsauberste Geschmeis die beweglichsten Vorbitten einlegen sehen. Das Soldatengeschlecht ist nicht so zärtlich, besonders gegen Menschen.

Obgleich die Gentiven nichts als Milch, Butter und Gewächse essen, so sind sie doch sehr gut bey Leibe. Ich habe Braminen und Benjanen mit ansehnlichen Bäuchen gesehen. Sie sind von einer ordentlichen Größe, gerader und ungezwungener Stellung und Gange, regelmäßigen Gesichtsbildung, angenehmen Ansehen, aber von schwarzbrauner Farbe.

Ihr Weibsvolk ist meistentheils klein, untersetzt und braun; man sagt, daß es früh heyrathen könne, aber auch bald alt würde. Ihre Kleidertracht ist etwas sonderbar: ausser dem daß die Ohren rundum voller Ringe sitzen, haben sie an dem linken Nasenloche einen Ring mit einem Rubin oder Granat, und 2 Perlen; eine grosse Anzahl Ringe sitzen auf den Aermen beydes über und unter dem Ellenbogen; um die Füsse haben sie grosse silberne Fesseln, und beynahe auf jedem Zeh einen Ring
von

Suratte 1750.

von eben diesem Metalle. Ihr Halb=Camisol bedeckt nicht mehr als die Brust; zur Verbergung des Untertheils binden sie ein Stück Zeug, das mehrentheils roth gestreift ist, um die Mitte, ziehen die Enden zwischen den Beinen durch, und befestigen sie forne. Auf dem Kopfe haben sie ein Tuch von eben dem Zeuge, welches über den linken und unter den rechten Arm geht und am Gürtel befestigt wird. Alles übrige ist bloß. Sie gehen so gerade, daß ihnen ein Tanzmeister kaum einen bessern Anstand geben könnte. Vermuthlich kömmt diß daher, daß sie das Wasser, welches sie täglich aus dem Strome holen, auf dem Kopfe tragen. Eine gentivische Weibsperson kann 3 Krüge über einander, ohne sie mit den Händen zu halten, tragen, damit auf und nieder gehen, sich umkehren, stehen und plaudern u. d. g. Ob die Vornehmeren und Bemittelten verbunden sind, das Wasser selbst zu holen, weiß ich zwar nicht gewiß, wohl aber habe ich einige mit ihren Krügen kommen sehen, für deren Ringe mehr als ein Bauerhof hätte gekauft werden können. Sie haben übrigens das Unglück, daß viele die Unüberwindlichkeit ihrer Tugend in Zweifel ziehen, wie denn auch alle Tänzerinnen des Mogulschen Reiches aus diesem Volke genommen sind.

Ihre Pagoden und feyerlichen Ceremonien bekam ich nicht zu sehen, sondern nur ihr Morgengebet im Strome. Bey demselben musten sie sich vorher waschen, den Mund ausspühlen, und denn mit gegen die Sonne gekehrtem Gesicht das Gebet hersagen. Der Rosenkranz, welcher bey einigen Heyden, den Mahometanern und Catholiken so sehr gebräuchlich ist, (daher auch die Jungfrau Maria, um Gegenrechnung halten zu können, in Cadiz mehrentheils mit einem Rosenkranze gemahlt wird) war, so viel ich weiß, bey den Gentiven nicht in Gebrauch. Es ist aber besonders, daß der Aberglaube doch irgendwo angetroffen wird, so bald man zum Grundsatze angenommen, daß wenn man dem höchsten Wesen eine gewisse Anzahl Gebete, gleichsam nach dem Kerbholze, hergerechnet hat, alles geschehen sey, was dasselbe fordern könne. Die Gentiven zählen ihre Gebete an den Fingern her, fangen von dem äussersten Gliede des kleinen Fingers an und zählen so weiter herunter; wenn sie alle Finger nach der Reihe durchgegangen sind, legen sie beyde flache Hände zusammen, neigen sich gegen die Sonne, worauf sie aufstehen und sich von einem Bramin am Strande zeichnen lassen.

Die Braminen selbst haben einige Querstriche von Asche über der Stirne, mit welcher sie sich wohl auch den ganzen Körper bestreichen. Die Benianen haben mehrentheils recht über der Nase einen rothen Fleck von der Grösse eines kleinen Dreyers, von welchem zween gelbe Streifen herunter laufen, ein gelber Flecken aber ist auf jedem Ohrlappen zu sehen.

Wenn sie ihre Leichen wegbringen, laufen sie mit denselben in vollem Sprunge und rufen Bei ram Ramboln, welches, wie mir erzählt ward, so viel heißt, als: Meine Brüder! rufet den Ram an. Ausserhalb der Stadt wird die Leiche am Strome verbrannt, aber die Wittwe hat nicht nöthig, ihrem Manne ins Feuer zu folgen. Wenn man ihre gesunden Speisen in Betracht ziehet, und dennoch so viele Leichen verbrennen sieht, so muß man daraus schliessen, daß in Suratte viele tausend Gentiven wohnen.

Sie haben auch Santons oder lebendige Heilige, welche sich von dem grossen Haufen unterscheiden,

den, und durch ein lächerliches Betragen bey dem Ram und dessen Brüdern verdient machen wollen. Dergleichen Leute, wie sie Bernier beschrieben und ganz nackend in allerley gezwungenen Stellungen abgebildet hat, habe ich zwar nicht gesehen; oft aber trift man welche an, die mehr als halb nackend einher gehen, und ihre langen Haare als einen Turban um den Kopf winden, welches hier zu Lande sehr beschwerlich seyn muß. Einsmals sahe ich einen Novizen dieses Ordens auf eine seltsame Weise betteln. Er stellte sich vor eine Bude, wo er nichts weiter that, als daß er auf die Erde stampfte, und nachdem er mit größter Gedult einen Fuß um den andern aufgehoben und nieder gesetzt hatte, verzehrte er die erhaltenen Gaben in der Stille. Es ist besonders, daß die Haare dieser Leute blaß werden und eine Strohfarbe erhalten; ich glaube aber, daß sie diese Farbe durch Kunst hervor bringen, denn diejenigen mahometanischen Santons, welche ihre Haare behalten, behalten auch daran die schwarze Farbe, und haben den Vortheil dabey, daß sie wie Teufel von der ersten Classe aussehen, denn die Haare stehen wie ein Wachholderstrauch um den Kopf herum empor. Man sagt, daß die Braminen viele Geheimnisse besitzen, besonders nimmt man hier für beynahe ausgemacht an, daß der berühmte Pedra de Cobra eine Composition sey, welche sie einzig und allein hätten; es kann wohl seyn, daß der Gaspar Antonio oder Pedra de Goa, und verschiedene Schweinbezoar oder Pedra de Porco aus eben derselben Werkstatt kommen. Man muß sich auf andere Art zu nähren suchen, wenn die Ceremonien nicht hinreichend sind ein ganzes Hauptgeschlecht oder Caste zu ernähren. Daher kömmt es, daß sich bisweilen Braminen, bey bemittelten Ben-

jauen.

janen in Dienste begeben; doch ihrem Vorzugsrecht unbeschadet, denn der Herr darf den Reis, welchen der Bediente essen soll, nicht berühren, weil dieser davon verunreinigt würde.

Vierter Brief.

Die Parsier oder Parther, welche von den alten Persern herstammen, sind das andere Volk, welches hier wohnt. Sie sind nach Hamiltons Bericht in dessen New account of East-India, vor langer Zeit aus Persien vertrieben worden. Sie beten das Feuer, die Sonne, den Mond und Sterne an. Ein Parsi läßt sich nicht bereden, auf eine andere Art als durch Wehen ein Licht auszulöschen. Ein kleiner Knabe saß einmal eine ganze Weile und murmelte ich weiß nicht was über einer glimmenden Lichtschnuppe, welche vorsetzlich auf den Fußboden geworfen worden war, er knipste auch dabey mit den Fingern und fuhr hiemit fort, bis der letzte Funke erlosch. Man muß sie nicht Gafren nennen, weil Gaur, Gavre, Guebre oder Cafer einen Ketzer, Ungläubigen oder Heyden anzeigt. Sie sind unter den Eingebohrnen die weissesten, munter, unverdrossen, und werden von den Europäern zu unerheblichen Geschäften am meisten gebraucht, wozu sie vielleicht die Noth willig macht, denn sie sind mehr im Druck, als die Gentiven, erhalten keine Bedienungen, und haben das Capital nicht, welches die Benjanen besitzen, nehmlich eine unverbesserliche lange Erfahrung in tausend Arten Kunstgriffen. Ihr Weibsvolk ist von versuchten Leuten zu dem, was wider die Ehrbarkeit streitet, viel ungeneigter als das übrige gefunden worden.

Bey

Bey einem solchen Zustande sollte man unter ihnen eben keine Religionsstreitigkeiten vermuthen. Aber es fand sich einer unter ihnen, der belesener als die übrigen war, und entdeckt hatte, daß sie ihr Neujahr nicht zu rechter Zeit feyerten. Er erhielt einen Anhang, von denen aber, die gegenseitiger Meynung waren, vielen Verdruß. Dieses ist auch nichts ungewöhnliches; in alten Zeiten konnten ein Thomist und Scotist selten ohne Raufen und Ohrfeigen aus einander kommen. Es war einmal eine Zeit, da man einen Juden lieber als einen Armenianer, und einen Siameser besser als einen Jansenisten leiden konnte. Gewisse ehrwürdige Väter dulden in China, wie man sagt, eines und das andere, da sie doch diejenigen in den Bann thun wollen, welche mit ihnen wegen der Empfängniß der heiligen Jungfrau nicht einerley Meynung sind.

Das dritte Volk sind die Muhamedaner, oder wie sie die Seefahrer nennen, Mohren, welches vielleicht von Mogoren, oder Perser zusammen gezogen ist. Ihre Farbe hält das Mittel zwischen den beyden vorigen. Ihre Religion ist die herrschende, besonders die Secte, welche den Omar verehret. Der Ali aber muß ebenfalls viele Anhänger haben, denn bey einer Procession, welche den 26 Novembr. mit mannigfaltigen Aufzügen zum Gedächtnisse der beyden letzten Imam in Persien vorgenommen wurde, schienen mir wenigstens 2000 Mannspersonen zu seyn. Bey dieser Feyerlichkeit war auch eine grosse Anzahl Fackirs oder Bettelmönche, welche in weisse, mit verschiedenen Lumpen von mancherley Farben besetzte Kittel und eine einem Zuckerhuthe ähnliche Mütze gekleidet waren. Die Dervise leisten mehrentheils in den Moscheen und bey andern Gelegenheiten Dienste. Ich bemerkte einen gewissen Dervis,

vis, der das Ceremoniel ungemein gut verstand, und welchem aufgetragen war, sich nach den Gräbern der Verstorbenen zu begeben. Er tanzte den ganzen Weg hin und her, und hatte ausser einem Lehrlinge verschiedene andere bey sich, welche eine Art von Trummel schlugen und dabey La Allah &c sungen. Einen Santon sahe ich, welcher für seine Heiligkeit eine gute Tracht Schläge zu verdienen schien. Er that dadurch Busse, daß er auf den Gassen splitternackend einher gieng. Man flohe ihn aber keinesweges, vielmehr hatte er beständig einen ehrwürdigen Muhammedaner bey sich, der die Almosen in Empfang nahm und verwahrete.

Ausser den vorhin angeführten Kleidern der Braminen und des gentivischen Weibsvolkes, sind fast alle um den Leib mit weisser baumwollener Leinewand bekleidet. Die Kleidungsstücke bestehen mehrentheils in einem paar Pantoffeln, welche man vor den Thüren auszieht, einem paar niedrigen Beinkleidern; einem kurzen Hemde, welches vorne offen und über die Beinkleider getragen wird, und hierüber einen bis auf die Füsse reichenden Rock, welcher dichte an den Leib anschließt, aber unten, wie ein Weiberrock Falten hat; daran sind lange Ermel, welche sich an dem Gelenke der Hand in Falten ziehen. Die Muhammedaner und Heyden beobachten den Unterschied, daß die ersteren das Leibstück des Rockes unter dem rechten, die letzteren aber unter dem linken Arme binden. Um den Leib tragen sie einen Gurt von eben dem Zeuge, von welchem der Rock ist, oder auch von noch besseren, und in demselben ein kostbares Messer, oder auch, nach Beschaffenheit der Lebensart, einen Dolch. Unter diesem Gürtel haben die Parsier eine Schnur, so ein Stück ihrer Religion seyn muß, denn ich sahe in

Dombes

Dombes (einem Flecken unweit Suratte) einen Parsi, der, ehe er seine Gäste grüßte, mit dieser Schnur seine Stirne maß und dem Monde ein Compliment machte.

Der Turban ist von allerley Farben. Die grüne Farbe aber wird nicht geachtet. Ein surattischer Turban ist von einem persischen und arabischen leicht zu unterscheiden, denn ohngeachtet zu demselben über 30 Ellen Tuch erforderlich sind, sitzet er dennoch sehr nett auf dem Kopfe, ausgenommen, daß über das rechte Auge ein großes Polster kömmt.

Die Kleidung des Weibsvolkes, wohl zu verstehen dessen, das man auf den Gassen sieht, ist darinn von der Kleidung der Mannspersonen verschieden, daß ihr Rock forne offen ist, und sich nicht nach der andern Seite überschlagen läst; ihre Beinkleider aber reichen bis auf die Füsse. Ueber den Kopf und die Schultern ist bloß ein loses Gewand geworfen. Arme Leute beyder Geschlechter tragen kürzere und engere Kleider.

Beyde Geschlechte grüssen auf einerley Weise, sie legen nehmlich die Hand an die Stirne oder auf den Kopf. Einige sagen hiebey Salam oder Salam aleck. Wenn sie mehr Unterwürfigkeit bezeigen wollen, so legen sie die Hand zuerst auf die Erde oder den Fußboden, hernach auf die linke Brust und endlich auf den Kopf. Auf dem vorhingedachten Feste zur Ehre der persischen Märtyrer, sahe ich noch eine andere Manier, seine Freunde zu bewillkommen; man legte den Kopf zuförderst auf die linke Schulter des andern, hierauf auf die rechte und denn wieder auf die linke, worauf man die Hände des andern zwischen seine Hände nahm, und sie endlich zur Stirne führete.

Die Gentiven bedienen sich der malabarischen Sprache; die Mohren haben einen Dialect vom Arabischen, welches die Parsier, als die untersten, lernen müssen, daher es nur wenig Parsier giebt, welche die Sprache ihrer Vorfahren können. Uebrigens kann man sich mit gebrochenem portugiesischen in allen Handelsplätzen des südlichen Asiens forthelfen.

Sie essen auf dem Fußboden oder der Matte, sitzend, und haben das Tischtuch auf eben dieser Tafel. Der Reis dient statt des Brodtes, und wird theils in Töpfen gekocht, theils geknetet und auf Platten gebacken, wie das in Bahus=Lähn gebräuchliche dünne Brod. Was für eines Getränkes sich die Vornehmen bedienen, weiß ich nicht zuverläßig, die geringern aber löschen ihren Durst mit Wasser; und wenn sie es etwas stärker verlangen, so können sie Toddi oder abgezapften Cocossaft für guten Preiß erhalten. Ueberdis können die Hirsewurzeln, nach des Bonaventura Berichte, ebenfalls eine Trunkenheit zuwege bringen. Eine sonderbare Einbildung hindert das Volk öfters, mit andern aus einer Schüssel zu essen. Ein Muhammedaner kann mit einem Benjanen einen Handel auf 100000 Rupien schließen, er kann ihn aber nicht zum Essen bitten, und auch nicht mit ihm nach Hause gehen. Alle die Gefäße, welche ein Bramine in seiner Küche hat, sind geheiligt, und dürfen von keinem, der nicht aus diesem Geschlechte ist, berühret werden. Ein dienstfertiges parsisches Mütterchen, welches uns im Vorbeyreisen Milch gab, wollte nicht zulassen, daß ihre Flasche auf eine Viertelelle unserm Glase nahe kam.

Fleischwaaren haben sie genug, vielleicht aber sind selbige nicht sehr gesund, besonders denen, die von

von langen Seereisen an Land kommen, denn wenn diese ihrem Appetite folgen, können sie sehr leicht Oefnung von oben und unten bekommen, welche das Leben in Gefahr setzt. Es kann seyn, daß Brama, oder wer denen Gentiven anfänglich Gesetze gab, diese Speisen den Malabaren undienlich gefunden hat. Der listige Muhammed fand seine Rechnung bey den mannigfaltigen Abwaschungen, welche in gewissen Fällen unumgänglich nöthig sind, wenn man das Schiefern und Brennen der Haut, und vielleicht noch ärgere Zufälle, abwenden will. Wer des Morgens in die Vorstädte oder Nebengassen geht, siehet bald genug, wie beschäftigt man ist, mit der linken Hand die Kinder zu waschen.

Ausser vorhin genannter Krankheit werden die Europäer oft von Fiebern befallen. Die Franzosen verlohren durch dasselbe anfänglich viele Leute, und mußten, wie sie erzählten, endlich zu den Aerzten des Landes ihre Zuflucht nehmen, welche in hitzigen Fiebern die Aderlässe und Tamarinden durchaus verwerfen. Die Tamarinden haben in Ostindien bey weiten nicht den Credit, wie in Europa. Der rothe Hund ist ein Zufall, welchen die mehresten Fremden in den warmen Ländern erfahren, besonders, wenn sie um die Zeit, da es am heissesten ist, auf dem Lande, oder nahe bey demselben sind. Er zeigt sich mit rothen, den Masern ähnlichen Flecken, welche jucken und stechen, hierauf zu kleinen Blasen werden, die zwar vergehen, aber die Haut mitnehmen.

Das bey den Alten gebräuchlich gewesene Reiben muß seinen guten Grund haben. Wer in Suratte nur einigermassen etwas verstellt, läßt sich des Abends durch seine Bedienten frottiren, welches dem Kreislaufe des Blutes sehr zu statten kommen muß.

Mit ihrer Musik ist es schlecht bestellt. Italienische Stücke bekömmt man freylich hier nicht zu hören, wohl aber das Geräusch meßingener Becken und kleiner Trummeln mit einem oder zween Böben. Ihre Blaseinstrumente sind eine Art gerade, 4 bis 5 Ellen lange Trompeten, welche einen blöckenden Ton geben. Bisweilen bedienen sie sich auch eines wie ein lateinisches S gekrümmten grossen Hornes, welches aber nicht öfter gehöret ward, als wenn der Nabab oder ein anderer vornehmer Mann im Anzuge war. Die Reveille ward von dem Castell auf einem Flageolet gespielt. Zittern und Geigen waren die Instrumente der Bettler, welche in Versen bettelten, und damit der Vocalmusik accompagnirten. Sonst ist bey den südlichen asiatischen Völkern mehrentheils eine kriegerische Musik gebräuchlich, und die ist ihnen nöthig, weil sanfte Töne sie nur noch weibischer machen würden. Vielleicht hatten die Spartaner mehr als eine alte Gewohnheit zum Augenmerke, da sie eine Saite, welche über die gewohnte Anzahl war, caßirten.

Ihre Gauckler sind mit den chinesischen nicht zu vergleichen; ausgenommen, daß sie die Cobra de Capello (*Coluber* Naja L.) so zähmen können, daß sie tanzen muß. Wenn sich die Mohren oder andere Leute ein Vergnügen nach Landesgewohnheit machen wollen, so lassen sie eine Bande Tänzerinnen kommen. So heissen sie, ob sie gleich meistens stille stehen, wenn sie mit vielen frechen Geberden Liebeslieder absingen. Eine solche Lustbarkeit fällt öfters der Nachbarschaft sehr beschwerlich, weil die dabey gebräuchlichen meßingenen Instrumente keine Nachtruhe verstatten.

Blaue

Blaue Augen hatte ich weder in dem südlichen Europa noch in Asien gesehen, bis ich in Suratte einen Araber antraf, dessen Augenzirkul nicht die gewöhnliche Farbe hatte. Man sagte, daß sie in den Seraillen nicht sehr geliebt würden, vielleicht weil sie nicht sehr brilliren; die braunen aber können auch nicht oft ernsthaft aussehen.

Die Gewehre der Mohren bestehen in Musqueten mit Lunten, Bogen, Säbeln und Dolchen, von welchen die letzteren eine besondere Gestalt haben; denn das Gefäß besteht aus zweyen Stücken Eisen, die so weit von einander stehen, daß man mit der Hand ganz bequem zwey Quereisen fassen kann. Die Klinge ist am Gefässe drey Querfinger breit, und nicht über 1½ Viertel Elle lang. Sie halten viel von blanken Gewehren und versilberten Gefässen. Ueberdiß haben sie ein rundes ausgehöltes Schild von Büffelhaut eine Elle im Durchschnitte. Die Pionen oder die Leute, welche man nach Landesgebrauch Ehren= und Sicherheit wegen vor sich her gehen läst, tragen ihre Säbel bloß und das Schild an dem linken Arme.

Wie vortheilhaft Suratte zum Handel liegt, kann man auf der Landkarte sehen. Man kann daselbst die arabischen Kostbarkeiten gegen die indianischen und chinesischen Manufacturwaaren sehr bequem vertauschen. Es ist aber ein Unglück, daß die Regierung nicht beständig ist. Der Hof liegt in Dehli und schläft, da indessen die Gouverneurs in Suratte das Faustrecht gegen einander ausüben; der anhaltende Regen vom May bis zum September ändert die Sandbänke oft, und von Seeräubern ist das Fahrwasser so voll, als die Ostsee zu den Zeiten der Wikinger. Diese drey Hindernisse, nebst noch einigen andern, sollten gewisse Europäer ver-
anlas=

anlaſſen, mit Ernſt darauf zu denken, wie ſie dieſen Handel an ſich ziehen könnten, welches nicht ſchwer ſeyn möchte, wenn man den Gewiſſenszwang nebſt der deſpotiſchen Regierung einigermaſſen bey Seite ſetzte, und den Seeräubern mit mehrerm Nachdruck widerſtünde, welches, wie man ſagt, von den Mächten, die auf den öſtlichen und weſtlichen Meeren ſouverain ſeyn wollen, bisher mit Vorſatz vernachläßiget werden iſt. Deſſen ohngeachtet gehen dennoch in Suratte für perſiſche und chineſiſche ſeidene Zeuge und baumwollene weiſſe, geſtreifte und gewürfelte Leinewandte; desgleichen für Cambay-Agate und ceiloniſche Steine, welche beſtändig weich ſind, oft auch für koſtbare Edelgeſteine von Wiſiapur und Golconda, und viele andere Waaren, viele tauſend Rupien durch die Hände der Kaufleute. Die Mohren ziehen zwar, weil ſie von der Regierung den meiſten Schutz genieſſen, einen anſehnlichen Theil des Gewinnes, die Venjanen aber gehören gleichwohl zu den verſchmitzteſten Kaufleuten in der Welt, worüber man ſich nicht wundern darf, da ſie ihre Handelsgriffe ſeit langer Zeit vom Vater auf den Sohn fortgepflanzet und vermehret haben. Wenn es wahr iſt, was man mir ſagte, ſo müſſen ſie entſetzliche Wucherer ſeyn, indem ſie von jeden 9 Rupien alle Monat einen Rupi Zinſen nehmen. Auf die Weiſe hätte man ſich nicht zu verwundern, daß Scha Abas ſie von Iſpahan vertreiben, und ſtatt ihrer die Armenianer als billigere Leute aufnehmen wollen. Daß die Kaufleute hieſelbſt zu einem anſehnlichen Vermögen gelangen können, ſahe man vor einigen Jahren, da ein Kaufmann für eigene Rechnung 19 Schiffe in der See gehen hatte; daß er aber nie dahin kommen konnte, das zwanzigſte zu erhalten, ſahen die

Mahometaner für einen deutlichen Beweis der Macht des unüberwindlichen Schicksals an. Dieser soll eine ganze Arib, das ist 1000 Millionen Rupi reich gewesen seyn, welches unglaublich ist, da man rechnet, daß der Einfall des Nadir Scha dem Mogulschen Reiche, wenn alles was nach Geld geschätzet werden kann, gerechnet wird, nicht höher zu stehen gekommen ist.

Von dem hier gebräuchlichen Gewichte hält ein Candi 20 Mahn; ein Mahn ist 40 Sehr. Ein Sehr ist von einem Pfund schwedischen Kramergewichtes wenig verschieden. Ihre kleinen Gewichte habe ich nicht genau kennen lernen, Gold und Perlen aber wiegen sie nach den Saamen der *Glycine*, weil sie leicht, hart und dauerhaft sind. Ihre gewöhnlichste Münze sind Rupis; ein Rupi wiegt ohngefähr ⅞ Loth, und ist, wie man sagt, von feinerem Gehalt, als die Piasters, daher ihn auch die Chineser im Handel annehmen. Ein Rupi gilt 48 Pois, diese sind von Kupfer und öfters unförmig. Ein Pois gilt 48 Krackmandeln. Das Münzen geschieht mit dem Hammer, welcher mit der Hand geführet wird; daher geschieht es, daß viele Rupis in den Rändern Borsten bekommen, wovon sie in der Hand des Wechslers weniger klingen und etwas an ihrem Werthe verlieren. Es giebt eine Gattung Rupis, welche die Ehre haben von unsern Münzverständigen erwähnt zu werden, was ich aber bey denenselben gelesen, war in etwas von dem Bericht, den man mir in Indostan gemacht hat, verschieden. Wenn derselbe richtig ist, so hat es damit folgende Bewandniß: Nur Mahal, welche an einen Officier verheyrathet war, ward einstens, wider ihr Vermuthen, von dem grossen Mogul Jehan Gir gesehen, welcher, da er ihr auf keine andere Weise beyzukommen

kommen konnte, ihren Mann durch dienliche Mittel bey Seite schaffte, und nach vielen Bitten endlich die hochbetrübte Wittwe vermochte, sich sein eignes Bette gefallen zu lassen. Ihre Stiefkinder erfuhren, wie ungemein gut diese Schöne die Gardinen-Politique verstand. Jehan Gir veränderte hierauf ihren Namen, und sie ward statt Nur Mahal, (Licht des Frauenzimmers) Nuri Jehan (das Licht der Welt oder Jehans Licht) genannt. Er gab ihr einmal so gar die Freyheit, unter ihrem Namen Rupis schlagen zu lassen, und fügte das Compliment hinzu, daß sie die 12 himmlischen Zeichen darauf prägen dürfe. Diese Münzen sind bereits in Indostan eine Seltenheit, und diß, wie man sagte, deswegen, weil sie die mohrischen Frauenzimmer bisweilen zu Halsbändern gebrauchen, welches wahrscheinlich gnug ist, wenn man bedenkt, was für ein grosses Vertrauen die Mahometaner auf Fascination, Amulete, den Einfluß des Gestirns, Talismanns und dergleichen halten. Die Rupis sind an der ganzen asiatischen Seekante gangbar, es ist aber besonders, daß einige fremde Rupis an einigen Orten nicht für voll gelten. Ein Bombay- oder Pondichery-Rupi verlieret in Suratte gegen 4 pro Cent. Ein Suratte Rupi hingegen verlieret in Mahie. Die Befehle der Obrigkeit scheinen unzureichend zu seyn, diesen Unterschied fest zu setzen, denn der Benjane ist zu verschmitzt, sich durch dieselbe die Hände binden zu lassen, wenn er aus dem Gehalt und Preise sieht, daß er gewinnen kann. Wir Neulinge empfanden diese Ungelegenheit nicht allein, sondern auch solche, die hier bereits einige Jahre zugebracht, waren davon nicht frey. Diese pro Cente sind aber nicht die einzigen, welche man verlieret: wenn man seinem Bedienten Geld giebt, um es umzusetzen oder dafür etwas zu kaufen, so nimmt er nach der Größe der Summe 2, 3 bis 4 pro Cent davon. Dis aber thut er nicht heimlich, sondern er siehet es als eine Mäklercourtage an, welche der Käufer oder Verkäufer ohne Einwendung erlegen muß.

Es giebt hier zwar mancherley Thiere, ein so trockner Boden aber kann nicht viele ernähren. Der Nabab hatte in einem Käfig einen Tiger von der größten und wildesten Art. An einem andern Orte war ein kleinerer, der ebenfalls mit Querstreifen gezeichnet war, seine Schnauze, Gang, und Augen aber machten ihn einem Wolfe ähnlich. Wer des Nachts in Bauerstuben schläft, dem ist es nichts ungewöhnliches nahe an der Wand den Jackhals (*Canis aureus*) heulen zu hören. Der Nabab besaß auch einige Elephanten, welche blos gebraucht wurden, wenn er oder seine Familie sich feyerlich zeigen wollten. Während unseres hiesigen Aufenthaltes zeigte ein Vorfall, wie erkenntlich ein Elephant ist: Ein Soldat in holländischen Diensten hatte die Gewohnheit, in den Gouvernementsstall zu gehen und einem alten Elephanten von seinem bey sich habenden Reißbrodte mitzutheilen; einstmalen kam er so besoffen dahin, daß er unter das Thier taumelte und zwischen seinen Füssen einschlief, der Elephant aber bewachte ihn so sorgfältig, daß sich ihm kaum eine Fliege nähern durfte.

Pferde sind in Indostan sehr kostbare Thiere. Die besten Pferde werden aus Arabien über das Meer hieher gebracht, wo man die Pferde oft mehr liebt, als Frau und Kinder. Wenn es wahr ist, so bezahlt man bisweilen für die Stammtafel eines Gaules so viel, als für den Gaul selbst. Saladin

ist

ist also nicht sehr zu tadeln, und einige Engländer haben einem großen Herren nachzuahmen.

Kameele sahen wir nicht viele. Die Ziegen sind hier von der Art, welche hangende Ohren haben. Die Ochsen haben einen Buckel auf dem Buge, eben wie auf Madagascar, Johanna und bis an die Straße von Malacca. Die Schafe haben krumme Schnautzen und hangende Ohren; ihre Wolle aber ist gröber und steifer, als das elendeste Ziegenhaar, daher ich völlig überzeugt ward, daß ein warmes Clima nicht nothwendig feine und weiche Wölle herfür bringe. Tiefer in das Land hinein wird man Gazellen antreffen, die aber noch nicht recht bekannt sind. Daß ihre Hörner überall geringelt und schraubenförmig gebogen sind, werden der Herr Archiater bereits an dem Of= und Defensivgewehre gesehen haben, welches ich von einem Patan kaufte, und das Ihnen von dem Herrn Commerzienrath Lagerström außer Zweifel zugesandt seyn wird.

Einige Teutsche nennen die Truthüner calekutische Hüner; ich sahe mich dieserwegen nach denselben um, fand sie aber nur an einem Orte, und so viel ich mich entsinne, sagte man, daß sie hier in einem fremden Lande wären.

Grüne Papagoie mit langen Schwänzen (*Psittacus* cubicularius) wurden hier häufig angetroffen. Die schlechte Neigung, welche sie zum Reden hatten, ersetzten sie dadurch, daß sie so genau wusten, wo sie in Gesellschaft vieler kleinen Vögel des Morgens ihr Frühstück finden sollten. Die Wohnung des Schatdar Cans war so gebauet, daß man durch einige Löcher den Vögeln Reis mittheilen konnte, welcher öfters den Menschen versagt ward.

Vor die Wagen und Karren spannt man Ochsen, welche sie so sorgfältig, als ein Miethkutscher seine keine Pferde inacht nehmen. Ihren Unrath sammlet man, vermischt ihn mit Stroh, und braucht ihn zur Feuerung; die Asche hiervon ist eine Schminke für die Braminen. Man braucht keine Peitsche sie zu treiben, sondern nach Art der Portugiesen einen Stock mit einem Stachel am Ende. Ihre Karren sind von einer besondern Bauart. Die Achse ist von Eisen, und kaum so dick, als das äuserste Glied des kleinen Fingers, ist aber an der Radachse fest. Das Rad läuft zwischen einer Runge und zween Anlegern, welche nebst einem Bogen das Bambunetz oder die Decke trägt, auf welcher man sitzet, die entweder mit oder ohne Gardinen ist. Die Bambue geben sich nach der Deichsel hervor, und machen dem Kutscher ein Gestelle, auf welchem er als auf einem Sattel reiten kann. Dieses war das Fuhrwerk geringerer Leute. Die Armenianer und Europäer fuhren in Carossen, aber von einer solchen Bauart, wie sie vielleicht Anno 1500 Mode gewesen seyn mögen.

Die Vornehmeren lassen sich in einem Paleki tragen, der einem an einer gebogenen Stange befestigten Bette oder Hangematte ähnlich sieht. Das Frauenzimmer, wenn es getragen wird, ist in einem von Bambu geflochtnen Schrank eingeschlossen, der hernach oben mit doppelten Tüchern bedeckt wird. An jeder Seite geht ein handfester verschnittener Schwarzer mit dem blossen Säbel in der Faust.

Ohnerachtet die Hunde von den Muhammedanern für einen Abscheu gehalten werden, so sind doch die Gassen voll von denselben. Die Perser haben eine gewisse Hochachtung für sie, und man sagte, daß sie in einer Hungersnoth, welche vor einigen Jahren entstanden war, den Hunden Allmosen ausgetheilt hätten.

G g   Eidexen

Eidexen sind hier nicht so häufig in den Häusern, als an andern Orten Ostindiens, von kleinen braunen Ameisen aber können auch steinerne Wände in den obersten Etagen keinen befreyen. Die Gentiven nehmen sich sehr in Acht, irgend eine zu zertreten, und futtern sie mit ausgestreutem Puderzucker.

Man sagt, daß die Hitze in Gamron und Bassora noch größer, als in Suratte seyn soll, und wenn dis wahr ist, so muß sie ganz ungemein groß seyn, daher ich mich nicht wundere, daß die holländischen Bedienten Gamron als einen verlohrnen Posten ansehen. Noch jetzo im October stieg das schwedische Wetterglas auf 37 Grad, und was die Würkung der Witterung auf die Gesundheit noch mehr vermehrte, war meines Erachtens die starke Abwechslung der Wärme und Kälte. Ein florentinisches Thermometer stand des Morgen um halb 6 Uhr auf 37, und des Nachmittags auf 75 Gr. Der Pater Bonaventura hat angemerkt, daß die Kälte 3 Tage vor, und 3 Tage nach dem neuen Monde stärker als sonst sey. Es ist etwas seltsames, daß, ohnerachtet dieser Ort so wenig weit gegen Norden von der Linie liegt, man doch die Zeit vom May zum September, weil es alsdenn regnet, Winter nennet, und die übrigen Monate zum Sommer rechnet.

Von Christen giebt es in Suratte Armenianer, von welchen die mehresten von Julfa sind, und hier ihren Archimandriten halten. Sie haben verschiedene Bücher in ihrer Sprache, die in Amsterdam gedruckt sind. Sie sind wegen ihrer Emsigkeit und Verschlagenheit im Handel bekannt, und leben von ihrem Gewinne gut, weil es hier erforderlich ist, daß ein Kaufmann Figur machen muß. Einige derselben kleiden sich völlig Mohrisch, und tragen

gen einen Turban; andere aber tragen, wie ihre Landsleute, eine kleine Calotte, und auf derselben eine vierhörnige sammetene Mütze, mit einem zween Zoll breiten Gebräme, das hinten und vorne offen ist. Gemeiniglich haben sie ihr Sterbehemde von Christi Grabe in Bereitschaft.

Von Catholicken wohnen hier Portugiesen, und ihre Abkömmlinge. Es ist merkwürdig, daß ohnerachtet der Strenge der portugiesischen Inquisition wider die Juden, dennoch der Jude Kohen in Suratte, die portugiesischen Angelegenheiten zu besorgen hatte.

Die Franzosen scheinen ihren daselbst verfallenen Handel wieder herstellen zu wollen. Drey französische Capuziner mietheten sich ein Haus, und mußten sich so gut forthelfen als sie konnten. Ihr Superior, der Pater Bonaventura, stiftete dem Convent mit seiner Einsicht in die Medicin bisweilen Vortheile, mußte aber auch manches Pflaster umsonst austheilen. Diese Leute sind durch die Befehle ihrer uneingeschränkten Obern verpflichtet, ihre ganze Lebenszeit hieselbst zuzubringen.

Die Holländer hatten hier einen Directeur mit einem Staat und Bedienung, so wie es bey denselben in Ostindien gebräuchlich ist. Ihr Kirchenstaat bestand aus einem Ziektroster oder Krankenbesucher.

Das Hauptcomtoir der Engländer in diesen Gegenden ist in Bombay, in Suratte aber haben sie doch auch eine mit denen erforderlichen Bedienten versehenen Faktorey. Einen Clergyman halten sie für unnöthig.

Es giebt auch Juden hieselbst, die wohl stehen. Einer, Nahmens Moses Tobias, war wegen seiner Freygebigkeit gegen alle Religionsverwandte besonders berühmt; seine milden Gaben sollten sich monatlich über 40 Rupi belaufen. Ein Cakan oder Schriftgelehrter gieng mit uns als Passagier; der berichtete, daß der so lange gesuchte Scepter von Juda annoch zu finden sey, und daß er sichere Nachrichten hätte, nach welchen eine große Anzahl Hebräer in Afrika gegen Westen von Abeßinien, unter ihrer eigenen Obrigkeit stünden.

Es ist zwar ein Admiral in Suratte, er hat aber das Unglück, daß keine Schiffe unter seinen Befehlen stehen. Die Engländer und Holländer üben die Gerechtsame der Admiralität auf der Reede und dem Strom, so daß nicht eine einzige Schute wider ihren Willen nach der Stadt hinauf gehen darf. Ihre größten Handelsschiffe sind völlig nach europäischer Art gebauet. Es ist merkwürdig, daß ein Schiff, je älter es ist, desto leichter Fracht erhält, weil es ein glückliches Schicksal, oder, wie unsere Seeleute sich ausdrücken, einen guten Kielherren hat. Die Schiffe, welche sie am meisten wider die Feinde gebrauchen und die die Holländer Goerabben, die Engländer aber Grabbs nennen, haben 2 oder 3 Masten, und sind wie unsere Schiffe gebauet und getakelt, nur ist das Vordertheil niedrig und wie bey den Galeeren zugespitzt, damit man daselbst nicht nur ein paar Kanonen stellen, sondern auch im Fall der Noth ein paar Ruder anbringen könne, um der Grabbe in stillen Wetter fort zu helfen. Gallivatten sind kleiner, und werden, wie die Grabben, zu Seeräubereyen und auch zum Handel gebraucht. Sie haben nur selten mehr als einen Mast, und neigen sich nach forne von 16 bis 18 Grad. Sie führen ein Seegel, das in einiger Entfernung dreyeckig aussieht, ob es gleich vier Ecken hat. Eben solche Seegel führen die Lastboote, die man Hurri nennet.

net. Die Schiffsschalupen, welche mit backschaufelnähnlichen Rudern fortgebracht werden, sind wie die vorhergehenden nach forne etwas spitzig und hinten schmal. An allen diesen Fahrzeugen werden die Planken so schräg gemacht, daß sie übereinander liegen; man befestigt sie untereinander mit Nägeln. Statt Werk und Theer, gebrauchen sie Baumwolle und eine Gattung eines dicken Oehles, welches sie so dichte machen soll, daß sie weniger, als die Europäer zu pumpen nöthig haben. In dem Holze, welches sie zu ihren Schiffen nehmen, muß das Eisen nicht so, wie in eichenen Holze rosten, maßen sie die Nägel an der inneren Seite wohl vernieten müssen, daher ihnen unsere kurzen, dicken Nägel unbrauchbar sind.

Im Schwimmen hat dieses Volk eine besondere Fertigkeit; ich sahe einen eine gute Strecke schwimmen und über ½ Liespfund schwer in der Hand über Wasser halten. Die Uebung richtet zwar hiebey viel aus, vielleicht aber die Methode nicht weniger, denn sie gebrauchen nicht mehr als den rechten Arm und linken Fuß und denn den linken Arm und rechten Fuß auf einmal wechselsweise, welches weniger ermüdend und sicherer seyn mag.

Während der Zeit, da wir hier lagen, blieben wir von den Seeräubern unangefochten. Den 10 Octobr. 1750 legte sich zwar ein Seeräuber, den man Budgero nannte, in Begleitung ohngefehr 200 größerer und kleinerer Seegel auf die Reede, welches in der Ferne gut aussahe, uns aber, da sie näher kamen, und sich zum Theil zwischen uns und dem Lande legten, veranlassete, zu ihrem Empfange alles zu veranstalten. Doch sie thaten uns nicht das geringste zu Leide, sondern giengen nach ein paar Tagen ihrer Wege und ließen uns zufrieden. Man muß

muß aber nicht glauben, daß sie immer so höflich sind. Im September liefen einige Gallivatten unter Bedeckung eines englischen Schiffes aus. Dieses ward für unsern Augen und im Angesicht der übrigen englischen Schiffe von 8 oder 9 Seeräuber-Gallivatten angegriffen, die ein paar Stunden ein beständiges Feuer unterhielten, ohne daß jemand der Fluth wegen hätte Beystand leisten können. Der Ausgang des Spieles war, daß es ihnen gelung, 2 oder 3 Lastgallivatten wegzuschnappen; worauf sie den Engländer ohne weitere Hinderniß seine Reise fortsetzen ließen.

Einstmalen geriethen unsere Supercargeurs in der Stadt in Streitigkeiten, deren rechten Zusammenhang ich weder erfuhr noch wissen wollte. Um nun den Nabab, oder wer sonst daran Schuld hatte, auf andere Gedanken zu bringen, ward für nöthig erachtet, drey mohrische Schiffe bis auf weitere Entschliessung in Beschlag zu nehmen, welches glücklich von statten ging. Des Capitain Shiermans Fertigkeit in ihrer Sprache und gutes Betragen, brachten so viel zuwege, daß sie ohne Widersetzung schwedische Wache annahmen, bis die Sache ausgemacht war.

Ich darf ein paar zur politischen Historie gehörige Neuigkeiten nicht weglassen, wiewohl ich für ihre völlige Richtigkeit nicht Bürge seyn kann. 1748 gegen den Ausgang des Aprils, starb der große Mogol Muhamet, nach des Jesuiten Tiefenthalers Berichte, an der lue venerea. Sein einziger Sohn Achmet, den ihm ein Kebsweib gebohren hatte, folgte ihm, und war damalen auf dem Rückmarsche von Seranda, woselbst er die Armee der Patanner, welche von dem candaharischen Gebürge einen Einfall in das Reich unternommen, geschlagen hatte.

Von

Von dem Zustande des persischen Reiches gab man folgende Nachricht: Der Nadir Schah ließ aus Argwohn seinem ältesten Prinzen die Augen ausstechen, und ernannte dessen Bruder zum Nachfolger. Nachdem aber Nadir Schah auf der Jagd ermordet worden war, so ward sein ganzes Geschlecht von seinem Bruderssohne, der sich Adel Schah nannte, ausgerottet, den einzigen Scharock Schah ausgenommen, der des Nadirs Enkel und Schah Husseins Tochtersohn war. Dieser Adel Schah soll nachher gegen seine Unterthanen, besonders gegen die, welche Hispahan am nächsten wohnen, sehr milde gewesen seyn, denn er erließ den letztern nicht nur auf fünf Jahre die Steuern, sondern gab ihnen noch darzu Geld, um sie in den Stand zu setzen, den Acker zu bauen. Als ihn das Wiedervergeltungsrecht traf, bemächtigte sich Scharock Schah Corazan, und hatte, wie man sagte, den besten Theil des Reichthums des Nadirs in seiner Gewalt: Solymann Schah, der ehedem des Scharocks Bedienter war, nahm Hispahan ein, und Ali Mehemeth Schah versicherte sich Tauris. Des Prinzen Heraclius Unternehmen ward uns allererst in Canton bekannt, woselbst es die Armenianer mit Freuden erzählten.

Nach einem Aufenthalt von $5\frac{1}{2}$ Monaten, in welcher Zeit ich, alles zusammen gerechnet, 23 Tage auf dem Lande zu seyn Freyheit und Gelegenheit gehabt hatte, lichteten wir den 1 März 1751 die Anker, und segelten mit abwechselnden Land- und Seewinden nach Mangulor, woselbst wir den 12ten desselben Monats mit eben den Ungemächlichkeiten, wie an dem vorigen Orte, ankerten; nachher geschahe dis nicht eher, als auf der offenen Reede vor Canton. Es würde nur wenig Kosten erfordern, einen sicheren und bequemen Hafen, der hinter einem engen Einlauf eine ganze Kriegesflotte beherbergen könnte, hier anzulegen.

Der Flecken Mangulor ist ein offener weitläuftiger Ort, der aber meistens Gärten enthält. Die Häuser sind niedrig, und von einer röthlichen, zusammen gesinterten Steinart aufgeführet, die, wie man sagt, in der Erde so weich seyn soll, daß sie sich ohne viele Mühe handthieren läßt, aber an der Luft hart wird.

Die Dachziegeln haben eben die Gestalt, wie die in Suratte und Cadiz. Der Ziegelstreicher macht einen ausgehölten Cylinder, von ohngefehr 12 Zoll Länge und 4 Zoll im Durchschnitte. Dieser wird der Länge nach in 2 gleiche Theile zerschnitten, und in kleinen Oefen gebrannt. Man deckt schichtweise und wenn man eine Reihe so gelegt hat, daß die ausgehölte Seite oben gekommen ist, so macht man es mit der andern umgekehrt, und bedeckt dadurch die Fugen. Es muß hier sowohl als in Suratte eine häufige Salzigkeit in der Erde seyn, welche den kalkigen Ueberwurf nahe an der Erde zerfrißt.

Außer einem Ebenbilde eines weißen Elephanten, das vermuthlich in der Absicht auf Rädern stand, um in einer Proceßion herum geführt zu werden, sahe ich noch ein paar Wägen, welche bestimmt zu seyn schienen, bey eben dieser Gelegenheit Gözenbilder zu tragen. Die Räder waren aus einem Stück Holz, hatten 1½ Elle im Durchschnitt, und eine verhältnißmäßige Dicke; sie sind solchergestalt mehr als hinlänglich, das blinde Volk zu zerknirschen, welches sich unter denselben die Seligkeit erwerben will.

Die

Die Einwohner sind Heyden. Sie kleiden sich wie die Suratter, ausgenommen, daß die roth gestreiften baumwollenen Zeuge hier mehr im Gebrauch sind, und daß sie barfuß gehen oder eine hölzerne Sohle, so wie die Barfüßermönche, unter die Füße binden. Wenn sie reiten, setzen sie nur den großen Zeh in den Steigbügel.

Benjanbäume (*Ficus* indica) sind hier häufig und sehr groß; man nimmt sie sehr sorgfältig in Acht. Rund umher sind große und weitläuftige Wälder, man sagte mir aber, daß ich verlohren wäre, wenn ich hinein ginge, weil sie eine Behausung vieler und grausamer Tiger wären.

Ich konnte nur 12 Stunden am Lande bleiben. Den 17 März giengen wir von hier ab, und da in Cananor für uns nichts zu schaffen war, segelten wir den 18 März nach Mahie, woselbst wir den 19ten desselben halte machten.

Diese Stadt oder Plantage gehöret der französischen Compagnie. Sie liegt nicht weit vom Strande, und der Ausfluß des Stroms ist mit einer langen Reihe Klippen über Wasser dermaßen bedeckt, daß ein Unbekannter mit keiner Jolle vorbey kommen kann. Zur Vertheidigung dienen verschiedene Schanzen mit hohen Mauern, welches hiesiger Orten schon viel sagen will. Auf einer der Schanzen waren ganz oben Klötze aufgerichtet, welche vom weiten wie Menschen aussahen. Ich vergaß nach ihrem Nutzen zu fragen, wie es mir aber schien, so waren sie sehr geschickt die Lücken zu füllen, wenn die Besatzung zu Walle mußte. Dis wäre eine Erfindung, welche bey gewissen Fällen eben so nützlich seyn könnte, als hölzerne Klötze statt Kanonen. Daß man hölzerne Köpfe als Außenposten hinstellt, habe ich oft gehört, daß sie aber auch in Belagerungen zu Blendwerken dienen können, habe ich noch nicht gewußt.

Die Sonne stand uns hier gerade über der Scheitel; die Donner krachten entsetzlich, besonders an den Cardamomenberge hinauf; die Hitze war so unerträglich, daß sich auch die Eingebohrnen um die Mitte des Tages inne hielten. Das Gift der Schlangen und anderer giftigen Thiere scheint in der Hitze würksamer, als in der Kälte zu seyn, wenn es anders ist, was man in Schweden von dem Natterbisse, und in Ostindien von dem Scorpionstiche berichtet. Die Franzosen riethen mir derowegen ganz ab, in den Wald zu gehen. Ich hätte auch nur wenig nützliches ausrichten können, denn wenn man den Hortus Malabaricus gehörig erläutern und ergänzen wollte, so müßte man die portugiesischen und malabarischen Namen verstehen, welche der Baron Rhede vermengt hat, und man müßte auch durchaus um die Regenzeit in diesen Gegenden seyn, denn außer derselben ist der steinharte malabarische Boden nicht im Stande, weder Blume noch Frucht zu treiben; diese Zeit aber ist der Orkane wegen für die Schiffe sehr unsicher.

In einer so brennenden Hitze ist nichts weniger möglich, als Pflanzen zu untersuchen, wenn man anders nicht alle ihre Kennzeichen an der Schnure hat, denn wenn man sie einige Augenblicke zwischen den Fingern hält, werden sie welk und zum Einlegen ungeschickt. Ich lernte dieses auf der vorigen Reise durch eine verdrießliche Erfahrung, wenn ich daher nicht viel einzele Exemplare von ein und derselben Gattung haben konnte, schien es mir am besten, sie für den Meister aufzubewahren. Den dicken Bambu sahe ich hier an einem Orte wachsen. Seine Höhe beträgt kaum 4 Faden, der Stamm desselben, der

der eine Querhand dick ist, ist nacket und hat nur oben fingerförmige Blätter. Seine zahlreichen Aehren, welche mitten auf dem Stamme aus ihren Scheiden hervor brachen, waren in ihren Knospen. Die andern Bambuarten werden 6 bis 7 Klafter hoch, aber nicht über einen Zoll dick; sie haben am Stamme Aeste, und diese tragen gefiederte Blätter.

Einen Elephanten hatte ich hier Gelegenheit zu bewundern. Sein Herr hatte ihn für Tagelohn vermiethet, und sein Geschäfte war, Bauholz aus dem Wasser zu schleppen, welches er unter dem Commando eines Knaben sehr geschickt verrichtete, und die Stücke nachher so ordentlich auf einander legte, als wenn es durch einen Dielenträger geschehen wäre.

Wenn alle malabarische Ochsen so sind, als die, welche wir erhielten, so ist es kein Wunder, daß die Heiden ihr Fleisch nicht essen wollen. Die bloße Beschreibung derselben könnte den hungrigsten um den Appetit bringen. Rühret dieser Fehler von einem Oestrus, so ist entweder die Ursache oder auch die Würkung viel größer als bey uns. Vielleicht war dieses leckere Fleisch die Ursache, oder trug doch etwas dazu bey, daß seitdem viele unserer Leute von fast unausstehlichen Blutschwären so entsetzlich geplagt wurden.

Die häßlichsten Thiere, welche wir sahen, waren wohl die gentivischen Frauenzimmer, welche nichts als die Lenden bedeckt hatten. Ihre nackten und schwarzen Körper sind gewiß nichts weniger als reitzend.

In Mahie erhielt ich das seltene Insekt, welches zwischen der Brust und dem Bauche eine lange Sehne hat und sich in der kleinen von mir übersandten Sammlung befindet.

Ohn=

Ohnerachtet ich nicht geneigt bin, die europäischen Nationen in Absicht ihres Betragens gegen einander in Ostindien zu charakterisiren, so darf ich doch nicht vergessen, daß uns die Franzosen überall sehr höflich begegneten. Wir hießen immer leurs grands aliés, und ihre Artigkeit ging so weit, daß wir in Mahie einen von unsern Todten bey ihrer Kirche begraben durften.

Unsere Obern hatten hier keine Haushaltung am Lande eingerichtet, daher ein jeder, der nicht auf Befehl an Land gegangen war, sich alles selbst halten mußte, und da es ziemlich theuer war, so war das beste am Bord zu bleiben.

Außer der Goldmünze, die man Pagoden nennt, von welchen das Stück 4 Rupi gilt, sind ihre Silbermünzen Rupis, deren jeder 5 Fano hält. Tat ist von Kupfer und von ungleichem Werth.

Die Boote, welche man hier und in Mangulor gebraucht, haben platte Böden, wie Kähne, und sind an den Enden zugespitzt. Man muß des Umschlagens wegen in denselben das Gleichgewicht genau zu halten wissen. Es ward aber gesagt, daß die malabarischen Ruderer in Mahie Hals für Hals geben müßten, wenn ein Europäer in ihrem Gefolge ersöffe.

Nachdem wir von vorbenannten ochsenähnlichen Thieren und andern dienlichen Waaren den benöthigten Vorrath erhalten hatten, gingen wir den 21 April von hier unter Segel. Es begegnete uns eben nichts besonders, nur gingen den 23 April die große und die Vorstange über Bord. Diesem Schaden ward leichte abgeholfen, aber wir verlohren bey dieser Gelegenheit 4 Schiffsjungen. Nachher ging die Reise nach Queda in der Straße von Malacca glücklich

lich von statten, und wir ließen daselbst den 13 May die Anker fallen.

Das Land ist hier bis auf eine gute Strecke vom Seeufer sehr niedrig, und überall mit dichten Waldungen bedeckt. Unter den Bäumen fanden sich der Tamarindenbaum; der Papaybaum; *Glycine Abrus*; (deren Saamen die Malayer in Ermangelung anderer Steine in Ringe fassen, weil ein blosser Goldring bey denen asiatischen Völkern nicht Mode ist,) ein Baum, auf welchen ich nicht kommen konnte, aber an demselben bemerkte, daß er von oben nach der Erde zu andere, als seine gewöhnlichen Aeste treibt. Die Engländer nennen ihn in Westindien Mangroves.

An dem Ausflusse eines stillen Stromes lag ein Castel, welches noch nicht ausgebauet war. Der Ingenieur schien kein Schüler des Vauban zu seyn. Die Facen waren mit den Courtinen parallel, und das Gemäuer nicht dicker, als daß $\frac{1}{2}$ Dutzend 6pfündige Kugeln Bresche machen konnten. Inwendig waren Wohnungen angelegt, deren Dach zu Batterien diente. Die Kanonen waren größtentheils von einem englischen Schiffe, welches dichte vor dem Strome so glücklich verunglückte, daß man Zeit gewinnen konnte, so schwere Güter an Land zu führen. Wie elend nun auch dis Castel in den Augen der Europäer aussieht, so ist es doch hinlänglich, die Nachbaren hierum in Furcht zu setzen, blos damit, daß es europäisch aussieht. Ich sahe hier einige Gefangene, deren Hälse und Häude mit Weidenreisern an eine Stange gebunden waren. Sie hatten Geld gemünzet, und schienen auf kein Verschonen hoffen zu dürfen, ließen aber auf keine Weise etwas verzagtes spühren, welches nebst einer dummen Unempfindlichkeit, von der Einbildung

dung eines unvermeidlichen Schicksals kommen mußte.

Die übrigen Häuser sind mehrentheils auf Pfählen, 2 Ellen über der Erde gebauet, welches der hohen Fluth wegen geschicht. Die Wände und Fußböden sind nicht selten von gespaltenen Bambu.

Machmud Hußein Pascha, welcher der Herr des Ortes war, stand unter dem Könige von Siam als Vasall. Die Beförderung des Handels in seinem Lande war ihm sehr angelegen. Er war zwar, wie alle Malayer, ein Muhammedaner, duldete aber doch Heiden und Christen. Die Wittwe eines Franzosen erhielt nicht Erlaubniß sich weg zu begeben, sondern er verfügte es so, daß sie sich mit einem chinesischen Christen verheirathete, damit die ankommenden Europäer, die er gerne an sich gewöhnen wollte, gut beherberget werden könnten. Aus diesen Ursachen konnten wir nicht so viel Zinn, als wir verlangten, erhalten, weil er für die nach uns kommenden Schiffe etwas liegen lassen wollte.

Ochsen, Büffel und Hüner erhält man hier für recht gute Preise. Die Wälder beherbergen Tiger, von welchen man sagt, daß sie sich an Menschen nicht vergreifen, wenn sie aber die Hunde bey den Häusern wegholen, so muß man sich nicht weit wagen. Meerkatzen giebt es hier in Ueberfluß; einige sind groß, mit sehr langen Schwänzen, grauen Haaren, weißen Bärten und pechschwarzer Haut; einige kleinere haben kurze, aufgebogene Schwänze. Ein Papagoy (*Psittacus galgulus*) war nicht größer als ein Stieglitz. Seine Farbe war auf dem Rücken dunkel- und unter dem Bauch hellgrün; der Schwanz oben und die Kehle sind roth, der Schnabel ist schwarz. Einige hatten einen blauen Fleck

Fleck auf dem Kopfe. Wenn sie schlafen, hängen sie sich so im Käfig an, daß der Kopf unten kömmt. Wir fanden die unvergleichlich nett gewebten hängenden Vogelnester, die Vögel aber sahen wir nicht. Wären sie nicht auf diese Art eingerichtet, so würden die Meerkatzen sehr verderbliche Haussuchungen darinn anstellen; ehe sie aber jetzo zu der Oefnung kommen können, geht der niedrigste Theil als der schwächste in Stücken, und der Gast fällt, ohne die jungen Vögel beschädigen zu können, an die Erde.

In dem Meere giebt es, ausser mancherley Fischen, auch verschiedene Krabbenarten. Wenn eine derselben, welche ihre Augen auf langen Stiften trug und besondere Füsse hatte (Cancer arenarius), indem sie Ihnen von dem Herrn Commercienrathe Lagerström übersendet worden, Schaden genommen hätte, würde ich es bedauern. In ihrem Leben funkelten ihre Augen trotz einem Katzenauge. In und vor dem Strome giebt es Austern Fuderweise, aber auch Crocodille zu hunderten; wenn während der Fluth das Wasser alle die Teiche anfüllet, welche diß niedrige Land von Natur durchschneiden, so gehen letztere bis weit in den Wald mit; wenn man daher in diesen Pfützen eine starke Bewegung hört, so ist das rathsamste, sich unverzüglich davon zu machen.

Zinn wird, so viel man jetzo weiß, in dem Gebiete dieses Herrn nicht gefunden. Er hat aber darauf die Zoll- und Stapelgerechtigkeit. Man sagt, daß es an dem Orte, von welchem es kömmt, nicht aus den Gebürgen geholt, sondern mit dem Sande aus der Erde gegraben werde. Es wird für besser gehalten, als das englische Zinn, wenigstens nehmen es die Chineser lieber.

An Münzen hat man hier Rupi. Ein Rupi hält 3 Cupang, und ein Cupang 4 Condorin. Sie sind alle von Silber.

Den 27 May waren wir seegelfertig, um von hier zu gehen; aussen vor Salingor hielten wir uns vom 30 May bis zum 2 Junius vergeblich auf; nachher aber seegelten wir zwischen den vielen schönen Insuln im Sunde. Auf einer dieser Insuln fand sich eine Steinart, die dem öländischen Sandsteine sehr ähnlich sahe, borst aber in kleine Würfel, welche nicht über ⅜ Ellen lang und breit waren.

Mit dem Anfange des Julius sahen wir China zuerst; wir giengen Macao vorbey, wurden von den Bedienten, welche sich auf dem Castelle bey dem engen Einlaufe Bocca Tigris befanden, untersucht, und ankerten den 7 Julius bey Wampo.

Fünfter Brief.

Den 17 März habe ich mit einem guten Freunde die Fortsetzung meiner Berichte übersandt. Jetzo will ich erzählen, was ich in China gesehen habe.

Wenn man das erste mal in dieses Land kömmt, scheint es einem eine neue Welt zu seyn, denn fast alles sieht anders aus als an andern Orten, wo nicht das Clima eine Nothwendigkeit verursacht, andern Orten zu gleichen.

Die Schären und der Strand bis weit in das Meer, sind von Fischern und Fischergeräthe bedeckt, woraus man gleich schliessen kann, wie volkreich das Land seyn müsse. Die nackten und unbewohnten Insuln, welche man hier auch antrift, scheinen zwar andere Gedanken zu erregen, kömmt man aber weiter, so zeugen Ebenen und Thäler von der Menge und dem Fleisse der Einwohner.

Die

Die niedrigsten Felder werden zu Reisäckern zubereitet, weil der Reis viel Wasser erfordert, das ihm die Fluth ohne Bemühung des Baumannes ertheilet. Diese Aecker sind mit so grossen Canälen abgetheilt, daß man während der Fluth mit kleinen Kähnen zwischen denselben fahren kann. Man säet und erndtet den Reis des Jahres zweymal. Während seines Wachsthums wird er ausgerissen, und in Schlangenlinien umgepflanzet, damit das Wasser desto besser an die Wurzel dringen könne. Diesjenigen, welche den Vortheil nicht haben, daß die Fluth ihre Aecker wässert, müssen das Wasser herbey tragen oder leiten, oder mittelst Maschinen aufsördern, von welchen Herr Wilhelm Chambers auf der vorigen Reise eine Zeichnung machte und sie vermuthlich dem Herrn Oberintendanten, Freyherrn Hårlemann mitgetheilt hat.

Die hohen Plätze liegen ebenfalls nicht brache. Es giebt Berge, deren Höhe sich bis auf 40 Grad erstreckt, sie sind aber in Absätze getheilt, auf welchen *Convolvulus* Batatas, *Dioscorea*, *Gossypium*, Zuckerrohr und viele andere Gewächse, nach Beschaffenheit der Jahreszeit und des Bodens, gepflanzt sind. Wenn es regnet, so wird das Regenwasser aufgefangen und von einem Absatze auf den andern geleitet. Regnet es zu viel, so öfnet man den Ablaufgraben, damit das Wasser frey weg laufen könne. Daß sie Dünger gebrauchen, ist an der sorgfältigen Sammlung desselben in Canton, und den stinkenden Sampaneu oder Booten, welche täglich bey den Schiffen vorbey gehen, abzunehmen. Auf den Aeckern aber, welche zunächst an dem Schiffe lagen, sahe man selten andern Dünger, als Reiswurzeln, welche mit dem noch daran klebenden Leime auf das höher belegene, mit Spat vermischte Erdreich geworfen werden.

Was nicht zu Aeckern oder Plantagen genutzet werden kann, ist, wenn es der hohen Lage und des trocknen Erdreichs wegen möglich ist, mit Bäumen bepflanzt; ein ziemlicher Theil solches Landes aber ist zu Begräbnißstellen bestimmt, daher es scheinen möchte, daß die Chineser wider ihre eigene Grundsätze handeln, indem sie so viel Terrain zu ihren Begräbnißplätzen verwenden und dadurch unnütz machen, weil die Gräber nicht gestöret werden dürfen. Eben deswegen aber werden die meisten auf jähen Hügeln oder andern unbrauchbaren Orten begraben. Die Ehre, welche Kinder und Nachkommen ihren Aeltern und Vorfahren auch noch nach dem Tode erweisen, muß man als eine Folge des uneingeschränkten Gehorsams betrachten, zu dem sie bey ihren Lebzeiten verbunden sind, und wodurch der Grund zu ihrer ungemeinen Unterwürfigkeit gegen die Obrigkeit gelegt wird, ohne welche es ohnmöglich seyn würde, eine solche Menge ungezogener, unlenksamer Unterthanen zu regieren. Mehrentheils sind über den Gräbern kleine, offene, steinerne Hütten gebauet, welche beynahe die Form eines halben Zirkuls haben, und mit einer kleinen Nische versehen sind, um das Rauchfaß hinein zu setzen. Nur ein einziges Begräbniß, das kostbarer als die vorhin gedachten war, fand ich an der nordlichen Seite der Stadt; es ward von zweyen runden Gewölben bedeckt und war zugemauert.

Auf gewissen hohen Hügeln sind Thürme errichtet. Sie haben alle acht Seiten, sind 9 Stockwerke hoch, innwendig fast gleichweit, mit Fenstern an den Seiten, und enden sich in eine Spitze. Man sagte, daß sie zu Kriegszeiten zu Wachthürmen gedienet hätten. Sie sind derowegen so vertheilt, daß man die gegebenen Zeichen von einem zum andern bequem sehen kann. In den Dörfern sahe man kleinere, vierseitige, 3 Stockwerk hohe Thürme, die Chineser aber sagten, daß es Pagoden wären.

Eine der ersten Verfügungen, welche man hier zu machen hat, ist sich ein Bankshallgebäude zu verschaffen; dieses ist ein auf einem dazu angewiesenen Platze von Bambu und Matten verlohren aufgerichtetes grosses Haus, in welchem die Reservegüter, und was am Bord nicht höchst nöthig ist, oder bey dem Löschen, Reinmachen, Einladen und Aufräumen im Wege seyn würde, aufbehalten werden. Die Holländer wenden vor, daß sie sich wegen eines Bankshall keine unnöthige Kosten machen wollen, andere aber sagen, daß ihnen die Chineser hiezu keine Freyheit ertheilen. Wer so lange wie wir, auf dem Wasser geschwommen, läst sich durch die nahen Insuln leichte an Land locken. Das Franz Eyland, auf welchem die Franzosen ihre Bankshalls haben, ist beynahe das einzige, auf welchem wir einige Freyheit geniessen, woselbst wir auch unsere Todten zu begraben pflegen. Man muß sich aber, besonders wenn man allein ist, nicht zu weit wagen, weil man sonst Gefahr läuft, bis auf die Haut ausgeplündert zu werden. Der Vorwitz und die Neugierde der Europäer sind zwar nicht zu entschuldigen, die Landeseinwohner aber sehen so aus, als wenn sie nicht in Verlegenheit wären, einen Vorwand zu finden, um an Fremden Gewalt auszuüben, wenn sie im Stande sind sie zu überwältigen.

Auf dem Wege von dem Ankerplatze nach Canton, welches anderthalb schwedische Meilen sind,

muste

muste man auf Verlangen seine Sachen und Kleider 3 bis 4 mal visitiren lassen. Der Zollbediente, welcher in seinem Boot beständig an dem Schiffe liegt, giebt ein Verzeichniß dessen, was man mitnimmt; und alles, was man mehr bey sich hat, ist an den 3 Zollbuden, an welchen man unterweges anlegen muß, wenn man nicht in einer Schaluppe mit einer Flagge fährt, nach den Gesetzen confiscabel. Der Strom ist anfänglich zu beyden Seiten mit Reisäckern eingefaßt, und das ist der unglückliche Weg, auf welchem so mancher brünstiger Europäer seine Gesundheit hingeopfert hat.

Je weiter man den Strom hinauf kömmt, desto grösser wird die Anzahl der kleinern und grössern Fahrzeuge, welche theils ab und zu gehen, theils stille liegen. Näher nach der Stadt hin haben sie kaum auf dem Strome Raum, sondern müssen sich hinten und forne zusammen kuppeln und in ordentliche Gassen nach der Länge und Quere legen. Diejenigen, welche auf diese Weise ihre Zeit auf dem Wasser zu bringen, sind nicht lauter Schiffer oder Fischer. Der Fährmänner, die zu gewissen Zeiten abgehen und ankommen, ist eine grosse Zahl, und der Ruderer noch eine grössere. Die übrigen sind Handwerksleute, oder treiben auch einen kleinen Handel; sie haben Frau und Kinder, Schweine und Hüner, nebst allem ihrem Hausrath, im Boot, daher sie nicht nöthig haben an Land zu kommen; es sind auch von der Regierung eigene Aufseher über dieselben verordnet. Von der Stadt Canton selbst kann ich nichts weiter sagen, als daß sie in des Lord Ansons Reise um die Welt (nach einer alten Zeichnung, die ich schon in Schweden gesehen habe, ehe der Lord Anson damals aus England abgieng, und deren Original auch fehlerhaft ist) unrichtig abgebildet,

bildet, und daß sie mit einer glatten, runden, ziemlich hohen Mauer umgeben ist, die oben nahe an einander Schießscharten hat, welche, wo ich nicht irre, von den Herren Ingenieurs crénaux genannt werden. In dem Strome sind 3 kleine Inseln auf eben die Weise zu Castelen gemacht, mit der Vermehrung, daß innwendig ein zwey Stockwerk hoher Cavalier aufgemauret ist, welcher die Werke inner- und ausserhalb commandiret und auch zur Retirade dienen kann. Eine solche Gestalt haben die übrigen an der Landseite auf Hügeln angelegten Schanzen ebenfalls, welche ausweisen, daß das Dessein sein Absehen auf die Sicherheit, aber nicht auf das Naturel der Chineser hat. Ein solches Werk könnte in diesem Lande durch gute Officiers und muthige Soldaten lange genug vertheidigt werden; wenn aber der Chineser eine Zuflucht weiß, so dürfte er es wohl schwerlich wagen, auf den Aussenposten Heldenthaten zu thun.

Die Vorstadt, in welcher die Europäer ihre Factoreyen haben, ist durch viele Canäle abgetheilt, und so dichte als möglich bebauet, wie denn viele Häuser weit in das Wasser hinaus auf Pfählen stehen. Die Quartiere sind groß, mithin die Hofräume schmal und lang, wornach man sich mit der Eintheilung hat richten müssen. Da sie die Rinnsteine gerne unter der Erde führen, so müssen die Fundamente ihrer Häuser viel kosten, die Gebäude aber, welche sie darauf bauen, sind nicht sehr dauerhaft. Man findet hier und da offene Hofplätze, zwischen welchen bisweilen Fußböden der Wohnzimmer angelegt werden, über die nichts, als ein Ziegeldach kömmt. Die Treppen haben die Fehler der surattischen, sie sind nehmlich enge, und die Stufen hoch und schmal. Wenn die Zimmer nicht durch

Thü-

Thüren und offene Wände Licht erhalten, hat man ihnen Fenster von Perlenmutterschaalen gegeben, daher die Domkirche in Goa in dieser Absicht zu den Wundern der Welt gewiß nicht gezählet zu werden verdient. Die Wände sind mit feinen weissem oder bemahlten Papier bekleidet, und mit einigen chinesischen oder europäischen Stücken gezieret. Bey den Chinesern selbst hängen mehrentheils einige Tafeln mit Denksprüchen herum. Fast an jedem Zimmer ist ein kleiner Gartenplatz, in welchen einige Blumenbetten und Gestelle zu Blumentöpfen und grössere Gefässe zu Schnecken, Goldfischen u. d. g. befindlich sind.

Ihre Säulen dienen einzig und allein, die Sparren zu tragen. Die Verhältnisse der Theile wird, wie ich vermuthe, Herr Chambers eingegeben haben. Bey einer gewissen Ehrenpforte schien nach dem Augenmaße zu urtheilen, dem mittelsten Portal ⅔ der Höhe gegeben worden zu seyn; die Seitenportale verhielten sich wegen der Höhe und Breite gegen das mittelste eben so. Genauere Abmessungen zu machen ward ich von dem Pöbel verhindert.

In ihren Gärten sieht man weder künstlich gezogene Bäume, noch Alleenhecken oder figurirte Blumenstüke, sondern es ist in denselben alles in einer natürlichen Confusion. An statt der Grotten werfen sie Haufen von einer porösen Steinart zusammen, welche Bergen und Klippen ähnlich sind. Dieser Geschmack an dem wilden Ansehen der Gärten erstreckt sich bis auf die kleinen Blumenbetten und Blumentöpfe in den Häusern.

Eine der fürnehmsten Pagoden ist in der Vorstadt in einem stillen Hayne; sie sieht von aussen den andern ähnlich, ist aber höher und weitläuftiger. Man sagte, daß sie ehedem den Jesuiten zugehöret habe.

habe. Die Bauart und Einrichtung ist völlig nach einem etwas verbesserten chinesischen Geschmacke. In der fordersten, niedrigsten Abtheilung oder im Vorsaale, standen vier Riesenbilder von weisser, brauner, schwarzer und rother Farbe, in einer Stellung, als ob sie mit dem Säbel um sich hauen wollten. Dieses siehet nicht Chinesisch aus, denn gesetzt auch, die Chineser wüßten, von was für einer Farbe die Americaner wären, woran ich jedoch sehr zweifele, so würden sie ja wohl der Meynung gewesen seyn, daß die Ehre, bey den Göttern Trabant zu seyn, ihnen mit Ausschluß aller übrigen zukäme. Diese Statuen haben auch weitere Augen, als man sie bey den Chinesern findet. Vermuthlich waren sie bestimmt, die Allgemeinheit der römischen Kirche, eine Sache, wegen welcher sie sich mehr als wegen der übrigen Eigenschaften Mühe geben, abzubilden. Nach hinten ist ein Hofraum, dessen Seiten mit niedrigen Gebäuden eingefaßt sind, forne hat er ein hohes, frey stehendes, ziemlich grosses Haus, das wie bey andern Pagoden mehr breit als lang ist. Rund um das ganze Gebäude geht, wie in dem südlichen Europa gebräuchlich, ist, eine Treppe, welche zu der Thüre führt, in die man aber, aus unbekannten Ursachen, nicht gehen darf, daher ich auch meine ungewissen Vermuthungen wegen der Bilder, die man in einem so finstern Zimmer nicht recht erkennen konnte, zurück halte. Wenn man etwas weiter geht, so kömmt man wieder an ein Gehöfte, welches ein Canal theilet, und an der andern Seite ebenfalls eine zwey Stockwerk hohe Pagode hat. In dem untersten Stockwerke sitzt ein dicker, fetter, halb nackender Götze auf einem Altar oder Sofa; er scheint aus vollem Halse zu lachen, hat das eine Bein unter sich und hält das andere

Knie in die Höhe, kurz er hat eine recht unanständige Stellung. Vor ihm steht ein eiserner Rauchaltar, auf welchem, von geraspelten Holze gemachte Lunten brennen. In dem oberen Stockwerke befindet sich ein Bild eines Frauenzimmers, welches mit kreutzweiß gelegten Beinen sitzet, die Augen niederschlägt und sehr bescheiden lächelt. Beyde Statuen übertreffen die gewöhnliche Menschengrösse, und sind überall verguldet. Aussen vor der Stadt stehen in dem Vorgemache einer auf einem Berge befindlichen Pagode, zwey weisse Pferdebilder. In dem äusseren Zimmer steht eine kleine Statue, welche eine Frauensperson mit einem Kinde auf dem Arme vorstellt; in dem inneren befindet sich ein grösseres Bild, auf einem Stuhle, welches nach chinesischer Art einen langen Bart hat, und vor welchem sich 4 stehende Bilder befinden. In jedem Hause, auf allen Schiffen und Sampanen an der Backbortsseite ist, eine kleine Capelle, in welcher sie räuchern, oder Orangerien hinein setzen u. s. w. mannichmal mag wohl die ganze Capelle aus einem bemahlten, oft zerrissenen Papiere, nebst einem kleinen irdenen Gefässe mit Asche und Lunten bestehen.

Die Seefahrer und auch Reisebeschreibungen (wie man an de vris Anmerkungen sieht) nennen die Pagoden Joßhäuser, denn wenn man einen Chineser nach dem Namen des Bildes fragt, antwortet er Grande Joss, an statt gran Dios. Die ungestalten Bilder, von welchen Pintos redet, habe ich nicht gesehen. Die Bonzen, welche bey den Pagoden dienen, tragen lange, bis auf die Füsse reichende graue Kleider, mit weiten Ermeln; Kopf und Bart sind geschoren; ihre Mützen sind schwarz und rund. Quer über dem Strome liegt eine grosse Pagode, bey welcher wohl 100 Bonzen unterhalten werden.

werden. Sie haben ein so weitläuftiges Feld, daß sie nicht nur den erforderlichen Reis und Früchte selber bauen, sondern auch einiges Vieh halten können, welches sie, wie man sagt, bloß ernähren und begraben. Sie haben in ihrer Zunft alle nöthigen Handwerker, daher sie, wie es scheint, andern Leuten nicht zur Last gereichen. Proceßionen mit Bildern, Masken, Spiel= und Gauckelwerk, werden oft vorgenommen. Uebrigens aber bekümmern sich die Chineser um ihre Abgötter und Götzentempel nur wenig.

Die Leute sind an Größe sehr verschieden, sehr grosse aber sind unter ihnen selten. Die Mannspersonen haben eine gelbliche Haut; das vornehmere Frauenzimmer ist blond, das geringere aber von der Sonne verbrannt. Der Knochen über dem Auge steht sehr hervor und macht mit dem Kinne ein Dreyeck. Die mehresten können die Augen nicht recht aufschlagen, und man sagt, daß die Gewohnheit die Kinder mit niederhangenden Kopfe auf dem Rücken zu tragen, verursache, daß die Augenlieder gleichsam geschwollen sind, denn die Orbita ist bey ihnen, wie bey andern Leuten. Ihre Nasen sind ein wenig platt, die Lippen mittelmäßig, und die Minen, wenn sie Hofnung haben etwas dadurch zu gewinnen, Zuckersüß.

Die Kinder werden anfänglich geschoren, um den Haarwuchs zu befördern, nachher läßt man eine oder auch drey Locken stehen. Die Mannspersonen müssen sich bekanntlich scheren, einen Zopf auf der Scheitel ausgenommen, den sie in 3 Stränge flechten. Ihre Neigung zu einem starken Haarwuchs muß wohl abgenommen haben, denn ich habe in Queda gesehen, daß ein paar daselbst wohnende Chineser, die wohl nie glaubten China wieder zu sehen, ihre Häupter geschoren hatten, dahingegen ihr Nachbar, der auch ein Chineser war, alle seine Haare nach der alten Weise gebunden hatte. Der Bart will bey ihnen nicht recht wachsen, vielleicht aber wollen sie nur einen dünnen Bart haben. Wenn man einen Chineser fragt, was er für seinen Haarzopf haben will, so fragt er wieder, was man für seinen Kopf verlanget. Es ist kein Wunder wegen einer Sache besorgt zu seyn, die man 20 oder 30 Jahre in acht genommen hat. Das Frauenzimmer bindet seine Haare über der Scheitel, und damit der Zopf ansehnlich werde, binden sie lose Haare mit hinein, und bringen so viele und so kostbare Haarnadeln an, als es ihre Umstände nur verstatten. Sie geben sich wegen gerader und glänzender Haare ungemeine Mühe, vielleicht aber liegt hierinn der Grund, daß die Haare, wenn sie alt werden, nicht fest sitzen. Beyde Geschlechter lassen die Nägel wachsen so lang sie können, wenn sie nicht dadurch in ihren Geschäften gehindert werden.

Auf den Gassen siehet man viele Blinde *), und diese sind die einzigen Bettler, von welchen man beunruhigt wird. Die Almosen, die ihnen die Chineser reichen, bestehen in einem Löffel voll Reis. Die sonst hiergangbarste Krankheit ist die Frucht ihrer Geilheit. Ein gesetzter Chineser berichtete, daß sie diese Krankheit per τεκνοφαγίαν alternis diebus, alternis jejunio, in 100 Tagen curirten. Ich kann für die Wahrheit dieser Nachricht nicht Bürge seyn,

---

*) Vielleicht rührt die Blindheit der Chineser ausser andern Ursachen, (S. oben S. 260.) grossentheils von ihren Ausschweifungen in der Wollust her. Man vergleiche hiemit TISSOT *de febr. bilios.* S. 187. 189.

seyn, das aber weiß ich, daß es möglich ist, von diesem Gerichte hinreichenden Vorrath zu erhalten. Ein Chineser nimmt lieber Geld für seine Abkömmlinge, als daß er sie vor nichts ins Wasser werfen sollte; an dem letzteren zweifele ich nicht mehr, seitdem ich verschiedene Kinder auf dem Strome schwimmen gesehen; ob es aber mit oder ohne Genehmigung der Obrigkeit geschieht, kann ich nicht sagen.

Ihre Kleider sind weit und lang, und hiesigen Ortes mehrentheils von Gaze oder andern dünnen Zeugen. Die Stiefeln sind von einer Art seidenen Zeug gestickt, haben dicke Sohlen und keine Absätze. Den Kopf bedeckt man mit einem von Rottang geflochtenen mit Flor gefütterten Huthe, der eine Kegelform hat oder einer Schüsseldecke ähnlich ist. Auf der Spitze desselben sitzt ein Büschel von rothen Haaren, welcher den Huth von allen Seiten bedeckt und auf dem Büschel ist ein Knopf, der den Rang der Personen anzeigt, wie der Pater DU HALDE bemerkt. Im Winter bedient man sich einer runden Mütze, welche von schwarzen Sammet oder Satin ist, ein kleines Gebreme hat, und auf welcher ein Büschel von rother Seide befindlich ist; man trägt auch wärmere Kleider. Die geringeren Leute tragen schlechtere Zeuge zu Kleidern, Strümpfe von Nankin, Schuh von eben diesem Zeuge ohne Schnallen, und gehen mehrentheils mit dem bloßen Kopfe. Die ärmsten tragen bloß Beinkleider und weiter nichts. Das Frauenzimmer geht mit bloßen Köpfen; ihre Kleider liegen etwas mehr am Leibe an, Schnürleiber aber sind ihnen unbekannt. Dißmal hatte ein Engländer seine Frau mit sich in Canton, die Chineser aber konnten zwischen dem weitläuftigen Unterzeuge und der Oberetage gar kein

Verhältniß finden. Ihre Schuh sind spitzig, und haben steife Absätze, auf welchen sie wie auf Stelzen gehen, wenn sie von der Stelle wollen, weil das Zusammenpressen den Zehen alle Stärke benimmt. Die Armen tragen bloß einen niedrigen Ueberrock über die Beinkleider.

Die ganze Welt weiß, daß die chinesische Sprache schwer zu erlernen ist; man kann es sich aber nicht so vorstellen, bis man sie selber höret. Ihre vielen Accente sind eine grosse Schwierigkeit. Sie stossen das eine Wort heraus, als ob sie zankten, und ziehen das andere so langsam herfür, als wenn die Zunge am Gaumen klebte. Ihre starken Aspirationen, auch vor den Initial-Consonanten, kann nicht jede Zunge aussprechen. Die europäischen Sprachen fallen den Chinesern nicht sonderlich schwer, wenn nur das D und R wegbleiben könnte; sie sagen daher statt Doctor und Padri, Locta und Pali. Mit dem D kommen sie noch einigermassen zurechte, das R aber ist ihnen zu schwer. Mit den Schweden sprechen sie mehrentheils gebrochen Englisch, sonst aber gebrochen Portugiesisch, Französisch, Holländisch, und einige wenige können etwas Schwedisch. Ein Kaufmann wurde gefragt: have you any Stockings? und er antwortete: no habb. Man wieß auf ein paar Strümpfe und fragte: what is that? Oh! gab er zur Antwort, telumbo, telumbo. Wenn ein solcher groß oder klein sagen soll, so spricht er nicht great oder small sondern grande oder galande, und pequenini; und so in andern Fällen.

Von ihren Neigungen und Gemüthsbeschaffenheit haben andere Nachricht ertheilet. Ich muß mich nur wundern, daß die Mißionarien, wenn sie von ihren herrschenden Lastern, dem Eigennutz, Gie-

rigkeit,

tigkeit, gröberen und feineren Diebesstreichen ꝛc. reden, von ihrer viehischen Unzucht sehr wenig sagen. Es ist unglaublich, daß sie hievon keine Nachricht gehabt haben sollten. Die Chineser sind zwar zu vorsichtig, sich ihrer Ausschweifungen so cavalierement zu rühmen, wie einige Westländer; wer aber nur einige Zeit in Canton gewesen ist, lernet einen und andern lateinischen Poeten, der anstatt der Aganippe aus der Mistpfütze getrunken, sehr bald verstehen. Vielleicht vermuthen einige, daß dergleichen für ein Peccadillo angesehen werde, so nicht sehr in Rechnung kömmt; aber das wäre von den ehrwürdigen Vätern zu hart gedacht. Ausser Zweifel haben sie die Nation nicht beschimpfen, und auch von so schändlichen Sachen nicht schreiben wollen. Dem sey wie ihm wolle, so kann man dem Clima die Schuld nicht beymessen, wozu man wohl durch einen unvollkommnen Schluß verleitet werden könnte, denn das ganze Argument fällt dahin, wenn ich zum Beyspiele die Malabaren und die keuschen Parsier anführe, welche doch in Suratte unter einem Himmelsstriche mit den Mohren wohnen und eine wärmere Luft als in Italien haben.

Muth haben sie nicht anders, als wenn sie stehlen wollen, dabey sie oft den Rücken und auch das Leben aufs Spiel setzen. Sie sind aber doch rachgierig und heimtückisch, wie alle kleine Geister. Dankbarkeit ohne Absichten, Barmherzigkeit, Versöhnlichkeit, und alle großmüthige Denkungsart sucht man bey dem größten Haufen vergeblich; wenn daher Rochefoucault unter den Chinesern gebohren und erzogen worden wäre, so würde er vermuthlich geläugnet haben, daß es eine Tugend gebe. Bey diesem allen sind sie sehr höflich, und müssen es wohl seyn, weil eines der höchsten Collegien des Reiches auch

die

die Privatceremonien zum Augenmerk hat. Das Grüßen geschicht auf folgende Art: Man ballet die linke Hand, legt die rechte oben darauf, senkt sie nieder, bücket sich, und hebet sie wieder auf. Diejenigen, welche sich an den freyeren Umgang der Europäer gewöhnet haben, bewegen blos die geballten Hände, und sagen Kin, Kin. Bey den Thüren complimentiren sie um die Ehre des Vorangehens, und ehe sie sich setzen, lassen sie sich einigemal darum bitten. Kömmt man zu ihnen, so wird man mit Thee, eingemachten Sachen, und wohl auch mit europäischen oder capischen Weinen, alles nach Massgabe des Anscheins zum Handel bewirthet. Man hat Erlaubniß in ihren Zimmern herum zu gehen, nur muß man dem Frauenzimmer nicht zu nahe kommen, denn die Chineser sind, wie alle Nationen, wo die Vielweiberey gebräuchlich ist, eifersüchtig. Alles dieses und noch mehr gehet blos die Kaufleute und Handwerker an. Wie es mit den Vornehmern beschaffen sey, ist mir unbekannt, was aber die geringern von ihnen sagen, ist nicht zuverläßig genug darauf zu bauen, und wird von den Reisenden durch eigene Erfindungen vermehret.

Sechster Brief.

Da ich durch die Gütigkeit des Herrn Archiaters mit der Botanik ein wenig bekannt geworden bin, und von den Verdiensten des Baron Rheede um dieselbe gehöret und gelesen habe, so würde ich unverantwortlich nachläßig gewesen seyn, wenn ich bey seinem Grabmale ohne Aufmerksamkeit vorbey gegangen wäre. Ich erfuhr hiebey, so wie in vielen andern Fällen, die Hinderniß, daß da es für mich unanständig war, Pionen zu halten, ich die Zeit

Zeit wahrnehmen mußte, wenn ich Begleiter haben konnte, diese aber wollten sich nicht immer da verweilen, wo ich etwas antraf, das nach meinem Urtheil merkwürdig war; als ich zum andernmale dahin kam, waren die Fenster verschlossen. Ich konnte also nicht das ganze Epitaphium, sondern nur das Vornehmste desselben abschreiben, welches ich vorlängst mittheilen sollen, wenn ich gewußt hätte, daß es bisher unbekannt gewesen wäre. Was ich in der Eile abschrieb, lautet wie folget:

HINDRICH ADRIAAN Baron van REEDE TER DRAKENSTEIN Heere van OMEI - - - Commissaris van de General Nederlandse Geoctroyerde Oostindische Compagnie over OSTINDIA, Representerende in dien qualité de Vergaderingen D. E. Heeren, Overleden d. 15 Decembr. Ao. 1691, op 't schep Dregterdam, Zeylende van Couchin na Suratta, op de hoogte van de Engelsche Sterkte BOMBAY. Oud ongevaer 56 Jaaren.

Ich werde doch wohl in Schweden das nachsagen dürfen, worous man dort zu Lande kein großes Geheimniß machte, daß man ihn nemlich durch ein requiescat in pace aus diesem elenden Leben weggeholfen hat. Es ist auch nicht unwahrscheinlich, denn eine so weit ausgestreckte Macht in den Händen eines redlichen Mannes, muß für manche etwas sehr schreckliches seyn. Wenn man sich in Ostindien einige Anecdoten von der holländischen Art zu regieren daselbst sagen läßt, so verwundert man sich nicht, daß die Angelegenheiten der Compagnie nur selten andern, als solchen anvertrauet werden, welche unverwerfliche Proben der guten Beobachtung ihrer eigenen abgelegt haben. Man sollte glauben, daß die Obrigkeit hierinn ein Einsehen haben werde, sie

bringet

bringet aber aus dem Vaterlande die vortrefliche Regel mit: Leven en leven laten, welche sie von allen scharfen Untersuchungen abhält.

Mit Dero Erlaubniß werde ich fortfahren unsere Reise und jetzo das übrige Verhalten der Chineser zu beschreiben.

Zu einem tiefen Nachsinnen sind sie entweder unvermögend, oder doch dazu nicht aufgelegt. Es müssen auch manche Europäer dem Herrn Loubere eingestehen, daß man in der Hitze zum Nachdenken verdroßen ist. Zum Handel hingegen ist die Application der Cantonenser desto größer. Sie streben dem Gewinne unermüdet nach, und da ihre Speculationen oft übertrieben sind, so entstehen unter ihnen viele Fallissements. Alle Menschen wollen handeln, und wenn ein Tagelöhner von der Arbeit kömmt, geht er noch zum Feyerabende mit Kleinigkeiten oder gestohlnen Sachen herum. Die Verschlagenheit in Rechnungen, Maß, Gewicht und Beschaffenheit der Waaren zu betrügen, haben sie mit vielen Völkern gemein, wie sie denn auch bey gewissen Conjuncturen ihre Waaren zu steigern wissen. Nach Ankunft der emdenschen Schiffe pflegt eine Aenderung im Preißcourant unausbleiblich zu seyn. Sie sind allemal bereit zu verkaufen oder auch zu tauschen, ungerne aber geben sie Silber für etwas, außer für Stimulantia, von welchen hier der beste Absatz ist. Es ist besonders, und man sollte es ihnen kaum zutrauen, daß sie einen so großen Werth auf antique Gemählde und Porcelläne setzen. Ich fragte einmal nach dem Preise einer kleinen schlechten Theekanne, die in Schweden kaum 3 Thl. K. Mz. gegolten haben würde, der Kaufmann aber verlangte 10 Stück von Achten, und zeigte mir auf dem Boden derselben einen Stempel, nach welchem

sie

sie in den Zeiten eines gewissen Kaisers vor 4000 Jahren gemacht seyn sollte, gleich als ob man damals zur Hülfe der Chronologie so geringe und zerbrechliche Gefäße erwählet hätte. Vermuthlich rührt der hohe Preiß daher, daß die Regierung auf Alterthümer viel hält.

Von Handwerksleuten giebt es hier viele, welche fleißig und in den Preisen billig sind, wenn man sich nemlich nicht hintergehen läßt, welches den Neuankommenden oft wiederfährt. Ihre offenen Werkstätten haben den Nutzen, daß keine Kunst ganz unbekannt bleibt, oder von den Vorbeygehenden für schwer gehalten wird; welches für die Südländer ein großer Vortheil ist, der wahrscheinlich auch in dem Norden zu erhalten seyn würde, wenn man die Gewohnheit ablegte, daß keiner, der nicht etwas kauft, in eine Werkstatt kommen darf. Ich glaube beynahe, daß dieser Eigensinn und Argwohn von unsern Handwerksgewohnheiten herkömmt. Die Cantonneser sehen sehr darauf, daß ihre Arbeiten ins Auge fallen und geschwinde aus der Hand kommen, aber nicht so sehr darauf, daß sie gut und stark sind; sie geben sie auch selber nicht für die feinsten und besten aus, denn wenn sie ihre Waaren rühmen wollen, so sagen sie, daß sie von Nanking sind z. B. Nanking - Silk, Nanking - Ink, Nanking - Fans, ja sogar Nanking-Hams.

Die Mahler würden gut genug seyn, wenn sie mit der Schattirung zurechte kommen könnten. Man findet sehr schöne auf Pappier und Glas ge-

Ji   mahlte

mählte Stücke, aber auch so schlechte Zeichnungen, als irgend an einem Orte. Lackirtes Holzwerk und emaillirtes Kupfer wird an einem andern Orte schwerlich für den hiesigen Preiß zu haben seyn. Von Bildhauern, die in Stein oder Holz arbeiten, habe ich nicht gehört; Bilder von Thon aber sind wohlfeil.

Die Tischler machen beynahe alles nach, was man ihnen zeiget. Sie haben sehr wenig Handwerkszeug, und wozu soll ihnen zum Beyspiel die Hobelbank, wenn oft der Fuß die Dienste derselben thut? Ihre Fügungen erhalten ihre größte Stärke durch das Leimen.

Die Arbeit der Schmiede geht auch nicht ins Große; wenn sie Ringe oder Schnallen machen wollen, so schlagen sie sie nicht rund, sondern brennen sie.

Weber sowohl, als auch solche Leute, welche Seide und Baumwolle vorher zubereiten, giebt es hier in Menge. Man hat auch Zinngiesser, Goldschmiede, Porzellänmahler und Flicker nebst vielen andern.

Die Leichdorn= und Nagelbeschneider bedienen sich eines Instrumentes, das einem kleinen Drechseleisen ähnlich ist. Ihre Barbierer haben eine unvergleichlich leichte Hand zu rasiren, wer es aber nicht gewohnt ist, wird bestürzt, wenn sie ihn nachher bey der Nase zupfen und mit geballeter Faust in den Rücken zu schlagen anfangen.

Ihre Aerzte scheinen achtsam zu seyn, weil sie eine ganze Stunde bey dem Pulsfühlen zubringen können, sie müssen aber wohl auch Marktschreyergriffe anwenden, wenn sie aus demselben die Zahl der

der Stuhlgänge, welche der Kranke gehabt, sagen wollen.

Die triefenden und schwachen Augen der Chineser, kommen, wie die Europäer sagen, von dem Reis, der ihre gewöhnlichste Speise ist. Nächst dem Reis ist Speck und gesalzene Fische am gemeinsten, man schneidet beydes in kleine Bissen und isset es mit dem Reis zugleich, wobey man sich ein paar kleiner Stöcke bedient. Bey den Vornehmen giebt es Vogelnester, Hirschsehnen und mehr dergleichen stärkende Leckerbissen. Zwischen den Mahlzeiten gebrauchen sie Thee, eingemachte Sachen, Betele und Tobak, der fast so klein als Schnupftobak ist, und von beyden Geschlechtern aus meßingenen Pfeifen geraucht wird. Die Chineser lieben auch, so wie alle Morgenländer, das Opium, wiewohl es sehr scharf verboten ist.

Sie spielen gerne Würfel; eine Gattung Dame; Karten, welche von Holz sind u. s. w., die Freyheit zu spielen aber ist doch bey ihnen eingeschränkt. Ihre Gaukler sind ungemein geschickt: einer derselben nahm ein Stück Holz hervor, und stellte, nach einigen Hocus pocus, eine lebendige Schlange und eine Schildkröte dar. Die Comödien agiren sie auf den Gassen, zwischen zweyen der obern Stockwerke, oder auch an andern Orten, wo die Zuschauer Platz finden können. Bey Aufführung ihrer Schauspiele laufen zwar manche grobe Fehler mit unter; z. B. wenn 8 bis 10 Personen zwo Armeen vorstellen, wenn sie, anstatt Anhöhen zu ersteigen, auf Stühle klettern u. s. w. Gleichwohl aber besitzen die Banden, welche aus lauter kleinen Knaben bestehen, eine bewundernswürdige Fertigkeit, denn sie agiren oft ganze Tage ohne Anstoß, mit unzehlbaren Grimacen, bald singend, bald redend, und das alles nach dem Tacte. Bey ihrem Fechten und Ringen müssen sie den Hieb so genau abpassen, und sich nach einer so abgemessenen Cadence zu Boden werfen lassen, als auf einer Tanzschule. Einige Leidenschaften können sie so lebhaft vorstellen, als wenn sie die Originale selbst wären. Ein Knabe sollte einsmals einen empfindlichen, argwöhnischen, aber seiner Frau unterwürfigen Mann, und der andere eine etwas verbuhlte Frau, die ihre Herrschaft bey Gelegenheit zu gebrauchen weiß, und sehr arg ist, vorstellen. Es setzte anfänglich Schläge; da aber Madame dermaßen zu Schlucksen, Weinen und Schnauben anfing, daß ihr ganzer Körper bebte, konnte er sie mit vielen Fußfällen kaum halb gnädig machen; und die Friedensartikul schienen für ihn nichts weniger, als vortheilhaft zu seyn. Die Instrumente hiebey sind ein paar Stückchen Holz, welche ¾ Elle lang und an einem Ende zusammen gebunden sind, die man auf den Daumen setzet, und damit wie mit Castagnetten, nach dem Takte klappert. Außer diesen haben sie kleine Trummeln, größere und kleinere Pauken, Cong Cong oder runde meßingene Becken wie Bratpfannen, Querpfeifen, Zittern, metallene Schalmeyen, gerade Hörner, und ein Instrument, welches ich mit voriger Gelegenheit überschickt habe, und das in einer hohlen Halbkugel besteht, an welcher 13 bis 15 aufgerichtete Pfeifen angebracht sind, die durch zitternde Fallklappen die in die Hölung geblasene Luft auffangen. Wenn die vielröhrige Hirtenpfeife des Pans nicht auf diese Art gemacht gewesen ist, so wßte ich nicht, wie er mit 32 Theilen auskommen können. So elend ihre Stücke auch sind, so setzen sie

sie doch einen höhern Werth auf dieselben als Corellis, und darinn verdienen sie alles Lob, daß, wenn ihrer fünfe oder sechse spielen, man kaum gewahr wird, daß es mehr als einer ist, wiewohl die chinesische Musik auch selbst dem Römer, wenn er sie in der Geschwindigkeit beurtheilen sollte, unbegreiflich vorkommen würde.

Siebenter Brief.

Ob ich mir gleich Mühe gegeben habe dasjenige wegzulassen, was ich bey andern Schriftstellern bereits richtig beschrieben gefunden, so sehe ich dennoch aus den stockholmischen Wochenblättern von den Jahren 1751 und 1752, daß ich mich entweder auf mein Gedächtniß, oder auch auf die Aufschriften in den englischen Sammlungen zu sehr verlassen habe.

Das chinesische Ellenmaß, oder Cubit, wie man es nennet, hält beynahe 14¾ Zoll. Ich zweifele, daß es Gefäßmaße bey ihnen giebt, da sie fast alles, bis auf Holz und Wasser, nach dem Gewichte verkaufen. Ein Pekul beträgt ohngefehr 142½ Pfund schwedisches Gewichtes. 100 Catti machen ein Pekul aus. Mit diesen wägt man schwere Waaren. Silber, Gold und dergleichen werden nach Thel gewogen, von welchen 16 ein Catti ausmachen. Ein Thel hält 10 Mes, ein Mes 10 Candarin; und ein Candarin wiegt 10 Cas. Der Pater du HALDE führet noch 8 Gradweise kleinere Gewichte an, so daß ein Sun, welches das allerkleinste ist, nur denjenigen dienen zu können scheint, welche mit Messer und Gewicht untersuchen wollen, ob die Materie bis ins unendliche theilbar sey. Sie haben, wie bekannt ist, nur eine von Meßing geprägte Münze, von Größe eines Zweengroschenstückes, welche in der Mitte ein viereckiges Loch hat. Sie stehet mit 1 Cas Silber dem Werthe nach in Verhältniß, gegenwärtig aber geben sie nur 8 solcher meßingenen Cas für ein Candarin; eben so wie das Gold, gewisser Ursachen wegen, auf dieser Reise 14½ mal mehr als Silber galt. Ihr Simphun oder Rechentafel ist ein vierseitiger Rähm, welcher der Länge nach (nicht völlig in der Mitte) mit einer Leiste abgetheilt ist. In der Leiste sind 11, 13, 21 oder mehr Stifte, auf welchen Kugeln, 2 nemlich auf der einen und 5 auf der andern Seite laufen. Die letztern bedeuten 1, 10, 100 ꝛc. Die beyden andern zeigen jede 5 solcher gegenüber stehender Einheiten, Zehner u. s. f. an. Mit dem Zusammenrechnen und Abziehen geht es sehr gut, im übrigen aber will es nicht recht fort. Ich bedaure jetzo weder zum ersten, noch zum letztenmale, daß ich nicht zeichnen kann, wo ich mich aber recht erinnere, so ist in des LOVBERE description de Siam eine Zeichnung davon, und ich habe auch das vorigemal ein solches Simphun überschickt. Sie schreiben mit einem Pinsel, den sie zwischen dem Daumen und den beyden hintersten Fingern senkelrecht auf der einen Seite halten, und legen hiebey blos die Hand auf den Tisch oder das Pappier. Man sollte meynen, daß es mit ihrem Schreiben sehr langsam herginge, aber ihr Pinsel läuft so schnell, als die Feder des hurtigsten europäischen Schreibers. Sie haben auch Cursivschrift, welcher sie sich aber nicht anders, als in ihren eigenen Geschwindschriften bedienen.

Um

Um 900000 Cantonnenser im Zügel zu halten, bedarf es so guter Masregeln, als die chinesischen sind. Die Gerechtigkeit wird, besonders auf frischer That, promt ausgiebt; die Ungerechtigkeit aber öfters eben so sehr. Bisweilen geschicht es doch, daß verschiedene Einwendungen die den Europäern zu gebende Genugthuung verschieben. Die Europäer vergeben ihrem Rechte nicht leicht etwas; wenn sie aber nichts ausrichten, so sind hieran die chinesischen Officianten, welche einer oder der andern Ursache wegen, sich der Sachen nicht recht annehmen, schuld. Beyspiele hievon siehet man in Ansons Reise *). Drohet man aber, sein Recht weiter zu suchen, so müssen sie fürchten, daß ihnen wiederum ihre Vorgesetzten die so empfindliche Silberader öffnen werden. Der Verkauf auch der geringsten Bedienungen, ja sogar der Mandarinsstellen ist so allgemein, daß ein jeder davon spricht, und daß man sich untersteht, es auf dem Theater zu sagen. Ein Visitator, der an dem Schiffe lag, zog eine beträchtliche Summe Geld von dem Bootsmanne, der ihn beherbergete, für den Verdienst, welchen dieser von unserm Schiffsvolke haben konnte, der Visitator hingegen sagte, daß er dem Zöllner hätte geben müssen, und so scheint es immer weiter zu gehen; mithin wird sich hier oft ereignen, was einer unserer Leute von der portugiesischen Zolleinrichtung sagte, daß sie auf dem Pappier gut sey, in der That aber wenig oder nichts tauge. Die Policey richtet doch, sowohl in der Stadt, als auf dem Wasser, wo ein gewisser Officierer ordentlich Runde hält, so viel aus, daß des Nachts alles stille ist. Die Thore, welche

*) Siehe daselbst des dritten Buchs 9 und 10tes Hauptstück.

welche in den Gassen des Nachts verschlossen werden, bleiben der Europäer wegen nahe um die Factoreyen offen, und man kann da des Nachts ganz sicher gehen, wo man sich bey Tage für Taschendiebe hüten muß; begiebt man sich weiter in die Stadt, so fliegen einem Schimpfreden, und kleine Steine als Schneeflocken um die Ohren; und will man sich außerhalb der Stadt umsehen, so muß man Gesellschaft haben, geschwind gehen und mit einem guten Stocke versehen seyn. Grobe und feine Dieberey wird mit gewissen Schlägen mit Bambu bestraft. Die Gefangenen sind um den Kopf und die eine Hand so geschlossen, daß die Hand nicht zum Kopfe gebracht werden kann. Im August 1748 wurden bey Canton einige Rebellen auf die Weise abgethan, daß man ihnen eine Schnur zweymal um den Leib legte, an beyden Enden derselben Pferde spannte, und so den Körper von einander schneiden ließ. Da übrigens größere und geringere Bediente über ihre Untergebene beynahe souverän sind, so müssen die Verbrecher, oft auch für kleinere Fehler, mit der tiefsten Unterthänigkeit und auf den Knien, sich ausschelten, in das Gesichte spucken lassen und mehr dergleichen Pillen verschlingen.

Von wilden Thieren giebt es, außer den Menschen, auch Tiger, die sich in den Gebürgen aufhalten sollen, über welche die nordliche Landstraße geht; ihretwegen siehet man in den Winternächten die Laternen zu hunderten vor den Reisenden ihrer Sicherheit wegen vorher tragen. Die Hunde dürfen nicht mehr als bellen. Kleine, besonders spanische Hunde werden von dem chinesischen Frauenzimmer geliebt, und von ihren Männern gut bezahlt, worunter eine List stecken mag. Die Liebe muß doch auf
etwas

etwas geheftet seyn. Es wäre ein wunderlicher Zirkul, der bald Parabolen bald Hyperbolen beschreiben kann. Es giebt hier Büffel, Ochsen, und Schafe, deren Schwanz eine Handbreit lang und breit ist; Schweine sind hier in Menge, weil man ihr Fleisch täglich isset. Pferde giebt es wenige, und man braucht auch nicht viele, weil sich die Vornehmen in Portechaisen tragen lassen, und was nicht in Booten geführet werden kann, trägt man auf den Achseln; wobey die sonst weichlichen Chineser zeigen, was gute Handgriffe für Vortheile gewähren; sie gehen leicht und eben, und legen die Stangen allemal schief auf die Achseln, wodurch das Schlüsselbein unberühret bleibt; sie können mit den Schultern sehr leicht abwechseln, und ihrer drey wissen an einer Last gleich schwer zu tragen, die zween zu groß und vieren zu leicht ist. Katzen sind ihnen wegen der vielen Mäuse nöthig. Die Chineser erkennen ihre Güte an der Farbe ihrer Augen und deren Veränderung, denn sie sagen, daß eine Katze dieselbe täglich 2 mal verändere.

Wachteln, Gänse und Hüner giebt es hier in Menge. Es sind hier auch Siamesische = oder Purrhüner, welche einen doppelten Hinterzeh haben. Von Enten werden bisweilen auf einem Boote einige hundert aufgezogen, welche mit gewissen Tönen commandirt werden, daß sie gehen und kommen. Cockado ist eine Art weißer Pappagoyen mit einem gelbem Zopfe (*Psittacus* cristatus). Seltene Thiere und Vögel werden recht ofte in den Factoreyen feil geboten, man mag aber nicht gerne besehen, was man zu kaufen nicht im Stande ist.

Ji 5   So

So leicht sich die Chineser auch kleiden, werden sie doch durch Ungeziefer beunruhigt. Die Mücken oder Muskiten, wie sie die Schiffsleute (von Mosquitos) nennen, beschweren die Europäer des Nachts dermaßen, daß man sie durch Gardinen abhalten muß, denn ihr Stich schmerzet und schwillt. Eine Gattung Schaben, (*Blatta* orientalis) die unsere Leute Kacklacken, und die Engländer Cockrodges nennen, kommt in Menge mit nach Europa.

Sie wissen besser, als ich, was es hier für Gewächse giebt, ich zeige nur an, daß ich um Canton keine Cocosbäume gesehen habe, und vielleicht kommen sie auch so nahe an dem Tropicus nicht fort, denn wenn sie sich hieselbst anpflanzen ließen, so würden es die Chineser gewiß nicht unterlassen haben. Wir nahmen auf der Rückreise zweene Theebüsche mit, beyde aber sturben, aller Sorgfalt ohnerachtet, ab. Der eine war Ankai und der andere Soatchoun. Der erstere hatte länglichrunde, und der andere lanzettförmige Blätter.

Die kleineren Fahrzeuge der Chineser heißen Sampanen. Man bauet sie mit einem platten Boden, ohne Kiel, breit, und nach dem Verhältniß der Länge nicht tief. Sie haben verschiedene Abtheilungen und Erker, und die Bequemlichkeit, daß man unter den Rohrmatten, welche über die Bambubogen gleichsam als ein Gewölbe gespannet sind, für Regen und Sonnenschein sicher ist. Solche Fahrzeuge möchten an manchen Orten unseres Mälersees nützlich seyn. Sie werden von einem oder mehreren Leuten auf eine besondere Art gerudert. Das Ruder hat eine artigere Gestalt, als man von Leuten, die keine mechanische Theorie besitzen,

tzen, erwarten sollte. Er ist in der Mitte aus zweien Stücken, aber etwas schräg zusammengesetzet, und spielt auf dem runden Kopfe eines eisernen Nagels; solchergestalt drehet sich das Ruder sowohl im Wasser als auf dem Nagel und der Bootsmann darf es blos hin und her führen. Das Blatt des Ruders ist sehr breit, welches auch nöthig ist, weil dergleichen Fahrzeuge, da sie keinen Kiel haben, das Wasser nicht durchschneiden, sondern nur darauf treiben. Auf den größeren Lastsampanen befindet sich außerdem noch forne an dem Buge ein steifes Ruder befestigt, mit welchem man sich in Gedrenge geschwinde wenden kann. Ihre Anker sind bekanntermaßen von Holz, bisweilen an den Enden mit Eisen beschlagen, und oft nur mit einem Flügel. Statt des Stammes wird unten am Flügel ein Querholz fest gemacht, welches, da der Winkel bey der Zusammenfügung spitziger wird, eben die Dienste thut. Die Segel bestehen aus Matten, die mit einigen Stangen ausgespannt werden; an den Enden derselben sind Leinen, welche in einen Hahnenfuß zusammen kommen, daß man also mit einer Arbeit beydes die Schoote und den Bras anhohlen kann.

Diejenigen, von ihren Kauffartheyfahrern, welche etwas weit von der Küste zu gehen bestimmt sind, sind tief, ziemlich kurz und ohngefehr von 200 schweren Lasten. Wir nennen sie Junken *). Sie sind ebenfalls ohne Kiel, und haben mehrentheils dreyMasten, von welchen der gröste von demVerdecken an,

*) Siehe Lord Ansons Reise um die Welt, 3 Buch, 10 Hauptst. 34 Tafel.

an, ohne die Saaling und Stenge, über 6 Klafter hoch ist. Die stehenden Taue sind von geflochtenen Rotang; die Segel werden mit einer Winde aufgehisset. Der Raum ist verschiedentlich abgetheilt, und jede Abtheilung so dicht, daß, wenn auch ein Leck entsteht, doch das ganze Schiff darum nicht in Gefahr geräth. Statt des Werks bedienen sie sich eines Kalkes, der wie es mir schien, mit zerriebenen Bambu vermengt war. Da die Chineser in die Drachenbilder so ungemein verliebt sind, und den scheußlichsten den Vorzug geben, so bekommen die Wimpel eben eine solche Gestalt. Wenn man bey ihnen am Bord kömmt, oder von demselben geht, so klimpern sie auf einem Congcong; von dem Seegelstreichen und der Aufwartung dabey, wissen sie nichts. Die Matrosen klettern und binden statt der dreystrengigen Bänder von Hanf mit Roting.

Wenn die Seemacht der chinesischen Regenten von ihren Unterthanen auf 9999 Seegel gerechnet wird, so dürfte wohl von derselben ein guter Theil bey Canton seyn; es sind aber nur allein grosse Boote daselbst, welche nicht 10 zwölfpfündige Kanonen, ohne unterzusinken, tragen würden. Man hat auch, so lange die chinesische Regierung keine Eroberungen an der Seeseite machen will, keine grössere Kronschiffe nöthig. Von vorhin gedachten Booten liegen 5 oder 6 um die europäischen Schiffe, um die Gewaltthätigkeiten und den Schleichhandel abzuwehren. Die Gewehre, welcher sie sich auf denselben und sonst bedienen, sind Schilde von dem unvergleichlich nützlichen Bambu, kleine Säbel, Partisanen, Bogen, Piken von einer fürchterlichen Form, denn die Spitze ist fast eine Elle lang und einem westgothischen Schneidemesser vollkommen

men ähnlich, kleine Schleudern, welche auf Bügeln stehen ꝛc. Es ist übrigens sehr angenehm, wenn man anders ein Vergnügen daran findet, die Gemüthsart der Menschen und die allgemeine Eitelkeit zu betrachten, gewisse Beamte bey einander vorbey rudern zu sehen: Ein jeder, der den Strom auf oder hinunter fähret, hat seine Flagge und sein Zeichen, an welchem der andere gleich seine Nummer erkennt; und wenn der, welcher stille liegt oder ihm begegnet, geringer ist, so läßt dieser zuerst auf sein Congcong schlagen, welches der andere mit diesem Instrumente beantwortet, worauf ihm auf eben die Weise eine glückliche Reise gewünscht wird. Die Chineser können allerdings Pulver machen, und wenn sie Holland, Italien und Deutschland die Erfindung der Druckerey und des Pulvers streitig machen, so mögen sie wohl nicht so ganz unrecht haben. Ihr Pulver ist aber nur zu Feuerwerken, und kaum zu etwas anders dienlich, denn es knallet und zündet gut, läßt aber viel Kohlenfarbe auf dem Papiere zurücke, und scheinet nicht viel Kraft zu haben. Man muß sich wundern, daß man Raquetten, Schwärmer, Taucher, ja so gar Windbüchsen in Canton für guten Preiß bekömmt, da doch die Leute hieselbst für einen Schießgewehr eine solche Furcht haben, daß sie für einen schwarzen Bambustock als für dem bösen Feinde laufen.

Wenn mir jemand vorher gesagt hätte, daß es unter 23½ Grad Breite ohne Kunst Eis frieren könne, so würde ich es nicht geglaubt haben. Nun aber muste ich meinen Augen und dem schwedischen Wetterglase trauen. Da wir 18 Monat in dem heissen Erdstrich zugebracht hatten, war uns diese

Kälte,

Kälte, die wir auf offener Reede, wo der Nordostwind freye Macht hatte, ausstunden, ein wenig beschwerlich. Diesen und anderen Ungemächlichkeiten entgiengen wir, als wir den 4 Januar 1752. mit einem chinesischen Paß und Piloten versehen, und von vielen weissen Tummlern begleitet, durch den Sund bey Boccatigris giengen und den 6ten die chinesische Küste völlig verliessen. Wir waren so glücklich, den 19ten dieses Monats den Ort zu erreichen, welchen die Engländer Newbay nennen und der an dem Südwestlichen Ende von Java liegt, um hieselbst von dem vorhandenen guten Wasser den nöthigen Vorrath einzunehmen. Eine halbe Viertelmeile vom Ufer liegt eine kleine Insul, die auf den französischen Seekarten Cantaye genannt wird, welche ich mir jetzo mit Fleiß zu besehen vorgesetzet hatte; das einzige mal aber, da ich an Land zu gehen Erlaubniß erhielt, war zu meinem Unglück so hohes Wasser, daß ich bis auf den halben Leib waten muste. Für alle meine Mühe erhielt ich nichts, als ein grosses Stück von einer Millepora. Ich muste mich also begnügen zu sitzen und die Javaner anzusehen, welche Muhammedaner sind, Malaisch reden, dunkelbraun aussehen und die Haare bis ohngefähr auf die Achseln wachsen lassen, sie aber doch mit Bast in einen Knoten binden. Sie kauen bis zum Ueberfluß Bettle, und sind im Stande, für ein Stückchen Opium eine Meile zu laufen. Ihre Boote haben sehr grosse Seegel, aber auch an der Leeseite einen Bambustamm, welcher an zwey Ausliegern befestigt ist, und verhindert, daß das Boot seiner Leichtigkeit wegen nicht umschlage. Die Javaner führeten an Bord Cocosnüsse, Pisang, Pumpelnuße, Lemkies oder Lemontjes (wie sie die Holländer

Cap 1752.

länder und unsere Seeleute nennen). Diese letzte Frucht wird in dem ganzen südlichen Ostindien überflüßig gefunden, und ist einer Citrone ähnlich; ihre Blume habe ich nie gesehen, die Frucht aber hat sowohl Herr Osbeck als ich, allemal 10fächerig gefunden *). Ausser diesem hatten sie eine Gattung von groben braunen Zucker aus Palmbäumen gemacht, mit sich, welche zu kaufen oft verboten ward, weil sie starke Durchfälle zuwege bringt; desgleichen Hüner, Fische, Schildkröten, Sertularia, und gut gearbeitete Dolche, deren Klingen flammicht und wie man sagte, vergiftet waren.

Den 21 Januar giengen wir von hier und versuchten im Märzmonat die Capische Witterung, welche nach alter Gewohnheit unangenehm und abwechselnd stürmisch oder Windstille war. Wir sahen hier eine von denen Schildkröten, welche die Engländer von der Bildung des Kopfes Hawksbills nennen; ihr Kopf ist platt und die obere Kinnlade wie ein Habichtschnabel. Ihre Schilder liegen fast wie Schuppen über einander; an den fordern Tatzen sind 3 und an den hintern 2 Nägel. Die Schale ist dicker und bunter als bey den andern, daher sie sich auch zu mancherley Arbeiten besser schickt. Wir sahen ferner Wallfische, Mannetten und ein Pflanzenthier (Zoophyton) welches vielleicht unter eben diß Geschlecht gehöret. Die Schweden nennen es

Bi-

*) Eben dieses bemerkt man auch sehr häufig an den Citronen, und diese Anzahl der Fächer scheint die natürlichste in Verhältnis gegen die Blumenblätter und Staubfäden zu seyn, wiewohl man sie auch mit 8 bis 12 Fächern antrift. D. S.

Bi-de-wind-seglare (*Holothuria velificans*); die Engländer Manof war; die Holländer Besaentjes, und Dampier, wo ich mich recht erinnere, Cuttlers. Der Körper ist nur halbrund, steht gerade in die Luft, hat viele längere und kürzere Arme, ist schleimig, durchsichtig, etwas bläulich; leuchtet in finstern Nächten, ist wie ich selbst erfahren habe, giftig, und so leicht, daß er kaum in spanischen Brandwein zu Boden sinket. Unter dem Cap sind sie klein, im Westmeere aber grösser, und besonders im März häufig. Alte Ostindienfahrer erzählen, daß sie gesehen hätten, was Thevenot Carnalle nennet. Ich kann nicht entscheiden, ob dieses oder die Besaentjes die rechten Baharras sind, die, auf Dero Verlangen, der Herr Commercienrath Lagerström aufzusuchen mir befohlen hatte.

Als wir dem Sonnenwendezirkul näher kamen, zeigten sich die fliegenden Fische wiederum. Ich darf nicht unangezeigt lassen, daß alle die fliegenden Fische, welche ich östlich von dem Cap gesehen habe, kurze Brustfloßfedern hatten, hingegen aber sind ihre Bauchfloßfedern unter dem Fluge ausgebreitet, weil sie sonst das Gleichgewichte nicht würden halten können. Es giebt noch eine andere Art fliegender Fische, welche Fühlhörner und ein Gefäs mit Tinte hat, ich kann aber nicht sagen, ob es *Sepia* Loligo ist.

Wir kamen dißmal nicht nach St. Helena, sondern suchten die Insel-Ascension, bey welcher wir den 6 April ankerten. Das Land hat nicht mehr frisches Wasser, als was der Regen bisweilen giebt, deswegen es dürre und unfruchtbar ist, und von der

Vorsehung bloß zur Wohnung der Schildkröten und zur Erfrischung der Seefahrer bestimmt zu seyn scheinet. Ziegen, Pelicane und sehr viele Seevögel kommen dennoch hier fort, ohnerachtet es des Tages unausstehlich heiß und des Nachts kalt ist. Die wenigen niedrigen Ufer, an welchen man landen kann, sind mit einem ausgehölten Perlsande, in welchem die Schildkröten ihre Eyer vergraben, bedeckt. Merkmale von der Verminderung des Wassers sahe ich hier nicht, und man konnte auch wegen der starken Brandung keine sehen; diese sind, auch gegen den Wind so heftig, daß 1749. eine Schaluppe mit 4 Mann nahe am Lande zu Grunde gieng.

In dem Sargaßo traf ich ausser dem besondern Thiere, dessen Zeichnung einer Spinne gleicht, nichts besonderes an; vielleicht war diß nur eine abgestreifte Haut des Thieres.

Den 22 May sprachen wir einen Franzosen, der aus St. Helena von den grossen Vorfällen, die sich während unserer Abwesenheit zugetragen, Nachricht hatte. Es war besonders, daß ein Officier von dem französischen Schiffe fragte, ob die Schweden das Symbolum Apostolicum angenommen hätten? Wenn ein Franzose von den Lutheranern so elende Gedanken hegt, so können uns die Spanier und Portugiesen wohl für Türken und Heyden ansehen.

Den 30 May sahen wir die westlichen oder azorischen Inseln, auf welchen ein jeder, etwas frische Landluft einathmen zu können sich schmeichelte; der Entschluß ward aber geändert, und wir steuerten nach England. Inzwischen erhielt der Scharbock

Zeit, einen und den andern anzugreifen. Es war ein Glück, daß die Besatzung aus Nationalleuten bestand. Den 14 Junius sahen wir England, und nachdem wir, um die Zähne wieder fest zu machen, einige Erfrischungen und grüne Waaren erhalten hatten, verliessen wir Dover den 19 Junius. Den 26 Junius waren die kahlen gothenburgischen Klippen in unsern Augen die schönste Aussicht, welche wir auf einer Reise von 27 Monaten gehabt hatten.

Strömstadt den 3 May
1753.

Olof Toreen.

Kurzer Bericht
von der
chinesischen Landwirthschaft,

von dem Herrn Schiffscapitain
Carl Gustav Eckeberg.

Die Königl. Akademie der Wissenschaften, welcher dieser Bericht 1754. eingegeben ward, hat es für nützlich geurtheilt, ihn als einen Anhang zu des Herrn Osbecks chinesischen Reisebeschreibung durch den Druck gemein zu machen.

Peter Wargentin.

Nur wenige Reiche können sich des Besitzes so vieler und so verschiedener natürlicher Vorzüge rühmen, daß nicht in vielen Fällen eines des andern benöthigt seyn sollte.

Diese Unvollkommenheit scheint das allgemeine Band zu seyn, durch welches die bürgerlichen Gesellschaften zusammen gehalten werden; mit China aber scheint die Natur einer andern Ordnung gefolget zu seyn; denn von diesem Reiche läßt sich mit Grunde behaupten, daß es für sich selbst bestehen könne.

Es hat eine so glückliche Lage, daß seine nordlichen Theile eben so wenig über zu grosse Kälte, als seine südlichen über zu starke Hitze klagen können. Beyde sind für die Einwohner gemäßigt; die Witterung der dazwischen befindlichen Gegenden ist gelinde, gleichförmig und folglich angenehm in derselben zu leben, bequem für die Gesundheit, und geschickt alle Gewächse herfür zu bringen.

Die Passatwinde (Skifte winden), welche den südlichen und wärmeren Gegenden eigen sind, bringen keine geringe Vortheile zuwege; denn der nordliche reinigt die Luft, indem er alle durch die Wärme in die Höhe gezogenen schädlichen Dünste wegführet, der südliche hingegen kühlt die brennende Hitze der warmen Jahreszeit.

Der größte Theil der chinesischen Gränzen wird von weitläuftigen Meeren, welche an den sichern Küsten, gute und nicht zu weit von einander entfernte Busen machen, gewässert. Da die Natur die Schiffart allhier begränzt zu haben scheint, da hat sie durch schiffreiche Flüsse und Ströme, welche sich im innersten des Reichs verbreiten, neue Wege für dieselbe eröfnet.

Das Steigen und Fallen des Wassers, welches sich weit ins Land und auf 5 schwedische Meilen oberhalb Canton erstrecket, erleichtert die Wasserfarth und schafft Gelegenheit, daß die Oerter ihre Vortheile einander wechselsweise mittheilen können, wodurch der Handel und das allgemeine Verkehr zunimmt.

Der Boden ist so fruchtbar, daß, so schlecht auch die Anhöhen und tiefe Moräste zu seyn scheinen, dieselben die Mühe der Arbeiter dennoch reichlich bezahlen, denn die Getreidearten, Erd- und Baumfrüchte, welche in unzählbaren Verschiedenheiten auf das vollkommenste gedeyhen, sind gleichsam um die Wette bemühet, ihre Bearbeiter mit beständigen Erndten zu erfreuen und zu überhäufen.

Die grossen weitläuftigen Wälder reichen ausser den vielen Arten von Bau- und andern Nutzholz zu allerley Gebrauch, auch verschiedene feine und theure Holzarten, nützliche Säfte, Harze, Bast und Blätter dar. Sie sind auch Wohnungen vielerley wilder Thiere, die zu Nahrung und Kleidern dienen. Erze, Stein- und Erdarten mancher Art: Salz, Goldsand, Perlen, Corallen, wiewohl nicht von der besten Gattung, und unzählbare Fischarten, welche der salzige und frische Strand dieses Reichs in grosser Menge enthält, bezeugen, daß die Natur auch hierinn nicht sparsam gewesen sey. Das Federvieh, welches man überall in ungemein zahlreichen Haufen antrift, vergnüget Augen, Ohren und Geschmack. Mit einem Worte, man findet das Reich der Natur in China in der größten Vollkommenheit; die herlichsten Aussichten, Lagen und Bequemlichkeiten von allerley Art, welche weder Erfindung noch Kunst verbessern könnte, und, wenn man den unnöthigen Ueberfluß ausnimmt,

alle

Ackerbau.

alle zur Nahrung und Kleidung erforderlichen Bedürfnisse, ohne daß von fremden Orten etwas herbey geführet zu werden nöthig seyn sollte.

Da die Wohlfahrt eines Reichs großentheils auf guter Ordnung und fleißigen Einwohnern beruhet, so wetteifert dieses Reich auch hierinn mit vielen andern. Der Fleiß der Chineser, und ihre Fertigkeit in allerley Profeßionen, wird nicht nur in allen Beschreibungen dieses Reichs bemerkt, sondern wir erkennen ihn auch an den verschiedenen Waaren, welche unsere Schiffe daselbst abholen: Die rohen Materien dazu bringt ihr Land in hinlänglicher Menge herfür.

Ich habe mir vorgesetzt, hier zum Beweise des ausnehmenden Fleisses der Chineser, kürzlich zu berichten, was ich bey einem dreymaligen Aufenthalte von 15 Monaten, von ihrer täglichen oder besonderen Haushaltung angemerkt habe.

Ackerbau.

In den südlichen, an das Meer gränzenden Theilen von China, ist, wie in den mehresten Morgenländern der Reis, eine Getreideart, die in einem niedrigen und nassen Boden am besten fortkömmt, die vornehmste Speise. Es giebt Arten von Reis, welche in einem höher liegenden, trocknen Boden gedeihen, wie man hie und da auf Java und ähnlichen hoch liegenden Orten sieht. Solches Reißes bedienen sich die nächsten chinesischen Landschaften, welche einen trocknen und unebenen Boden haben; in Quantung oder den südlichen niedrigen Gegenden würde man ihn mit Verlust säen, weil er kleinkörnig ist und ein halb mal längere Zeit reif zu werden erfordert; dahingegen der andere grob und kernigt ausfällt, besser und geschwinder wächset, und ohne Schaden beständig unter Wasser stehen kann. Von dieser Art giebt es eine schlechtere Sorte, die röthlich anzusehen ist, und von dem gemeinen Mann, desgleichen zum Brennen des Brandweins, den sie Samsu nennen, gebraucht wird.

Man hat mir gesagt, daß je weiter man in China von Süden gegen Norden käme, je mehr fände man, daß der Reisbau abnähme und daß man in einem richtigen Verhältniß statt desselben mehr Rocken, Gerste, Weizen, Bohnen, Erbsen u. s. w. bauete; daher man in den allernordlichsten Gegenden, wo gar kein Reis fortkommen könnte, mit der Cultur letztgenannter Getreidearten vollkommen gut umzugehen wüßte.

Nichts desto weniger aber bauet man auch in den südlichen Gegenden Weitzen, Bohnen, kleine Erbsen und Linsen, welche die Einwohner theils für sich, theils für Fremde gebrauchen. Reis aber wird viel häufiger gesäet, von welchem ich, da er um Canton statt des Brodtes gebraucht wird, besonders reden werde.

Daß China ein überaus volkreiches Land ist, haben bereits viele erwiesen. Die mehresten Landörter sind so dicht bebauet, daß man erstaunt, wie ein Land für so viel Millionen Einwohner Getreide genug hervorbringen könne, um so viel mehr, da sie, ausser einigen Junken von Cochin-China oder Malay und, wiewohl selten, etlich n holländischen Schiffen mit Korn, weiter keine Zufuhre desselben erhalten. Wenn man aber auf ihren fast unglaublichen Fleiß alles anzubauen und zu nutzen, was nur genutzet werden kann, und auf ihre Sparsamkeit und Mäßigkeit im täglichen Leben, Acht hat;

so wird man überzeugt, daß ein Land von solchen Einwohnern fast nie so angefüllt werden könne, daß sie nicht ihr nothdürftiges Auskommen finden sollten. Vielmehr ist es die Menge arbeitsamer Leute, die zum Reichthum des Landes und besserer Subsistenz der Einwohner, beyträgt; denn ein jeder fleißiger Arbeiter, besonders Ackermann, bringt aus dem dankbaren Schooße der Erde allemal mehr hervor, als er für sich allein bedarf.

Die Höhe, zu welcher der Ackerbau, besonders aber der Reisbau, in China gebracht, ist der vornehmste Grund der Glückseligkeit dieses Landes. Die Landwirthschaft ist auch das Gewerbe, welches am meisten in Ehren gehalten wird, und die vorzüglichsten Ermunterungen genießt. Die Kaiser selbst, gehen, damit sie zeigen mögen, welch einen hohen Werth sie auf diese Handthierung setzen, und um ihren Unterthanen ein nachahmungswürdiges Beyspiel zu geben, jährlich an einem gewissen Tage mit den Grossen des Hofes auf das Feld, nehmen den Pflug in die Hand, bereiten und besäen ein Stück Acker, und ernten nachher das Gewonnene mit eigener Hand. Aber ich muß mich auf die Küsten von Canton einschränken.

Die Erdarten.

Die Erdarten sind in Absicht ihrer Lagerstädte um Canton eben so verschieden, als an andern Orten. Alle niedrige Plätze sind mit Leem und schwarzer Erde bedeckt; je mehr sich aber ein Ort erhebt oder höher wird, je mehr nehmen eine gelbe und röthliche mit Ocher gemischte Erde, Glimmer und Sand, zu; wenn ein solches Erdreich eine Zeitlang ungebauet, und unversehrt liegt, erlangt es durch den Wechsel des Regens und der Sonnenwärme eine gleichsam versteinerte Oberfläche. Nichts desto weniger haben Fichten und andere harzige Bäume daselbst festen Fuß gewonnen, und einige nicht sehr zärtliche Pflanzen, die bey uns auf alten Mauern und Felsen zu stehen pflegen, gedeyen in den Spalten desselben sehr gut, dadurch sie beweisen, daß auch die an den Anhöhen dem Winde und der Dürre ausgesetzte Erde, ohnerachtet der Regen ihre Fettigkeit auswäscht und wegschwemmt, dennoch nicht ungeneigt ist, Gewächse herfür zu bringen.

Der Strom Ta oder Taho, welcher sich unterhalb Canton in das Meer ergießt, und dessen Wasser in dieser Gegend durch Ebbe und Fluth von süssem und salzigem gemischt ist, theilet das Land in dem Umfange einiger Meilen um die Stadt, in sehr viele grössere und kleinere Eylande, deren Ufer breit, flach und so niedrig sind, daß sie einige Stunden, wenn das Wasser am höchsten steht, mehr grossen Seen, als Aeckern ähnlich scheinen: Diese beständige Nässe muß das thonigte Erdreich sumpfig und morastig machen, wie denn die Ackerleute bey ihrer Arbeit bis an die Knie hinein treten, ehe sie festen Grund erreichen.

Es scheint, daß ein Erdreich, welches jede zwölfte Stunde unter Wasser steht, durch dasselbe aller Fettigkeit und aller Kraft, Getreide zu tragen, völlig beraubt, und zum Anbauen unbequem seyn würde, und das, was etwan das Wasser hinauf bringen möchte, bey dem Ablauf wieder weg schwömme und abgespült würde, daher auch das Düngen keinen Nutzen haben könnte. In der That erhalten diese nassen Reisäcker auch keinen andern Dünger, als die unter die Erde gebrachten Reisstoppeln,

welche

welche man vermodern läßt. Dem ohngeachtet aber geben sie jährlich eine hundertfältige Erndte.

So oft das Wasser die Aecker überschwemmt, hinterläßt es einige Fettigkeit oder Schlamm, welcher die Erde fruchtbar macht; denn das Fluth-Wasser, welches von der See herauf kömmt, ist salziger und trüber, als das Ebbwasser, welches bey dem Ablauf klärer ist: überdem läuft das Ebb- oder abfallende Wasser anfänglich sehr langsam, und die Reisäcker sind schon blos, wenn der Ablauf heftiger wird, daher der sich gesenkte salzige Schlamm, welcher die Düngung des Ackers ausmacht, nicht wieder abgewaschen werden kann.

Die Reisfelder.

Die Reisäcker sind an einigen Orten so weich, daß die Fluth die Erde der Ufer wegreißt, welches zu verhüten, man sie mit Cypressen, deren untereinander verbundene Wurzeln der Erde Festigkeit ertheilen, besetzet: und da ein jedes großes Reisfeld durch breite Gräben von dem Strome geschieden wird, so geben diese in lange Reihen gesetzte Cypressengänge ein sehr gutes Ansehen, besonders, wenn das Feld unter Wasser steht.

An höheren Orten, die durch die Fluth nicht gewässert werden können, ist eine andere Gattung von Reisäckern angelegt. Um jedes dieser Felder haben sie einer gleichförmigen Wässerung wegen einen 2 bis 3 Fuß hohen Erdwall aufgeworfen, innerhalb welchen sie nach eigenem Gutfinden bey der Regenzeit das Wasser sammlen oder ablassen, in der trocknen Zeit aber es dahin leiten und hinein schöpfen. Das Erdreich dieser Felder ist von einem festeren Thone und Dammerde gemischt, und da der jährliche Betrag

trag derselben, gegen die andern gerechnet, doppelt seyn kann, so werden sie mit verschiedenen Arten Dünger unterhalten und besser gewartet. Die Chineser machen überdiß auch aus Sümpfen und Brücher Reisfelder; da diese aber nicht ohne viele Mühe und Kosten gleichförmig naß erhalten werden können, so erleiden sie in trocknen Jahren gemeiniglich Mißwachs.

Glaubwürdige Chineser haben mir berichtet, daß in der Landschaft Jockien der Strom, welcher bey Changcheu und Amoy seinen Ausfluß hat, große, flache Stränbe mache, und daß die Einwohner aus Mißvergnügen, daß so große Strecken ungenutzt bleiben sollten, sich Flößen baueten, über dieselben Matten breiteten, auf diese Erde führeten und mit vielem Gewinn Reis hinein pflanzten. Bey dem Wechsel der Winde litten diese schwimmenden Felder bisweilen durch Stürme; sie würden aber für sehr einträglich gehalten, weil sie bey trockener und feuchter Witterung von unten eine immer gleiche Nässe erhielten, und in letzterer durch den Regen nicht litten, weil derselbe bald abliefe: Eine Erfindung und Probe ihres Fleißes, die Bewunderung verdienet.

Die Zubereitung aller vorgedachter Reisäcker geschicht entweder mit dem Pfluge oder der Hacke, und da alles darauf hinaus läuft, daß die alten Reisstoppeln umgekehrt und untergebracht werden, so kömmt beydes auf eines hinaus; denn da der Boden, wie gesagt, beständig so weich ist, daß die Arbeiter bis an die Knie darinn waten, so ist die Bearbeitung sehr leicht. Ihr Pflug ist überaus einfach, und wird von einem Ochsen gezogen, mit der Hacke aber können sie ebenfalls in dem Schlamme ohne

Reisfelder.

sonderliche Mühe so tief hauen, als sie es gut finden. Durch die nächstfolgende Fluth und Ueberschwemmung setzt sich das Erdreich so eben, als ob es gewalzt wäre; da auch eine beständige Nässe das Zusammenbacken der Erde verhindert, so bedürfen sie gar keiner andern Ackergeräthe.

Alle übrige Arten von Aeckern werden auf einerley Weise bestellt, maßen sie die Zeit, da das Erdreich von der Nässe am weichsten und folglich am leichtesten zu handthieren ist, dazu erwehlen.

Sie düngen, pflügen und bearbeiten einen kleinen etwan 60 Fuß im Quadrat haltenden oder auch kleineren oder größeren Theil des Ackers, der zwar, wie der übrige, feucht und morastig seyn, doch aber von dem Strome so weit entfernt liegen muß, daß er durch dessen hohes Wasser nicht ganz überschwemmt werden kann; und besäen ihn sehr dicht mit Reis, welcher vorher in Wasser, das auf Dünger und Kalk gestanden, eingeweicht worden ist. Wenn der Reis hervor zu kommen anfängt, halten sie den Acker einer queer Hand hoch unter Wasser, nach 30 Tagen aber sind die Reispflanzen geschickt, auf die größeren Felder versetzt zu werden.

Sie nehmen es bey dem Versetzen wegen der geraden Linien nicht eben genau, und sehen nur blos dahin, daß jeder Reisstaude ein erforderlicher Platz zu Theile werde; der gewöhnliche Abstand derselben von einander beträgt 8 oder 9 Zoll. Das Versetzen selbst geschieht, wie alle ihre Handthierungen, mit vieler Leichtigkeit, und auf die Weise, daß sie von den Spitzen der Reispflanzen ohngefähr 2 Zoll lang abbrechen, und jede vor sich, oder wenn sie zu klein ist, mehrere zugleich mit denen Fingerspitzen so tief in
die

die weiche Erde drucken, daß die Wurzeln 2 Zoll derselben über sich bekommen. Wenn der Reis auf diese Weise verpflanzt worden ist, so wird nichts weiter mit ihm vorgenommen, nur sehen sie nach, ob ihm etwan, so lange er noch zart ist, durch Würmer und kleine Krabben Schaden zugefügt worden; da sie, wenn es geschehen ist, statt der abgefressenen Stauden neue setzen, und nachher über den Acker etwas weniges Kalk, für welchem dis Ungeziefer fliehet, streuen.

Wechselwinde und Witterung.

Die südlichsten innerhalb des Krebskreises belegenen Theile von China erhalten von denen in der Nähe wehenden Wechselwinden in der Witterung solche Veränderungen, daß dadurch das Jahr in zwo Zeiten, nemlich in die nasse und trockne getheilet wird. Wenn die Sonne im September von der Aequinoctiallinie gegen Süden geht, wird die Luft nach und nach kühler, und der October nebst einem Theile des Novembers, sind von Nebel und Staubregen mehrentheils feucht. So oft ein N O Wind aufsteigt, klärt sich die Luft auf und wird rein, bis sich dieser Winterwind völlig gesetzt hat. In den folgenden Monaten ist die Witterung mehr beständig, trocken und schön, bis die Sonne abermals ihre Winterreise vollendet hat und im März über die Aequinoctiallinie gegen Norden gegangen ist.

Die erwärmte Luft, welche allmählig eine Menge Dünste in die Höhe gezogen hat, giebt sie nach und nach in vermehrten und stärkeren Regengüssen, die im May und Junius immer stärker und dermassen anhaltend werden, daß man oft 1 bis 14 Regentage hintereinander zählen kann, zurück. Die sehr

starken

starken Regengüsse werden mehrentheils von heftigen Gewittern und Orkanen von Süden nach Westen begleitet. Obgleich die Sonne im Junius den Anfang macht, ihren Lauf wieder nach Süden zu richten, so hinterläßt sie doch an diesen Orten eine größere Hitze, als die war, da sie dieselben lothrecht beschien. Die Witterung scheint indeß doch beständiger, und der Tage, da es nicht regnet (uphald dagerne) mehrere zu werden, ohnerachtet die nachgebliebene Wärme bald durch die unbeständige, mit niedrigen stark treibenden Regenwolken und Stoßwinden vergesellschaftete Witterung, eines oder auch öfters mehrere Tage, fühlbarer als zuvor gebrechen wird. Der August ist mehr gemäßigt, hat aber gegen den September veränderliches, oft stilles, oft nebelichtes Wetter, das bis dahin, da sich der andere Wind fest setzet, anhält. In diesem Betracht heißen der April, May und Junius bey ihnen Regenmonate, denn der Regen fällt alsdenn häufiger und in solcher Menge, daß das Wasser in grossen Bächen von den steilen Orten herabschießt und sich in den Klüften neue Wege und Gänge reißt. Wegen der etwanigen Dürre der folgenden Monate leiten die Einwohner dis Wasser nach ihren Reisfeldern. Es ist hiebey anzuführen, daß der Wechsel der Winde, um die Zeit, da Tag und Nacht gleich sind, nicht oft ohne eine Art von heftigen Stürmen, die vorher gehen, und mehrentheils ein paar Tage vor, oder nach der Mondwandlung blasen, geschicht: Die untere Luft wird alsdenn ungemein dick, und voller Nebel, der sich wegen Heftigkeit des Windes nicht in Regen verwandeln kann, sondern als Ungestüm umher getrieben wird. Der Sturm nimmt in der Maße zu, so wie er mehr gegen Westen geht, wie denn, wenn er westlich geworden ist, Bäume und

und Häuser nicht immer fest genug stehen; er verläßt die eine Strecke nach der andern, bis er endlich nach 24 Stunden abzunehmen anfängt. Es geht dabey selten, ohne Schaden an den Aeckern, Fahrzeugen, oder Wohnungen ab; weswegen dieser Sturm Tay (teutsch) Fong, oder der große Wind genennet wird.

Aus einer solchen Folge und Ordnung der Witterung, wissen die Chineser für ihren Ackerbau Vortheil zu ziehen: Sie bearbeiten das Erdreich, wenn es von der Herbstwitterung angefeuchtet, und zur Bestellung oder Verpflanzung der Wintersaat noch weich ist, welches ohngefehr in den December trifft; und da die Luft alsdenn kühler ist, so kann das Wasser nicht so sehr wegtrocknen, daß es nicht den Wuchs sowohl als die Erndte befördern sollte, so daß letztere nach 120 Tagen, oder im April, erfolgen kann. Der Acker, der alsdenn von der Regenzeit wiederum aufgeweicht worden ist, wird ein wenig gedüngt, gepflügt und zur andern Saat oder Verpflanzung zugerichtet; die gewöhnliche Zeit zur zweiten Bestellung der Reisfelder in demselben Jahre, ist entweder gegen das Ende des Maymonats, oder im Anfange des Junius. Man sollte glauben, daß der Wechsel des Regens und der Wärme, den Wuchs des Reißes mehr, als bey der ersten Erndte, beschleunigen würde; gleichwohl müssen sie diesesmal länger warten, und von dem Setzen bis zum Schneiden des Reißes 30 Tage rechnen, daher die Erndte nur selten im September erfolgt.

Die niedrigen Aecker werden gegen das Ende des Aprils oder im Anfange des Mayes mit Reispflanzen besetzt. Diese erfordern zu ihrer Reife so viele Tage, als die auf den übrigen Feldern, und
die

die Erndte fällt gemeiniglich in den September. Man läßt das Land hierauf bis zum April brach liegen, in welcher Zeit die Stoppeln und Wurzeln des vorigen Reißes dermaßen vermodern, daß sie bey dem Pflügen völlig in Erde zerfallen.

Sobald der Reis, der Reife wegen weiß zu werden anfängt, wird er mit Handsicheln, deren Schneiden wie Sägen gezähnt sind, geschnitten, in Garben gebunden und nach hohen, trocknen Orten gebracht, wo man ihn trocknet und bis zum Dreschen in Schober setzet. Der gedroschene Reis hat noch seine Schalen und wird Paddi genannt; man bedient sich desselben theils zur Saat, theils zum Futter für das Vieh; ehe ihn aber die Leute gebrauchen, wird er in steinernen Mörseln mit hölzernen Stempeln gestoßen und durch Schwingen von der losgegangenen Spreu gereinigt.

Einige Landwirthe, welche weitläuftigere Felder haben, als sie selbst bauen wollten, überlassen einen Theil derselben armen Leuten gegen einen gewissen Pacht. Diese Pächter sind zu unbemittelt, als daß sie die Aecker mit Pflug und Ochsen bestellen könnten, daher bedienen sie sich der Hacken, kaufen die zum Setzen erforderlichen Reispflanzen von andern, dreschen den reif gewordenen und geschnittenen Reis unter freyen Himmel auf nackten Felsen oder Hügeln, reinigen denselben, und bezahlen davon dem Grundherrn seinen Zins.

Der Dünger.

Damit bey einem so weitläuftigen Ackerbau kein Mangel an Dünger seyn möge, so verdienen viele arme Leute ihren Unterhalt damit, daß sie auf den

den Gassen und um die Häuser, desgleichen mit kleinen Sampanen an den Stromufern, allerley zu Dünger dienliche Materien und den Unrath von Menschen und Vieh sammlen und an andere, welche damit handeln, verkaufen, die es wiederum den Ackerleuten, welche desselben benöthigt sind, ablassen, weswegen sie auch in eigenen Gefässen, die sie in den Häusern halten, den Urin sammlen. Wenn die Erndte gut gewesen, kostet ein Pekul von der ersten Düngerart 2 Mes und die letzten halb so viel. Ueberdiß sieht jedweder Landwirth dahin, daß der Abfall des Viehes auf der Weide nicht ungenutzt bleibe: Kinder, und solche Leute, die keine andern Geschäfte zu verrichten im Stande sind, müssen ihn sammlen; sie heben auch alle Knochen auf, verbrennen sie, und streuen die Asche, nebst der gesammleten Asche von verbrannten Kräutern und Holze, zur Beförderung der Fruchtbarkeit auf die Aecker.

Man düngt, pflügt und ebnet den Acker, der zwar feucht ist, aber etwas höher, als derjenige, von dem wir bisher geredet haben, liegt, und aus mehr Dammerde besteht. Von diesem Acker besäet man ein Bette mit Weitzen, der einige Tage in Mistjauche geweicht gewesen, recht dicht, und versetzt die Pflanzen. Bisweilen wird auch der eingeweichte Weitzen so fort in den zubereiteten Acker dergestalt gesteckt, daß die Körner 4 Zoll von einander kommen. Man drückt die Erde um jedes Korn an. Bey grosser Dürre läßt man etwas sehr weniges Wasser auf die Aecker, wobey die von dem Andrücken der Erde reihenweise entstandenen tiefen Furchen das Wasser auffangen, den Saatpflanzen Feuchtigkeit ertheilen, aber sie nicht ertränken. Die rechte Verpflanzungszeit ist gegen das Ende des

des Decembers: ohnerachtet die Luft alsdenn sehr kühl ist, und bisweilen Nachtfröste einfallen, treibt die Saat dennoch hervor, und macht nach 14 Tagen ihre Stauden, deren jede im März 7 bis 9 Stöcke mit ihren Aehren, aber kürzeres Stroh, als bey uns, giebt. Der May giebt eine reichliche Erndte. Man hat mir gesagt, daß der Weitzen das 120te Korn und drüber gebe, welches die angewandte Arbeit und Mühe reichlich verlohnet.

Da, wie bereits angeführet worden ist, der Reis den größten Theil der Nahrung der Chineser ausmacht, dessen sie sich an statt des Brodes bedienen; so werden nur kleine Stücke Landes zum Anbau des Weitzens angewendet. Sie brauchen ihn bloß zu ihrem Zuckerbackwerk, davon sie eine Menge für ihre Pagoden und Opferhäuser an ihren Festen nöthig haben, und etwas für sich machen. Die Fremden verzehren das meiste von diesem Getreide, und weil das, was in dieser Landschaft gebauet wird, für sie nicht zureicht, so wird dasselbe aus den nordlichen Gegenden für sie häufig herbey geführet.

Auf einem kleinen Felde sahe ich im Junius Gerste, die gut stand und vortreflich geschoßt hatte; da sie aber spät gesäet war, trieb sie die Wärme, die bereits sehr zugenommen, so stark, daß sie, ehe sie Körner ansetzen konnte, verbleichte und in den ansehnlichen Aehren nur leere zusammengeschrumpfte Schalen enthielt. Wäre sie, wie der Weitzen in der kühleren Zeit gesäet worden, so hätte man ohnfehlbar eine ergiebige Erndte erhalten. Ich schloß hieraus, daß so wie diese Getreidearten durch das Säen und Versetzen in einen wohl zubereiteten und gleichförmig nassen Acker, ungemein gedeyhen, auch die kühlere Witterung ihrem Wachsthum nützlicher sey, als die heisse.

Die Art Reis und Weitzen zu dreschen, ist einerley, und geschieht wie bey uns mit Dreschflegeln. Den Weitzen läßt man nach dem Dreschen durch eine eigentlich dazu gemachte Reinigungsmaschine laufen, die allen Staub von demselben, ehe er gemahlen wird, wegbläst. Wären die Mühlen in Canton so bequem, wie die Reinigungsmaschinen eingerichtet, so könnten Leute und Arbeit dabey ersparet werden; das hier gebräuchliche Mahlen mit Handmühlen aber ist ungemein mühsam. Es ist seltsam, daß die Chineser manche artige Erfindungen zur Erleichterung kleiner Arbeiten haben; bey grösseren aber als Sägen, Mahlen und dergleichen, die mehr Stärke erfordern, verrichten sie alles mit den Händen, ohngeachtet sie Gelegenheit genug haben, sowohl an Ströhmen, als auf Bergen Maschinen anzulegen.

Auf die vorgedachte Weise verwenden sie alle ebenen und niedrigen Plätze zum Ackerbau, und machen mit dem mürben Erdreich, das sie durchgängig gleich halten, wenig Umstände. Der gewöhnliche Ertrag ist hundertfältig, wenn aber eine unordentliche Witterung, entweder zu grosse Dürre oder zu viel Nässe, einfällt, so erleidet man hier, wie anderwärts, Mißwachs, der in diesem Lande von grossen Folgen ist. Eine kleine Steigerung des Reispreises verursacht bey den Faulen und Armen öfters ein Murren, welches sich endlich, wenn sich mehrere zu diesen Mißvergnügten schlagen, in einen Aufruhr wider die tartarische Herrschaft verwandelt, wie sich dieses 1751. ereignete, da auch noch die Hungersnoth mit einer Krankheit begleitet ward, die viele Menschen hinriß.

Auf

Auf Anhöhen angelegte Aecker.

Anhöhen und abschüßige Plätze würden in ihrer natürlichen Beschaffenheit etwas zu tragen ungeschickt seyn; denn es würde entweder der in den nassen Monaten häufig fallende Regen alles Gesäete ertränken, oder wegschwemmen, oder auch die Gewächse, wenn sie durch den Ablauf des Wassers von Erde entblößt wären, der darauf folgenden Hitze und Dürre bloß gestellt seyn. Allen diesen Ungemächlichkeiten zuvor zu kommen, sind sie bedacht gewesen, die Höhen zu Ebenen und durch Terrassen, deren Höhe und Breite sich nach der Abschüßigkeit richtet, den Flächen gleich zu machen. Diese Absätze wenden sie zu verschiedenen Gewächsen an, und theilen jedem einen mit seiner Natur am besten übereinstimmenden Platz zu. Die, welche die meiste Dürre vertragen, bekommen zu oberst, und die weichlichern unten ihre Stelle. Wenn der Regen das Erdreich auf den oberen Absätzen eingetränkt hat, leitet man das Wasser durch Furchen auf die niedrigern, die also ausser dem Regen, der auf sie gefallen ist, auch das überflüßige Wasser der höheren Absätze erhalten.

Die Absätze, die 4 bis 5 Fuß über einander angelegt werden, erhalten bisweilen durch die Wirkung des Regens und Sonnenscheins so harte Kanten, daß solche viele Jahre ausdauern würden: Nichts destoweniger haben sie dieselben mit verschiedenen Bäumen besetzt, deren durch einander geflochtene Wurzeln den Kanten Haltung, die Bäume selbst aber den Gewächsen für der Sonnenhitze und dem Winde Schutz, und den also gezierten Terrassen ein sehr gutes Ansehen ertheilen.

Wenn das Erdreich der Abſätze mit einem kleinen Pfluge oder Spaten umgeriſſen und mit einer Harke ſtatt einer Egge geebnet iſt, ſo giebt man ihm bisweilen unter der Bearbeitung ſo viel Dünger, als die Gewächſe, die man hinein bringen will, erfordern; doch beobachtet man auch hiebey eine groſſe Sparſamkeit. Man weichet den Dünger mehrentheils in die in die Erde gemauerten runden Löcher mit Waſſer ein, und begieſſet die Saat mit der Jauche: bisweilen legt man auch bey dem Setzen oder Pflanzen eine Hand voll Aſche auf jedes Korn, weil ihrer Meynung nach, der Dünger, welcher zwiſchen die Stauden zu liegen kömmt, keinen Nutzen leiſtet.

Die auf den Abſätzen oder an andern Orten angelegten Betten, genieſſen der Ruhe kaum einen Monat, ſondern werden bald nach der Reiſung und Einbringung des einen Gewächſes zur Tragung eines andern zubereitet, und jährlich dreymal genutzet. In Abſicht der Folge richten ſich die Ackerleute nach der Art der Gewächſe, und jede Pflanze, die entweder Näſſe, Kälte oder Dürre liebt, bekommt die bequemſte Jahreszeit zu ihrem Wachsthum, wobey dem Herbſte das Wurzelwerk allein zugetheilt wird.

Die Saamenarten, welche man am allgemeinſten auf vorgedachten Höhen beſtellte, waren folgende:

Eine grobe Saamenart eines an Blättern, Blumen und Saamengehäuſen dem Radies ähnlichen Gewächſes mit dünnen Wurzeln. Für dieſes war der Anfang des Decembers die rechte Säezeit; man legte das eben gemachte Land in einen Fuß breite und halb ſo tiefe Furchen, welche unter einander lange, ſchmale Betten machten, die oben eine Viertel Elle breit waren. Mittelſt dieſer Furchen konnte das zu häufige Waſſer, wenn es Feuchtigkeit genug

Anhöhen.

genug gegeben hatte, ablaufen. Man setzte die Saamen einer Querhand tief, und gab ihnen, zur Ausbreitung im Wuchse, 7 bis 8 Zoll Abstand von einander. Da dieses in der trocknen Jahreszeit geschicht, so wird im Anfange gewässert. Im Februar stand alles in voller Blüte; im April aber wurden die Saamenbehältnisse gelb, da man denn die Stauden raufte, trocknete, und den Saamen, der in Menge erhalten ward, ausklopfte. Aus dem Saamen wird ein Oel gepreßt, das in der Wirthschaft zu mancherley, besonders aber zum Brennen in den Lampen, und frisch auch zur Bereitung der Speisen, gebraucht wird. Dieses Oel ist so fett, daß man, weil es nicht trocken werden will, damit nicht mahlen kann. Von dem Lampenruß machen sie die bekannte Tusche.

Gewöhnlich erbt der Baumwollsaamen, der bey ihnen Minfu heißt, den Platz von dem Oelsaamen. Man bereitet dazu das Erdreich, wie vorhin gesagt ist, und steckt auch den Saamen in so schmale Betten, wie zu dem Oelsaamen, einen Fuß weit von einander. Es ist zu bemerken, daß sie, nachdem die Gewächse stärker treiben oder auch sich mehr ausbreiten, diese Betten schmäler oder breiter, desgleichen auch weiter von einander entfernt oder näher beysammen anlegen. Das Stecken geschicht im April. Sie werfen auf jeden Saamen ein paar Hände voll Asche von Oel= oder andern Kraut, und diß ist die Düngung, welche sie für dißmal dem Lande geben. Bis das vierte Blatt treibt, begießt man sie an trocknen Tagen. Die Wärme und der Regen verwandeln die im Julius erschienenen Blumen im August in Früchte, welche bey trocknen Wetter reifen, sich öfnen, und die Baumwolle zeigen, da man sie denn bricht, Wolle und Saamen scheidet

und

und letzteren zur künftigen Saat verwahret. Viel Nässe schadet der Baumwolle sowohl währendem Wachsen, als auch beym Reifen, wie denn die Wollbehältnisse bey anhaltendem Regenwetter an den Stengeln verfault hangen, daher sie davon nur selten eine so ergiebige Erndte, als von dem vorigen erhalten. Die Mäuse stellen diesem Saamen ungemein nach, nicht nur, wenn er ausgebreitet liegt, sondern auch, wenn er noch in seinen Behältnissen im Reifen begriffen ist.

Potatoes, welche sie Fancin nennen, sind das dritte und letzte, welches sie auf denen Absätzen pflanzen. Nach dem Baumwollsaamen richten sie das Erdreich auf die oft gedachte Art zu, und legen die kleinen Stücke der zerschnittenen Potatoes in einer Entfernung von ohngefähr ½ Ellen aus einander. Da diß Gewächs nicht so zärtlich wie das vorige ist, langsam wächset und auch Kälte verträgt, so überlassen sie ihm zu seinem Wachsthum die übrigen Monate des Jahres. Diese Potatoes sind in einigen Stücken von unsern verschieden. Die Wurzeln haben rothe Schalen, sind länger, gelb, von süssen und angenehmen Geschmack; das Kraut aber ist dem Kraute der europäischen ähnlich.

Sie lassen nicht immer Oel- und Baumwollsaamen, desgleichen Potatoes auf einander folgen, sondern andere Gesäme, als Linsen, Bohnen, Locktau und Calabansen treten bisweilen in die Stelle der Baumwolle; gewöhnlich aber machen sie mit dem Oelsaamen den Anfang, und mit den Potatoes den Beschluß der jährlichen Nutzung ihrer Absätze. Mit der Zubereitung des Bodens verfahren sie allemal, wie oft gedacht ist; sie stecken auch keinen Saamen, der nicht vorher ein paar Tage in Mistjauche oder Kalkwasser eingeweicht gewesen.

Jams, die sie Utau nennen, setzen und warten sie eben wie die Potatoes: Der Boden für dieselben aber ist anders, denn man bringt diese Wurzeln auf solche sumpfige und nasse Stellen, die für andere Gewächse untauglich sind, und bisweilen auch einen einmal gebrauchten Reisacker, den man nicht werth hält, dasselbe Jahr noch einmal mit Reis zu bestellen; je länger man sie stehen läßt, je grösser werden die Wurzeln; gemeiniglich nahm man sie im November aus der Erde.

Vom Zuckerrohr legten sie die zerschnittenen Wurzeln, davon ein jedes Stück ein paar Schoß oder Glieder hatte, über eine Viertelelle tief in die Erde, und liessen zwischen jeder Reihe eine Elle Raum. Sie nahmen hiezu sowohl die höchsten Absätze, als auch die niedrigsten Stellen. Im März und April legte man es auf den niedrigen Orten, und in den Regenmonaten auf Anhöhen, woraus eine verschiedene Erndte entstand. Es war auf keine Weise weichlich; denn es nahm im Schatten und an der Sonne, in nassen und trocknen Stellen, mit Kälte und Wärme vorlieb. Wenn das Rohr gelb zu werden anfieng, ward es geschnitten; denn wenn man es länger stehen ließ, fieng es an der Wurzel an zu faulen. Es erreichte eine Höhe von 4 bis 6 Ellen. Sie bringen nach einem bequemen, am Strom gelegenen Platze, einige Sampanladungen Rohr zusammen, und bauen daselbst ein Haus von Bambu und Matten auf, machen an dessen einem Ende einen Ofen mit 2 eingemauerten grossen eisernen Kesseln, an dem andern aber eine ansehnliche mit Planken belegte Tenne, auf welcher ein paar Ochsen eine kantige Rolle von hartem Holze umher schleppen. Das Rohr, welches schichtweise unter die Rolle gelegt ward, ward zerquetscht und der Saft, der mittelst

telst einer Rinne nach dem Ende der Tenne geleitet ward, sammlete sich daselbst in einem grossen Gefässe. Aus dem ausgepreßten Rohre kochte man den Saft in einem Kessel völlig aus, vermischte das Ausgekochte mit dem Safte, seihete beydes durch, und kochte es in dem andern Kessel zu festen braunen Zucker; die Blätter und ausgekochte Stengel dienten zu der hiezu erforderlichen Feuerung. Wenn an einem Orte nicht mehr Rohr vorhanden war, nahmen sie das Haus wieder weg, und zogen mit dem Geräthe weiter. Diese Zuckersieder reisten im Lande herum, und kochten den Landleuten den Zucker aus ihrem Rohre, welcher nachher von andern Zuckerköchen gereinigt, und zu feineren und schlechteren Streuzucker gemacht ward.

Kräutergärten.

Da ich, ausser einigen unvollkommenen, keine Kräutergärten zu besehen Gelegenheit gehabt, so ist meine Nachricht davon nicht so zureichend, als ich es wünsche. Was ich von ihnen anzuführen weiß, ist, daß sie gemeiniglich dazu niedrige, leimige Plätze erwählen und darinn den Dünger nicht sparen. Die bekanuten Gewächse waren Sallat, lange und kurze Gurken, Purjo, weisse Zwiebeln, Sellery, Spinat, Möhren, rothe Melte, eine Gattung wässeriger Rüben, lange Radiese, Pumpen und Wassermelonen, welche sie in den Gärten bauen, deren Saamen sie anfänglich von denen Portugiesen erhalten haben. Ausser diesen aber findet man darinn mancherley uns den Namen und der Gestalt nach völlig unbekannte Erdfrüchte. Der Portulak wuchs wild, sie nutzten ihn aber nicht selbst und bekümmerten sich also nicht darum. Eine grobe Art von Wasserspinat hielten sie in Teichen von einem halben Klafter Tiefe, in welchen

chen er so häufig wuchs, daß er die Wasserfläche bedeckte; dieser gehörte zu ihren gemeinsten Küchenkräutern.

Den Ingber legen sie in Stücken in einem leimigen Boden einer Querhand tief; solches geschiehet im Februar und März, denn wenn es später gethan wird, treibt die Wärme die Stengel und Blätter zu stark, wovon die Wurzeln schwammiger werden und klein bleiben: Uebrigens verträgt er Kälte und Wärme.

Tobak heißt bey ihnen Jen. Das Pflanzen desselben ist in China um so viel mehr vortheilhaft, da er daselbst beynahe mehr, als an andern Orten, geliebt wird; sie sparen daher weder Mühe, noch ein gutes Erdreich für denselben. Im März setzet man die Pflanzen ¾ Ellen weit von einander; im August ist der Tobak reif, da man ihn pflückt, schwitzen läßt und so handthieret, als es bey uns gewöhnlich ist. Dieser Tobak scheint nicht der beste zu seyn, er ist unserem zwar ähnlich, aber von widrigem Geruch und Geschmack; die Chineser geben ihm den Vorzug vor dem von Manilhas und Anam, der doch an Güte dem brasilianischen an die Seite zu setzen ist. Sie bringen die getrockneten, braunen, über einander gelegten Blätter in eine Presse, und zerschneiden sie hernach mit einem breiten, eisernen Hobel in feine Striefchen, in welcher Form man auch hier den Tobak verbraucht; er hinterläßt bey dem Rauchen ein zähes, stinkendes Oel; wenn er gröber geschnitten wird, brennt er besser. Der Abgang dieser Waare ist so stark, daß von derselben eine Menge von den nächstliegenden Orten anher gesandt wird.

Ein unbekanntes Gewächs, so der Krausemünze glich, aber blassere Blätter hatte, und von ihnen Jockijong genannt ward, hatten sie auf breiten Betten,

Betten, reihenweise gepflanzet. Es war im März einen Fuß hoch. Die Cultur desselben schien sehr beschwerlich, denn es war der Wärme wegen in der kalten Zeit gesäet, und damals oben und an allen Seiten mit Matten umgeben. Sie schätzten diß Kraut sehr hoch, und verkauften ein Pekel vor 50 Tel; sie behaupteten, daß es wider die Schwindsucht von ungemeinen Nutzen sey.

Der grössere und kleinere Wunderbaum (Ricinus) ward auf Aynam in den Gärten überall und ohne Ordnung gepflanzt, besonders säeten sie viel von dem kleineren. Die Kerne gaben durch das Pressen ein weisses, klares Oel sehr häufig, welchem sie durch die Mennige, ungelöschten Kalk und Vitriolerde, die Fettigkeit nahmen und es zu Firniß kochten. Dieser Firniß, dessen sie sich zum Mahlen bedienten, trocknete geschwinde, und gab einen starken Glanz.

Ein Kraut mit grossen, groben, der Klette ähnlichen Blättern, welche alle mit dicken Stengeln aus einer kleinen Wurzel kamen, ward statt des Kohls gebraucht. Die gelben Blumen, der Stengel mit den Saamen, und die Saamen selbst glichen dem Kohl. Dieses Krautes bedienten sie sich täglich, daher der Abgang desselben so stark war, daß sie die ledig gewordenen Betten so fort auf das neue besäeten. Es wuchs in allen Jahreszeiten sehr geschwind. Sie kochten es halbgar, trockneten es, und nahmen es mit sich auf Seereisen. Ausser diesen hatten die Tartarn aus Peking eine Gattung weissen Kohles mit langen, schmalen Köpfen herunter gebracht, die noch nicht sehr im Gebrauch und also rar war.

Die Baumzucht.

Ohnerachtet es hier mancherley sehr gute Baumfrüchte gab, so merkte man doch nicht, daß sich die Chine=

Chineser sonderlich auf die Baumzucht legten. Sie hatten verschiedene, und unter diesen auch Fruchtbäume, um ihre Gärten, und deren Absätze gesetzet, und besassen auch grosse Baumgärten, welche sie für etwas vorzüglich Prächtiges hielten, daher dieselben mehrentheils bey den Pagoden und Lustgärten angelegt waren. Sowohl von den Frucht= als übrigen Bäumen sind bey uns nur wenige bekannt.

Apfelsinbäume, die durch die Portugiesen auch nach Europa gebracht worden sind, fand man hier mit guten und großen Früchten; man sagte, daß sie in Fockien und um Amoy eine noch größere Vollkommenheit erlangten. Es gab hier verschiedene Arten, einige waren nur von Größe der Walnüsse, andere wie Renetten, noch andere waren eckig und röthlich u. s. w. Nur an wenigen Orten hatte man diese Bäume nach einer gewissen Ordnung in Reihen gesetzet, umgraben oder sonst gewartet; wenn sie aber für starken Winden Schutz genossen, kamen sie ohne weitere Bearbeitung gut fort, und trugen reichlich. Fockien und Quantung müssen jährlich eine beträchtliche Menge Früchte an den Hof zu Pecking schicken.

Leichi ist eine Baumart, die sie eben so hoch wie die Apfelsinbäume zu schätzen scheinen; es gab davon verschiedene Arten, größere, kleinere und auch wilde. Die Früchte sind so groß als wie Muskatennüsse, mit einer groben, knotigen, röthlichen Schale umgeben, und wachsen, wie der Wein, Traubenweise: Der Baum erlangt die Höhe eines Birnbaums, und ist mit schmalen, zugespitzten, stachlichen Blättern versehen: Sie bewahren die Beeren getrocknet auf, da sie denn wie Rosinen schmecken. Es scheint unglaublich, daß das Land um Canton, wo diese Frucht einzig und allein wächst,
jähr=

jährlich 100000 Thel für getrocknete Leichen einbringt.

Thee, den sie Chia nennen und hier nur auf einer Insul, gerade gegen Canton über belegen, wächset, war wegen seiner Kräfte wieder eine schwache Brust im Ruf: Die Insul heißt Honam, daher man den Thee Honamthee nennet. Die Büsche, welche eine oder anderthalb Ellen hoch waren, standen auf trocknen, sandigen Hügeln in Reihen. Man pflückte das hellgrüne und weiche Laub im März, röstete es in eisernen Kesseln, und rollte es wie den andern Thee zusammen: Die harten und dunkelgrünen Blätter blieben sitzen. Es schien, daß auf die Wartung dieser Büsche zu wenig Mühe verwand worden war; denn wohl die Helfte davon stand vertrocknet.

Der Arecabaum kann, wie ich aus den frischen Nüssen, die man haben konnte, schließe, nicht weit von Canton wachsen. Auf Aynam waren verschiedene Plantagen von diesem Baume, deren Boden feucht und fett war. Die Bäume selbst sind den Cocosbäumen nicht unähnlich, und haben gerade Stämme. Wenn die Früchte reif waren, bekamen die Schalen eine brandgelbe Farbe, da man denn die Nüsse, welche Muskatennüssen nicht unähnlich sind, heraus nahm, trocknete und an die nordlichen Orte versandte.

Die Betelbüsche waren ebenfalls nicht weichlich, denn sie wuchsen ungepflanzet, wo sie nur dienliche Plätze antrafen. Die Blätter mit Kalk und einem Stück Arecanuß gerieben, sind das bekannte Pinang, welches dieses und andere morgenländische Völker mit so großen Apperit kauen.

Der Mangesbaum wächset hoch und mit ausgebreiteten Aesten, wie die Esche: Die Blätter sind

Lustgärten.

dem Laube unseres Ochsels (Crataegus Aria) ähnlich und die Frucht wird unter allen indianischen Früchten vor die gesundeste gehalten.

Pumpelmose sind eine Art, großer, süßer Citronen; der Baum ist auch den Citronbäumen ähnlich, die Blätter aber sind breiter.

Kleine saure Citronen, Longan und mehrere Fruchtarten auch Otomchu, von welchem sie, wie le Comte berichtet, das Harz zu ihrem Firnisse erhalten.

Oliven, Birn = und Aepfelbäume, desgleichen Weintrauben, welche alle anzuführen und zu beschreiben zu weitläuftig seyn würde. Man kann nicht sagen, daß eines in Absicht der Cultur vor dem andern einen Vorzug genöße, denn man läßt sie alle fast wie wild wachsen; bey einigen Baumarten haben sie das Pfropfen im Gebrauch, worinn sie sehr glücklich sind.

Lustgärten.

So sehr der Geschmack der Chineser von dem Geschmacke anderer Völker in Sitten, Kleidung und andern Sachen abgeht; so besonders sind auch ihre Blumen = und Lustgärten. Sie bekümmern sich in denenselben um Luststücke, Hecken, bedeckte Gänge und Symmetrie sehr wenig; ihnen gefällt ein nackter Platz, mit Steinen von verschiedenen Farben und Größe in Drachen = oder Blumenfiguren belegt, besser, als wenn dieselben mit artigen Zeichnungen, und die Zwischenräume mit Kräutern oder Gras gezieret wären. Ihre Gänge müssen auch nicht offen, sondern mehrentheils an den Seiten mit Mauern versehen seyn, an welche Wein oder andere kletternde Gewächse gesetzet sind, die man an Stangen von einer Mauer zur andern zieht, und dadurch

dadurch den Gang bedeckt. Die Ruhebänke sind in Gängen ohne Mauern an den Seiten angebracht und durch verschiedene Setzung der Steine mit vielen Hölen versehen, in welche Gefäße mit verschiedenen Blumen gestellt werden. Die Gänge formiren viele Krümmungen, bisweilen gehen sie über einen kleinen, ebenen, mit Steinen belegten Platz, vor ein offenes Lusthaus, auf welchem Blumentöpfe stehen; bisweilen durch Bogengänge, die von dünnem Bambu doppelt, aber in ungleicher Form geflochten, und darzwischen eine Art buschiges Immergrün gepflanzt ist, das sich durch dieselben schlägt, und sie einer grünen mit einem großen Loche versehenen Wand ähnlich macht; Dabey findet man mancherley Veränderungen: mit Gebüschen bedeckte Berge, unter welchen Bäche laufen, die Wüsteneyen vorstellen und mit schattenreichen, dicht stehenden Bäumen umgeben sind; Gebäude von 3 bis 4 Stockwerken, die mehrentheils an einer Seite offen sind; Thürme; schrof ausgehölte Grotten; Brücken; Teiche; Plätze mit Bohnen besäet; dicht und wild gezogne Gebüsche oder kleine Lustwälder, und mehr Abwechselungen, so eine schöne Aussicht geben. Sie haben auch im Schatten großer Bäume oder an hohen Orten, von welchen man weit um sich sehen kann, niedrige steinerne Tische.

Obgleich ihre Lustgärten sehr groß sind, so verschaffen sie ihnen dennoch durch einen winklichen Gang, der bald vor= bald rückwärts führet, ein noch weitläuftigeres Ansehen. Ihrem Geschmack nach, muß, so viel man urtheilen kann, keine Aussicht der andern gleich seyn. In einigen Lustgärten graben sie Teiche, um welche ein Gang nach allen genannten Plätzen führet; bey denselben haben sie viele Lusthäuser, die alle verschieden eingerichtet sind, und gewöhn=

gewöhnlich mit der einen Seite im Teiche stehen, damit sie von den Fischen, welche sie darinn halten, durch die großen Fenster einige fangen können. In den Lusthäusern haben sie in kleinen Teichen Gold- und Silberfische, außerdem aber auch Vögel, Thiere, Blumen, Abbildungen von Drachen und mehr zum Vergnügen gereichende Dinge.

Die Viehzucht.

Um Canton und in den an dem Meer gelegenen Gegenden, legen sich die Einwohner nur wenig auf die Rindviehzucht, weil sie dieselbe nicht für so nöthig, wie in den nordlichen und angränzenden Landschaften halten; denn sie können ihre Felder mit wenig Mühe und ohne Zugvieh bestellen, ihre Reisen und Transporte aber geschehen zu Wasser, wobey ihnen Ebbe und Fluth zustatten kömmt. Das Rindfleisch ist ihnen kein angenehmes Gericht, dessen Stelle aber ersetzen die häufig vorhandenen Fische. Außer den Mandarinen und Kriegsbedienten haben nur wenig Leute Pferde. Bey dem Ackerbau bedienen sie sich blos der Ochsen und Büffel, welches besonders an den weit vom Strome gelegenen Orten geschicht; und blos der Zucht wegen halten sie einige Kühe, weil sie sich der Milch selbst nur sehr selten bedienen. Vordem hielten sie noch weniger auf das Rindvieh; seitdem sich aber die Europäer häufiger eingefunden haben und jährlich ein gut Theil sowohl in China, als auf der Rückreise gebrauchen, so sind sie hiedurch veranlaßt worden, des Fleisches und der Milch wegen mehr Rindvieh zu halten.

Schafe sind um Canton nicht so häufig, als in den benachbarten Landschaften. Man gebraucht in den kalten Monaten ihre Felle und Wolle zu Kleidern, welche aber theuer genug sind, daher es bey ihnen nicht jedermanns Sache ist, Vieh, besonders Schafe zu halten.

Esel hat man um Cauton nicht so viel, als weiter im Lande, wo man sich derselben zum Arbeiten und Reisen bedienet. Die Tartarn finden an dem Eselfleisch so viel Geschmack, daß sie die Mode, sie wie die Pferde zu schlachten und zu essen eingeführet haben; ich habe auch hier Fleisch dieser Art verkaufen gesehen.

So sehr sie die Zucht gedachter Vieharten vernachläßigen, so viel mehr halten sie auf das kleine Vieh, das sie, in Vergleich des Vortheils für sie und andere, mit weniger Mühe unterhalten. Eine lange Erfahrung hat ihnen die Fertigkeit, welche sie besitzen, verschafft, so damit umzugehen, daß kleine Familien durch diese Handthierung ihr reichliches, ja überflüßiges Auskommen erwerben.

Schweine, die von ihnen täglich häufig und mit großen Appetite verzehret werden, halten sie in Menge; die hiesige Art ist auch sehr fruchtbar, und gedeihet ungemein, wie denn die Sauen, ehe sie ein Jahr erreichen, Junge bekommen, wiewohl deren anfänglich nicht so viel auf einmal, als bey dem 3ten oder 4ten Wurf, da sie mehrentheils 17 bis 18 Ferkel bringen, von denen nur selten eines stirbt. Die Samsubrenner, Reisstampfer, und die, welche Mühlen haben, halten immer viele Schweine, doch nicht so viele, wie die Strandleute und Fischer, welche sie ohne Kosten mit Fischen füttern, wovon das Fleisch derselben tranigt schmeckt. Außerdem haben fast alle kleine auf Sampanen wohnende Familien für sich selbst und auch zum Verkauf Schweine. Wenn man sieht, wie sie auf allen Gassen rohes und gebratenes Schweinefleisch umher tragen, und wie viel

viel sie täglich davon verzehren, immaßen ihr vornehmstes tägliches Gericht von zerschnittenem Speck bereitet wird, desgleichen daß ganze große gebratene Schweine theils in den Pagoden geopfert, theils an den Festtagen gebraucht werden, so muß man sich wundern, daß so viele Schweine zugezogen werden können, um so viel mehr, da sie auf ihren Seereisen viele verzehren und auch an die Europäer ablassen. Die Ferkel von dem ersten und andern Wurf der Sauen, bleiben, eben wie die Sauen, welche zeitig werfen, nur klein, daher man die zum Schlachten bestimmten Sauferkel schneidet.

Sie halten viele Hüner, doch mehr für die Fremden als für sich, und besitzen im Capaunen eine gute Fertigkeit. Sie lassen die Küchlein durch die Hennen ausbrüten und bedienen sich dabey keiner Oefen. Die warme Witterung und die vielen Eyer, welche die Hüner legen, trägt zu deren Fortkommen nicht wenig bey.

Phasanen giebt es zwar um Canton, aber nicht so häufig als tiefer im Lande, wo sie schön und von mancherley Farben angetroffen werden. Man bringt sie als Seltenheiten nach Canton, und hält sie in hohem Preiße.

Kalekutische Hüner giebt es nicht in China; und obgleich jährlich welche mit den Schiffen von der malabarischen und coromandelschen Küste, der Heymath dieser Vögel, dahin kommen, so haben sie sich doch nie bemühet, sie einzuführen.

Tauben von mancherley Arten gedeyen und vermehren sich hier gut.

Die Gänse ebenfalls. Diese sind kleiner als unsere und unsern wilden ähnlich, so wie im Gegentheil ihre wilden Gänse unsern zahmen gleich kommen.

In der Entenzucht sind sie vollkommene Meister. Nächst den Schweinen halten sie am meisten auf die Enten, und da diese auf den Tischen der Vornehmen ein tägliches Gericht sind, so erfordert die häufige Consumtion derselben eine gute Zuzucht; die beständige gelinde Witterung, und die Bequemlichkeit am Strome, befördern ihr Fortkommen und Gedeyen ungemein, denn man kann sie mit kleinen Fischen und Krebsen, die nach dem Ablauf des Wassers auf den Reisfeldern zurücke bleiben, und also sehr wohlfeil unterhalten. Viele Cantonenser ernähren sich einzig und allein von der Entenzucht, einige kaufen die Eyer auf und handeln damit, andere brüten sie in Oefen aus, und noch andere ziehen die Jungen groß. Die Oefen zum Brüten sind keinesweges künstlich. Man legt auf einen gemauerten Herd eine eiserne Platte, setzet auf diese einen ⅔ Elle hohen Kasten mit Sande, in welchen man die Eyer reihenweise gelegt hat, und deckt ein Sieb darauf, über welches man eine Matte hängt. Zum Erwärmen bedienen sie sich der Kohlen eines gewissen Holzes, die langsam und gleichförmig brennen; anfänglich giebt man ihnen wenig Wärme, und vermehret diese nach und nach, bis sie zur Zeitigung der Eyer stark genug wird. Wenn sie die Wärme bisweilen zu sehr vermehren, kommen die Jungen zu früh hervor, sterben aber gemeiniglich nach 3 oder 4 Tagen. Die ausgebrüteten Jungen verkaufen sie denen, die sie aufziehen, welche auf folgende Art probiren, ob sie zu früh ausgekrochen sind: sie fassen die jungen Enten am Schnabel und lassen den Leib herunter hängen; sperren sie sich nun und zappeln mit Füßen und Flügeln, so sind sie gut und gehörig ausgebrütet; haben sie aber zu viel Wärme bekommen, so hängen sie ruhig. Oft leben die letzteren so lange, bis

Viehzucht.

bis alle junge Enten auf das Waſſer gelaſſen werden, welches 8 Tage nach dem Auskriechen zu geſchehen pflegt, da ſie denn drehend werden, Krämpfe bekommen, ſich auf den Rücken werfen und nach einigen Zuckungen ſterben: ſie nehmen ſie alsdenn aus dem Waſſer und laſſen ſie trocknen, weil ſie ſich bisweilen erholen; aber auch dieſe ſterben nicht ſelten an einem ſolchen Schwindel, wenn ſie wieder naß werden. Wenn das Waſſer abgelaufen, ſammlet man kleine Krebſe und Krabben, kochet und zerhacket ſie und füttert die ganz zarten Enten anfänglich damit für ſich allein, nach einigen Tagen aber mit untergemiſchtem gekochtem Reiß und zerhackten Kräutern. Wenn ſie älter werden, bringt man ſie in eine gröſſere Sampane, welche über dem Waſſer einen mit einer Gallerie umgebenen breiten Bambuboden, und eine nach dem Waſſer abſchüßige Brücke daran hat. Die jungen Enten bekommen eine alte zur Stiefmutter, welche ſie anführet, wenn man ſie die Brücke hinunter auf die Weide läßt. Die alte Ente iſt an den Ruf von der Sampane, wenn man ſie des Abends zuſammen haben will, ſo gewohnt, daß ſie halb ſchwimmend, halb fliegend nach ihrer Heymath eilet; ſie legen alsdenn mit ihrer Sampane an einen andern Ort, wo mehr Fraß für ihre Enten iſt, an, und laſſen dieſelben täglich an den Ufern auf die Reisfelder. Man ſieht nicht ohne Verwunderung viele ſolche Sampanen mit gröſſeren und kleineren Enten zu tauſenden umgeben, wobey beſonders iſt, daß wenn viele Sampanen ihre Enten an einem Orte weiden und ſie des Abends zu Hauſe rufen, dieſelben ihre rechte Sampane zu treffen wiſſen. Mit der Entenzucht beſchäftigen ſich die Chineſer beſtändig, ausgenommen in den dreyen kalten Monaten; und obgleich dieſelbe viel Genauigkeit erfordert, ſiehet man ſie doch

keinen besondern Fleiß dabey anwenden, denn wen
die jungen nur erst 14 Tage erreicht haben, so sind ſi
im Stande sich selbst Unterhalt zu verschaffen.

Die Seidenwürmer, welche in Betracht ihres Nutzens unter dem kleinen Vieh mit Recht einen Platz einnehmen, sollten nebst ihrer Wartung, hier beschrieben
werden; da man aber in andern gedruckten schwedischen Schriften davon Nachricht findet, übergehe ich
sie hier, und führe nur an, daß die Chineser diese Würmer, nachdem sie die Seide abgewickelt, mit vielem
Appetit essen, und daß sie sie entweder frisch kochen,
oder auch trocknen, da denn ein Catti 8 bis 9 Candarin kostet.

Nach Chingchiu hinauf soll es eine Art recht grosser Seidenwürmer geben, von welchen eine so grobe
Seide gesammlet wird, die anfänglich dem Hanf
ähnlich siehet; die Einwohner aber machen dennoch
eine Art Zeug daraus, welches, wenn es neu ist, wie
ungebleichte Leinewand anzusehen ist, aber durch den
Gebrauch und öfteres Waschen, Glanz und ein besseres Ansehen erhält. Es scheint, daß diese Seide sich
nicht färben lasse, denn sie tragen dis Zeug allemal un-
gefärbt, es soll aber dagegen von einer unglaublichen
Stärke seyn, und wird nach dem Orte, von dem es
kömmt, Chinchiau genannt.

Die Fischerey.

Der Taho, ein sehr langer und an seinem Ausflusse
breiter Strom, gehöret in diesem Lande, das an seinen
Seeufern mannigfaltige Arten von Fischen hat, zu
dem fischreichsten Gewässer. Dem Anschein nach sollten wohl Ebbe und Fluth der Fischerey, besonders an
den jähen und zum Ziehen mit dem Hamen unbeque-
men Orten, hinderlich seyn; dennoch aber fangen sie
auch

auch mit diesem Zeuge eine beträchtliche Menge. Die allgemeinste Art Fische zu fangen ist die, da sie auf den von den Ufern entfernten Sandbänken, lange Stangen oder eigentlicher Pfähle, einen Faden weit von einander, einschlagen, zwischen welchen sie schwarzgefärbte, von starkem Garne gestrickte Reusen stellen, in welche die Fische, die längst dem Ufer streichen und diese Netze antreffen, in dieselben hinein gehen und also gefangen werden. Dieser Fischfang kömmt mit den Reusen, welche wir in die Ströme stellen, überein.

Sie haben auch eine Menge von Körben, die von Bambuschienen mit Weidenreisern verbunden, anderthalb Klafter lang und unsern Reusen ähnlich sind. Dieser Werkzeuge bedienen sie sich, wenn das Wasser höher als gewöhnlich steigt. Sie stellen dieselben längst dem Strande hin, lassen aber an beyden Enden dieser Reihe Bambukörbe Oefnungen, wo sie mit ihren Sampanen oder Booten ganz stille liegen, daß der Fisch, welcher dem Strande nachstreicht, ungehindert in dieselbe hinein gehen kann, innerhalb derselben aber trifft er eine Reihe Bambukörbe an, welche in die Quere nach dem Lande zugestellet sind, und ihm den Ausgang verwehren. Sobald das Wasser wieder anfängt abzufließen, verschließen sie diesen Raum mit eben dergleichen Körben, derselbe wird nach dem Ablauf des Wassers trocken, da man denn hineingehen und die Fische zusammen lesen kann. Sie bedienen sich auch eines zwischen zweyen Booten befestigten Schwimmnetzes, mit welchem sie bey der Fluth hin und her fahren, und die Fischhaufen fangen, die ihnen in den Weg kommen.

Ebenfalls gebrauchen sie große, zwischen zwoen Bambustangen befestigte Hamen, mit welchen sie sowohl auf ihren Schiffsreisen, als auch mitten im Strome fischen.

Die Grundangeln bestecken sie mit Würmern un Krabben, womit sie Aale und andere kleine Fische fangen. Auch bedienen sie sich langer, niedriger Sampanen, mit weiß angestrichenen Bretern an den Seiten; in diesen Sampanen unterhalten sie des Nachts ein kleines Feuer, da denn die Fische, die nach dem Feuer laufen, in die Sampane hüpfen. Diese Fischerey ist eigentlich einer Fischart wegen, die sie Mulletten nennen, eingerichtet, welche nach dem Schein des Feuers im Finstern in die Höhe springen.

Zwischen den Scheren und am Strande wird die Fischerey mit Hamen und Angeln stark getrieben, eine Menge Fische gefangen, und eingepöckelt oder getrocknet in den umherliegenden Städten und Dörfern verkauft.

Unter den vielerley Fischen, giebt es einige, die denen bey uns bekannten ähnlich sehen, als Karpen, Stockbarschen, Seebarschen und Elritzen, ich kann aber nicht mit Gewißheit sagen, ob es dieselben Arten sind; die mir ganz bekannten sind nur Aale, Krabben, Garnelen, Austern, Muscheln und Hummer; von den letztern werden sehr große in den Scheeren bey Macao häufig gefangen. Von den Schalen der Austern brennen sie nicht nur ihren Kalk, sondern bedienen sich auch der größten bey ihren Gebäuden statt der Ziegel.

Erstes Register
der vornehmsten Sachen.

A.

Acker, Verschiedenheit der chinesischen.	S. 272
Ackerbau, feyerlicher in China.	241
Aloe, amerikanische, ihr Gebrauch zu Hecken	40
– übriger Nutzen	56. 62
Anacardium, dessen Saft färbt schwarz	270
Apfelsinen.	41. 54. 250
Apotheken, in Canton.	187
Arrackbrandwein aus Goa.	257
– dazu sind Cocusnüsse erforderlich.	258
Artischocken.	55
Asia, oder eingemachte Bambuwurzeln.	253
Austern, chinesische	239
– schalen, eine Gartenmauer davon.	831

B.

Bängsal.	153
Bambubäume, deren Nutzen.	266
– rinde zu Papier.	195
– – zu Hüten.	197
– wurzeln, eingemachte.	253
Batavia, holländische Stadt auf Java.	136
Baumwollpflanze, wird jährlich gesäet.	283
– zeuge, chinesische.	202
Bay, die neue, ein Ackerplatz bey Java.	351
Benjamin Gummi.	215
Besanties, ihr Seegeln.	84
Blindheit, Ursachen derselben in China.	260
Bocca-Tiger, ein Fahrwasser bey Canton.	149. 347
Bonet, eine Makrillenart.	86
Bonzier, chinesische Götzenpriester.	201
Borax, roher von China.	204
Brandwein, dessen Gebrauch auf dem Schiffe.	8. 42
– chinesischer.	256
Bubbi, ein Vogel, segelt auf Wurzeln.	140

C.

Cactus, dessen Gebrauch zu Hecken.	58

Erstes Register

Cadix, die Bay von. 13
— Börse. 43
— die Stadt. 17
— deren Einwohner. 25
— Mólia ein Landungsplatz. 16
— Gartenfrüchte, welche man feil hat. 20. 40. 55
— Häuser daselbst. 21
— Dächer haben Zierrathen. 23
— Schulen. 29
— Kirchengebräuche. 27
Calabasta, eine Art Zuckerbrod. 39
Calender, chinesische. 238
Canarieninsuln. 53
Canibas, eine Insul bey Java. 110
Canton, die Stadt. 181
— Obrigkeit derselben. 182
— ihr Handel. 201
— Kaufmannsläden daselbst. 185
Cap Vincent. 12
Charga, der Rückladung von China. 344
China, dessen Gränzen. 156
— Clima ist gesund. 162
— Geschichte der Bevölkerung. 158
— ist sehr volkreich. 224
— wurzel. 212
Chineser, deren Eigenschaften. 219. 228
— Haushaltung. 240
— Speisen. 242
— Kleidung. 220. 223
— Sprache. 225
— Religion. 228
— Götzenpriester. 234
— Heyrathen. 235
— Kinderzucht. 223
— Begräbnisse. 274
Chinesische Kaiser, ihre Geschichte. 159
— Gränzmauer. 159
— Landesproducte. 162
— Zoll- oder Tiaphäuser. 168
— Art zu Rechnen. 219
Chocolade, deren Bereitung. 42
Citronbäume. 54. 69

Citron

der vornehmsten Sachen.

Citronkisten. 62
Clima, chinesisches. 15
— spanisches. 15
Cocusnüsse, javanische. 123
— ihr Gebrauch. 124
Compradore, chinesische Einkäufer. 149

D.
Dänische Insul bey Canton. 296
Delphine. 104
Dieberey, Bestrafung derselben in China. 237

E.
Eidere, chinesische in Zimmern. 175
— leben von Kackerlaken. 176
Enten, sehr dreiste. 341
— sampanen. 166. 171
Erdarten der spanischen Küsten. 53
Erdwälle. 56
Esel, ihr Gebrauch in Spanien. 46
Eßwaaren, der Reisevorrath davon. 7. 80

F.
Factorey, bey Canton. 173
— Gebäude und Einrichtung. 174. 178
— Wohnungen. 176
— deren Gebrauch. 179
Färöinsuln. 10
Fayal, eine azorische Insul. 405
Fichten, spanische. 43. 53
Firniß, chinesischer. 193
Fische, fliegende. 84. 146
— lebendige in Schalen. 176
— in Gefässen. 184
— giftige. 294
Fischerey, durch Vögel. 343
Fischernetze, von Matten. 170
Fledermäuse, grosse, fliegen täglich von Sumatra nach Java. 137
Franzeyland bey Canton. 155. 281
Frösche, ein Leckerbissen der Chineser. 244

G.

Erstes Register

G.

Galgantwurzeln.	
Gärten bey Cadix.	5.
Gold wird von Canton ausgeführet.	203
Gesundheitsrath in Cadix.	13. 14
Gewicht, chinesisches.	216
Götzendienst der Chineser.	200
Gothenburg, die Stadt.	3
Grassee.	397
Gungung, ein musikalisches Instrument.	154

H.

Handwerker in Canton.	187. 190
Haushaltung der Chinesen.	240
Haye sind schwer zu unterscheiden.	91
— ihre Eigenschaften.	92
— Nutzen	93
Heimchen werden in Spanien in Käfigen gehalten.	70
Hopfen, spanischer.	41
Huampu, der Ankerplatz bey Canton.	152. 153
— die Stadt.	169
Hüner, Betrugs wegen gekräuselt.	247

J.

Jänson, eine theure Wurzel.	187
— deren Gebrauch.	188
— merkwürdige Sammlung derselben.	189
Javanische Küste, ihr Ansehen und Beschaffenheit.	110. 114. 118. 352
— Bayen	114. 115
— Berge.	113
— Wälder.	119
— Vorgebürge.	113
— Witterung.	110
Javanenser, ihre Beschreibung.	117
— Waaren, mit welchen sie handeln.	118
Indigogewächs wird jährlich gepflanzet.	283
Insektenhandel in China.	269
Jonken, chinesische Fahrzeuge.	166
Isla, in Spanien.	77
Junker, chinesische Jachten.	140

K.

K.

Kackerlaken, wie sie nach Schweden gekommen. 143
— werden von Eidexen gefressen. 176
Kalwanse, eine chinesische Erbsenart. 248
Kämpfer, ungeläuterter. 210
Kindermord in China erlaubt. 225
Kitt, sehr dauerhafter. 316
Kleidung der Europäer in China. 196
Krankheiten, in China gangbare 259

L.

Lackirte Sachen, chinesische. 203
Leck-tao, eine chinesische Erbsenart. 249
Lamtiessaft, zum Punsch verboten. 250
Laternenfest in China. 325
Leuchtthürme. 9
Linie, Taufe unter derselben. 96
Lingen, eine Insul unter der Linie. 140. 349
Linting, eine Insul. 148
Loors, ein den Hay begleitender Fisch. 95
Luciparra, eine Insul bey Sumatra. 138. 350

M.

Malmucken, eine Mevenart. 98
Mandarine, chinesische Befehlshaber. 150
— fisch. 336
Maulesel, ihr Gebrauch in Spanien. 46
— Ursachen ihrer Unfruchtbarkeit. 46
Moschus von Tonkin. 205
Mosciten, eine gefährliche Mückenart. 176
Münzsorten, spanische. 43. 44
— chinesische. 216

N.

Nieuyland, bey Java. 114. 361
Nordkaper, eine Wallfischart. 10. 106

O.

Olivenbäume in Spanien. 19. 43. 55
Orselle, ein Farbenmooß. 15

Erstes Register

P.

Pagoden, chinesische Götzentempel.	200. 264
Palmbäume in Spanien.	54
— auf Java.	123
— Nutzen derselben.	124
Palmito, eine Strauchart.	60
Papagoyen, grüne.	132
— rothe.	122. 132
Porcosklippen bey Cadix.	12. 18
Papier von Bamburinde.	195
— chinesisches.	227
Passatwind, nordlicher.	89
— südöstlicher.	97. 98.
Patatos, chinesische, deren Bau.	253
Perlenmutter.	212
Pfeilkraut wird in China gebauet.	271. 272. 330
Pferde, spanische.	45
Picaronen, spanische Wachtboote.	15
Pico de Teneriffa.	83
Piedra Blanca, eine Klippe.	144
Pinang, deren Zurichtung und Gebrauch.	213
Pisang, die vermeynte verbotene Frucht.	129
— blätter, kleideten den Adam.	251
Plündrungen in China gemein.	262
Poesie, spanische.	29
Polo Candor, eine Insul.	142. 349
— Tingay, eine Insul.	141. 349
— Zapata.	142. 347
Pomeranzenbäume.	54
Pompelmose, deren Nutzen.	129
— werden den Götzen geopfert.	251
Porcellain von Nanking und Java.	194. 202
— dessen Bereitung.	195
Prinzeyland bey Java.	115. 361
Proen, javanische Boote.	127
Puerto de Santa Maria, die Stadt.	50. 62. 66
Punsch, dessen Bereitung.	259
— Gebrauch desselben auf der See.	8. 42

Q.

Quarantaine, bey Cadix.	13
Quecksilber von China.	204

der vornehmsten Sachen.

R.

Rack, oder Arrack, Handel damit. 258
Ramaßiren, eine chirurgische Operation. 194
Rechnungsart der Chineser. 217
Reis ist in China das gebräuchlichste Getreide. 211
- gekochter, wird statt Brod gegessen, 242
- felder bey Canton. 168. 271. 272
- wie sie bestellt werden. 284
Religion der Chineser. 228
Retamas, eine nützlichere Strauchart. 49
Rhabarbar, deren Zubereitung. 211
Röhre, ächte spanische, von Java. 353
- von Sumatra. 139
Rosmarin, in Spanien häufig. 41

S.

Sampanen oder chinesische Boote, verschiedene Arten derselben. 163. 167
- werden bewohnt. 165
Samsu oder Reisbrandwein. 256
Saint Foin. 74
Sandelholz, dessen Gebrauch in China. 215
Sandsteinbruch bey Canton. 341
Santa Crus auf Teneriffa. 82
St. Pedro, eine Klippe. 12
Sauger, eine Fischart. 94
Schaafe, spanische. 55
- chinesische mit breiten Schwänzen. 245
Schauspiele, chinesische. 263
Schiffe, europäische bey Canton. 152
Schildkrötenfang bey der Ascensionsinsul. 391
Schuh, chinesische von Schweinsleder. 196
Schwalben auf dem Meere. 85. 141. 146
Schweden, ein verunglücktes Schiff. 12
Schweine, spanische. 49
- chinesische. 246
- verreckte werden von den Chinesern gegessen. 165
Seegras auf der Grassee, woher es kömmt. 398
- wird gegessen. 400
Seekatze, ihre Art zu fliegen. 85
Seelöwen. 104
Seide, rohe von China. 202

Seiden

Erstes Register

Seidenmanufacturen in China.	199. 202
Seidene Zeuge, chinesische.	344
Sorlesinsuln.	407
Sovaja, eine Getreideart.	40. 54
Spanien, daselbst sind die Reisen beschwerlich.	48
Spanier, ihre Sprache.	36
‒ ihr Catechismus.	35
‒ ihre Wissenschaften.	30
‒ Bienenzucht.	41
Spanische Weine.	42
‒ Weinplantagen.	55
‒ Münzsorten.	44
Sparto, eine Grasart.	18
‒ deren Nutzen.	19. 23
Speiseordnung der Schiffsbesatzung.	8
Sprache, malaische in Indien allgemein.	137
Steinporcellain, vorzüglich vor dem ordinairen.	194. 202
Sumatra, die Insul.	115
‒ Vorgebürge.	350
‒ ihre Beschaffenheit.	138

T.

Thee, verschiedene Arten desselben.	205
‒ wie man ihn gewinnet.	208
‒ dessen Einkauf.	209
‒ wie er in China getrunken wird.	256
Theestrauch, wo er wächset.	205
Tischler, chinesische.	191
‒ Holzarten, die sie verarbeiten.	192
Tobak, fremder in Spanien verbothen.	17
‒ häufiger Gebrauch desselben in Spanien.	47
‒ in China allgemein gebräuchlich.	198. 223
‒ wie man ihn in China raucht.	259
‒ javanischer.	128
Torf, Eigenschaften des halländischen.	5
‒ woraus derselbe besteht.	6
‒ wie er in Halland gestochen wird.	4
Tusch von Nankin.	205
‒ dessen Gebrauch.	227
Tutanego, ein vermischtes Metall.	203

der vornehmsten Sachen.

W.

Waaren der chinesischen Kaufleute. 186
— einkommende in Canton. 213
— ausgehende daselbst. 202
Wachteln, lebendige dienen in China statt der Muffen. 222
Wargs-Hola, ein schwedischer Ankerplatz. 3
Waſſer von Puerto. 51
— Handel in Cadix. 41
— Vorrath bekömmt Würmer. 7
— verdorbenes wird von selbst gut. 89
Wein, chinesischer ist schlecht. 256
— spanischer von Xerex, Handel damit in China. 257
Winde, beständige in der chinesischen See. 142. 347.
— Passat. 89. 97
Winde, ein in China statt Spinat gebräuchlich Kraut. 255

Y.

Yams, eine Wurzel, deren man sich statt des Brodes bedient. 254

Z.

Zeitrechnung der Chineser. 158. 238
Zinnober, Proben des guten 204
Zuckerrohr, wie man es pflanzt. 284

Zweytes Register
Zweytes Register
der erwehnten Naturalien.

A.

Abies chinensis. Chinesische Fichte.	282
Acanthus ilicifolius.	120
Achyranthes aspera.	273
- chinensis.	268
Adelphozion.	108
Adianthum flabellulatum.	322
Adonis annua. Adonisrößlein.	72
Agaricus chinensis.	256. 288
Agave americana. Amerikanische Aloe.	40. 56. 62
Agrostis indica.	281
Aira seminibus hirsutis.	287
Albula chinensis.	309
Alca Grylle. Seeadler.	9
Allium subhirsutum.	63
- triquetrum.	66
Alopecurus hordeiformis.	302
Alsine media. Hünerdarm.	23. 59
Amaranthus tristis.	284
Ammannia baccifera.	310
Ammi hispanicum.	73
Amomum Zerumbet. Wilder Ingber.	362
Amygdalus communis. Mandelbaum.	55
Anagallis latifolia.	59
- monelli.	71
Anas nigra.	106
- chinensis.	342
- cygnoides	247
Anchusa angustifolia.	72
- officinalis. Ochsenzunge.	61. 69
Andrachne fruticosa.	297
Andropogon bicorne.	61
- fasciculatum.	281
- Ischaemum.	281
- Schoenanthus.	281
Anemone palmata.	61. 66
Anethum Foeniculum. Fenchel.	59
Anthemis valentina.	72

Anthyl-

Anthyllis tetraphylla.	67
Antirrhinum arvense.	63
- bipunctatum.	66
- Orontium.	67
Anthoxanthum odoratum.	79
Apis laevis, flavo fulvoque varia. Chinesische Wespe.	324
- violacea.	70
- rufa.	127
Apluda mutica.	268
Arachis hypogaea.	303
Aralia chinensis.	304
Areca Catechu.	213
Arenaria rubra.	72
Aristida adscensionis.	390
Aristolochia rotunda.	58
Artemisia vulgaris. Beyfuß.	315
Arum Arisarum.	55
- maculatum. Aron.	59
Arundo Bambos. Bambu.	227. 253. 266
- Donax.	58
Asclepias gigantea.	121
Asparagus acutifolius.	58
- aphyllus.	58
- falcatus.	8
Asparagus officinalis. Spargel.	58. 79
- terminalis. Eisenbaum.	327
Asphodelus fistulosus.	61
- ramosus.	61
Asplenium Nidus.	354
Aster indicus.	304
Astragalus boeticus.	78
Asterias.	389
Atriplex portulacoides.	58
Averrhoa Bilimbi.	250
Avicennia officinalis.	270

B.

Baccharis indica.	315
Baeckea frutescens.	301
Balaena Physalus.	11
Balistes chinensis.	147

Zweytes Register

Balistes Monoceros. 144
- nigro-punctatus. 147
- scriptus. 145
- ringens. 386
- Vetula. Alt Weib. 385
Barleria cristata. 292. 306
Bartramia indica. 302
Basella rubra. 324
Bellis annua. 66
Beta vulgaris. 61
Biscutella didyma. 59
Blatta orientalis. Kackerlaken. 143
Blechnum occidentale. 288
Boletus caulescens. 362
Borrago officinalis. 59. 70
Bos indicus. Indianischer Büffel. 245
Brassica chinensis. Chinesischer Kohl. 255
Briza elegans. 321
- media. Zittergras. 79
Bryonia cordifolia. 301
Bryum acaulon. 58
Bryum murale. 23. 51
Buprestis maxima. 269. 308
Buxoides aculeata. 315
Byssus candelaris. 63. 123

C.

Cacalia incana. 304
Cactus Opuntia. 58
Calamus Rotang. 354
Calcarius scintillans. Glimmriger Marmor. 27
Calendula officinalis. 61
Calla javanica. 362
Camellia japonica. 329
Cancer adscensionis. 389
- brachyurus hirsutissimus. 80
- chinensis. Chinesische Krabbe. 151
- minutus. 403
- Oryzae. 288
- ovatus. 80
- pelagicus. 402
Canna indica 268

Cantba-

Cantharis chinensis.	Chinesischer leuchtender Wurm.
	291
Capsicum frutescens.	22. 177
Carabus niger.	66
Carduus syriacus.	53
Carex cespitosa.	73
Carpesium Abrotanoides.	268. 329
Caryota javanica.	352
Cassia procumbens.	273
— sophora.	268
Cassida cinerea.	290
— nigro-oblonga.	273
Cassytha filiformis.	316
Catesbaea javanica.	120
Celosia argentea.	273. 322
— cristata.	177
Centaurea pulla.	59
— sphaerocephala.	59. 79
Cerastium viscosum.	54
Cerbera Manghas.	119
Cerinthe major.	72
Cervus javanicus.	357
Chaetodon saxatilis.	356
Chamaerops humilis.	59. 60. 61
Cheiranthus incanus. Levcojen.	23. 54
— trilobus.	55. 73
Chenopodium ambrosioides.	58
— fruticosum.	72
— hybridum.	23
Chiton laeve.	80
— marginibus dorsi spinosis.	361
Chrysalides mucronatae.	103
Chrysanthemum coronarium.	72
— indicum.	321. 328. 330
— segetum.	72
Cicada chinensis.	269
Cistus fumana.	66
— hirtus.	67
— salicifolius.	66. 67
— salvifolius.	67. 77
— Tuberaria.	66. 72
Citrus Aurantium.	267

Citrus grandis. Pompelmoß.	129. 351
- Limonia. Lâmties.	250
- sinensis. Apfelsine.	250
Clematis chinensis.	267. 315
Clerodendrum fortunatum.	297
Clupea Mystus.	335
- tropica.	393
- Thrissa	336
Clypeola Jonthlaspi.	59
Coccinella 4 pustulata.	297
- punctata.	65. 290
Cocos nucifera. Cocusbaum.	123
Columba Turtur.	135
Columnea chinensis.	299
Commelina chinensis.	315
Conferva bullosa.	62
Convallaria chinensis.	286
Convolvulus alsinoides.	314
- althaeoides.	78
- Batatos. Patatos.	21. 272
- hederaceus.	265
- hirtus.	303
- Pes caprae.	120. 293. 361. 390
- reptans.	255. 304. 306
Conyza chinensis.	310
- hirsuta.	301. 318
- saxatilis.	72
Cordia Myxa.	360
Coronilla juncea.	67
Corrigiola litoralis.	79
Corypha umbraculifera.	360
Coryphaena Equisetis. Dorado.	404
- Hippuris. Delphin.	365. 403
Cotyledon Umbilicus.	23. 51
Crataegus Oxyacantha. Weißdorn.	78
Crepis barbata.	54
- foetida.	79
Crinum asiaticum.	123. 360
Crithmum maritimum.	52
Crocus Bulbocodium.	60
Crotalaria juncea.	273
Croton sebiferum. Talgbaum.	290. 320

Cryptan-

der erwehnten Naturalien.

Cryptanthus chinensis.	280
Cucurbita chinensis. Chinesische Pompen.	292
- lagenaria. Flaschenkürbis.	129
- Pepo.	129
Cunnus chinensis.	247
Cupressus sempervirens. Cypressen.	22
Curcuma chinensis.	267
Cynara humilis.	72
- Scolymus. Kronartischocken.	55
Cynoglossum cheirifolium.	61. 72
Cynosurus aegyptius.	303
Cyperus dichotomus.	299
- Iria.	299
- haspan.	302
- odoratus.	170. 292
Cypraea alba.	118
- punctata.	118
Cyprinus cantonensis.	155
- pelagicus.	400

D.

Daphne Gnidium.	59
- indica.	321
Delphinus chinensis.	337
- Orca. Nordkaper.	10. 106
- Phocaena. Springer.	91. 110. 146
Dermestes elytris hirsutis.	389
- subrotunda atra.	366
Diomedea exulans. Albatrasse.	98
Dioscorea alata. Jams.	254. 272
Dolichos scandens.	302. 315
- chinensis.	184. 248
Doronicum Bellidiastrum.	61

E.

Echeneis Remora. Säuger.	94
Echinops Ritro.	61
Echium creticum.	72
Elymus arenarius. Strandrocken.	19
Emberiza familiaris.	134
Epidendron amabile.	354
- ensifolium.	328

Equus

Zweytes Register

Equus Afinus. Efel.	46
- Mulus. Maulefel.	46
Eremita javanica.	356
Eriocaulon fexangulare.	310
Erica hirfuta.	6
- vulgaris. Heidekraut.	6
Erythrina Corallodendron.	122
Euphorbia exigua.	61
- falcata.	61
- Efula. Wolfsmilch.	61
- helioſcopia.	53. 61
- myrſimites.	62
- neriifolia.	267. 273
- origanoides.	390
- Paralias.	48
- Peplus.	61
- ferrata.	80
Exocoetus volitans. Fliegender Fiſch.	84. 146. 395

F.

Ficus indica. Indianiſche Feige.	182. 360
Filix indica.	123. 299
Flagellaria indica.	361
Fritillaria Meleagris.	79
Fucus divaricatus.	407
- lendigerus.	390
- muſcoides.	390
- natans. Seegras.	397
Fumaria officinalis. Erbrauch.	58

G.

Galium Aparina. Klebekraut.	58
Gasterofleus Ductor. Loots.	95
Genifta anglica.	75
Geranium cicutarium. Storchſchnabel.	59
- gruinum.	66
- molle.	61
Gerardia glutinoſa.	298
Glycine Abrus.	308
Gobius Eleotris.	340
- niger.	171
- pectinirostris.	170. 291

Gobius

Gobius tropicus.	392
Gomphraena globosa.	177
Goſſypium herbaceum. Baumwolle.	272. 283
Gratiola virginianoides.	267
Gracula religiosa.	134
Gryllus viridis, capite acuminato.	303
Guettarda speciosa.	359

H.

Harpago 5 cornis.	358
Hedera Helix. Epheu.	69
Hedyotis herbacea.	319
Hedyſarum biarticulatum.	304
- coronarium.	74
- gangeticum.	268
- heterocarpon.	287
- lagopodioides.	281
- maculatum.	322
- pulchellum.	301
- ſtyraciſolium.	322
- triflorum.	286. 314
- triquetrum.	301
Helicteres anguſtifolia.	303
Heracleum Sphondilium, Bärenklau.	78
Hernandia sonora.	363
Hibiſcus ficulneus.	267
- mutabilis.	324
- populneus.	359
Hippoboſca nigra.	113. 389
Hippocrepis comosa.	67
Hippuris ſaxea.	358
Hirundo ruſtica. Schwalbe.	85. 141. 146
Holcus latifolius.	322
Humulus Lupulus. Hopfen.	273
Hyacinthus monſtroſus.	59
- ſerotinus.	59
Hyoſcyamus albus.	79
Hyoſeris Hedypnois.	73
- radiata.	73
- Rhagadioloides.	73
Hypnum javanenſe.	354
Hypochoeris maculata.	79

Zweytes Register

Hypochaeris radiata.	61
Hypericum chinense.	318

I.

Iasminum azoreum.	359
Illecebrum Paronychia.	60
Ilex Aquifolium. Stechpalme.	58
Impatiens Balsamina.	177
- chinensis.	280
Indigofera tinctoria. Indigokraut.	272. 283
Ipomoea Quamoclit.	177. 273
Iris Xiphium.	61
Ischaemum aristatum.	303
- muticum.	120
Iuncus acutus.	53. 69
Iungermannia chinensis.	288
Iussiaea repens.	329
Iusticia purpurea.	300
Ixora coccinea.	287

L.

Lacerta chinensis.	175. 366
Lagurus ovatus.	62
Lamium amplexicaule.	61
Lanius Schach.	296
Larus. Seemeven.	9. 98
- canus.	16
- fuscus.	12
Laurus Camphora. Kampferbaum.	211
Lavendula Stoechas.	67
Lawsonia inermis.	286
Lepas anatifera. Langhälse.	107
Leucojum autumnale.	67
Libellula chinensis.	306
- fusca.	143
Lichen chinensis.	288
- cristatus.	255
- foliaceus pulverulentus.	304
- marinus.	356
- parietinus.	23. 51
- physodes.	61
- pulverulentus albus.	353 362

Lichen

Lichen viridis. 353.362
- Roccella. Orseille. 15
Linum usitatissimum. Lein. 61
Lobelia Plumierii. 359
- zeilanica. 313
Lophius Histrio. Floßquabbe. 400
Lotus cytisoides. 54
Loxia oryzivora. 135
Lupinus albus. Weiße Lupine. 72
- hirsutus. rauche. 72
- luteus. gelbe. 72
- varius. bunte. 72
Lycopsis vesicaria. 61
Lycium barbarum. 329
- europaeum 58
Lycopodium cernuum. 288
- nudum. 288
- variegatum. 288

M.

Madrepora organum. 352.356
Malva mauritiana. 78
- rotundifolia. 53.60
Mammea asiatica. 363
Mangifera indica. 253
Maranta Galanga. Galgant. 212
Marrubium vulgare. Schwarzer Andorn. 61
Matricaria Chamomilla. Camille. 59
Medicago polymorpha. Schneckenklee. 55
Melastoma malabarica. 287
- octandra. 277
Melia parasitica. 364
Meloe majalis. Maywurm. 65
- variegata. 79
Memecylon capitellatum. 121
Mercurialis annua. 51
- tomentosa. 71
Merops viridis. Eisvogel. 126
Michelia Champacca. 121
Millepora. Koralle. 352
Mimosa chinensis. 303
- farnesiana. 68

Mira-

Zweytes Register

Mirabilis odorata.	265
Molluga pentaphylla.	310
Monarda chinensis.	313
Morinda citrifolia.	359
- umbellata.	293
Musa cliffortiana.	277
- paradisiaca. Pisang.	129. 251. 358
Musca nivea.	389
- vulgatissima.	389
Mussaenda frondosa.	293
Myosotis apula.	77
- scorpioides arvensis.	59

N.

Narcissus Tazetta.	177
Nardus articulata.	281
- ciliaris.	286
Nauclea orientalis.	288. 316
Nerium Oleander. Oleander.	50. 269
Nicotiana paniculata. Jungferntobak.	129
- rustica. Türkischer Tobak.	259
Nyctanthes hirsuta.	267. 329
- orientalis. Rosenholz.	177
Nymphaea Nelumbo.	255. 265. 271

O.

Ocymum gratissimum.	302
Oldenlandia umbellata.	310
Olea europaea. Olivenbaum.	19. 43. 55
Oniscus Asilus.	66
Ononis repens. Kriechende Hauhechel.	49. 54
Ophioglossum scandens.	302
Ophrys bracteis cymbiformibus.	76
- insectifera andrachnitis.	70
- myodes.	73
Orchis bulbis fasciculatis.	63
Origanum creticum. Spanischer Hopfen.	41
Ornithogalum umbellatum.	67
Ornithopus compressus.	67
Orobanche major.	75
- ramosa.	75
Oryza sativa. Reis.	211. 270. 284

Osbe-

der erwehnten Naturalien.

Osbeckia chinensis.	378
Ostrea adscensionis.	389
Oxalis corniculata.	312

P.

Palma Baculus. Spanisch Rohr.	353
Panax quinquefolia. Jansom.	187
Panicum alopecuroideum.	302
- arborescens.	268
- brevifolium.	281
- Crus galli.	61. 281
- dissectum.	281
- glaucum.	301
- patens	281
Papilio Agamemnon.	270
- Aonis.	270
- Almana.	270
- C aureum.	270
- Chrysippus.	270
- Deiphobus.	269
- Demoleus.	270
- dissimilis.	269
- Enippe.	270
- Helenes.	269
- Hyale.	63
- Leucothoe.	270
- Lintingensis.	148
- Midamus.	270
- Orythya.	270
- Pammon.	270
- Paris.	270
- philavtodes.	270
- Plexippus.	270
- Rumicis.	66
- similis.	270
- Troilus.	270
- Tryphe.	270
Papaver Rhoes. Klatschrose.	59
Parietaria lusitanica.	23. 57
Passerina hirsuta.	64
Passiflora caerulea. Paßionsblume.	22. 70
Paulinia asiatica.	323
	Pavetta

Pavetta indica.	355
Pecten adscensionis.	391
Pelecanus Aquilus. Mannar.	84
- Piscator. Bubbi.	84. 111. 140
Perca adscensionis.	388
- chinensis.	335
Periploca græca.	273. 293
Phaeton aethereus. Tropickvogel.	84. 109
Phalaena fenestrata.	269. 366
- pectinicornis spirilinguis.	143
Phaseolus. Lock, tav.	249
Phlomis purpurea.	59
Phoenix dactylifera. Dattelbaum.	50. 54
Phyllanthus Niuri.	317
Physalis.	59
Phytolacca javanica.	360
Pinus Pinea. Spanische Fichte.	43. 53. 62
Piper Betle. Betel.	255
Pistacia Lentiscus.	75
Plantago coronopus.	79
Poa angustifolia.	304
- chinensis.	268
- malabarica.	338
- tenella.	268
Polygala ciliata.	288. 315
Polygonum barbatum.	286
- chinense.	268. 314
- orientale.	286
Polypodium Baromez.	288
- cristatum.	288
- parasiticum.	362
- varium.	323
Populus alba. Weisse Pappel.	19
Portulaca oleracea. Portulak.	390
Poterium sanguisorba. Bibernell.	79
Procellaria aequinoctialis. Sturmvogel.	101. 102
- capensis. Captauben.	98
Psidium Guajava.	252
Psittacus alexandri.	133
- galgulus.	132
Pteris semipinnata.	302

Pteris vittata.	306
Punica Granatus. Granatbaum.	60

R.

Rana chinensis.	244
Ranunculus aquatilis.	62
- bulbosus.	61
- muricatus.	79
Reseda glauca.	59. 79
- lutea.	79
Rhamnus lineatus.	286
- Oenopolia.	309
- Thea.	210. 302
Rhus chinense.	302
- javanicum.	302
Ricinus communis.	60. 70. 78
Rosa indica.	324
Rubus fruticosus.	73
- parvifolius.	324
Ruellia antipoda.	298
- crispa.	312
- ringens.	298
Rumex Acetosa. Sauerampf.	62
- spinosus.	55
Ruta graveolens. Raute.	67

S.

Saccharum officinarum. Zuckerrohr.	272. 284
- pluviale.	170
Sagittaria bulbis oblongis.	271. 272. 330
Salicornia fruticosa. Glaskraut.	72
Salsola Kali.	41
Salvia verbenaca.	60
Sambucus nigra. Flieder.	322
Satureja capitata.	67
Scarabaeus sacer.	54. 65
- Typhoeus.	65
- thorace mutico.	65
Scilla peruviana.	80
Scirpus chinensis.	287
- glomeratus.	265
Schoenus mucronatus.	53

Scolo-

Zweytes Register

Scolopendra pedibus utrinque XX.	339
Scomber glaucus.	387
- Pelamis. Bonet.	84. 86. 87. 365. 405
- Thynnus. Albekor.	84. 90. 393. 405
Scrophularia fambucifolia.	73
Scorpiurus falcata.	73
Scutellaria indica.	318
Scylla pelagica. Seehase.	401
Sempervivum arboreum.	51
Senecio divaricatus.	304
- vulgaris.	51. 60
Sepia Loligo. Seekatze.	85. 393
Serapias Lingua.	77
Sertularia confervaeformis.	339
Sherardia arvensis.	61
- fruticofa.	390
Sida fpinofa.	268
Sigesbeckia orientalis.	301
Silene conoidea.	59
- floribus lateralibus.	62
- pendula.	61
Simia Aygula. Javanische Meerkatze.	130
Sinapis orientalis.	252
Sisymbrium Irio.	51. 60
- fylvestre.	62
Sitta chinenfis.	362
Smilax afpera.	75
- China. Chinawurzel.	212. 323
- Saffaparilla. Saffaparille.	324
Solanum diphyllum.	267. 284
- indicum.	288
- nigrum.	59
Solidago chinenfis.	314
Sonchus oleraceus.	23. 60
Sophora alopecuroides.	359
Spartium junceum. Spanische Ginst.	78
- monofpermum.	49. 53
- fpinofum.	67. 75
Sparus chinenfis.	340
- nobilis. Mandarinfisch.	336
- fpinus.	357
Spergula pentandra.	69

Sperma-

Spermacoce verticillata.	288
Sphagnum paluftre.	6
Sphinx Atropos.	116. 305
Squalus adfcenfionis.	385
- caninus. Hundhay.	202
- conductus.	91
Stachys arvenfis.	61
- hirta.	59
Statice Armeria. Seenelke.	79
Stellaria arenaria.	61
Sterna nigra.	348
- ftolida.	143
Stipa tenaciffima.	19
Sus chinenfis.	246
Syngnathus argenteus.	395
- pelagicus.	401

T.

Tamarindus indica. Tamarindenbaum.	252
Targionia hypophylla.	59
Taxus nucifera.	321
Tenebrio muricatus.	66
Tetrao Coturnix. Wachtel.	222. 247
Tetradapa javanorum.	122
Tetraodon ocellatus.	294
Teftudo javanica.	128
Teucrium fruticans.	67. 79
- Iva.	59
Thea chinenfis.	346
Theobroma Cacao.	42
Thlafpi Burfa paftoris.	59
Thuja orientalis. Lebensbaum.	177
Tillaea procumbens.	74
Tophus particulis teftaceis.	18
Torenia afiatica.	286
- glabra.	274
Toxicaria Rumpfii.	117
Trachinus adfcenfionis.	338
Tragopogon Dalechampii.	60
Trapa bicornis.	249
Trichomanes chinenfe.	288. 323
Triton.	107

Tubera

Zweytes Register der erwehnten Naturalien.

Tuber esculentum. Chinesische Trüffeln. 255
Turdus chinensis. 406

U.

Ulex europaeus. 74
Upupa Epops. Wiedehopf. 81
Urena chinensis. 293
- lobata. 287
- procumbens. 310
- sinuata. 121
Urtica dioica. 60
- nivea. 182. 306. 330
- urens. 60
Utricularia bifida. 317

V.

Valeriana chinensis. 286
- Cornucopiae. 55
Verbascum Osbeckii 67
Verbena nodiflora. 293
Verbesina chinensis. 315
- calendulacea. 288
- lavenia. 121
- prostrata. 288
Veronica agrestis. 59
- Anagallis. 72
Vicia Faba. Bohne. 56
- lutea. 59
Vinca major. 59
Viscum baccis rubentibus. 286
Vitex Negundo. 268
- trifolia. 121
Volckameria inermis. 301

W.

Waltheria indica. 302

Z.

Zanthoxylon trifoliatum. 315